国家社会科学基金教育学一般课题
儿童心理创伤对认知功能的影响性研究(BBA170065)

心理咨询原理与技术

赵冬梅 著

清华大学出版社
北　京

内 容 简 介

本书主要介绍心理咨询的几种经典理论以及心理咨询与治疗的原理，内容包括心理咨询概论，精神分析疗法，行为治疗的理论与方法，理性情绪疗法，人本主义疗法，森田疗法，表达性艺术治疗，初诊接待，心理评估与诊断，心理咨询关系的建立，心理咨询参与性技术，心理咨询影响性技术，识别和处理阻抗、沉默与多话现象，移情与反移情。本书试图把看似深奥晦涩的理论深入浅出地介绍给读者，使读者理解心理咨询的本质，将不同的理论、技术和方法融会贯通。本书内容浅显易懂，侧重于实操，主要结合案例阐述相关内容。

本书可作为高等院校心理咨询原理与技术、咨询心理学等课程的教材，也适合对心理咨询感兴趣的读者自学和阅读。

本书封面贴有清华大学出版社防伪标签，无标签者不得销售。
版权所有，侵权必究。举报：010-62782989，beiqinquan@tup.tsinghua.edu.cn。

图书在版编目(CIP)数据

心理咨询原理与技术 / 赵冬梅著. —北京：清华大学出版社，2021.8(2025.1重印)
ISBN 978-7-302-56771-4

Ⅰ．①心… Ⅱ．①赵… Ⅲ．①心理咨询 Ⅳ．①B849.1

中国版本图书馆 CIP 数据核字(2020)第 217904 号

责任编辑：王　定
封面设计：周晓亮
版式设计：思创景点
责任校对：马遥遥
责任印制：杨　艳

出版发行：清华大学出版社
　　　　网　　址：https://www.tup.com.cn，https://www.wqxuetang.com
　　　　地　　址：北京清华大学学研大厦 A 座　　　邮　编：100084
　　　　社　总　机：010-83470000　　　　　　　　　邮　购：010-62786544
　　　　投稿与读者服务：010-62776969，c-service@tup.tsinghua.edu.cn
　　　　质　量　反　馈：010-62772015，zhiliang@tup.tsinghua.edu.cn
　　　　课　件　下　载：https://www.tup.com.cn，010-62794504
印 装 者：三河市天利华印刷装订有限公司
经　　销：全国新华书店
开　　本：185mm×260mm　　　　印　张：19　　　　字　数：427 千字
版　　次：2021 年 8 月第 1 版　　　印　次：2025 年 1 月第 3 次印刷
定　　价：69.80 元

产品编号：083229-02

前　　言

自从事心理学教学工作以来，我一直讲授"心理咨询原理与技术"这门课程，这门课程在不同的学校有不同的名称，如"咨询心理学""心理咨询案例分析"。2003—2008年，我给心理咨询师培训班讲授二级、三级的心理咨询技能部分，在讲授这些课程的过程中，我一直想根据自己对这门课程的理解，以及学生的需要，编写一本既介绍经典心理咨询的理论，又介绍一些比较常见的甚至时尚的疗法的书籍，使得学生学习时能更好地进行拓展。心理咨询除了各种疗法，还有非常重要的面谈技巧，我也想在书中对一些简单、实用的心理咨询面谈技巧进行更详细的介绍。

2018年，我把讲课的内容整理成了一本讲义，开始考虑如何把这些材料进行整理，丰富其内容，使之能够出版。殚精极思，结集付梓，是一个艰难的历程。将讲义内容编写成书，需要考虑很多内容的出处和来源、案例的典型性，以及内容的科学性、逻辑性和严谨性。在这个过程中，我们反复修改、完善，增补又删减，出版社编辑一次次提出关于框架和体例的修改意见。编写一本书，从整理思路到开始着手，这个过程很磨人，也很锻炼人。看到最后不断完善、渐渐成型的书稿，收获的欣喜显而易见。在心理咨询中，来访者不断获得领悟、改变、成长和蜕变，当然，咨询师和来访者是一起成长的。成书的过程和心理咨询来访者的成长过程是一样的，编著书稿的过程对每一位编写者来说都是一个难忘的经历。我们也希望每一位阅读本书的读者，能够有所收获和成长！

在全体编者努力下，本书力求体现以下特色。

(1) 科学性：本书重视咨询心理学的科学基础，希望能全面反映当今咨询心理学的理论、技术和方法的科学性。

(2) 实操性：临床心理咨询专业人员不仅要具备深厚的理论知识，以及独立开展临床心理咨询和治疗领域科学研究的能力，而且要能熟练地进行心理诊断和心理评估，解决临床实际问题。本书力求彰显理论与实际并重的指导思想，尤其注重实操性，更多地结合案例、视频等材料介绍理论内容。

(3) 新颖性：本书注意体现当今咨询心理学学科的进展，书中不仅介绍了咨询心理学领域传统的理论、技术和方法，而且适当地介绍了当前咨询心理学领域较新的技术和方法，如绘画疗法、音乐疗法等。

(4) 可读性：本书内容通俗易懂，便于读者阅读和自学，即使没有任何心理学背景知识的读者，也很容易读懂本书并掌握相关知识。

全书共十四章，前七章主要介绍临床心理咨询的基本理论和疗法，后七章主要介绍心理咨询面谈技巧的相关知识。每一章包括学习目标、重点与难点、情境导入、正文，其中正文的主要理论和知识点附加案例、拓展阅读和视频材料，每章后都设有思考与实践内容。

每个章节的正文部分一般以理论开始，过渡到技术与方法介绍，再进行简要的理论总结。

本书具体编写分工如下：第一章由广东金融学院心理咨询中心彭颖淑主任编写；第二章由广东金融学院心理咨询中心胡伟坚博士编写；第三章由广东金融学院创业教育学院心理健康教研室姜微微编写；第四章、第八章～第十三章由广东金融学院公共管理学院应用心理学系赵冬梅教授编写；第五章由广东金融学院创业教育学院心理健康教研室陈竞秀编写；第六章由广东金融学院公共管理学院应用心理学系梁燕君编写；第七章第一节由澳门城市大学梁靖宇博士编写，第二节由星海音乐学院心理咨询中心苑冀主任编写，第三节由星海音乐学院心理咨询中心陈琛编写，第四节由广东技术师范学院心理咨询中心任增辉副主任编写；第十四章由澳门城市大学潘俊丽博士编写。

目前，国内外介绍临床心理咨询的书籍非常多，我们无法求新求全，只求结合学习实际，为本科、专科心理学相关专业的学生提供通俗易懂的教材，为对心理咨询感兴趣的读者提供易读、易懂、易学、易上手的读物。本书从准备编写到联系出版社，花费了两年的时间，在此过程中，尽管每位编写者都投入了大量时间和精力，但因知识水平有限，疏漏在所难免，恳请读者批评指正，我们将努力修正、完善。

心理咨询在很多情况下都是渡人渡己的过程，理论学习只是入门学习的一部分，弗洛姆在《被遗忘的语言》中说："梦的分析，需要知识，需要实践，需要天赋，需要耐心。"我认为心理咨询同样如此，除了知识的学习，还需要实践，需要天赋，需要耐心。这也是我们对读者的期望和寄语。

本书教学课件、教学大纲、电子教案可扫下列二维码免费下载。

教学课件　　　　　　　教学大纲　　　　　　　电子教案

赵冬梅

2021 年 5 月

目　　录

第一章　心理咨询概论……………………1
　第一节　心理咨询的定义、重要性
　　　　　及与心理治疗的关系………2
　　　一、心理咨询的定义……………2
　　　二、心理咨询的重要性…………3
　　　三、心理咨询与心理治疗的关系…4
　第二节　心理咨询的起源与发展……5
　　　一、心理咨询产生的社会背景…5
　　　二、心理咨询在美国的发展……6
　　　三、我国心理咨询发展现状……7
　　　四、心理咨询的未来……………8
　第三节　心理咨询的模式、作用及
　　　　　影响心理咨询效果的
　　　　　因素……………………………9
　　　一、心理咨询的模式……………9
　　　二、心理咨询的作用……………12
　　　三、影响心理咨询效果的因素…13
　第四节　心理咨询的伦理问题………15
　　　一、职业伦理准则的意义………15
　　　二、心理咨询中的伦理准则……16
　思考与实践……………………………17

第二章　精神分析疗法…………………18
　第一节　精神分析概述………………19
　　　一、精神分析的含义……………19
　　　二、精神分析理论及代表人物…19
　第二节　精神分析治疗原理和
　　　　　方法……………………………33
　　　一、精神病理学说………………33
　　　二、治疗方法……………………36
　第三节　精神分析理论与新精神
　　　　　分析理论的评价………………40

　　　一、精神分析理论的贡献………40
　　　二、精神分析理论的局限………41
　　　三、新精神分析理论的评价……42
　思考与实践……………………………43

第三章　行为治疗的理论与方法………45
　第一节　行为治疗概述………………46
　　　一、行为治疗的历史与发展……46
　　　二、行为治疗的共同特征………48
　第二节　行为治疗及其理论…………48
　　　一、行为治疗的界定……………48
　　　二、行为治疗的人性观…………49
　　　三、行为治疗的基本理论………49
　　　四、行为治疗的其他理论………55
　第三节　行为治疗的方法和技术……56
　　　一、行为治疗的基本假设………56
　　　二、行为治疗的基本过程………56
　　　三、治疗师的功能和角色………57
　　　四、行为治疗的基本原则………58
　　　五、行为治疗的主要技术………58
　　　六、行为治疗的发展倾向与创新…62
　第四节　行为治疗的评价……………63
　思考与实践……………………………65

第四章　理性情绪疗法…………………66
　第一节　认知疗法……………………67
　　　一、认知疗法的起源……………67
　　　二、认知疗法的理论……………67
　第二节　理性情绪疗法的理论………69
　　　一、理性情绪疗法的代表人物…69
　　　二、理性情绪疗法的治疗原理…71
　　　三、理性情绪疗法的人性观……71

四、ABC 理论……………………72
　　五、理性情绪疗法关于精神疾病的
　　　　基本观点……………………73
第三节　理性情绪疗法的方法和
　　　　技术……………………………73
　　一、理性情绪疗法的操作模式……74
　　二、理性情绪疗法的治疗阶段……75
　　三、理性情绪疗法的主要技术……76
第四节　理性情绪疗法的评价………82
　　一、理性情绪疗法的贡献…………82
　　二、理性情绪疗法的局限性………83
思考与实践……………………………83

第五章　人本主义疗法………………84
第一节　人本主义疗法概述…………85
　　一、人本主义疗法的代表人物……85
　　二、人本主义疗法的哲学基础……87
第二节　人本主义疗法的基本
　　　　理论……………………………88
　　一、人本主义疗法的人性观………88
　　二、人本主义疗法的自我观………90
　　三、人本主义疗法的治疗原理……94
第三节　人本主义疗法的方法和
　　　　技术……………………………96
　　一、人本主义疗法的基本特点……96
　　二、人本主义疗法的基本技术……97
　　三、人本主义疗法的目标与
　　　　步骤………………………102
　　四、人本主义治疗案例……………104
第四节　人本主义疗法的评价………105
　　一、人本主义疗法的主要贡献……105
　　二、人本主义疗法的局限性………106
思考与实践……………………………106

第六章　森田疗法……………………108
第一节　森田疗法概述………………109
　　一、森田疗法的创始………………109

　　二、森田疗法的发展………………110
　　三、森田疗法的理论基础…………112
第二节　森田疗法的治疗原理与
　　　　技术……………………………116
　　一、森田疗法的治疗原理…………116
　　二、森田疗法的基本技术…………120
第三节　森田疗法在中国的推广与
　　　　研究……………………………123
　　一、森田疗法在中国的推广………123
　　二、森田疗法的中国化研究………124
思考与实践……………………………125

第七章　表达性艺术治疗……………126
第一节　绘画治疗……………………128
　　一、绘画治疗概述…………………128
　　二、绘画治疗的应用………………132
　　三、绘画治疗的解释原则…………133
　　四、绘画治疗的解读方法…………134
　　五、常见的绘画治疗技术…………134
第二节　心理剧治疗…………………137
　　一、心理剧治疗概述………………138
　　二、心理剧治疗的理论基础………143
　　三、心理剧治疗的基本技术………145
　　四、心理剧治疗的过程……………148
　　五、心理剧治疗的评价……………150
第三节　音乐治疗……………………151
　　一、音乐治疗发展的历史背景和
　　　　哲学观基础……………………151
　　二、音乐治疗流派与音乐治疗
　　　　过程……………………………152
　　三、音乐治疗原理…………………153
　　四、音乐治疗技术…………………155
第四节　沙盘游戏治疗………………157
　　一、沙盘游戏治疗简介……………157
　　二、沙盘游戏治疗的实施过程……162
　　三、沙盘的象征及分析……………164

四、沙盘作品分析·············169
　　五、沙盘游戏为何会产生治疗
　　　　效果·················170
　思考与实践·················172

第八章　初诊接待·············173
　第一节　初诊接待的技巧········174
　　一、初诊接待前的准备工作·····174
　　二、初诊接待的工作程序和
　　　　内容·················177
　第二节　初诊接待的理论要点和
　　　　注意事项··············180
　　一、初诊接待的理论要点······181
　　二、初诊接待的注意事项······184
　　三、初始访谈运用问题的概念化
　　　　系统·················184
　　四、初始访谈的作用·········186
　思考与实践·················186

第九章　心理评估与诊断········188
　第一节　心理评估与诊断概述····189
　　一、心理诊断的定义·········189
　　二、心理评估与心理诊断的
　　　　区分·················190
　　三、心理诊断的目标·········191
　　四、心理诊断的科学性·······191
　　五、心理诊断的作用·········192
　第二节　临床咨询心理问题的
　　　　诊断·················193
　　一、正常心理与异常心理的
　　　　诊断·················193
　　二、不同程度心理问题的诊断···195
　　三、心理诊断的方法与原则····197
　思考与实践·················200

第十章　心理咨询关系的建立····202
　第一节　心理咨询关系概述······203
　　一、心理咨询关系的定义·····203
　　二、建立良好的咨询关系的
　　　　意义·················204
　第二节　影响心理咨询关系的
　　　　因素·················206
　　一、尊重·················207
　　二、真诚·················209
　　三、热情与温暖···········211
　　四、共情·················212
　　五、积极关注·············217
　思考与实践·················219

第十一章　心理咨询参与性技术···221
　第一节　基本的参与性技术······222
　　一、倾听·················222
　　二、询问·················226
　　三、鼓励和重复···········228
　第二节　深度的参与性技术······229
　　一、内容反应·············230
　　二、情感反应·············230
　　三、具体化技术···········231
　　四、参与性概述···········233
　　五、非言语技巧···········234
　思考与实践·················237

第十二章　心理咨询影响性技术···238
　第一节　主要的影响性技术······239
　　一、面质·················239
　　二、解释·················243
　　三、指导·················246
　　四、自我暴露·············247
　第二节　其他影响性技术········251
　　一、内容表达·············251
　　二、情感表达·············252
　　三、影响性概述···········253
　　四、非言语技巧···········254
　思考与实践·················262

第十三章　识别和处理阻抗、沉默与多话
　　　　　现象 ………………… 264
　第一节　识别和处理阻抗………265
　　一、关于阻抗的理论……………265
　　二、阻抗的类型…………………266
　　三、阻抗产生的原因……………269
　　四、应对和处理阻抗……………272
　第二节　识别和处理沉默与多话
　　　　　现象 ………………… 274
　　一、沉默的类型…………………275
　　二、沉默的处理…………………275
　　三、多话…………………………276
　思考与实践…………………………278

第十四章　移情与反移情………279
　第一节　移情概述………………280

　　一、移情…………………………280
　　二、正移情和负移情……………280
　　三、反移情………………………281
　第二节　弗洛伊德的移情观……284
　第三节　客体关系取向分析中的
　　　　　移情和反移情……………285
　第四节　自体心理取向分析中的
　　　　　移情和反移情……………286
　第五节　荣格心理取向分析的
　　　　　移情和反移情……………288
　思考与实践…………………………291

参考文献………………………………292

第一章

心理咨询概论

【学习目标】

(1) 掌握心理咨询的定义。

(2) 了解心理咨询的历史与现状。

(3) 理解心理咨询的模式和作用。

【重点与难点】

(1) 心理咨询的伦理。

(2) 心理咨询的模式。

【情境导入】

即将毕业的张剑

张剑马上要大学毕业了，但工作还没有着落。他的求职过程并不顺利，有几次面试都在最后环节被拒绝了。白天，他依然与同学谈笑自如，与女友自信、洒脱地聊天；晚上，他却辗转反侧，夜不能寐，有时候莫名其妙的心悸，手心出汗。一向理性、乐观的他，最近居然常常有想哭的冲动，但是哭泣对他来说很困难，因为从小父母就告诉他，哭泣是一件很羞耻的事情。他感到沮丧而疲惫，每天无精打采，很想振作起来，却觉得很艰难。有人建议张剑寻求心理咨询，但他内心有很多顾虑，不知道这种方式能否帮助自己，也害怕自己的隐私被泄露。

(资料来源：作者临床咨询案例)

人们生活在一个纷繁复杂、急剧变化的世界，经常会遇到各种各样的问题、冲突或者困惑，当人们遇到精神或心理方面的困扰时，大部分人通过自我调节，并且随着时间的推移，能够顺利地摆脱困扰。当人们遇到严重且复杂的心理问题时，没有办法通过自己的力量顺利解决这些问题，这时候人们通常会求助于亲人、朋友、邻居，甚至是网上的陌生人，但这些人提出的建议并不充分，或者不能真正缓解人们的困扰，一种特殊的解决方式——心理咨询就成为一种专业而有效的选择。心理咨询作为一个助人的职业，已经被越来越多的人接受和认可。心理咨询是做什么的，它是如何产生和发展的？心理咨询有哪些工作模式，是否受到法律和伦理的制约？如果想成为这个行业的从业者，需要具备哪些能力和素质？这些都是本章要讨论的主要问题。

第一节 心理咨询的定义、重要性及与心理治疗的关系

"咨询"一词有商量、询问的含义，通常指由掌握大量知识或信息的专业人士向有需求的人提供一种顾问式、参谋式的服务。常见的咨询服务有管理咨询、财务咨询、战略咨询、心理咨询等，咨询人员必须接受该领域的专业训练，并且具备一定的专业能力。从不同行业内在的知识体系去定义咨询是比较困难的，因为理论流派纷杂，较难统一，通常选择从职业性质的角度来定义咨询工作，同时体现某个专业领域的特点。

一、心理咨询的定义

心理咨询是什么？中外学者和专业机构或团体对心理咨询进行了如下定义。

罗杰斯将心理咨询定义为："通过与个体持续的、直接的接触，向其提供心理帮助并力图促使其行为、态度发生变化的过程。"

美国心理咨询协会(American Counseling Association，ACA)1997年将心理咨询定义为："运用心理健康、心理学和人类发展的原理，通过认知、情感、行为或系统的干预和策略，致力于促进人的身心健康、个体成长和职业发展。"

《心理学大辞典》将心理咨询定义为："对心理失常的人，通过心理商谈的程序和方法，使其对自己与环境有一个正确的认识，以改变其态度与行为，并对社会生活有良好的适应。心理失常，有轻度的，有重度的，有属于机能性的，有属于机体性的。心理咨询以轻度的、属于机能性的心理失常为范围。心理咨询的目的就是纠正心理上的不平衡，使自己对个人与环境重新有一个清楚的认识，改变态度和行为，以达到对社会生活有良好的适应。"

通常把提供心理咨询服务的从业者称为心理咨询师，寻求心理咨询帮助的人称为来访者。狭义的心理咨询涉及各理论流派的人性观、方法论和技术操作等复杂的因素，所以对心理咨询下一个统一的定义是比较困难的。目前对心理咨询的定义尚无标准的说法，为了简明扼要地概括心理咨询的本质，本书综合各学者和机构对心理咨询的描述，将心理咨询定义为：心理咨询师帮助来访者解决心理问题的过程。这是一个广义的心理咨询定义，可以从以下几个方面理解这一定义。

(1) 心理咨询建立"求"与"助"的人际关系。心理咨询通常发生在求助者被心理问题困扰且对心理咨询师产生求助意愿的时候，这种关系是自愿的，而非强制性的。尽管

不同的理论流派强调的咨询关系类型不一,但"求"与"助"是心理咨询最基础的人际关系。

(2) 心理咨询是专业性的职业活动。区别于其他助人性质的职业,例如医生、警察、社工、教师等,心理咨询主要以心理学的理论和方法为指导,同时在实践中融合了医学、人类学、教育学、社会学、艺术等学科的知识。心理咨询作为一个职业,已经有了专业的知识体系、官方认可的职业资格认证和职业伦理守则等,这将心理咨询与一般的助人行为区分开来。

(3) 心理咨询解决的是心理或行为问题。心理咨询不是万能的,无法解决人类所有的问题。心理咨询关注人类的心理健康、心理素质、人际关系和社会适应等一系列与心理或行为相关的问题,但不解决生活中的具体实际问题,例如器质性疾病、法律纠纷、财务危机、技能培训等。相关法律和伦理规范对心理咨询的工作范畴也有具体的规定,后面的章节会详细介绍。

心理咨询是一个复杂的、充满活力的实践性活动,促进人类心理健康和心理成长是这一活动的共同目标。因此,从职业性的角度来定义心理咨询,并不是要忽视各理论流派的差异,而是尊重差异性,并体现其殊途同归的特点。

二、心理咨询的重要性

人的一生中可能遇到两大类心理危机。第一种是几乎每个人都会遇到的必然性心理危机,是每个人都必须经历、不可避免的,如第一次去幼儿园、重要的升学考试(中考、高考等)、性萌芽、青春期、第一次工作、第一次恋爱、第一次结婚,第一次怀孕与分娩、更年期等。人生中总会有重要的转折时期,很多人都可能在这一时期产生心理危机,如果不能自己顺利度过,也没有亲人、朋友等的支持和陪伴,可能就需要心理咨询。第二种是偶然性心理危机,人生不如意十有八九,每个人都可能遇到天灾人祸、生离死别,如失恋、离婚、失业、破产、交通事故、自然灾害(水灾、地震、龙卷风等)、虐待、强暴、重要的人或亲人的死亡等。遭遇偶然性心理危机的个体,需要及时的心理危机干预和后期的心理康复与重建,很多经历这些危机的个体如果没有得到他人的支持是难以度过的。

世界卫生组织(World Health Organization)发布的数据显示,自杀是全球 15~19 岁人群的第二大死因,排在第一位的是交通事故。2016 年,全球有近 80 万人因自杀而死亡,其中 79%发生于中低收入国家。精神疾病是导致自杀的最大原因,其中抑郁症是常见重性精神疾病。

静态地看,人的心理是一种状态;动态地看,人的心理是围绕健康常模,在一定范围内上下波动的过程,心理的动态曲线如图 1-1 所示。

个体心理的不同状态如图 1-2 所示。

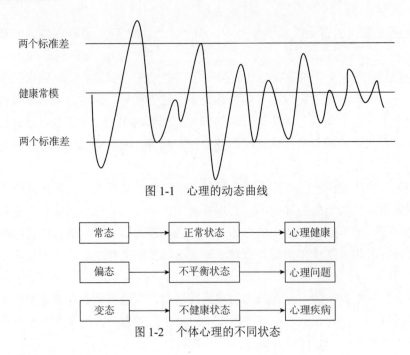

图 1-1　心理的动态曲线

图 1-2　个体心理的不同状态

由图 1-1 和图 1-2 可以看出，心理状态并非一成不变的，它一直处于一种波动的状态，只要波动范围没有超出两个标准差，都属于正常的心理状态。正常个体若出现不平衡状态就是有心理问题，需要接受心理咨询，但并非所有人都一定需要接受心理咨询，有些人自己能够调整过来，或者能够在身边的人的支持和帮助下调整回到正常状态。如果不平衡状态持续时间过久，在自己或他人帮助下仍然不能恢复到正常状态，就需要接受心理咨询，若没有接受心理咨询，则可能转变为心理疾病，就属于不健康状态，即变态状态。

三、心理咨询与心理治疗的关系

心理咨询与心理治疗的界限在很长一段时间里是不明确的，也有学者认为两者不需要区分，因为两者都在帮助人们解决心理问题，并且在理论背景、心理评估的方法和工作原则方面几乎是通用的，所以本质上心理咨询与心理治疗并无区别。本书认为，讨论心理咨询与心理治疗的关系问题并不是要玩文字游戏，而是有现实指导意义的。本书站在有利于来访者的角度将心理咨询与心理治疗进行区分，两者的区别表现在以下几个方面。

(1) 心理咨询的服务对象是心理正常的群体，来访者的心理困扰对其影响程度较轻，通常遇到的是短期的、情境性的心理问题，疗程较短；心理治疗的服务对象主要是心理异常的群体，有较严重的精神障碍或心理疾病，可能疗程较长，数月到数年不等。

(2) 心理咨询主要以言语沟通为主，或使用其他非言语沟通的方式对来访者产生影响；心理治疗以药物治疗为主，通过生理变化调节心理功能。因此，心理治疗需要有医学背景和处方权的专业人士来进行，通常是精神科医生或心理医生。

(3) 在工作关系方面，心理咨询师与来访者基本上是平等的咨询关系，以帮助来访者独立思考和决策为首要目标；心理治疗师与来访者则基本上是医患关系，以治愈病人的心理障碍或病态行为表现为首要目标。所以，心理咨询强调心理咨询师对来访者的尊重和理解，而心理治疗则强调患者对心理医生的顺从与配合。

对于来访者来说，他(她)可能并不清楚自己需要接受心理咨询还是心理治疗，为了让来访者得到更适合的帮助，心理咨询师和心理治疗师都需要具备心理评估和诊断的能力。对于同一来访者，心理咨询与心理治疗可能同时或者交替进行，这与其病情和心理需求有关。

在我国，心理咨询师和心理治疗师是有明确区别的，从业人员分属两个不同的资格认证体系，考核方式和准入条件有较大差异。2013年5月1日实施的《中华人民共和国精神卫生法》规定："心理咨询人员应当提高业务素质，遵守执业规范，为社会公众提供专业化的心理咨询服务，心理咨询人员不得从事心理治疗或者精神障碍的诊断、治疗。"这是从法律的角度上认定，心理咨询师从事心理治疗属于违法行为。因此，了解心理咨询与心理治疗的边界是十分必要的。目前，两者明显的边界在于是否使用药物和是否求助医疗机构两个方面。在理论层面，"咨询"和"治疗"的字面意义区别不大，在本书中，心理咨询理论和心理治疗理论是通用的。

第二节 心理咨询的起源与发展

当代心理咨询的理论流派众多，且在各国发展情况差异较大，较难形成统一的知识体系。为了理解这种现状，我们需要了解心理咨询产生的历史文化根源和演变过程。

一、心理咨询产生的社会背景

每个时代都有精神疾病患者，每个时代的人都可能有心理失调的时候。18世纪之前，精神病人被看成魔鬼附体，巫师驱魔是主要的治疗方式。当普通人被生活中的问题困扰，出现情绪问题或人际关系问题时，他们往往会寻求宗教的帮助。例如，天主教信仰者主要通过向天主忏悔的方式来解决这些问题，十六七世纪的牧师对他们的教区居民来说，就扮演着心理咨询师的角色。18世纪中叶，欧洲开始出现政府负责运作管理的精神病院，用来看管和照料精神病人，但很少有精神科医生对精神病人进行治疗。

19世纪末，从医学、生物学的角度对精神病进行解释的观点开始形成，例如颅相学、性放纵或自慰等，医学上也开始试验采用不同的物理治疗方式治疗精神疾病。一批医务工作者带着对精神疾病治疗的狂热兴趣做了很多开创性的尝试。1887年，范·瑞特格姆和范·伊登在阿姆斯特丹开设了一家启发式心理疗法诊所。范·伊登对心理疗法的界定是"通过在精神上施加影响来治疗身体疾病，其辅助手段是通过一个人的精神影响来推动另一个人精神上的变化"。19世纪80年代，法国精神病医师沙可和珍妮特使用催眠术来治疗歇斯底里。催眠术在当时非常盛行,人们认为能够利用催眠术进入正常意识无法触及的精神领域来治愈患者,这拓宽了人类对意识领域的理解,建立了最初的心理治疗模式。1886—1887年,弗洛伊德和沙可共处了4个月后,在维也纳以精神治疗医师的名义建立了私人诊所,并创立了举世闻名的精神分析学说,这也是心理治疗史上第一个较完整的理论体系。精神分析学说不仅开创了心理治疗的新时代,对欧洲的历史文化都产生了巨大的影响。与此同时,欧洲人民经历了第一次工业革命后,社会结构和社会关系都随之发生了变化。从悠闲的乡村生活到紧张忙碌的机械化工作,从原始的家庭结构到孤立的个体,体现在个人身上就是人们应对情绪和心理需求的方式也发生了改变。对于精神疾病的治疗,科学逐渐取代了宗教的作用,未达到严重精神疾病的普通人也不再求助巫师或者牧师,而是开始愿意付费到诊所进行一对一的"治疗",但不用去精神病院。非精神病人也能够"被治疗"或"被分析",这种最初的心理咨询与治疗的模式一直沿用至今。

18—19世纪末,精神病科学的发展、社会大众的需求、精神治疗理论的盛行,为心理咨询成为一个职业孕育了可能性。

二、心理咨询在美国的发展

20世纪初,精神分析学说传入美国,引起了学界和大众极大的关注,甚至今仍是心理治疗经典理论之一。但现代心理咨询能在美国兴起主要得益于美国的职业指导运动和心理测验在教育、军事领域的推广,以及心理卫生运动的开展,这些事件的发生让普通大众也能得到心理学的帮助。

1900—1909年,被誉为"辅导学之父"的弗兰克·帕森斯建立了波士顿职业辅导局,以帮助年轻人做职业选择。帕森斯对那个时代的影响是很大的,职业辅导包含帮助人了解自我、适应社会、做更好的决策等服务,"他的工作和他在助人事业上所做的努力构成了现代心理咨询的轴心"。同时代,一位叫比尔斯的学生出版了一本名为《一颗找回了自己的心》的书,再现了自己在三所精神病院中的遭遇,以自己作为一名精神病人的切身体验,揭示媒体和公众对精神病人的误解与歧视,激起了公众关于以人道对待精神病人和对心理疾病进行科学研究的呼声。由此,美国进行了一场心理卫生运动,这场运动的一个直接结果就是"心理医院"的建立,这是一种设立在社区的治疗性机构,主要为出院后的精神病人提供治疗性咨询。第一次世界大战期间,心理测量学受到了美国军队的重视,大量的心理测试系统用于筛选士兵。"一战"后,这些测试系统和人员筛选机制在民间得到广泛使用,心理测验也开始用于职业指导,这为后期心理咨询中的评估奠定了基础。20世纪30年代,以职业指导著称的学校心理咨询在全美得到普及。

20世纪40—60年代,精神分析学说的学术价值受到了当时心理学的主流行为主义的质疑和抨击,来自美国的心理学家罗杰斯创立了"以来访者为中心"的心理治疗方法,对精神分析学说提出了挑战,并提出了研究心理治疗过程和结果的系统方法,出版了专著《心理咨询与心理治疗》。罗杰斯的杰出贡献之一在于他增强了心理咨询与治疗这门应用科学的尊严和地位。1947年，罗杰斯成为以心理治疗医师的身份就任美国心理学会主席第一人。20世纪五六十年代是心理咨询理论多样化发展的时期，新的心理咨询与治疗理论不断涌现，其中认知行为治疗理论成为主流，并推动心理咨询与治疗成为一门应用科学。

20世纪后期，心理咨询行业迅速发展，心理咨询从业人员不断增加。1982年，美国心理咨询师认证委员会(National Board for Certified Counselors，NBCC)成立，开始对心理咨询师进行国家级认证。截至20世纪80年代末期，经美国国家认证的心理咨询师约有17 000人，但大部分心理咨询师在中小学和大学工作，为学生提供服务。1992年，美国心理咨询协会成立，心理咨询师的管理条例越来越受重视。20世纪90年代开始，心理咨询开始关注人类成长和发展的议题。

三、我国心理咨询发展现状

我国历史悠久的传统文化中蕴含了很多关于心理咨询和治疗的思想，具体表现在中医关于身心疾病的理念、养生之道中包含的心理卫生思想，以及民俗活动中所蕴含的心理治疗内容。中医认为怒伤肝、喜伤心、忧伤肺、思伤脾、恐伤肾，五种情志彼此相克，可设法引起与症状相克的情绪反应，以达到治疗目的。"治未病"是中国传统保健思想中的重要观点。《黄帝内经》说，"是故圣人不治已病治未病，不治已乱治未乱"，主张通过调摄精神，平和七情，节制六欲，乃至"移情变气"，来使"正气存内，邪不可干"。

1936年，著名教育家吴南轩和各界知名人士发起成立了"中国心理卫生协会"。新中国成立前后，我国的心理卫生事业一度停滞，直到20世纪80年代才重新开始发展。1986年，北京朝阳医院建立了我国第一个心理咨询中心。80年代末，我国很多高校开始尝试开展大学生心理咨询工作，并成立专门的心理健康咨询机构。1990年，"中国心理卫生协会心理治疗与心理咨询专业委员会"成立。

2001年8月，国家颁布《心理咨询师国家职业标准》，2002年7月开办首期国家职业心理咨询师全国统一培训。2003年，卫生部开始实施心理治疗师资格考试。国家颁布的心理咨询师认证制度对心理咨询在我国的发展起到了巨大的推动作用，培养了一批专业人才，在一定程度上满足了社会的需求，但同时也面临认证体系不完善、培训市场混乱、专业性欠缺等问题。2017年，人力资源和社会保障部发布的《关于公布国家职业资格目录的通知》中取消了"国家心理咨询师"这一职业名称，同时取消了心理咨询师认证资格考试。这并不意味着心理咨询师这个职业在中国会消失，而是说明整个行业进入了规范期和调整期。

我国正处于经济高速发展时期，社会结构和社会关系的变化给人们带来很多社会适应方面的压力，人们对于提升心理健康水平、改善精神生活质量的需求是客观且迫切的，但目前我国心理咨询市场总体供小于求，行业的发展还处于初级水平，面临很多困境。

(1) 缺乏权威的心理咨询师认证体系。2017年，人力资源和社会保障部发文取消了"国家心理咨询师"这一职业名称，同时取消了心理咨询师认证资格考试，这对想要从事心理咨询工作的人来说影响是巨大的，尤其是私人心理咨询机构。

(2) 咨询市场混乱。由于缺乏专业的管理机构，很多私人开办的心理咨询机构的专业性和规范性都不够，心理咨询师和来访者双方权益都无法得到保障。

(3) 理论本土化不够。国内心理咨询师过于依赖西方心理咨询理论，忽视了来访者的本土文化特征，导致咨询效果不佳。

(4) 理论与实践脱离。很多高校开设了心理咨询专业，但教师本身并不做心理咨询，甚至毫无临床经验，这对心理咨询行业的人才培养非常不利。

四、心理咨询的未来

进入21世纪，心理咨询作为一个学科，其体系还不够完善，但作为一个服务性的行业，心理咨询以其专业化、规范化和显著的助人效果，越来越得到政府的重视和民众的认可。未来，心理咨询将面临哪些新的挑战，又会呈现怎样的发展趋势呢？

(一) 关注人类社会发展的新议题

有学者认为，"心理咨询发展的最主要原因在于它是对社会需要和社会压力的一种回应"。人们遭受的心理困扰有很明显的时代特征。随着政治、经济、文化、科学的不断发展，人类的生活方式、社会关系和意识形态不断发生改变，人们所关心的话题和社会事件随时可能发生变化，贫困问题、亲子关系、创伤、寂寞、衰老以及其他各种问题都进入了心理咨询行业所聚焦的领域。为了更好地帮助人们适应自然和社会的变化，心理咨询的人性观、助人理论和研究方向都将与时俱进，保持对社会文化的高度敏感性。

(二) 心理咨询理论的本土化发展

心理咨询行业的专业化、职业化和规范化似乎并没有让心理咨询变得标准化。历史上最具影响力的三大咨询流派：心理动力学、认知行为治疗、存在人本主义，提供了解决心理问题的模板，但仍然存在很多局限，例如过分侧重个体内在因素，忽视了文化背景对个体的影响。越来越多的心理咨询师在尝试整合各大流派思想的过程中，意识到了心理咨询师和来访者双方文化背景对咨询效果的影响，多元文化视角的心理咨询与治疗也应运而生。传统心理学理论带有明显的西方主流文化特征，对于不同文化背景的来访者往往收效甚微。跨文化咨询运动使得人们对传统心理咨询理论的局限性有了更清晰的认识，同时，心理咨询行业和心理学界也受到日益盛行的"后现代主义观点"影响。未来，心理咨询会对心理健康观念、心理咨询方法持更开放的态度，在遵循科学性的前提下，在技术上融合一些带有本土文化色彩的仪式、民俗活动等，以适应不同种族、亚文化、性别、宗教背景下人们的需求。

(三) 科技的融入

21世纪，科学技术迅猛发展，人们的生活方式发生了较大的变化，互联网成为人们主要的沟通方式，心理咨询除了可以采用面对面对话的方式，还可以通过电话、邮件、短信和各种App进行，咨询变得更便捷。与此同时，科技也在改变传统的心理咨询或治疗的技术，例如运用生物反馈仪进行放松训练，利用眼动脱敏技术进行创伤后应激障碍(PTSD)的干预，利用心理测试软件进行心理评估。近年来，还有研究者利用虚拟现实技术进行恐惧症的治疗。尽管人们对科技带给心理咨询的影响还存在争议，但不可否认，科技将越来越多地参与到心理咨询的过程中。2004年，西方的认知行为治疗(cognitive behavioral therapy，CBT)专家发展出CBT的计算机程序，即计算机化的认知行为治疗(CCBT)，代替治疗师，采用人机对话的方式进行心理治疗，并取得了成功。中国CBT专业组织在英国、澳大利亚、美国等比较先进的CCBT技术的基础上，经过近2年的努力，研发出一套适合国内患者使用的CCBT技术，包含走出抑郁、战胜焦虑、远离失眠、直面强迫四项内容，方便个人进行心理自助。也许有一天，智能机器人也能成为一名初级心理咨询师，或者在心理咨询的过程中扮演某个角色。

第三节　心理咨询的模式、作用及影响心理咨询效果的因素

对于心理咨询师来说，开展心理咨询的模式可能与其所接受的理论有关。有些理论经得起市场的检验，并在实践中不断地被修正和完善；而有些理论因为缺乏应用价值，可能还未得到大众的认可。心理咨询的研究者与实践者有时候分工不一，但关注重点都是心理咨询的作用。

一、心理咨询的模式

(一) 根据心理咨询中使用的媒介分类

根据心理咨询中使用的媒介，可以将心理咨询模式分为面谈心理咨询、电话心理咨询和网络心理咨询。

1. 面谈心理咨询

面对面交流是心理咨询最传统的工作形式。语言是心理咨询中最主要的沟通工具，所以心理咨询也常常称为"话疗"。对于心理咨询师来说，面谈能够获取最大的信息量，也最容易和来访者建立咨询关系。咨询室的设置通常很简单，两把椅子、一个茶几是咨询室最常见的布置。咨询空间通常是封闭的，能够保持良好的私密性。

2. 电话心理咨询

电话心理咨询最早起源于20世纪50年代的英国和美国，重点是预防自杀和缓解情绪危机。电话心理咨询通常也是一对一的，相比面谈心理咨询，电话心理咨询更便捷、费用

更低、私密性更好。电话作为心理咨询师和来访者唯一的沟通媒介，主要依赖语言信息进行沟通，对双方的语言表达能力要求都比较高。关于电话心理咨询的效果，学术界还缺乏实证研究，但其作为一种快捷的心理求助方式，在危机干预中发挥了不可忽视的作用。目前，我国在多个城市开设了心理危机干预热线。

3. 网络心理咨询

互联网技术为心理咨询提供了新的咨询模式，电子邮件、实时语音和视频通话都使得心理咨询可以打破时间和空间的限制，可以随时发生，即刻结束。对于求助者来说，网络心理咨询是便捷的，节省了不少时间和交通的成本。

兰格(Lange)等人通过互联网对有创伤后应激及病态忧伤体验的个体进行结构化的评估和干预。参与者将自己的经历写下来，治疗师以反馈的形式做有限的介入。这项研究的大多数参与者都报告治疗有效果。目前，网络心理咨询的保密性是一个重要的伦理问题，咨询与治疗的效果还需要进一步研究，其发展趋势未定。

(二) 根据咨询对象的人数分类

根据咨询对象的人数，可以将心理咨询的模式分为个体心理咨询和团体心理咨询。

1. 个体心理咨询

大部分情境下求助于心理咨询的来访者都是个体，所以一对一是最常见的心理咨询模式，而大部分心理咨询师接受的也是个体心理咨询的培训，包括理论基础、沟通技巧和工作伦理规范等。个体心理咨询是比较成熟的专业领域，有利于保护来访者的隐私和建立良好的咨询关系。

2. 团体心理咨询

传统的心理咨询一般是为个体提供服务的，20世纪20年代，雅各布·L.莫雷诺(Jacob L. Moreno)把"团体心理咨询"这一术语引入咨询文献中。团体心理咨询是一个自成体系的领域，在理论、研究和实践方面都与个体心理咨询有较大差异。两个或者两个以上的求助者就可以组成一个团体，通常团体成员有共同的咨询目标，在咨询师的引领下进行表达、互动或角色扮演。团体中的凝聚力、分享交流、人际支持和情景模拟都是重要的治愈因素。团体心理咨询对咨询师的要求比较高，团体的组建也有一定难度，团体的保密性较难控制，但不可否认团体心理咨询是一种有效的助人方式。

(三) 根据人们的实际需求分类

心理咨询机构可以是公立的，如医院、学校或社区中心的心理咨询部门，也可以是私立的，如私立的心理咨询诊所或咨询师的个人执业。无论是哪种形式，它们都致力于提供专业的心理健康服务，帮助人们提高生活质量。

1. 医院心理咨询

一般三甲医院，或者地市的综合医院都会有心理科（或心身科、精神科等），或者精神卫生中心（有些地方叫脑科医院），医院的心理咨询收费一般相对机构，有统一的固定定价，这个价位处于当地心理咨询收费的平均水平左右，也有些地方医院的咨询费略高，可以用一包，但要排队预约，咨询环境也并非很个性化，带有医院的特点，环境相对简陋。

此外，医院的心理咨询师，部分是精神科医生，部分是医院招募的兼职心理咨询师，总体上来讲，不能十分保证咨询的专业性，很多精神科医生是医学背景出生，主要的专业业务不再心理咨询上，兼职咨询师是否专业能力足够，一般专业能力足够强的咨询师不愿意来医院兼职，医院能给的酬劳比较有限。医院的咨询个案量较大，咨询师能得到锻炼和成长，对于来访者来说，是否得到足够的专业性的共情，倾听和耐心，也是一个问题，要看医院咨询师的专业操守。

2. 学校心理咨询

儿童和青少年是学校心理咨询的主要工作对象，不同层次的学校对心理咨询提出的要求不一样，这与学生所处的发展阶段有关，例如小学生主要关注不良行为的矫正，高中生关注学业焦虑，大学生关注职业规划等。学校心理咨询除了关注高风险的或有心理障碍的学生，为其提供专业帮助之外，更注重心理问题的预防，所以学校心理咨询师通常也兼任心理教师，负责心理健康相关课程的教学。一般情况下，学校心理咨询部门接受本校的管理和监督，在体制的约束下与家长、老师和校医等共同为学生提供服务。学校的心理咨询师也通过学术研究为学生提供职业规划、心理测试，参与校园危机干预等，支持学校的工作。国家对心理健康教育的重视推动了学校心理咨询的发展，政策的要求和经费的支持极大地促进了学校心理咨询的基础建设，为学校心理咨询提供了专业人员保障。

3. 社区心理咨询

社区心理咨询师是近些年出现的新型职业，一般在社区卫生服务机构开展工作，主要为社区居民提供心理咨询服务。一些非医疗背景的社区服务中心工作者往往也接受过心理咨询的技能培训，为社区居民提供心理咨询服务。我国的社区心理咨询还在起步阶段，随着政府对社区服务项目的投入，未来可能会设置更多社区心理咨询师的就业岗位。

4. 心理咨询机构

私立的心理咨询机构通常是指由个人或私人团体独立运营的心理咨询服务提供者。与公立机构相比，私立心理咨询机构具有以下一些特点：私立心理咨询机构由个人或私人公司运营，资金通常来源于私人投资者或机构创始人，而非政府拨款。不隶属于政府或公共部门。私立心理咨询机构可能提供更多样化的服务，包括但不限于个人咨询、团体咨询、家庭咨询、职业咨询等。在服务时间、地点、价格和治疗方法等方面，私立机构可能更加灵活，以满足不同客户的需求，如根据客户的具体情况和需求定制咨询方案。虽然私立，但提供服务的心理咨询师或心理医生通常需要具备相应的专业资质和认证。私立心理咨询机构在运营上更倾向于市场化，需要通过服务质量和客户满意度来吸引和保留客户。私立机构在保护客户的隐私和个人信息方面也非常注意，以免引起法律纠纷，但在收费上心理咨询机构存在着缺乏标准，有些机构收费过高，或者咨询师专业资质缺乏定期考核等问题。

私立心理咨询机构因其独立性和灵活性，能够为寻求心理健康服务的个人提供更多的选择和便利。然而，选择时也应考虑咨询师的专业背景、服务质量以及费用等因素。

5. 网络平台上的心理咨询师

现在有很多心理咨询平台，平台上也有很多心理咨询师，这些咨询师是否都具有足够的专业伦理操守，和从业经验和背景，也是一个需要平台去严格把关，经常考核的，有些网络包括一些营销号上的心理咨询师，通过各种视频号，直播，写文章等输出个人观点，增加个人影响力，做各种营销，这种是否是一种专业心理咨询师应该做的，也是值得考量的，因为当一个心理咨询师经常在网络上输出观点，来访者就会考虑咨询师的价值观和立场。

二、心理咨询的作用

人们在心理咨询中究竟能得到什么帮助？不同理论流派基于各自的人性观对咨询的目标设置可能有差异，导致来访者的咨询体验是不同的，但总体来说，都是对人们有积极意义的。

1. 激发与促成"改变"

大部分来访者带着具体的生活问题来咨询，这些问题导致的后果是不同程度的主观痛苦感。心理咨询首先为来访者提供的往往是"希望"。面对初次接受心理咨询的来访者，心理咨询师要做的一个重要事件就是激发来访者的求助动机。在求助动机的驱使下，来访者接受了短期或者长期的咨询，将体验到来自认知、情绪和行为方面的改变，这些改变是深刻的、可觉知或者可量化的、有积极意义的。

2. 获得专业信息和建议

来访者通过心理咨询能够得到关于心理健康水平、人格特质、职业兴趣等方面的专业评估，也能从心理学的角度理解自己的症状，并获得关于咨询或治疗方案的建议。很多来访者会在网络上搜索关于心理问题或心理疾病的相关知识，但由于缺乏理解和判断能力，常常会增加来访者的压力或耽误治疗时间。而心理咨询师是专业的从业者，能够提供准确的信息和科学的判断。

3. 促进自我认识

心理动力学理论流派的心理咨询师会从潜意识的角度深入分析内心的冲突，探讨来访者的过去与现在的关联。很多时候，来访者的痛苦是模糊的，他们不清楚是什么力量在支配自己，尤其是做了很多自我调节都失败后，容易产生无助感。心理咨询能够通过分析让来访者的痛苦意识化，以增强来访者对自我的掌控。

4. 学习技能

心理咨询能够帮助来访者掌握一些人际交往的技巧及调节情绪和缓解压力的方法，来访者可以在咨询过程中进行行为训练，以掌握技能，提升日常生活质量。

5. 改善人际关系

来访者在心理咨询过程中能更加了解自己的人际交往模式和动机，以便调整与人相处的方式，建立更健康的人际关系。

6. 获得启发

心理咨询常常能营造一种积极的氛围，让来访者感受到尊重、热情、无条件的接纳，以激发来访者内在的潜能，从而对生命产生新的领悟。

三、影响心理咨询效果的因素

在关于心理咨询的研究中，对于"疗效"的研究是最多的。20世纪七八十年代，对于疗效的元分析研究达到了顶峰。在强有力的证据面前，几乎没有人再去质疑心理咨询的效果。心理咨询是如何起效果的？各种理论流派的作用是否有差异？这是研究者所关心的。史密斯等人所做的关于咨询效果的元分析研究的结论表明，没有发现能够证明任何一种心理咨询或治疗的方法比其他方法更有效的证据。在心理咨询领域，学者们通常的观点是：各种不同的方法是同等有效的，心理咨询或治疗要比不接受治疗具有意义深远的益处。万普等人用元分析研究的方法，进一步肯定了早期研究者关于共同因素的结论：各种治疗体系的价值基本相等，导致心理咨询起效果的主要是各个疗法中共同的东西，而不是特异的东西。

21世纪初，西方引入"循证心理治疗"的概念，这是西方心理治疗新的发展方向。循证心理治疗是治疗者在意识到病人特征、文化与偏好的情况下，将最佳研究证据与临床技能整合起来进行治疗的心理治疗取向。有学者认为，心理治疗不是单个治疗师的工作，而是治疗过程所涉及的所有主体共同演奏的"交响乐"，其执行主体主要包括4个方面。

(1) 提供最佳证据的研究者。
(2) 拥有临床技能的治疗者。
(3) 不同特征、文化与偏好的病人及其家属。
(4) 管理者或其他利益相关者。

根据循证心理治疗的观点，下面从心理咨询实践过程的角度讨论影响咨询效果的因素。

（一）来访者

来访者的一些特点会影响心理咨询的效果，例如心理问题的类型和严重程度、求助动机的强弱、来访者的人格特质等。

1. 心理问题的类型和严重程度

不是所有的来访者都适合做心理咨询。有些来访者的问题并不是心理因素造成的，例如以生物学因素为主造成的精神分裂、情感性精神障碍、脑器质性精神障碍等，对于这一类精神病患者，心理学的理论和技术在治疗中并不能起主导作用。心理咨询师应该具备异常心理学的基本知识，对精神疾病有识别能力，并及时转介来访者到医疗机构求助。

有研究证明，心理障碍的严重程度与治疗效果之间是负相关关系。对于属于心理咨询范畴的来访者来说，症状越严重，持续时间越长，咨询见效越慢。弗兰克研究发现，心理治疗对焦虑和抑郁症状的改变最为明显，而对躯体化的问题疗效最差。

2. 求助动机的强弱

来访者的求助动机对咨询效果影响较大。被迫来接受咨询的来访者常常是没有求助意愿的，如有些儿童和青少年，迫于父母的压力来见咨询师，往往很难建立咨询关系，导致咨询很难见效。求助动机强的来访者在咨询中表现得更积极，更愿意做出改变，咨询效果也更好。国内研究表明，就大学生样本来说，女生较男生更愿意求助于专业心理帮助；而分别出身于大城市、中小城镇和农村的大学生，求助于专业心理帮助的意愿依次降低。

3. 来访者的人格特质

海伦(Helen)和希尔(Hill)在分析文献后发现，许多研究者强调来访者对人际影响的敏感性对于心理治疗的意义。心理咨询是在一种特殊的人际关系中进行的，具有偏执、多疑、自恋特质的来访者很难信任咨询师，开放程度较低，咨询效果比较有限。各类人格障碍患者也难以在心理咨询中受益。此外，有研究者认为具有YAVIS特点的病人较易寻求专业服务并较易在治疗中取得效果，YAVIS即年轻(young)、有吸引力(attractive)、善言谈(verbal)、聪慧(intelligent)和成功(successful)。

(二) 心理咨询师

心理咨询师是影响心理咨询效果的主要因素，其专业能力和临床经验、人格特质等都会对咨询效果产生直接或间接的影响。

1. 专业能力和临床经验

心理咨询师的专业能力是咨询效果的重要保障。每个国家的心理咨询师认证系统都列出了对心理咨询师专业能力的基本要求。专业能力的获得来源于咨询师的受训背景、经验积累和专业督导。美国心理咨询师认证管理委员会设计了一套标准化测试，并规定了心理咨询师必须精通的8门主要课程：人的成长与发展、社会和文化基础、助人关系、团体、生活方式和职业发展、评估、研究和评价、职业取向。应试者必须通过标准化测试，并具备相关经验以及适宜的性格条件，才能成为一名国家认证心理咨询师。心理咨询师新手和专家的区别并不体现在单次咨询或单个个案的效果上，而体现在多个案例长期的助人效果上。心理咨询师的专业能力和临床经验与咨询效果之间有肯定关联。

2. 人格特质

心理咨询师的人格特质是否和咨询效果有关联目前还没有标准的实证研究结论，现在似乎没有一种专门的咨询师式的人格。站在来访者的角度来看，他们更愿意与有亲和力的、耐心的、温和的、聪慧的、包容的、敏感的心理咨询师进行沟通，深入的交流会让咨询效果更好。心理咨询师自身善良、乐观、坚强、善良、幽默的心理品质可能会给来访者以积极的心理支持或影响。但心理咨询师并不是完美的人，此处探讨咨询师的人格特质主要是从影响咨询过程和咨询关系的角度来考虑的。

3. 其他因素

咨询关系是影响咨询效果的重要变量。咨询关系本质上是一种求助关系，但心理咨询并不是一个纯技术活，安全、相互信任、平等、相互接纳的关系本身对来访者就有治愈作用。这里可能涉及心理咨询师和来访者的匹配问题，两者在年龄、性别、求助问题和咨询师专长，甚至人格特质等方面的匹配度越高，咨询效果可能越好。

咨询以外的因素也可能影响咨询效果。来访者的社会支持体系越好，其咨询后改变现状遇到的阻力越小。例如青少年心理咨询的效果受家庭教养方式和家庭关系影响比较大，在咨询中学会正确地评价自己，获得了鼓励，但回到家中依然被否定、被指责，往往使咨询效果打折扣。所以咨询师在制定咨询方案的时候，应该考虑来访者的经济、时间和生活环境等因素，必要的时候，也可以干预环境中的消极因素，例如对家属提出建议。

第四节　心理咨询的伦理问题

每个行业都有自己的职业伦理规范，心理咨询也不例外。随着心理咨询行业的成熟与发展，咨询师们对从业过程中应该遵循的基本伦理准则逐渐达成了共识，心理咨询相关的行业协会也对职业伦理进行了明文规定，并颁布了相关条例。

一、职业伦理准则的意义

伦理是指对社会中的人以及人与人之间的交往方式做出道德上的决策。在范·霍斯(Van Hoose)与科特勒(Kottler)看来，职业伦理准则的存在还有以下三点意义。

(1) 伦理准则能保护一个职业使其相对独立于政府，促使该职业进行自我约束并发挥自主的功能，而不受到立法的控制。

(2) 伦理准则有助于控制职业组织内部的纷争，从而增强其内部的稳定性。

(3) 伦理准则保护了公众参与者，尤其是在玩忽职守的案件中。如果心理咨询从业人员遵守职业伦理准则，那么其行为就被认为是符合心理咨询行业认可的标准的。

美国心理学会、美国心理咨询协会、美国婚姻家庭治疗协会等专业组织均制定了心理咨询与治疗的伦理准则。对咨询师违反伦理准则的行为，轻者提出警告，重者取消会员资格、吊销执照，更为严重者可导致法律诉讼。

2007年，中国心理学会颁布了《中国心理学会临床与咨询心理学工作伦理守则》。

> **拓展阅读 1-1**
>
> 中国心理学会临床与咨询心理学工作伦理守则(第二版)

二、心理咨询中的伦理准则

伦理准则反映了咨询师的价值观，它提供了咨询师对待工作的基本态度，也为解决一些问题情境提出了解决的方向。但实际咨询过程中的情境是具体和复杂的，需要咨询师根据具体情况进行具体分析。下面介绍几个常见的伦理准则。

(1) 善行原则。助人是心理工作的灵魂，心理咨询中的每个决策都应该以来访者的利益为先，咨询师应该充分考虑来访者的利益，尽力为其提供专业帮助。这也要求咨询师在咨询过程中保持真诚、善意、热情的态度，以及最基本的人道主义救助精神。

(2) 无伤害原则。心理咨询中的任何技术和训练方案，都不应该对来访者的身体和精神造成伤害，这就要求咨询师保证来访者的知情权，在其知情并同意的情况下进行咨询工作。咨询师也应该提高自己的胜任力，了解对来访者可能造成伤害的所有操作，慎重给出建议，规避来访者受伤的风险。

(3) 自主原则。咨询师应尽可能地激发来访者的自主意识，增强其对生活的掌控感，并尊重来访者的意愿和决策。

(4) 公正原则。咨询师应该平等对待来访者，尊重所有来访者的权益和人格尊严，尊重来访者的种族、文化、性别、性取向等，避免偏见和歧视。

(5) 诚实原则。咨询师应该向来访者如实告知自己的专业资质，不能虚假宣传。若来访者的问题超出了咨询师的能力范围，咨询师应如实告知来访者自己的专业局限，并提供可靠的转介服务。

(6) 保密原则。保密原则是心理咨询中最基本的，也是最重要的伦理准则。来访者求助心理咨询师的原因之一是能够回避现实中的人际关系压力，如果其隐私被泄露，可能对来访者的心理造成不可挽回的伤害，咨询关系也不可避免地会破裂。咨询师对来访者的个人信息、测试结果、咨询过程都应该严格保守秘密，妥善保管涉及来访者隐私的资料。

在一些情况下可以打破保密原则。如果咨询师在咨询过程中发现来访者有自杀倾向，例如有自杀行为或计划，而且根据专业评估，来访者的自杀风险很高，咨询师应该首先尽一切可能阻止来访者的自杀行动，在无法确保来访者生命安全的情况下，应该迅速通知其家人或有关机构进行危机干预，同时做好咨询记录。若来访者在咨询过程中明确表示要做一些伤害他人或危害社会安全的事，咨询师也必须打破保密原则，保护社会公众的利益。但是评估自杀或伤人风险并不容易，需要咨询师保持敏锐的觉察力、判断力，掌握评估风险的科学方法。例如，有自杀计划或受强烈事件刺激的人、冲动的人、社会支持系统薄弱的人，自杀风险相对较高；有暴力犯罪记录、冲动、偏执，并表明有伤人或杀人欲望的人，发生伤人事件的风险较高。咨询师应该具备危机处理的能力，积极与医院、警务机构合作。

心理咨询师如果有专业科学研究或案例督导的需要，经过来访者的同意，可以将来访者的资料有限度地公开，但必须隐去来访者的姓名、工作单位和家庭住址等信息。

> 📖 **拓展阅读 1-2**
>
> 不能保守的秘密

思考与实践

一、思考题

1. 如何理解心理咨询的定义？
2. 谈谈我国心理咨询的现状和困境。
3. 影响心理咨询效果的因素有哪些？
4. 谈谈你对心理咨询中自主原则的理解。

二、理论联系实践

李天今年研究生毕业，目前在一家私立心理健康机构担任心理咨询师，能够从事自己热爱的职业，他觉得非常高兴。由于是新手心理咨询师，找李天咨询的人并不多，公司同事建议其在网站上"修饰"一下自己的履历，并把工作经验改为"三年"。李天觉得有些为难，但考虑到自己的经济收入，他接受了同事的建议，果然李天的咨询量增多了起来。最近有几例婚姻问题的咨询预约，李天之前从来没有接过这种类型的案例，尽管他在抓紧阅读相关的书籍，但还是感到很吃力和焦虑。

你怎么看待李天遇到的工作伦理问题？你觉得李天该如何处理？

第二章

精神分析疗法

【学习目标】
(1) 掌握精神分析疗法的定义。
(2) 理解精神分析疗法的治疗原理。
(3) 掌握精神分析的心理结构理论、人格结构理论和心理动力学理论。

【重点与难点】
(1) 心理冲突理论与神经症的心理病理学。
(2) 精神分析疗法的治疗原理、治疗步骤和主要治疗方法。

【情境导入】

心病心医

心理治疗自古以来就存在。据《后汉书》记载：某地有一位太守，因忧思郁结患病，久治无效。后请名医华佗诊治，华佗闻得太守的病情后，开了一个奇妙的治疗"处方"：他故意收取了太守的许多珍宝后不辞而别，仅留下一封讽刺太守的信札。太守闻讯勃然大怒，命人追杀华佗，但华佗早已远去。于是，太守愈加愤怒，竟气得吐出许多黑血。不料黑血一吐，多年的顽疾也随之痊愈了。

这里，华佗正是采用心理治疗的方法，以"怒胜思"之术治好了太守的"心病"与"身病"。此外，各种宗教里都有关于上帝、神、佛或者圣人治病的记载，病人都是依靠信仰即"诚则灵"恢复健康，这些都说明了心理治疗的历史源远流长。目前，心理治疗已作为一种不可缺少的治疗方法被广泛应用，医学领域也开始重视心理治疗对各种心身疾病的治疗效果。

回顾西方心理学的发展历史可以发现，精神分析作为一个非常重要的理论流派，它的理论给予心理学以巨大的影响，甚至对整个20世纪西方文化的发展都具有划时代的意义。

(资料来源：车文博. 西方心理学史[M]. 杭州：浙江教育出版社，2000.)

精神分析理论一直影响着心理学的发展，在心理咨询与心理治疗中更是被视为支柱性的理论。很多心理咨询的方法与技巧都是在精神分析理论的基础上所提出，例如心理咨询师的倾听技巧、保密原则、无条件积极关注等。心理咨询就是为来访者建立一个安全与受保护的空间，让来访者可以放下自己的心理防御机制，勇于探索自己的潜意识，敢于面对自己的本我，并在咨询师的帮助与引导下协调本我、自我、超我的关系，解决心理冲突。尽管精神分析理论有很多观点至今尚未被实证方法所证实，但是在实际应用中，精神分析理论为心理咨询师与心理咨询师提供了有效的指导作用。

第一节 精神分析概述

精神分析在心理学领域占据非常重要的位置，尤其在心理咨询与心理治疗方面。古典精神分析治疗理论由弗洛伊德在19世纪末创立，该治疗理论强调潜意识中幼年时期的心理冲突在一定条件下(如精神刺激、环境变化等因素)可转化为各种神经症症状及心身转换症状，而精神分析师就是帮助来访者将压抑在潜意识中的各种心理冲突(主要是幼年时期的精神创伤和焦虑情绪体验)挖掘出来，使这些心理冲突进入意识中，转化为个体可以认知的内容进行认识，使来访者重新认识自己，发展更具有建设性的适应方式，并改变原有的行为模式，以达到治疗的目的。

在现代心理咨询中，咨询师会充分运用精神分析的理论与方法引导来访者探究自己内心的原始欲望与最真实的想法，鼓励来访者卸下心理防御机制，客观地认识自己最真实的一面，从而挖掘出心理冲突，并共同协商解决心理冲突的方法，从而帮助来访者稳定自己的人格结构，以达到自愈的目的。本节的主要内容是解释精神分析的含义，介绍精神分析各理论流派和治疗体系的发展过程。

一、精神分析的含义

精神分析是指在会话中挖掘来访者无意识中的情结，使无意识内容能深入到意识层面，来访者通过接触、面对和与自己的无意识沟通，获得症状的改善和矫治。常见的适应症如下：各类神经症，如癔症、强迫症；各种严重的心理挫折，如人际交往障碍和性心理障碍。

精神分析是现代心理治疗的奠基石，但它的影响并不局限于心理治疗领域，对于整个心理科学乃至20世纪西方人文科学的各个领域，它的影响可与达尔文的学说媲美。就精神分析在心理治疗领域的地位和作用来说，它既是一个系统的疗法，又是现代心理治疗的基础。精神分析的思想和方法从各方面给后来的其他疗法带来灵感或刺激。

二、精神分析理论及代表人物

(一) 古典精神分析——弗洛伊德

西格蒙德·弗洛伊德(Sigmund Freud，1856—1939)是古典精神分析的创始人，被誉为精神分析之父。他出生于现捷克摩拉维亚市弗赖堡镇的一个犹太家庭，父亲是一位商人，因生意上的失败而全家迁至德国莱比锡，后又移居奥地利维也纳。弗洛伊德自幼聪颖好学，17岁考入维也纳大学医学院，25岁获得博士学位，之后开始在维也纳中心医院工作。1885年，他去法国巴黎向沙可学习，对癔症的治疗和催眠术产生了兴趣。第二年，他在维也纳开设私人诊所，开始运用催眠术治疗患者。

经过长期的研究和医疗实践，弗洛伊德逐渐认识到，不仅仅是歇斯底里患者，对于正常人，在意识的背后都可能具有各种各样的欲望和冲动，因不被社会习俗、道德法律所容许，必须被压抑下去而不被意识到。这些被压抑于心灵深处的欲望和动机构成了人的潜意识，它是人类一切精神生活的根本动机。这种潜意识学说构成了精神分析的理论基础。弗洛伊德正是沿着这条线索，逐步发展、完善了他的精神分析学说，这是人类认识自我历程中的伟大成就。

拓展阅读 2-1

认识弗洛伊德

弗洛伊德的《梦的解析》、达尔文的《物种起源》及哥白尼的《天体运行论》并列为引领人类三大思想革命的著作。

对世界影响最大的三位犹太人：弗洛伊德、马克思、爱因斯坦。

1999 年，美国《时代周刊》列出 20 世纪对人类社会影响最大的 100 位思想家，弗洛伊德和皮亚杰以心理学家身份入围。

——郭本禹：《弗洛伊德与精神分析运动的发展》

如果一个人的伟大程度可以用他对后世的影响来衡量，那么弗洛伊德无疑是最伟大的心理学家。几乎没有一项探讨人性的问题没有被他触及过。他的学说影响了文学、哲学、神学、伦理学、美学、政治学、社会学和流行心理学……弗洛伊德、达尔文和马克思可算是 20 世纪西方思潮的三位先知……他公开宣称和哥白尼、达尔文站在同一线上，向人们幼稚的自我中心挑战，希望唤醒人类，使之迈向成熟的自知之明。他对人类的本性和必然的灾难充满了悲观的结论，但在这种悲观的宿命论中却存在着一丝的希望，希望人们能以理智面对自己的潜意识和黑暗的本性，唯有如此才能扭转人类的命运。

——黧黑：《心理学史——心理学思想的主要趋势》

谁想在今后 3 个世纪内写出一部心理学史而不提弗洛伊德的姓名，那就不可能自诩是一部心理学通史了。

——爱德温·波林

1. 心理结构理论

心理结构理论是以弗洛伊德为首的精神分析传统学派所提出的经典理论，也是精神分析学派奠基性的经典理论。心理结构理论认为，人的意识分为三个层次，从表面到内在分别是意识、潜意识和前意识，它们的关系如图 2-1 所示。

(1) 意识(conscious)，是指能够被直接感知到的心理活动，人们日常感知到的行为、情绪、情感就属于意识层面，是人意识的表层。

(2) 潜意识(unconscious)，又称无意识，是指一些潜伏的、无法被察觉的思想或观念，也指潜意识领域中的观念、欲望的动态活动，这些活动不能够被直接感知到，但是却存在于内心深处并影响着人们的行为与情绪、情感。

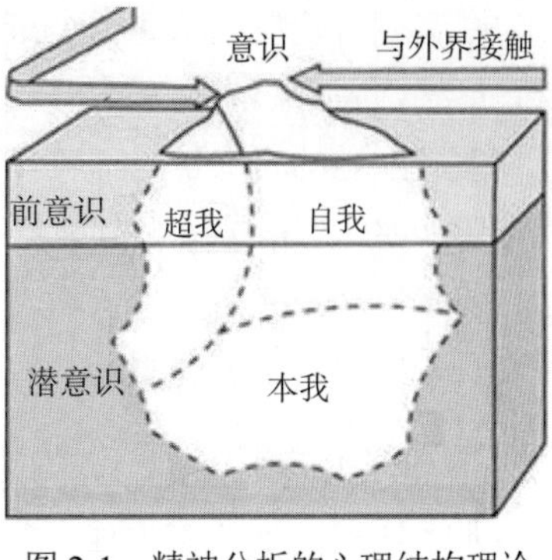

(3) 前意识(preconscious)，介于意识和潜意识之间，其中所包含的内容是可召回到意识部分中去的。潜意识不断想要进入意识的领域，而前意识则起到了一个过滤器的作用，它阻止潜意识中那些不被人们所接受的观念、想法进入意识层面。

图 2-1　精神分析的心理结构理论

由此，意识、潜意识和前意识就构成了弗洛伊德的心理结构理论。

图 2-2　精神分析的冰山理论

弗洛伊德认为潜意识的核心要素是性冲动、性本能、性欲望，它通过人们不经意的玩笑、失言、梦等方式表现出来。在人的心理结构中，潜意识占据了最大一部分，多表现为盲目的冲动、生物的本能和被压抑的欲望。如图2-2所示，倘若用冰山来比喻的话，意识只是浮于水面上的小部分，而潜意识则是藏于水面之下的大部分。弗洛伊德早期是用潜意识的本能和欲望，尤其是性本能和欲望来解释人的心理活动。这一学说从两个前提出发：首先，它肯定精神过程本身都是潜意识的，而那些有意识的精神过程只不过是一些孤立的动作和整个精神生活的局部。其次，它肯定那些不论从狭义还是从广义来说，人们都只能称之为性的本能冲动，这种本能冲动在精神疾病和心理疾病的成因中起着一种极不寻常的巨大作用，而且其成因尚未可知。由此可见，潜意识对于人的行为可以说起着至关重要的作用。

弗洛伊德还提出了俄狄浦斯情结与厄勒克特拉情结。

俄狄浦斯情结(Oedipus complex)又称恋母情结，原指男孩亲母反父的复合情绪，后统指幼儿对异性父母的依恋、亲近，而对同性父母的嫉妒和仇恨等复合情绪。古希腊神话中，俄狄浦斯王子因应验一个神谕，无意中杀死生父，娶母为妻。弗洛伊德借此论证儿童性心理的特征，认为在生殖器期(3～6岁)，男孩出现恋母妒父的情绪，无意识中想取代父亲独占母亲的爱，但因父亲比自己更强大有力，故心理上常以父亲自居，极力模仿父亲的行为和态度。到了青春期，这种冲动还会出现，直到有了性爱对象才会缓解或消失。弗洛伊德认为，男孩害怕父亲的阉割，而逐渐消除恋母情结。

厄勒克特拉情结(Electra complex)又称恋父情结。厄勒克特拉为希腊神话中的人物，是希腊联军统帅阿伽门农和王后克拉得耐斯特拉的女儿。特洛伊战争结束之后，阿伽门农回国，但被王后和她的姘夫伊吉斯修斯杀害。厄勒克特拉就鼓动她的弟弟欧莱斯提兹入宫，杀死她的母亲和姘夫。精神医学家就用这个女儿为了报父仇而杀害母亲的故事比喻女孩在心性发展上的恋父情结。弗洛伊德认为，厄勒克特拉情结是女孩具有的一种无意识欲望，其内容是对父亲的爱，对母亲的轻视与敌视，并认为这一情结持续时间长，不易升华。

2. 心理动力理论——性本能理论

弗洛伊德提出了"力比多"(libido)的概念，认为力比多是一种本能，是一种内在力量，是人的心理现象发生的驱动力，是推动个体行为的内在动力，这就是弗洛伊德的心理动力理论，又称性本能理论。他认为人类最基本的本能有两类：一类是生的本能，另一类是死亡本能或攻击本能。生的本能包括性欲本能与个体生存本能，其目的是保持种族的繁衍与个体的生存。弗洛伊德是泛性论者，在他的眼里，性欲有着广义的含义，是指人们一切追求快乐的欲望，性本能冲动是人一切心理活动的内在动力。弗洛伊德自画像如图2-3所示。

图2-3 弗洛伊德自画像：大脑中的性

性本能论是20世纪一个大胆创新的理论，因为那个时代人们的思想还比较封建保守，弗洛伊德在当时提出该理论被世人觉得不可思议。但是这一理论从提出至今近一百年的时间，逐渐受到世人的认可与接受，并影响着心理咨询与心理治疗行业，可见这一理论的前卫性与大胆性。

3. 人格结构理论

弗洛伊德在心理结构理论的基础上提出人格结构理论。心理结构理论把人的意识分为意识、前意识和潜意识，他结合力比多的概念在人格结构理论中把人分为本我、自我与本我。

本我(id)，即原我，是指原始的自己，包含生存所需的基本欲望、冲动和生命力。本我是一切心理能量之源，本我按快乐原则行事，它不理会社会道德和外在的行为规范，它唯一的要求是获得快乐，避免痛苦。本我的目标是求得个体的舒适、生存及繁殖，它是无意识的，不被个体所觉察。

自我(ego)，其德文原意指"自己"，是自己可意识到的执行思考、感觉、判断或记忆的部分。自我的机能是寻求本我冲动得以满足，而同时保护整个机体不受伤害，它遵循的是"现实原则"，为本我服务。

超我(superego)，是人格结构中代表理想的部分，它是个体在成长过程中通过内化道德规范，内化社会及文化环境的价值观念而形成，其机能主要是监督、批判及管束自己的行为。超我的特点是追求完美，所以它与本我一样是非现实的，超我大部分也是无意识的，超我要求自我按社会可接受的方式去满足本我，它所遵循的是"道德原则"。

本我、自我、超我之间不断地交互作用。自我在超我的监督下，按现实可能的情况，只允许来自本我的冲动有有限的表现。在一个健康的人格之中，本我、自我与超我的力量必然是均衡的、协调的，如果这三种力量不能保持动态平衡，则将导致心理失常。

4. 心理发展阶段理论

弗洛伊德认为，本我中的无意识冲动和性欲，在个体发展的不同阶段总要通过身体的不同部位或区域得到满足来获取快感，而不同部位获取快感的过程就构成了人格发展的不同阶段。

(1) 口欲期(0～1岁)：此时期的主要活动为口腔的活动，快乐来自吸吮、咬牙。如果这一时期发展顺利，那么成年后的性格倾向于乐观、活跃；如果这一时期的发展受到了阻碍，成年后往往会更加依赖他人，而且会通过各种方式来进行弥补，如抽烟、磨牙等。

(2) 肛欲期(1～3岁)：此时期主要为肌紧张的控制，快感主要表现为忍受和排便。这个时期的孩子开始学习怎样上厕所，如果家长的要求过于严格，孩子长大后就容易有洁癖、强迫症的表现；如果家长没有给予指导，孩子长大后生活会比较随意、不修边幅。

(3) 生殖器期(3～6岁)：此时期主要因为生殖器部位的刺激而感到快感，并开始意识到男女生之间的性别差异。在这一时期，男孩会出现恋母情结，女孩会出现恋父情结。儿童对于父母异性一方的爱使得孩子想要取代同性一方来获得同等的情感，一旦发现愿望无法实现，就会迅速转为学习父母中的同性一方，从而发展了儿童对性别角色的学习。

(4) 潜伏期(6～12岁)：儿童在潜伏期的力比多处于休眠状态，他们把注意力转移到了其他的事物上，学习、游戏等成为他们生活中非常重要的一环，快感主要来自对外部世界的兴趣。

(5) 生殖期(12～18岁)：由于青春期激素的分泌、身体的发育，力比多被重新激活，这一时期的人会把兴趣逐渐转向异性，幼年的性冲动复活，开始进行正常的恋爱，等到生理和心理都完全成熟后便可以建立家庭和从事相应的社会工作。

5. 焦虑

弗洛伊德认为，焦虑是自我被威胁的一种警告，他把焦虑归类为三种：客观性焦虑、精神官能焦虑和道德焦虑。客观性焦虑由现实世界面对真正危险所产生的恐惧导致，另外两种类型由它发展而来。精神官能焦虑产生于本我对可能存在的潜在危险的辨识，它不是害怕本能本身，而是害怕可能随不分青红皂白、由本我支配的行为而带来的处罚。道德焦虑能够被一个人的良心恐惧唤起，当一个人表现甚至是想到做一些和道德价值相反的行动，就可能经历罪恶或羞愧。因此，道德焦虑取决于一个人道德价值的发展情况，如果一个人的道德价值较低就会产生较少的道德焦虑。

焦虑产生紧张的状态，刺激个人以行动来减少它。弗洛伊德提出自我发展反抗焦虑的保护性防卫方式，叫自我防御机制。自我防御机制是对无意识的否认或对现实的扭曲。

6. 心理防御机制

心理防御机制(psychological defense mechanism)是指个体面临挫折或冲突的紧张情境时，

在其心理活动中具有的自觉或不自觉地解脱烦恼，减轻内心不安，以恢复心理平衡与稳定的一种适应性倾向。心理防御机制的积极意义在于能够使主体在遭受困难与挫折后减轻或免除精神压力，恢复心理平衡，甚至激发主体的主观能动性，激励主体以顽强的毅力克服困难，战胜挫折。心理防御机制的消极意义在于使主体可能因压力的缓解而自足，或出现退缩甚至恐惧而导致心理疾病。

心理防御机制是个体为抗拒每天生活中的心理冲突引起的焦虑所采取的行为模式。很多时候，超我与本我之间，原本与现实之间，会有矛盾和冲突，这时人就会感到痛苦和焦虑，自我会在不知不觉之中以某种方式调整冲突双方的关系，使超我的监察可以接受，同时本我的欲望又可以得到某种形式的满足，从而缓和焦虑，消除痛苦，这就是自我的心理防御机制，包括压抑、否认、投射、退化、隔离、抵消、合理化、补偿、升华、反向形成等各种形式。人类在正常和病态情况下都会不自觉地运用心理防御机制，运用得当可减轻痛苦，帮助个体度过心理难关，防止精神崩溃；运用过度就会令个体出现焦虑、抑郁等病态心理症状。

(1) 压抑(repression)。压抑是最基本的心理防御机制，指个体将一些自我所不能接受或具有威胁性、痛苦的经验及冲动，在不知不觉中从个体的意识中排除，压抑到无意识里的机制。压抑是一种动机性的遗忘，个体在面对不愉快的情绪时，不知不觉有目的地遗忘，与因时间久而自然忘却的情形不一样。例如，人们常说："我真希望没这回事""我不要再想它了"，或者在日常生活中，有时人们做梦、不小心说漏了嘴或偶然有失态的行为表现，都是这种压抑的结果。

(2) 否认(denial)。否认是一种原始而简单的防卫机制，其方法是借助扭曲个体在创伤情境下的想法、情感及感觉来逃避心理上的痛苦，或否定不愉快的事件，当作它根本没有发生，来获取心理上暂时的安慰。否认与压抑极为相似。否认不是有目的地忘却，而是把不愉快的事情加以否定。

许多人面对绝症或亲人的死亡，常会本能地说"这不是真的"，用否认来逃避巨大的伤痛。其他如"眼不见为净""掩耳盗铃"，都是否认作用的表现。

心理学家拉扎勒斯(Lazarus)在对即将动手术的病人所做的研究中发现，使用否认并坚持一些错觉的人，会比那些坚持知道手术的一切实情、精确估算愈后情形的人康复得好。因此，拉扎勒斯认为，否认(拒绝面对现实)和错觉(对现象有错误的信念)对某些人在某些情况下是有益健康的。但拉扎勒斯也指出，否认与错觉并不适用于每一种情况(例如，有些妇女拒绝承认她们的乳房有硬块而不去就医，导致错过了最佳治疗时间)。不过在无能为力的情况下，否认与错觉仍不失为有效的适应方式。

(3) 投射(projection)。精神分析学者认为，投射是个体自我对抗超我时，为减除内心罪恶感所使用的一种心理防御方式。所谓投射，是指把自己的性格、态度、动机或欲望转移到别人身上。下面就是一个投射的例子。

庄子与惠施游于濠梁之上。庄子曰："鲦鱼出游从容，是鱼之乐也。"惠子曰："子非鱼，安知鱼之乐？"庄子曰："子非我，安知我不知鱼之乐？"惠子曰："我非子，固不知子矣；子固非鱼也，子之不知鱼之乐，全矣！"庄子曰："请循其本。子曰'汝安知鱼乐'云者，既已知吾知之而问我，我知之濠上也。"

(4) 退行(regression)。退行是指个体在遭遇到挫折时，表现出其年龄所不应有的幼稚行为反应，是一种反成熟的倒退现象。例如，已养成良好生活习惯的儿童，因母亲生了弟弟、妹妹或家中突遭变故，而表现出尿床、吸吮拇指、好哭、极端依赖等婴幼儿时期的行为。

成人后，本来应该运用成人的方法和态度来处理事情，但在某些情况下，由于某些原因采用较幼稚的行为反应，并非不可。例如，父亲在地上扮马、扮牛给孩子骑，情侣中一方偶然向另一方撒娇等，偶然退行，反而会给生活增添不少情趣与色彩。但如果常常退行，使用较原始而幼稚的方法来应付困难，或利用自己的退行行为来争取别人的同情与照顾，以避免面对现实的问题与痛苦，其退行就不仅是一种现象，而是一种心理症状了。例如，某些性变态病人在遇到性挫折后，就会将成年后无法满足的性欲用非常态的幼年性欲的方式来表达，如在异性面前暴露自己的生殖器。

(5) 隔离(isolation)。所谓隔离，是把部分事实从意识中加以隔离，不让自己意识到，以免引起精神上的不愉快。最常被隔离的是与事实相关的个人感觉部分，因为此种感觉易引起焦虑与不安。隔离是把观念与感觉分开，很多精神病患者常有此现象。因此，在心理治疗过程中，心理治疗须注意观察病人的隔离状况，以发现、发掘问题症结之所在，而进行治疗工作。

(6) 仪式与抵消(ritual and undoing)。人有意或无意犯错都会感到不安，尤其是当事情牵连他人，令他人无辜受伤害和损失时，人们都会很内疚和自责。倘若采用象征式的事情和行动来尝试抵消已经发生的不愉快事件，以减轻心理上的罪恶感，这种方式就称为仪式与抵消。例如，一位工作繁忙无暇陪孩子的父亲，提供给孩子各种物质满足来消除心中愧疚感；又如，新年时节，打破东西说"岁岁平安"，这些都是采用仪式与抵消的心理防御机制。

有些心理疾病是由此机制的过度使用而造成的。有一位因自卫不慎杀死人的中年妇人，患有强迫洗手症(每天洗手20多次，且每次洗手时间长达20多分钟，其手部皮肤近乎溃烂)。后经心理治疗，发现其强迫洗手症来源于她的不慎杀人所引发的罪恶感。她认为她的双手沾满血腥，是污秽肮脏的，因此，她无法控制自己不断想洗手的念头与行为(事实上她想洗去的是自己的内疚)，以洗手来减轻内心的罪恶感。

(7) 转化(conversion)。转化指精神上的痛苦、焦虑转化为躯体症状表现出来，从而避开了心理焦虑和痛苦，例如歇斯底里病人的内心焦虑或心理冲突往往以躯体化的症状表现出来，如瘫痪、失音、抽搐、晕厥、痉挛性斜颈等，病者自己对此完全没有觉察，转化的动机完全是无意识的，是病者意识不能承认的。

(8) 补偿(compensation)。补偿是指个体利用某种方法来弥补其生理或心理上的缺陷，从而掩盖自己的自卑感和不安全感。"补偿"一词，首先出现于阿德勒的心理学中。阿德勒认为每个人天生都有一些自卑感(来自小时候，自觉别人永远比自己高大强壮所产生的自卑)，而此种自卑感使个体产生追求卓越的需要，而满足个人追求卓越的需求，个体借补偿的方式来力求克服个人的缺陷。人们使用何种补偿方式来克服自己独有的自卑感，便构成一个人独特的人格类型。因此阿德勒主张，欲了解人类的行为，根本上必须掌握两个基本的观念——自卑感和补偿。

(9) 合理化(rationalization)。合理化又称文饰作用，是个体无意识地用似乎合理的解释来为难以接受的情感、行为、动机辩护，以使其可以接受。这个理论有两个很著名的案例：一是酸葡萄心理，丑化失败的动机；二是甜柠檬心理，美化被满足的动机。

当个体的动机未能实现或行为不能符合社会规范时，尽量搜集一些合乎自己内心需要的理由，给自己的行为找一个合理的解释，以掩饰自己的过失，以减免焦虑的痛苦和维护自尊免受伤害，此种方法就是合理化。换句话说，合理化就是制造合理的理由来解释并遮掩自我的伤害。合理化有时是一种适应生活的哲学，不过如果个体过分使用此机制，借各种托词以维护自尊，则不免有欺骗别人也欺骗自己之嫌，终非解决问题之道。很多强迫型精神官能症(obsessive neurosis)和幻想型精神病(paranoid psychosis)患者就常使用此种方法来处理自己的心理问题。

(10) 升华(sublimation)。"升华"一词是弗洛伊德最早使用的，他认为将一些本能的行动如饥饿、性欲或攻击的内驱力转移到一些自己或社会所接纳的范围时，升华是被压抑的不符合社会规范的原始冲动或欲望用符合社会要求的建设性方式表达出来的一种心理防御机制，如用跳舞、绘画、文学等形式来替代性本能冲动的发泄。例如，有打人冲动的人借拳击或摔跤等方式来满足自己，喜欢骂人的人以成为评论家来满足自己，这些都是升华作用。弗洛伊德之女，安娜·弗洛伊德(Anna Freud)于1936年出版《自我与心理防御机制》一书，她认为，无论是成人还是儿童，升华都是正常、健康的一种表现。

(11) 反向形成(reaction formation)。反向形成是指把无意识中不能被接受的欲望和冲动转化为意识中的相反行为。自认为不符合社会道德规范的内心欲望或冲动会引起自我和超我的抵制，表现出内心焦虑，故朝相反的途径释放导致反向形成。例如，有些恐人症的病人内心是渴望接触异性的，但却偏偏表现出对异性的恐惧。又如，人有时心中讨厌或憎恨一个人，但在表面上却又对此人十分热情和关心；有时心里喜欢一个人，表面上却异常冷淡。无意识的冲动在意识层面上向相反方向发展，人的外表行为或情感表现与其内心的动机欲望完全相反，在心理学上称为反向形成或反向作用、反向行为、矫枉过正，是心理防御机制之一。

📖 拓展阅读 2-2

潜藏在内心的创伤

📖 视频欣赏 2-1

催眠大师

7. 梦的分析

精神分析流派都认为梦是理解意识与无意识的桥梁，最为典型的是弗洛伊德与荣格对梦的理解。弗洛伊德对梦的理解以个体无意识理论为基础，认为梦主要是一种隐匿的、不被承认的欲望的歪曲性表现，这里的欲望主要是性欲。由于这种欲望与人们的意识自我相抵触，为了不被意识自我所识别，梦就乔装打扮以逃避意识自我的"检查"。弗洛伊德对梦的分析就是要剥去梦的伪装，抛弃意识偏见并自由地发挥联想，从显梦中获得隐梦的真正意义。

而荣格对梦的分析有不一样的看法。他认为，梦根本不需要伪装，梦是一种自然而然的心理现象。梦没有伪装，也没有说谎，也没有歪曲与掩饰，它们总是在尽力表达其意义，只是它们所表达的意义不被人们的意识自我认识和理解。因此，荣格认为在梦的分析工作中，咨询师更重要的是探求无意识对于情结做了些什么，需要真正了解的是梦背后更加深远的集体无意识，以及原型和原型意象的渊源与意义。

(二) 分析心理学——荣格

从精神分析流派分出来的分析心理学理论，其奠基者荣格创新性提出的集体无意识，也影响着心理咨询行业的发展。

荣格的分析心理学是在20世纪20年代左右开始形成并逐渐发展的，但其早期雏形却是在他的博士论文探讨情结与个性化的概念中初现端倪的，它们构成了他后来提出的集体无意识概念的基础。荣格受到弗洛伊德精神分析的启发，但他在很多方面与弗洛伊德存在分歧。例如，在力比多概念上，弗洛伊德坚持力比多是人格动力的本源，人的一切活动都受到性驱力的推动；而荣格则把力比多理解为一种普遍的生命力，扩大了力比多的内涵。

在无意识方面，他们都重视无意识，但弗洛伊德看到的是无意识的阴暗面，荣格则强调发挥无意识的积极作用。荣格把无意识分为个体无意识和集体无意识两种(国内学者把荣格的著作中的unconscious译为无意识，区别于弗洛伊德的潜意识理论。本书除了在弗洛伊德心理结构理论部分尊重早期翻译，将unconscious译为潜意识，后文都统一用无意识表述)。荣格认为，构成个人无意识的主要是一些人们曾经意识到，但以后由于遗忘或者压抑而从意识中消失的内容；而集体无意识的内容从来没有出现在意识之中，它们的存在完全来自遗传。个人无意识主要由各种情结构成，集体无意识的内容则主要是原型[①](archetype)。荣格说："原型是人类原始经验的集结，它们像命运一样伴随我们每一个人，其影响可以在我们每个人的生活中被感受到。"

在人格发展方面，弗洛伊德按照个体早期经验解释成人的人格，从个体早期生活中寻找形成人格的因素；而荣格则认为人格不止由过去的事情所形成，也由未来事件即个体的目标和抱负所形成，人格理论具有前瞻性。在梦的分析上，弗洛伊德把梦看作一种以伪装形式表

---

① 荣格. 荣格文集[M]. 冯川, 译. 北京：改革出版社, 1997.

达被压抑的愿望，因此梦有显梦与隐梦两部分；荣格却认为不必区分显梦与隐梦，梦的内容是正面显现的，分析梦时主张贴近梦的内容进行直接联想与分析。

1. 集体无意识

集体无意识由荣格提出，是指人类心灵中所包含的共同的精神遗传，包含着人类进化过程中整个精神性的遗传，注入每个人的内心深处。集体无意识是荣格对弗洛伊德个体无意识的发展，同时也是他自己的一种创造。荣格认为集体无意识是精神的一部分，它与个人无意识不同，因为它的存在不像后者那样可以归结为个人的经验，因此不能为个人所获得。

2. 原型

荣格的原型概念与集体无意识概念的关系十分密切，他认为集体无意识的内容主要是原型，是由原型这种先存的形式所构成的。荣格所提出的集体无意识是通过某种形式的继承或净化而来的，原型赋予某些心理内容独特的形式。

同时荣格还提出，集体无意识具有一种与所有的地方和所有的个人皆符合的大体相似的内容和行为方式。由于集体无意识具有这样一种普遍的表现方式，因此它组成了一种超个人的心理基础，普遍地存在于每个人身上，并且会在意识与无意识的层次上影响每个人的心理与行为。历史上所有重要的观念，不管是宗教的，还是科学的、哲学的或伦理的，都必然能够追溯到一种或几种原型。这些观念的现代形势只是其原型观念的不同表象，是人们有意识或无意识地把原型观念应用到了生活现实的结果。

荣格用原型意象(archetypal images)来描述原型将自身呈现给意识的形式，并一直努力区分原型与原型意象的不同。原型本身是无意识的，人们的意识无从认识它，但是可以通过原型意象来理解原型的存在及其意义。荣格说，无意识内容一旦被觉察，它便以意象的象征形式呈现给意识。在这种意义上，荣格曾高度赞扬中国文化，赞扬太极图(见图2-4)与汉字，称中国太极图为"可读的原型"。

图2-4 中国太极图

3. 情结

情结由荣格提出，他认为情结是一种心象与意念的集合，其中具有一个源自原型的核心，并且具有某种特别的情绪基调。情结类似于一种心理本能，出发后就按照它自身的固有规律来自动行事。在日常生活中，若一个人受某种情结所困，往往也会表现出由该情结所支配的心理行为。

情结多属于心灵分裂的产物，如创伤性的经验、情感困扰或道德冲突等，都会导致某种情结的形成。根据荣格的心理分析理论，在心理咨询中不是要让病人消除或根除其情结，而是通过觉察进而理解情结在自己心理与行为中所起的作用，通过它的触发与表现来降低情结的消极影响。如果人们不能觉察与认识自己的情结，就会在不同程度上受情结的控制与摆布。而一旦人们认识与理解了情结的存在及其意义，情结也就失去了影响与控制自己的能量。例如，被忽视的孩子总是倾向于用哭闹来吸引父母的关注,如果父母能够理解孩子的这一情结并给予及时的关注,那么孩子就容易变得安静不再哭闹。

> 📖 **拓展阅读 2-3**
>
> 镜我,通过"助人自助"得以释怀内心的情结

> 📖 **视频欣赏 2-2**
>
> 唐山大地震

(三) 个体心理学——阿德勒

阿德勒(Alfred Adler)的个体心理学常被误解为主要研究个体或个别差异的学科,实际上阿德勒用"个体"(individual)一词指人的不可分割性,是把人作为一个整体来看待。个体心理学是阿德勒批评并发展弗洛伊德的精神分析理论的产物,他们两人的分歧主要体现在对意识与潜意识看法的不同以及对人格发展问题的看法不同等方面。弗洛伊德认为潜意识是人类行为的原动力,阿德勒虽然也认为潜意识是重要的,但更强调意识的作用。阿德勒深信,与人过去的经历相比,个体面向未来的生活目标决定了人格发展的方向及方式。弗洛伊德把人格发展的动力归结到性因素上,而阿德勒则从社会因素方面去理解人格的发展,他重视家庭环境、学校教育和社会运动。阿德勒的心理学被誉为"第一个沿着社会科学方面发展的心理学体系,是当代许多心理学思想的来源"。阿德勒所倡导的个体心理治疗在人格分析上重视揭示病人的生活风格,在治疗方法上重视提高病人的社会兴趣。

(四) 自我心理学——安娜·弗洛伊德、埃里克森

安娜·弗洛伊德是古典精神分析代表人物弗洛伊德的女儿,她不认同其父亲只把欲望作为驱动力,她将自我从本我中解放出来,自此,自我便不再像弗洛伊德所说的那样沦为本我的附庸,而是站在了精神分析舞台的中心。自我心理学不再过于强调生物性本能或攻击驱力在人的精神活动和行为中的特殊重要性,转而重视社会、文化、人际关系在人格发展和形成方面的重要性。在个体的生涯中,外界社会和他人的互动都会对人格产生影响。对人格产生影响的来源并不局限于童年和原生家庭,社会的影响力度或许更大。

埃里克森(E. H. Erikson)作为自我心理学派的另一个代表人物,进一步丰富了环境的内涵,他认为人的自我意识发展持续一生,自我都在不停地发展,他把自我意识的形成和发展过程划分为 8 个阶段,如表 2-1 所示。这 8 个阶段的顺序是由遗传决定的,但是每一阶段能否顺利度过却是由环境决定的,所以这个理论可称为心理社会发展(psycho-social development)理论。

表 2-1　埃里克森的 8 个心理社会发展阶段

阶段	年龄	发展任务
1. 婴儿期	0～2 岁	信任—怀疑
2. 儿童早期	2～4 岁	自主—羞耻
3. 学前期	4～7 岁	主动—内疚
4. 学龄期	7～12 岁	勤奋—自卑
5. 青春期	12～18 岁	角色同一—混乱
6. 成年早期	18～25 岁	亲密—孤独
7. 成年中期	25～50 岁	繁衍—停滞
8. 成年后期	50 岁后	完善—失望、厌恶

(五) 客体关系理论学派——克莱因

客体关系理论学派创立于 20 世纪三四十年代，由该学派的代表人物克莱因(Melanie Klein)基于弗洛伊德理论的思路而创立。客体关系理论(object relations theory，ORT)是心理动力取向的人格发展理论，主张人类行为的动力源自"客体的寻求"(object seeking)，即人类关系的建立与发展，而非弗洛伊德所强调的"快乐的寻求"。

克莱因不认同弗洛伊德个体内部的"本能驱力"，她认为所有的驱动力应来源于母婴关系，而寻求客体的动力甚至比寻求内驱力的释放更重要。客体关系理论强调的是无意识的内在客体关系，是指人际关系转换为内化的精神结构。当孩子成长时，他们不是简单地内化第一个客体或个人，而是更多地内化整个关系，喂养的体验是内化过程中最好的原型。当一个饥饿的婴儿哭喊着寻找母亲时，一种不愉快的体验模式进入他的大脑，婴儿将自体体验为愤怒、贪婪等负性印象，将客体的母亲也体验为匮乏和忽视等负性印象。如果母亲及时喂饱了婴儿，温饱所带来的愉快和满足感让婴儿体验到自己为正性印象，同时客体中的母亲也体验到正性印象。这两种不同的体验会被成长中的孩子内化为两种完全相反的、由自体印象和客体印象组成的客体关系，好的客体关系包含自体印象和客体印象，坏的客体关系则相反。客体关系理论认为迁移至冲突不仅是冲突和防御之间的挣扎，也是两种相反的内在客体关系(好与坏)之间的冲突。

克莱因还提出了心态观，这是对弗洛伊德的心理发展阶段观的修正。她认为弗洛伊德的发展阶段(口欲期、肛欲期等)的概念过于局限，她用心态观取代了弗洛伊德的阶段观。她认为人们并不是从哪些阶段发展而来，而是发展自两种心态：偏执—分裂样心态(paranoid-schizoid position)和抑郁样心态(depressive position)。

游戏治疗也是克莱因对于精神分析技术的一项创新。在治疗儿童精神病的过程中，由于年幼的儿童不能使用自由联想，因而克莱因用儿童的游戏替代自由联想，通过观察和解释儿童的游戏来接近儿童的幻想和无意识，并对儿童的移情现象进行分析，从而使游戏治疗成为系统的儿童精神分析技术。

自我心理学虽然重视客体关系，但客体关系只是自我用来发展自己的工具。而在客体关系理论中，客体关系才是研究的主角，自我的发展不过是客体关系的好坏带来的结果而已。

(六) 自体心理学——科胡特

科胡特是自体心理学理论的代表人物。客体关系理论重视母亲对自我或自体发展的重要作用，而忽视了其他重要客体的影响，如父亲、同伴等。而自体心理学(self psychology)同样重视外在客体对个体发展的重要意义，并扩展了客体的概念，那些对自体发展起重要作用的客体都可以被纳入自体心理学的考察范围。

自体心理学理论由海因茨·科胡特在1971年发表的《自体的分析》中首次提出。他认为每个人都渴望被欣赏，个体在幼年时期的需求若得到照料者的积极响应、热情赞扬，会让个体形成恰当的自尊、安全感和内聚感。科胡特用"自体客体"术语来表达对另一个人的体验，更精确地说，是将另一个人所提供的、非个人机能的体验体验为"自体"的一部分。因而，自体客体移情就是来访者把咨询师体验为自身"自体"的扩展或延续，即体验为对某些重要机能的实现，这些机能在年幼时未得到充分开发、未被足够地转化为可靠的自体建构。

例如，个体可能因儿时父母对其自我价值的不肯定，因而无法维持整体感和自尊心，表现为自我凝聚的丧失和低自尊。在生活中，个体会极尽所能地力求完美，以博得父母的嘉许。在治疗中，个体也会取悦咨询师以博取赞同和推崇。还有一种情况，因为个体需要一个值得模仿的理想化对象，以至于将咨询师认为是全能的父亲或母亲，能够给予其无所不能的安抚。

自体心理学认为，父母及儿童的伙伴如果能够满足儿童的反映性需要、理想化需要和他我需要，通俗地说就是能够赞美儿童、帮助儿童处理内在和外在的问题，以及发展儿童的技能，儿童便会形成完善的自体，即掌握特定的才能，有自己的理想，并为之奋斗。

自体心理学认为，自体在人格结构中具有独立的地位，是一个人精神世界的核心，而人格的发展与经典精神分析所谈的本能驱力无关。

自体心理学的主要研究领域为自恋人格和边缘人格。自恋人格的个体是将他人作为自我的延伸，因此可以通过与咨询师之间的移情关系进行治疗。自恋并非总是一种病理表现，正常的自恋是每个人为了保持自身心理健康所必需的。边缘人格的个体难以建立良好的人际关系，且在治疗过程中对咨询师表现出矛盾的依赖情绪，其病源在于童年早期情感受到抑制。咨询师的任务是帮助当事人回到最初阻碍其发展的事件，寻找适宜的解决方法以帮助其成长。

(七) 精神分析社会文化学派——沙利文

精神分析社会文化学派产生于20世纪三四十年代的美国，它是美国本土心理学界基于对弗洛伊德精神分析的承认，由新一代精神分析学家利用20世纪新兴的社会科学(社会学、文化人类学、社会心理学)的新范式对古典精神分析进行修正产生。

沙利文是该学派的代表人物，他受当代哲学思潮的影响，将精神病与其他学科如自然哲学、人类学、生物学、语言学和行为学等结合起来，采用独特的方法，并以人际关系心理过程为主要参数，构成新的精神分析理论体系——精神病学的人际关系理论，主要阐述了精神分裂症形成的社会根源、人格的形成和发展、精神分裂症的治疗等问题。沙利文认为，人格的形成和发展是人与人之间相互作用的结果,人是人际的存在,人在本质上是离不开人际情境的,人只有在人际情境中才能生存与发展。而人格是在人际关系中形成的,不健康的人格是在不健康的人际关系中形成的。沙利文针对精神分裂症这种不健康的人格进行了深入的研究,他一改医学界认为精神分裂症是由遗传决定并且不能彻底治愈的传统观点,而认为精神分裂症是由不良的人际关系造成的。这种不良的人际关系可能是由生活中重要他人造成的,所谓重要他人是指父母、教师、警察等对个体生活起指导作用的人。

沙利文提出对精神分裂症的治疗要从不良的人际关系入手,首先要创造良好的人际环境,因此首创了环境疗法(milieu therapy)。他认为精神病咨询师应该是人际关系专家,要尊重各种患者,并与患者形成良好的医患关系。沙利文有两个重要的贡献:一是认为精神分裂症主要由于患者的童年人际关系的失调,产生了严重的焦虑,从而导致经验组织的分裂;二是提出了自我系统概念,主张人生来就有追求满足和安全的需要,在人际关系中逐渐形成了稳定的人格模式。

(八) 存在分析学派——宾斯万格

存在分析创立于 20 世纪三四十年代,当时欧洲大陆一大批精神分析学家因怀疑精神分析疗法的整个理论基础而开始寻求一种更符合现代西方人实际心态的理论和方法,以便把心理治疗建立在稳固的基础之上。其中,瑞士著名的精神病学家宾斯万格是最杰出的代表人物之一,他吸纳了现象学和存在主义哲学思想,对弗洛伊德的精神分析进行了"改造",开创了存在分析学运动。存在分析又称存在精神分析,是以存在主义和现象哲学为理论基础,以精神分析为技术前提,以心理治疗为手段的一种心理学研究和心理治疗方法。宾斯万格接纳了海德格尔在《存在与时间》一书中把人解释为在世之在(being in the world),在世之在把人和世界联系起来了,更好地解释了人的生存的整体性。存在分析的基本观点是强调人在世之在和超世之在,关注人的整体性。宾斯万格认为,人的存在是在生成变化之中,是在超越中超出自己的界限,走向世界。因此,人的存在应该具有多种存在样态,作为一个个体,如果不选择自己本身,不能真实地面对世界,那么他的存在样态就变得单调,人就不具有完整性。宾斯万格长期探讨人类的潜意识、梦、本真、非本真、被抛、焦虑、内疚和死亡等重要主题,建构了完善的存在分析学体系。其理论特征具体表现为:反对因果论,主张对人的行为进行存在分析;反对二分法,主张对人的经验进行整体理解;反对机械论,主张对人的生存进行本真解读;反对本能论,主张对人的存在进行现象学描述。

(九) 精神分析与中国文化相结合的认识领悟疗法——钟友彬

钟友彬是我国精神学方面的专家,一直在基层医院精神科工作,并坚持把精神分析应用于我国实践。他于1988年出版了《中国心理分析:认识领悟心理疗法》一书,标志着他的中国式的精神分析疗法——认识领悟疗法,进入一个成熟阶段。他认为中国的传统观念与精神分析原理有两点相通:一是中国人相信幼年经历或遭遇对人的个性和心理健康有重大影响;二是可以从成年人的观念、作风和行为中看出其幼年时受到的影响。

正统的精神分析疗法要经过长时间的自由联想,了解症状的象征性意义,除去心理防御机制的化装,使来访者领悟到幼年期未得到满足的性心理症结。而认识领悟疗法则是直接和来访者一起讨论、分析临床表现的性质,使他们意识到病态感情和行为的幼稚性,领悟到这些感情和行为原来是幼年儿童的心理和行为模式,是与他们的实际年纪和身份不相符的,从而主动放弃这些想法和行为。认识领悟疗法就是要找出一个人不现实的、不合理的或非理性的、不合逻辑的思维特点,并帮助他建立较为现实的认知问题的思维方法,来消除各种不良的心理障碍。在生活中,有时人们的主观愿望和现实往往不能相符,应善于从实际出发不断调整自己的愿望,如果明白这一点,就可以减少不必要的困扰。特别是患了某种疾病后,要学会在感情上容忍和承认自己的不足之处,参加力所能及的各项活动,并感受其中乐趣;同时不断调整自己的心态,正确对待生死,成为生活的强者。另外,如果遇到一些与自己有较大关系的问题时,可能会产生焦虑、紧张、困惑等,这时必须要识别不正确的自动思维,要了解其认知的错误之处,然后进行真实的检验,这是纠正不良信念的关键所在。人们还要锻炼自己的意志力,要"难行能行,难忍能忍",要学会忍,忍是意志力的表现。心理创伤会诱发躯体上、心理上的疾病,关键是要正确对待,及时排遣,所以正确地认知事物是防止产生心理和身体上的病态的一个重要方面。认识领悟疗法的适用症有神经症、情感性精神障碍、心因性精神障碍、心身疾病、露阴癖、恋物癖、挨擦癖、窥淫癖、性变态、强迫症和对人恐怖症。

第二节 精神分析治疗原理和方法

精神分析学派认为压抑和心理冲突是心理障碍的主要原因,冲突引起焦虑,降低焦虑的手段是自我防卫机制,自我防卫应用不当则表现为症状。

弗洛伊德为所有心理动力治疗提供了一个共同的假设,即人们目前的心理和社会状态是受到过去的影响和制约的。也就是说,在很大程度上,人们早期生命中对人和事物的体验延伸到了成年生活中,反映在当前对世界的认知、态度和对事物的处理风格中。

弗洛伊德还认为所有的症状都是有意义的,症状是生活中不能满足的欲望的替代满足,症状既可以达到性欲满足的目的,也可以达到禁欲的目的。症状是两种相反的、相互冲突的倾向之间调和的结果。

一、精神病理学说

精神分析学派的精神病理学说有以下 4 种。

(一) 心理冲突源于性心理发展阶段的不健全

各种精神疾病的症状都是生活中所不能满足的欲望(尤其是性欲)的替代满足,心理冲突源于性心理发展阶段的不健全。个体在心理发展过程中,在不同的心理发展阶段遭遇到心理困难和挫折,容易产生各种不同的精神病症状。弗洛伊德认为,人的性欲望(力比多)要求满足和表现出来，但由于现实的原因而得不到满足和宣泄，可引起力比多退行。如果来访者在幼儿期的发展不顺利，在口欲期、肛门期或生殖器期发生了固着，力比多便容易退行到发生固着的阶段，以那个阶段儿童性欲的表现形式出现，这便是成人的性变态的发生原因。口欲期的儿童假如缺乏拥抱、抚摸和照顾，就会缺乏基本的安全感。肛门期的幼儿如果被过分地约束，日后易与人发生争执，也容易过分约束自己，易形成强迫观念。生殖器期的孩子如果无法与父母维持平衡和稳定的情感关系，处理不好"亲子三角情结"，日后则会影响其性心理的发展。处于潜伏期的青少年不与年龄相仿的同性朋友接近，对自己的同性父母也缺乏亲近和认同，则容易发生自我角色紊乱，往往影响其正常个性的发展。

(二) 心理冲突源于本我、自我、超我之间的冲突

弗洛伊德认为，心理冲突源于本我、自我、超我之间的冲突，只有三者达到协调，症状才会消除。弗洛伊德学派认为，精神焦虑性的病患无法解决源于本我的无意识和被超我内化的社会约束之间的内在冲突，因此他们认为精神官能症的原因是幼年时期潜在意识的冲突与压抑，这也是造成个人心理失常的原因。这些内在冲突大都来自性与攻击的冲动，使得个人的人格自我、本我、超我之间失去平衡。因此精神分析治疗应着重于治愈来访者内心深处的伤痕，借由协调心灵内部的想法、平衡对于自身过高的超我要求等，使得人格可以正常发展。

弗洛伊德认为，人格由本我、自我、超我构成。本我是人格中最原始、最不容易把握的部分，是生存的必要原动力。自我是现实化了的本能，是从本我分化出来的一部分。这部分不再盲目地去追求满足，而是在现实原则的指导下，力争避免痛苦又能获得满足。超我是道德化的自我，被认为是人格最后形成的，而且也是最文明的一部分。弗洛伊德认为人格的这三种构成不是静止的，而是不断地相互作用着。健康的人这三种构成必然是均衡、协调的。本我更多地按照本能欲望行事，超我监督和控制主体按照社会道德标准行事，自我调整冲动欲望，对外适应现实环境，对内调节心理平衡。超我和本我是最容易冲突的，所以只能靠强大的自我来调节。

自我预感到变态性冲动可能招致的危险，加上超我监督自我，要求自我对付幼儿性欲的盲动。自我会预先产生焦虑，便努力压抑力比多，不让其在意识域内活动。在一些情况下，本能冲动被永久性地破坏掉，力比多的能量转移到其他方面，便不会产生心理障碍；另一些情况下，力比多要么仍然保持着它的"精神专注"被限制在本我之中，要么退行到某一早期阶段，结果是造成各种不同的神经症。

自我无法使本能冲动完全被抑制住，只好利用自我防御机制对某些特别强烈的力比多欲望加以变形、化装，以神经症症状的形式表现出来。因此，神经症症状是自我与本能欲望相冲突的妥协，或者说是这种妥协的产物。它一方面使自我减轻了焦虑，另一方面部分地、虚伪地满足了本能欲望。

(三) 心理冲突源于心理防御机制的不当

这种心理病理学观点认为，来访者的精神症状并非只是精神功能缺陷的表现，还可能是

对于心理挫折或困难所产生的防御机制。心理冲突引起焦虑,降低焦虑的手段是自我防御机制,自我防卫应用不当则表现为神经症。

(四) 心理冲突源于个体对于创伤和应激的反应

这个病理学说也称为创伤与挫折应激反应学说,主要指个体面对强烈的精神应激、压力或挫折时,因其反应强烈,超出了正常范围,而出现精神病理症状。不管是必然性危机事件还是偶然的应激性事件,对于某些个体来说都会引起应激性反应,如果刺激过于强烈,或者刺激时间过长,或者超过个体精神承受水平,个体会出现一些应激性的障碍,如创伤后应激障碍(post-traumatic stress disorder,PTSD)。

精神分析学派常用以上四种理论解释个体的症状。例如对于抑郁症,精神分析学派认为是缺乏安全感的个体,遇到挫折,心理压抑,采取不对抗、不处理的被动态度,最后退行到郁郁寡欢的境地;也可能是因为个体对自己有过分的要求,受严格超我的谴责,从而产生悲观、抑郁的心境。强迫症的个体是由于自我控制过分,对某些欲望或冲动一时无法接受,采用转移、隔离、反向形成等心理防御机制,来应付自己无法控制的冲动或性欲望等,而产生强迫症状。

拓展阅读 2-4

癔症女患者安娜

弗洛伊德在《精神分析运动的历史》一书中记载了一个经典的癔症女患者案例,患者的名字叫安娜。安娜有一个特殊的症状,有长达六个星期的时间,在干渴得无法忍受时也不能喝水。在催眠状态中,她诉说自己童年时走进她不喜欢的女家庭教师的房间,看见她的狗从玻璃杯内喝水,引起了她的厌恶,但由于受尊敬师长的传统道德观念的影响,她只好默不作声。在催眠状态,她恢复了对这个往事的回忆,尽量发泄了她的愤怒情绪,此后她不能喝水的怪病才消失。弗洛伊德治疗癔症女患者安娜的情景如图2-5所示。

图2-5 弗洛伊德治疗癔症女患者安娜的情景

(资料来源:[奥地利]西格蒙德·弗洛伊德. 梦的解析[M]. 雷明,译. 苏州:江苏凤凰文艺出版社,2016.)

二、治疗方法

(一) 治疗的原理

精神分析疗法的治疗原理就是把来访者无意识的心理转变为意识的过程，通过分析、解释与领悟使无意识的心理内容上升到意识层面，破除压抑作用，揭去心理防御机制的伪装，使来访者领悟症状的真正原因。按照心理动力原理，来访者领悟后，各种心理疾病和精神症状就会消失，进而使自我力量得到增强，使个体行为更多地以现实为基础，而不是受本能驱使或受无理性的内疚的影响，从而修正个体的人格。

(二) 治疗步骤

1. 倾听

此阶段属于心理咨询的初始阶段，咨询师应该广泛听取来访者的个人情况，探讨深层情感、矛盾，以及其防御机制。在这个阶段，咨询师应该持一种非批评态度并充分共情，帮助来访者倾诉或者发泄，主要的技术有释梦、自由联想等。

2. 分析

此阶段主要对来访者的信息进行汇总性分析，包括他们的当下情况及个人成长史，通过过去了解现在，连接他们的意识与无意识。

3. 解释

此阶段是咨询的深入进行环节，咨询师到这一阶段已经对来访者的信息有一定的了解，并且咨询双方已经建立一定程度的咨询关系，此时可以对来访者的矛盾点进行解释、澄清。

4. 领悟与修通

此时处于心理咨询的中后期，咨询师进一步运用各种技术，结合自由联想和移情，向来访者揭示他的无意识欲望和无意识冲突，使来访者了解自己问题的真实原因并获得领悟，在领悟基础上进一步获得修通和成长。修通是由于来访者的领悟而引起行为、态度和结构的改变，使得某一情结得到了解决。

(三) 治疗的主要方法

1. 自由联想

自由联想是心理分析的主要技术。在精神分析的治疗中，早期阶段会较多采用自由联想技术，例如当来访者表示不知说什么时，咨询师会引导来访者躺在沙发上，合上眼睛，让其不加束缚地进行自由联想，并口头报告自己所看到的画面，咨询师在一旁做记录。有些时候，咨询师还会与来访者有语言上的交流。咨询师会经常指导来访者把联想与梦、目前生活的因素、关于过去生活的回忆，特别是治疗过程中出现的关于童年事件的新的回忆联系起来，以探寻来访者内心深处潜藏的无意识。

2. 梦的分析

弗洛伊德在对他的病人进行自由联想时发现，当分析进行到一定程度时，病人开始出现不配合，有的时候并不是他们刻意而为之，病人自己对此也没有意识到，弗洛伊德将此称为阻抗，是病人避免自己体验到痛苦情绪而采用的自我保护手段之一。这个时候，弗洛伊德转向研究病人的梦，因为他相信，梦代表着被压抑的欲望和愿望的一种虚假的满足，通过梦的分析可以获得更多有价值的信息。

弗洛伊德认为，梦是无意识内容的反映，并把梦分为显梦与潜梦：显梦，就是梦境中所显示的具体内容；潜梦，就是梦境内容所代表的潜意识含义。而精神分析工作者的任务就是剥去显梦的层层伪装，去探寻梦境背后潜藏的动机，发现潜梦。例如，梦中的房子往往代表女性的子宫，而梦见上楼梯则暗示对性交的渴望。

弗洛伊德把潜梦潜藏的方式归纳为以下6类。

(1) 象征：用一种中性事物来象征替代一种所忌讳的事物，可减少或避免引起梦中自我的痛苦或创伤。例如，用细长、尖锐、蛇虫等东西来象征阴茎。

(2) 移置：指在梦中将对某个对象的情感(爱或恨)转移和投向另一个对象方面。例如，一位神经症男青年梦到一位穿黑衣的陌生中年妇女，开始他冲动地对她拥抱，继而对她进行了残酷的攻击。经过分析，梦中这位中年妇女实际是他的母亲，因为他童年时父亲病死后，母亲抛弃了他而另嫁人离去。

(3) 凝缩：指在梦中将内心所爱或恨的几个对象，凝缩成一个形象表现出来。例如，《红楼梦》中贾宝玉梦游太虚幻境时，警幻仙子领他与其仙妹成亲。这位仙妹的形象是他所爱的三个女性的意象经过凝缩而构成的。

(4) 投射：指在梦中将自己某些不好的愿望与意念投射于他人，从而减轻对自我的谴责。例如，一位男青年梦中梦到未婚妻别有所恋并与人幽会，经过分析却发现他对未婚妻有所不满而萌发了追求其他女郎的念头。

(5) 变形：指在梦中将潜意识的欲望或意念用其他甚至相反的形式表现出来。例如，一个富家子弟在其父病重后患了焦虑性神经症，梦见父亲病愈又能掌管家务了。经过分析，他的潜意识中盼父早死的不孝意念受到超我的严厉压抑，产生了"父亲病愈"的"反"梦。

(6) 二次加工：指做梦者在梦醒之后，往往会无意识地对自己的梦进行修改、加工，使它比较有次序或合乎逻辑，或者将梦中最有意义的东西置于次要或不显著的地位。

📖 拓展阅读2-5

意识的三个层次，梦中梦……

> 视频欣赏 2-3
>
> 盗梦空间

3. 共情

无论是传统的弗洛伊德的精神分析学派,还是荣格的心理分析学派,乃至当今的心理咨询中,共情多被认为是心理工作者所应具有的一种能力。它不仅被视为咨询的方法和技术,甚至能够营造咨询和治疗的气氛与条件。共情,首先表现为一种设身处地、感同身受的能力,通过这种能力而体现出感应的作用,或者"共时性"(synchronicity)现象的效果。真正的共情不是任何技巧性的刻意表达,也不属于任何语言的技能,而是一种专业的素养和真诚的态度。共情不仅仅是感情方面的同步,也不仅仅是意识层面的理解,而是包含着咨询师与来访者彼此的身心共振与和谐。不管是一句话,还是一个眼神,甚至是一阵沉默,彼此都会有真实的感触,都能被对方深深地打动。

罗杰斯把"共情"作为其新的治疗体系的基本原则与核心概念。即使是罗杰斯的另外两个原则"无条件的积极关注"(unconditional positive regard)和"一致性"(congruence),似乎也都是为共情做进一步的注解。可以这样理解:共情中包含了无条件的积极关注,包含了咨询师与来访者情感的一致性。

4. 移情与反移情

移情是指来访者在潜意识中把咨询师看成自己过去某一个重要人物的在线或化身,把早期对重要他人的感情和行为转移到咨询师身上,这是一种无意识重复重要关系的人际模式。移情分为正性移情和负性移情:正性移情是积极情感表达,是指来访者对咨询师发生了浓厚的兴趣和强烈的感情,表现得十分友好、敬仰、爱慕,甚至对异性咨询师表现出性爱的成分,对咨询师十分依恋、顺从;负性移情是消极情感表达,是指来访者把咨询师视为过去经历中某个给他带来挫折、不快、痛苦或压抑的对象,在咨询情境中,原有的情绪转移到了咨询师身上,从而在行动上表现出不满、拒绝、敌对、被动、抵抗、不配合。

反移情是指咨询师将自己过去的情感转移到来访者身上,是咨询师无意识冲突的结果。反移情对咨询产生积极影响还是消极影响,主要取决于咨询师能否对自己的反移情进行妥当的处理:适当的、正常的情绪反应是精神分析中重要的治疗工具,咨询师投入感情,对来访者保持必要的兴趣,更容易进入来访者被压抑的内心世界,以感情理解来访者,可以使来访者产生共情的感受,从而得到自尊和勇气。但不当的反移情会对心理咨询中带来阻碍,它影响了咨询师对来访者的客观态度,使其做出与其身份不符的心理反应,甚至使咨询师丧失了应对来访者保持的中立立场,从而增强了来访者对心理咨询的自我防御。

来访者与咨询师的移情与反移情也分为意识与无意识两个层面,而且双方会相互影响。图2-6中,左边是来访者,右边是咨询师,上层是来访者与咨询师的意识层面,下层是来访者与咨询师的无意识层面,它们之间的相互关系具体如下:①治疗同盟,这是来访者与咨询师在意识层面的交流，例如双方的谈话；②来访者与自己的无意识的关系，这是来访者在咨询的时候，自己的意识与无意识的交流；③咨询师与自己的无意识的关系，这是在咨询的时候，咨询师自己的意识与无意识的交流；④和⑤咨询参与者彼此的意识、无意识的相互影响，这是在咨询的时候，来访者的意识与咨询师的无意识、咨询师的意识与来访者的无意识的相互影响；⑥咨询师与来访者在无意识层面的直接交流。

荣格认为咨询师与来访者就是通过以上6种关系的移情和反移情来了解并且解决来访者内心世界的冲突。

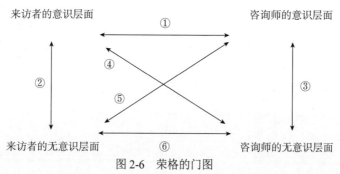

图 2-6　荣格的门图

5. 过失行为分析

弗洛伊德不仅对梦有深入研究，还特别注意分析日常生活中大量的过失行为，例如常见的遗忘、口误、笔误、疏忽等。虽然这些现象一般被认为是琐碎的、偶然的事情，但是弗洛伊德却认为它们都有着无意识的欲望动机，是意识与无意识矛盾斗争的结果。过失行为背后有潜藏着的动机，口误、笔误等都是无意识活动的产物。和梦一样，过失行为是了解无意识活动的重要途径。在心理咨询中，咨询师要留意观察来访者在咨询过程中表现出来的过失行为，并对其日常生活中的各种过失行为加以分析，通过来访者过失行为的表层偶然现象去发掘他们深层的、无意识的内在动机，从而分析来访者潜藏的内心活动。

6. 自由与受保护的空间

自由与受保护，看似简单的描述却寓意非凡。自由，尤其是心灵的自由，是人类的不懈追求。从古至今，人们发现许多心理疾病是缺乏心灵与思想的自由而导致的。自由并且受保护，组成了精神分析疗法所强调的咨询师与来访者的基本关系。这种关系随时体现为治疗的气氛，转化为治愈的重要元素。由此可见，建立自由与受保护的空间是心理咨询师需要在工作室内努力营造的氛围，这也正是心理咨询师的素质和功力的体现。

7. 积极想象

积极想象是荣格提出的技术，他认为梦的分析只是"间接沟通"无意识的方法，而积极想象是直接获取无意识的技术，他甚至把积极想象称为"睁着眼睛做梦的过程"。但这种积极想象与白日梦不同，后者是个人主观发挥，总是停留在个人日常体验的水平；而积极想象与意识性的发挥正相反，潜意识的内容被展现在清醒的意识状态中。例如，在对某位来访者梦中出现母牛做分析时，传统精神分析学派会从"母牛"引申出来的含义角度进行梦的分析，或从"母牛"在来访者所属的文化与意象的意义角度进行分析；而积极想象则是在从"母牛"引申出来的含义的基础上，让来访者利用积极想象去与梦中的对象直接沟通和对话，或者去感受"母牛"的情感，又或者让梦中的意象生动与丰富起来，比如说让来访者描述母牛的颜色、大小、动作、神态等，以顺着其中某一线索而进入无意识，这就是积极想象的特点。

8. 自性化

自性化(individuation)是荣格分析心理学中的特别术语，也是其核心概念。在以荣格为首的心理分析学派的观点中，心理分析的目的就是帮助来访者实现自性化。荣格认为，自性化是一个人最终成为自己，成为一种整合性、不可分割的，但又不同于他人的发展过程。荣格认为自性化的基本特征如下。

(1) 自性化过程的目的是人格的完善与发展。
(2) 自性化接受和包含与集体的关系，即它不是在一种鼓励状态下发生的。
(3) 自性化包含与社会规范的某种程度的对立，社会规范并不具有绝对的有效性。

从心理咨询的角度来说，自性化并不是由心理咨询师所引起的。咨询师不能将自性化给予来访者，也不能要求来访者自性化的出现。一位好的心理咨询师所能做的，仅仅是创造一种能够促进自性化过程的环境，并且拥有耐心和共情在旁守望。在荣格分析心理学的理论中，自性化被看作一种源自无意识自然发生的过程。作为心理咨询师，并不能任意干涉，而应以一种开放性的态度对待来访者的潜意识表现。

第三节 精神分析理论与新精神分析理论的评价

精神分析理论从一百年前被提出就影响着心理行业的发展，同时也被很多心理学家所质疑。本节主要介绍精神分析理论对心理学界的贡献，并对精神分析理论自身的局限性做概要分析，最后介绍了新精神分析理论的评价。

一、精神分析理论的贡献

总体来说，精神分析理论对心理学界的贡献是有目共睹的，尤其是关于无意识理论的提出，现在得到了很多实验的验证。

(一) 开创了无意识心理的研究

在心理学的研究对象上，精神分析开创了无意识心理研究的新纪元，这也是弗洛伊德最主要的历史功绩。他不仅研究心理现象的表面价值，而且力图探求心理现象背后所隐匿的精神作用，这比以往的心理学家对人的内心认识更加深刻。弗洛伊德系统地揭露了埋藏在人心深处、受意识表层重重封锁和压抑的无意识王国的内幕。

(二) 开拓了心理学的学科建设

在心理学学科建设上,精神分析开拓了性心理学、动力心理学和变态心理学的研究。性的问题,自从人类进入文明社会之后,就成了一个禁区,很少有人把它作为一个科学问题去加以探索。弗洛伊德把性现象作为科学研究的对象,并提出了具有独特见解的理论,从而开辟了性心理学研究的新领域。

在以弗洛伊德为首的精神分析传统学派看来,人本身就是一个能量系统、动力系统,它决定着人的潜意识、前意识、意识的心理结构和本我、自我、超我的人格模式。也就是说,本能、欲望是人的心理或人格发展变化的动力和动因。由此,弗洛伊德建立了动力心理学。

(三) 极大地影响了社会科学的各个领域

在对有关科学的影响上,精神分析渗透到了社会科学的各个领域。发端于治疗实践的精神分析,发展至今已超出了心理学的范畴,逐渐扩展到历史、文学、艺术、美学、社会学、教育学、人类学和哲学等领域,并由一种无意识的心理学体系发展成为一种解释个人、文化及社会历史现象的世界观和方法论。

(四) 开辟了一条重视心理疗效的新途径

在医疗实践中,精神分析突出了心理治疗的价值,创立了一套治疗神经症的方法和理论。为此,弗洛伊德提出了心理创伤是引起神经疾患的主要原因,主张用精神分析方法来挖掘病人被压抑到潜意识内的心理矛盾来治好病人,这就突破了过去单靠药物、手术与物理方法治疗的束缚,开辟了一条重视心理治疗的新途径。

二、精神分析理论的局限

精神分析理论的局限和它的贡献一样非常明显,尤其是早期过于强调生物性,以及研究方法上的模糊和粗糙性等。

(一) 泛性论

以弗洛伊德为首的精神分析传统学派过分强调性的生命本质与身心活动地位的观点和理论。泛性论把性欲视为高于一切、决定一切的根本因素。他认为力比多是包含在"爱"字里的所有本能力量,这种性本能力量必须获得施展,若受到压抑,就会导致人得精神疾病。这种性本能力量可以转移或升华,人类社会的发展与文化创造都是性本能乔装打扮向外发泄的方式。他甚至把人世间的社会关系,如各类社团、教会、军队,更不用说亲属关系,均认为是由力比多做纽带联结起来的,无限地泛化性活动,把人际关系和社会活动均性化归宿。

(二) 方法论上的局限

精神分析在方法论上的一个局限是坚持还原论、等同论。精神分析的基本出发点就是把人视为一个与社会根本对立的自然存在物和非理性的动物，坚持用能量守恒和转化定律解释心理活动规律，主张先天的本能是人的一切心理和行为的内驱力。

精神分析在方法论上的另一个局限是，把特殊的变态心理与一般的常态心理相等同。把自己治疗精神病患者的经验绝对化，把变态心理普遍化，把人类的心理看成是畸形的，实质上是一种特殊代替或否定一般的形而上学的观点。

(三) 学说上的生物学化倾向

整个学说具有生物学化倾向，提倡泛性论。精神分析的整个理论体系建立在生物学基础之上，弗洛伊德用生物学的观点观察社会、历史，解释人类的心理和文化，把一种动物的原始本能、一种脱离社会条件的抽象人性看成决定人类精神生活和实践活动的巨大内驱力，极端夸大人的生物性，贬低人的社会性。

(四) 整个理论主观色彩浓厚

精神分析的许多概念和理论都出于主观的臆想和纯粹的逻辑演绎，有些甚至简单地通过神话传说来提出和证实自己的观点，既没有事实为依据，也无从加以客观地验证，故通常被称为心理玄学。

(五) 研究主题与对象的局限

精神分析以研究病态心理来替代或推论对正常人心理的研究，以偏概全，没有足够的外部效度。

三、新精神分析理论的评价

新精神分析学派因为在理论上更强调人的社会性及个体的自我能动性等而具有一些独特的特点。

(一) 对人性的理解

经典精神分析坚持本能论和泛性论，这是其反社会因素的生物学化倾向的集中表现，而新精神分析的先驱阿德勒明确肯定"社会生活逻辑"决定着人的心理的发展，并主张应从社会环境中去寻找人类行为动机的根源。

(二) 强调理性自我的作用

性本能的作用被弗洛伊德夸大和歪曲了。新精神分析理论强调理性自我对个人和社会关系的调节作用，以自我的理性调节作用为核心，提出了心理社会理论。

(三) 分析神经症的产生原因

神经症是由文化因素引起的，这就确切说明神经症产生于人际关系的紊乱失调。冲突的根源在于神经症患者丧失了一心一意争取某物的能力，原因在于他的愿望本身就是四分五裂的，即相互抵触的。神经症之所以会发生，是诸种不同的倾向相互冲撞的结果。冲突出现于相互矛盾的神经症倾向之间，最早只涉及患者对他人的矛盾态度，最终会包含患者对自己的矛盾态度，以及矛盾的品质和矛盾的价值观。

(四) 仍然注重早期经验

新精神分析理论仍然保留了弗洛伊德学说中一些基本概念，如潜意识、压抑、抵抗、自由联想和防御机制等。此外，新精神分析理论中的一些基本理论和框架表明，其仍然注重人生的早期经验。

📖 **拓展阅读 2-6**

躲在自大背后的自卑

📖 **拓展阅读 2-7**

父与母，我们该听谁的话？

思考与实践

一、思考题

1. 精神分析的含义是什么？
2. 精神分析的心理结构理论是什么？
3. 什么是本我、自我、超我，三者之间的关系是怎么样的？
4. 心理冲突的来源是什么？
5. 简述精神分析治疗的原理。
6. 精神分析的治疗步骤有哪些？

二、理论联系实践

某在读大学生，父母都是公务员，从小父母对其管教得特别严格，经常打骂他，所以他的性格内向、胆小。父亲自小经常督促他在家里读书，不允许其下楼与其他小朋友玩耍，所以他一直被锁在家里看着自家大院的小朋友玩耍，内心十分渴望窗外的自由。据其描述，父亲在自己小学的时候出轨，并被自己的母亲发现了。父母双方从此经常争吵，在家里面摔东西，平时也在孩子面前中伤对方，母亲甚至故意出轨报复其丈夫，并把此事告知他，此事对他的内心伤害极大，而他当时仅13岁。

高考后进入广东某二本学校，他觉得自己考得很差，读书期间一直想考研。他坦言自己有名校情结，觉得自己人生的目标就是名校毕业，然后做公务员，并娶个漂亮的老婆。但是现实是自己大二期间多门课不及格，由于身体不适的原因休学一年，回来仍跟不上课程。自己有准备考研，但是看不进去书本，复习效果很差。另外，他对于自己的长相感到很自卑，他向喜欢的女生表白后却以失败告终，后来他又有了喜欢的女生，但仍被拒绝了。曾经有段时间，他觉得很多女生对自己有暗示，但是过了相当长的一段时间之后，他意识到这些是自己不切实际的幻想。由于目标与现实的落差过大，他感到十分沮丧，经常失眠，开始发胖，因此寻求咨询师的帮助。

试用精神分析的原理对案例进行分析，如对持续时间、应激源、原生家庭、童年经历、内在心理冲突、诊断、治疗技术等展开分析。

第三章

行为治疗的理论与方法

【学习目标】
(1) 掌握行为治疗的基本理论和方法。
(2) 掌握行为治疗的基本技术及评价。

【重点与难点】
行为治疗的基本原则、基本过程和主要技术。

【情境导入】

情绪化的艾尔伯特

艾尔伯特是一名 9 个月大的孤儿，从出生起就一直待在医院里，研究人员和医护人员都认为他在心理和生理上很健康。为了了解艾尔伯特是否害怕某种特定刺激，研究者给他呈现白鼠、猴子、狗、有头发和没有头发的面具，以及白色羊绒棉。研究者密切观察艾尔伯特对这些刺激的反应，这些刺激被看作中性刺激。

实验的下一步是确定艾尔伯特对巨大的声音"无条件刺激"是否会产生恐惧反应。研究者在艾尔伯特身后用锤子敲一根很长的铁棒，这种声音的突然出现，使他受到惊吓而哭泣，如图 3-1 所示。

到了艾尔伯特 11 个月大的时候，研究者向艾尔伯特同时呈现白鼠和令人恐惧的声音。一开始，艾尔伯特对白鼠很感兴趣并试图触摸它。在他正要伸手时，突然敲响铁棒，突如其来的响声使艾尔伯特十分惊恐，这一过程重复了 3 次。一周以后，重复同样的过程。在白鼠和声音配对呈现 7 次后，声音停止，单独向艾尔伯特呈现白鼠时，可以预料，艾尔伯特对白鼠产生了极度恐惧。

这种恐惧还不断泛化，以至于白兔、狗、白色皮毛大衣、棉花，甚至是医生头上的灰白头发都会使艾尔伯特大哭不已。研究者将这种通过条件反射产生的某些情绪上的条件反应称为条件情绪反应，并认为，不良的条件情绪反应可以通过条件反射方法如重复新的条件刺激或解除原有的条件刺激加以消除。

遗憾的是，艾尔伯特被人收养离开了医院，矫正实验没能进行。

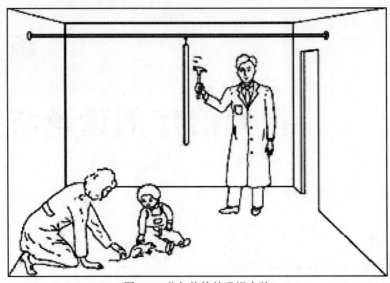

图 3-1　艾尔伯特的恐惧实验

(资料来源：[美]罗杰·霍克. 改变心理学的 40 项研究[M]. 白学军，等译. 北京：人民邮电出版社，2018：94-102.)

行为主义是现代心理学主要流派之一，对西方心理学有着巨大的影响，被称为西方心理学的第一势力。行为疗法又称行为矫正疗法，是以行为主义理论为基础，运用行为主义方法来减轻或改善来访者症状或不良行为的一类心理咨询技术的总称。行为疗法已有上百年的历史，因其针对性强、易操作、疗程短、见效快等特点，在 20 世纪得到了广泛的应用和迅速发展，是心理咨询发展史上的重要里程碑。本章主要介绍行为治疗的理论基础、基本技术和方法。

第一节　行为治疗概述

行为治疗是在行为主义心理学的理论基础上发展出来的一个心理治疗派别，是当代心理疗法中影响较大的派别之一。与心理分析等其他疗法不同，行为治疗不是由一位研究者有系统地创立的一个体系，而是由许多人根据一种共同的心理学理论(行为主义心理学)分别开发出的若干种治疗方法集合而成的。

一、行为治疗的历史与发展

1913 年，美国心理学家华生发表了《行为主义者眼中的心理学》，成为行为主义诞生的标志。20 世纪 20 年代，巴甫洛夫的动物实验性神经症的模型以及早期行为主义者华生等的儿童强迫性恐怖的模型，都是行为治疗理论与实践的典范。当时已有很多人试图解释人的行为和精神异常现象，并对此做了矫正和咨询的尝试。但是由于当时弗洛伊德的精神分析疗法占据着统治的地位，行为治疗无法作为一种独立的心理咨询体系和方法得以推广和传播。直到20世纪50年代初，美国心理学家斯金纳首次提出"行为治疗"的术语，提出了操作性条件反射原理并尝试将其应用于医疗实践。接着，英国著名临床心理学家艾森克也结合临床实践提出行为学习过程的新理论，特别是著名精神病学家沃尔普把行为治疗技术系统地应用到咨询病人的临床实践以后，极大地推动了行为治疗的进一步发展。到了20世纪60年代，随着现代科学的进步，行为治疗已开始能与某些现代尖端科学技术结合起来，而生物反馈技术的出现，使行为治疗作为心理治疗领域中一个独立的体系与卓有成效的咨询方法，得以广泛推广和应用。到了20世纪70年代，行为治疗在整个心理咨询领域中被誉为第二势力。20世纪80年代，行为治疗开始寻找突破传统学习理论的新观念与新方法。它持续坚持其方法须有实证上的效度证据，探讨咨询实践对于来访者与社会的影响，更加注意咨询中情感因素所扮演的角色，以及生物因素在心理异常中所扮演的角色。行为治疗的两项主要发展是认知行为治疗的持续壮大和行为技术被用于预防与咨询各种心理异常。20世纪90年代，美国行为治疗促进协会正式成立。目前各种行为治疗理论主要的共同特征是以咨询为导向、强调行为、重视学习作用，以及强调严格的诊断与评估。拉扎若斯(A. L. Lasarus)是临床行为咨询的先驱之一，他拓宽了行为咨询的思想观念，并引进了多种创新的临床技术。今天的行为治疗在概念、方法、疗效等方面都有了更多的运用空间。

如今，行为治疗在认知心理学的强大思潮和社会学习理论的冲击下，从理论指导到具体方法都在发展、变化。许多行为心理咨询家已经放弃了极端的行为主义理论及单一、片面的强化观点，开始重视在刺激和反应之间的中介调节因素的作用，如人的认知和情绪、动机和意志等。他们开始认为不能把人看作一个对外界环境应激或心理应激的被动反应者，主张通过使环境变化因素转换为认知因子的途径，并经由情绪和动机的激发引起人的各种行为。人本身就具有认知调整、自我指导和自我控制其行为改变的能力。行为治疗就是通过对行为的评价以及一定的行为学习程序，指导或帮助来访者去调动这些能力，来改变那些不良或不正常的行为，或者建立新的健康的行为去取代不正常的行为。

目前，行为治疗的种类和应用范围正在日益增多与扩大，不仅在临床实践中广泛地得到应用，而且已经成为一个跨学科的研究领域，在现代临床精神病学、社会精神病学、行为医学、心身医学和临床心理学等领域都受到高度的重视。行为治疗的方法除了系统脱敏法和厌恶疗法以外，还有行为塑造法、自我调整法、松弛疗法、示范疗法、生物反馈疗法及认知行为疗法等。行为治疗不仅用于咨询各种神经官能症如强迫性神经症、恐怖性神经症和焦虑性神经症等，而且用于治疗各种心身疾病如高血压、冠心病、心律失常、偏头痛、哮喘病等；不仅广泛地用于矫正儿童或成人的各种不良行为问题，如吸烟、吸毒、酗酒、赌博及各种反社会行为等，而且也广泛地用于矫治各种性功能障碍和性行为偏离。此外，在学校教育、艺术表演和体育竞赛领域，行为治疗也得到了广泛的应用。

二、行为治疗的共同特征

综合来看，行为治疗具有以下共同特征。

(1) 强调以行为为中心。行为治疗的对象是个体的非适应性行为，行为治疗旨在对个体的非适应性行为进行矫正，以能够用某种方式进行观察、测量的行为(也可能包括内隐的行为)为中心。通常，需要矫正的行为被称作问题行为或靶行为。

(2) 强调环境因素等外在变量的作用。行为治疗理论认为，人类行为是由其所处环境中的各种事件所控制的，人的一切行为(包括变态行为)都是通过学习获得的，导致这种学习的重要力量存在于环境或情境变量中，如果一个变态行为得以持续，环境中必有维持它的条件。行为治疗的目的就是识别这些事件，对与非适应性行为有关联的环境事件进行评估，改变非适应性行为和环境中的控制变量之间的相互关系，从而对非适应性行为加以矫正。

(3) 关注当事人目前的问题和影响这个问题的因素。行为治疗不强调对可能的、历史性的决定因素的分析。有些心理治疗方法，如精神分析疗法，着眼于假设行为的潜在动因(如俄狄浦斯情结)，但行为治疗拒绝这种假设，认为这种解释及其与之试图解释的行为之间的相互关系缺乏科学性、可操作性，其真伪永远无法证实。有些时候，行为治疗也考虑过去与当前行为有关的环境事件中一些有用的信息。治疗师们关注维持当事人问题行为的环境事件，并且通过改变环境事件帮助当事人改变行为。

(4) 建立在科学方法的原则和程序基础之上。行为治疗的技术以基础心理学的实验研究为依据。其中，学习心理学，尤其是经典条件作用和操作性条件作用，是最重要的理论支柱。行为治疗强调对治疗的程序和方法进行精确的描述，这样可便于治疗者正确实施这些程序和方法。除此之外，行为治疗还重视在进行治疗干预的前后对目标行为(靶行为)的评价，从而可以及时把握治疗干预的效果。

(5) 强调当事人的自我管理和自我控制。行为治疗中，当事人被期望成一个积极的角色，他们应从事特定的行动以解决自身的问题。行为治疗强调将在治疗室里学到的东西应用到日常生活中去。治疗师经常要求当事人自己发起、管理以及评价他们的治疗，并对自己的变化负责，同时尽可能将治疗中的进步应用到实际生活中。

第二节　行为治疗及其理论

一、行为治疗的界定

以行为主义为理论基础所发展的心理治疗方法称为行为治疗法，有广义和狭义之分。广义上，行为治疗不只局限于运用条件作用原理，还包括扩大范围兼采取认识论的原理，演变成所谓认知行为治疗。狭义上，行为治疗是指采用行为主义所依据的条件作用原理为基础的治疗方法。本节以狭义的行为治疗为讨论范围，即行为治疗或条件反射治疗，是以行为学习理论为指导，按一定的治疗程序来消除或纠正人们的异常行为或不良行为的一种心理治疗方法。

二、行为治疗的人性观

现代的行为主义治疗根植于关于人类行为的种种科学观点，这就意味着在治疗过程中重要的是采取系统化、结构化的方法。这一观点并不是以决定论的观点——人类只是其社会文化的产物——为基础的，相反，当前的观点认为，人们既是其所处环境的创造者，同时又是环境的产物。

当前行为主义治疗旨在发展出一定的程序，从而将控制权交给来访者并提高其自由水平。行为主义治疗旨在提高人们的机能从而扩大个体可选的反应范围。通过克服那些限制人们选择的削弱性行为，人们将能够自由地选择之前自己无法做出的选择，从而提升个体的自由。

三、行为治疗的基本理论

大部分的行为治疗可追溯到行为主义思想最初的三种学派：巴普洛夫(I. P. Pavlov)的经典条件反射理论、斯金纳(B. F. Skinner)的操作性条件反射理论和班杜拉(Albert Bandura)的社会学习理论。这三种理论的一个共同特点就是学习，它们都是关于有机体学习的发生机制和条件的理论。三种理论各说明一种学习形式，所以学习概念是行为治疗的核心。在行为主义者看来，除了遗传和成熟的有限作用外，学习是获得行为和改变行为的主要途径。行为治疗技术实际上是一些获得、消除和改变行为的学习过程。

（一）经典条件反射理论

在经典条件反射建立过程中，心理—生理反应与新的环境刺激(信号)相联系，形成条件反射。如果这种联系多次终止，反应可减弱，最后可消失。

经典条件反射理论的建立最早可追溯到俄国生理学家谢切诺夫(I. M. Sechenov)。他在1863年出版了《脑的反射》一书，认为一切有意识和无意识的活动就其发生机制来说都是反射，这就从根本上改变了人们关于心理活动性质的旧观念。而经典条件反射模式则建立在巴甫洛夫(见图3-2)寻求理解学习过程的动物实验的基础之上。经典条件反射理论假设当新的环境模式出现之后，现存的行为也会发生改变。巴甫洛夫在实验室中研究狗的消化过程时，无意中发现狗不仅仅是在食物出现时才分泌唾液，当与食物出现相关的其他刺激

图3-2 巴甫洛夫

物单独出现时,狗也会有相同的反应,如图 3-3 所示。巴甫洛夫对此进行了进一步的实验研究。他在给狗喂食的同时,对狗进行一个节拍器的声音刺激(属中性刺激,也称无关刺激)。这样结合多次以后,狗只要听到节拍器的声音(但没有食物)就会有唾液流出(反射行为)。巴甫洛夫将这种后天习得的对一个中性刺激的反射行为称为条件反射,这个中性刺激就是条件刺激。巴甫洛夫又进一步发现,几乎任何的先天性反应(如眨眼等)都可以与任何刺激(如颜色、声音等)建立起一种条件反射(conditioning reflex,CR);反过来讲,条件反射的建立必须依赖于一种无条件反射(unconditioning reflex,UR),否则无法形成。例如没有食物结合的、单纯的节拍器声音是绝对不会使狗产生唾液分泌反应的。若条件刺激多次出现,但没有无条件刺激的强化,这个条件反射就会削弱或消退。

(a) 狗的无条件反射

(b) 狗对无关刺激无进食反应

(c) 在无条件反射的基础上建立条件反射

(d) 在无条件反射的基础上建立了条件反射

图 3-3 狗的无条件反射与条件反射

行为主义心理学的创始人华生(J. B. Watson),明确地将条件反射的研究纳入了心理学范畴。华生行为主义又称为刺激-反应心理学,即 S-R 心理学。华生认为,行为是有机体应付环境的全部活动,刺激是指引起有机体行为的外部和内部的变化,而反应则是指构成行为最基本成分的肌肉收缩和腺体分泌。华生从严格的决定论出发,认为一定的刺激必然引起一定的反应,而一定的反应也必然来自一定的刺激。如果完全知道刺激,就可推知会有什么反应;如果完全知道反应,也可推出曾有什么刺激。因此,心理学研究的任务就是确定刺激与反应之间联系的规律,以便预测行为和控制行为。

从 S-R 心理学的立场出发,华生认为人的行为除少数简单的反射外,完全是由外界环境塑造的。他甚至曾经说过这样一段话:"给我一打健全的婴儿和我可用以培养他们的特殊世界,我就可以保证随机选出任何一个,不问他的才能、倾向、本领和他的父母的职业及种族如何,我都可以把他训练成为我所选定的任何类型的特殊人物,如医生、律师、艺术家、大商人甚至乞丐、小偷。"

情境导入中的恐惧习得实验,就是华生的经典研究之一。为此,华生还针对精神分析理论戏谑地说:"如果 20 年后,这小家伙长大成人,假如他还因恐惧裘皮大衣而苦恼,又假如他因为这个毛病去求助于精神分析专家,那么精神分析学家该做何反应呢?"他继续说道:"如果弗洛伊德主义者们那时仍然坚持他们的理论假设的话,他们在分析这位恐惧裘皮大衣的患者时,一定会引诱他讲述一个梦,并根据这个梦分析出这位患者很可能在 3 岁时,因为试图抚弄他母亲的阴毛而招致过分严厉的责骂。"华生这段"恶作剧"般的话语,除了令人忍俊不禁之外,似乎不无发人深省之处。经典条件反射理论的重要概念如下。

(1) 强化:伴随条件刺激的呈现给予无条件刺激。强化是形成条件反射的基本条件。

(2) 泛化:对一个条件刺激形成的条件反应,可以由类似的刺激物引起。反过来说,条件反应可以迁移到类似原条件刺激的刺激上。俗话说的"一朝被蛇咬,十年怕井绳"就是泛化的表现。

(3) 消退:已形成的条件反射由于不再受到强化,反应强度趋于减弱乃至该反应不再出现,称作条件反射的消退。

(二) 操作性条件反射理论

虽然许多与情绪反应相联系的行为和习惯可能是应答性条件作用的结果,但人们普遍认为,人类更大范围的行为是通过操作性条件作用过程获得的。操作行为理论假定,行为改变的发生是由于行为后面伴随着某种特别的结果。行为被称为操作的行为,因为它操作(影响)了环境,进而才有其结果;行为是被它所产生的结果(可获得某些事物)控制的。因此,只要改变行为的结果,就可以改变行为。有些行为结果(正结果),会增加行为的再发生次数,或维持行为的持续;而有些行为结果(负结果),反而削弱行为,甚至完全使行为消失。

美国新行为主义的主要代表斯金纳(见图3-4)坚持华生的 S-R 心理学理论,但更着重于研究反应,而不是刺激与反应之间的联结。他把行为分为两种:一种是应答性行为,即巴甫洛夫的经典条件反射,指某种特定刺激诱发的行为,如食物引起唾液分泌;另一种是操作性行为,即个体操作其环境的行为,如人走路、老鼠压杠杆等,其特征是构成行为的反应是自发的,无法确定反应的出现是由何种刺激引起的。斯金纳把几乎所有人类的条件作用都看作一种操作,认为这是心理学研究的主要对象。

图3-4 斯金纳(1904—1990)

斯金纳设计了著名的斯金纳箱,作为研究动物操作行为的实验仪器(见图3-5)。饥饿的老鼠被关在箱子里,可以自由探索。它在探索中或迟或早地偶然压到箱内的一根杠杆,从而牵动了食物库,一颗食物小丸落入箱壁下的小盘里,老鼠就得到了食物。由于这个压杠杆的行为每次发生时,都立即跟随着一块食物的出现,因此,这一行为就得到了加强。这样,每次老鼠被放在箱子里时,就更可能去压下杠杆,相对于老鼠在箱中所展示出的其他行为,这个行为的可能性增加了。这就是操作条件反射。

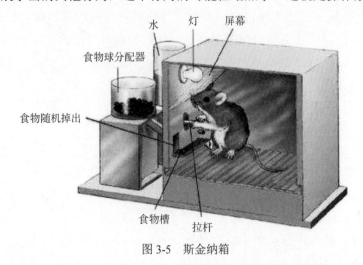

图 3-5 斯金纳箱

> **视频欣赏 3-1**
>
> 斯金纳和操作行为主义
>
>

斯金纳箱非常清楚地说明了行为强化的原理:当一个行为造成了有利的结果(如对生存或安宁有好处的结果)时,这个行为更有可能在将来的相似环境中被重复。因此,塑造行为的过程就是学习的过程。斯金纳把学习的公式概括为"如果一个操作发生后,接着给予一个强化刺激,那么其强度就增加"。这里所谓的强度增加,是指使这些反应发生的一般倾向,这个增强了操作行为的结果就称作强化刺激。强化刺激物可以是作为奖赏的任何东西,如食物、金钱、赞扬,甚至只是避免某种惩罚。

斯金纳根据实验结果,提出了一套行为矫正术,并广泛应用于各种社会机构进行心理矫治,特别是学校、精神病院、低常儿童教养所等,卓有成效。斯金纳被认为是行为疗法之父。他认为,包括心理疾病在内的大多数行为都是习得的,因此,心理治疗和咨询要以改变对来访者起作用的强化物的方式来改变其行为,有目的地奖赏那些需要保留、巩固的有益行为,忽视或惩罚那些需要弃除的不良行为,从而创造出一种新的行为模式。行为治疗的程序是 SRRC,即刺激(S)导致行为反应(R),当这个过程一再重复(R)时,反应的结果(C)会使行为得到加强。如果行为的结果是正性的或者是去除了不适当刺激(负性加强),应给予奖励。如果行为的结果是负性的,应给予惩罚。

操作性条件反射理论的相关重要概念如下。

(1) 强化:强化是操作性条件作用的核心概念,涉及行为获得机制。强化分为正强化和负强化两种。正强化是指当个体做出一个行为后,给予一个积极强化物,这会增加个体做出该行为的频率。负强化是指当个体做出一个行为后,取消厌恶刺激,这也会增加该行为的出现频率。这两种强化的原理不难理解,困难在于如何确定一个强化物的性质,如何判断强化物是积极的还是消极的。因此,在治疗中选定合适的强化物是一项需要非常小心、仔细的工作。

(2) 惩罚:和强化相反,惩罚涉及行为的消除机制。惩罚分正惩罚和负惩罚。正惩罚是指当个体做出一个行为后,出现惩罚物,个体以后会减少做出该行为的频率。例如,当一个孩子攻击同伴之后,爸爸给予批评,这个孩子的攻击行为会减少。负惩罚则是指当个体做出一个特定行为后,他所希望获得的东西不再出现,这也会减少做出该行为的频率。例如工厂规定,迟到三次扣除一个月的奖金,就是利用了负惩罚原理。

(3) 消退:操作性条件反射理论的消退概念与经典条件反射理论的消退概念很接近,指的是在一个特定情境下,如果某人做出以前被强化过的反应,而现在这个反应没有得到通常的强化,那么此人下次遇到类似情境时,就较少可能再做同样的事。换言之,如果通过积极强化使一种反应的出现概率增加了,那么完全停止强化将导致这种反应出现的频率下降。要使一种反应完全消退,需要进行多次消退训练。如果反应在消退期间不时受到偶然强化,则不仅不会出现消退,反而会使该反应更加牢固。

(4) 强化:由于消退现象的存在,要使一个行为保持下去,就必须不断进行强化。但如果每次反应后均予以强化,不仅实际上难以做到,也不是最有效的强化办法。强化程序揭示了不同的强化安排的后效,它为强化方式提供了依据。斯金纳研究了 4 种基本强化程序的效果,一般来说,按反应比率强化的行为出现频率高于按时距强化的行为;而变比率变时距的强化效果又优于定比率定时距的强化效果。但如果是训练一个新的反应的形成,则 100%强化(每次正确反应均给予强化,又叫连续强化)效率最高。所以,理想的做法是在条件反应形成期采用 100%强化,在维持期采用断续强化,尤其是变比率变时距强化。在利用操作原理制订行为矫正方案时,常会结合使用不同的控制手段和强化程序。例如,在消除一个不适应行为(采用消退或惩罚)的同时强化一个新的适应性行为(采用强化)。在塑造一个新行为时采用连续强化,随后改用断续强化以维持这一行为。多种手段和多种方式可以组合成各种不同的矫正方案。

(三) 社会学习理论

社会学习理论也是行为治疗模式借鉴的主要理论之一,其创始人是班杜拉。班杜拉与其他行为学家一样,反对精神分析的理论,并且反对从动物实验中获取研究人类行为的第一手资料,反对将人看成只能被动地接受外在环境奖惩的工具性的人。班杜拉认为,人的社会行为是通过观察学习获得的,模仿学习可以在既没有模型也没有奖励的情况下发生,个体仅仅通过观察他人的行为反应就可达到模仿学习的目的,但要使个体运用这些行为,就必须运用强化手段。也就是说,班杜拉仍坚持 S-R 心理学的接近性原理和强化原理,认为在社会学习的过程中,有决定性影响的仍是环境,如社会关系和榜样等客观条件。人们只要能够控制这种条件,就可促使儿童的社会行为向着预期的方向发展。

> 视频欣赏 3-2
>
> 娃娃机，我们为什么总想抓个不停

"波比娃娃"实验的研究者让儿童分别观察两名成人榜样，一名榜样表现出攻击性行为，另一名榜样不表现出攻击行为，如图 3-6 所示。无论是在攻击情境还是在非攻击情境中，榜样一开始都先装配拼图玩具。在攻击情境中，1 分钟后，攻击性榜样便开始用暴力击打波比娃娃，例如坐在它的身上，反复击打它的鼻子、头部，伴随攻击性语言等，持续近 10 分钟。而在非攻击情境中，榜样只是认真地玩 10 分钟拼图玩具，完全不理会波比娃娃。在这两种情境下观察儿童的行为习得情况，得出一些相关的结果。

图 3-6 "波比娃娃"实验

班杜拉使用类似"波比娃娃"实验的研究方法，考察了电视或其他非人类的攻击榜样对被试者的影响力，研究得出在特定的条件下榜样的暴力影响可以被改变。给儿童观看带有成人攻击性行为的电影，让儿童看到不同的奖励或惩罚，接下来让儿童进入一间游戏室，里面放一个同样的充气人以及这个成人榜样使用过的其他物体，观察儿童的行为反应。结果发现，真人榜样影响力最大；其次就是看到榜样受奖励的那一组儿童，比看到榜样受罚的另一组儿童表现出更多的攻击性行为。

班杜拉从实验中总结出了观察学习的过程。观察学习也称为榜样学习，是指通过观察示范者的行为而习得行为的过程，班杜拉称之为"通过示范所进行的学习"，即间接经验的学习。班杜拉所关心并研究的正是这种行为的习得过程。班杜拉指出，观察学习是一个认知过程，通过对榜样或模式的模仿和认同而完成，观察学习有 4 个过程：一为注意过程，对榜样的注意过程是产生后来模仿的前提；二是保持过程，没有这个过程，就不可能产生与榜样活动一致的模仿；三为运动再现过程，个体通过运动再现把保持在头脑中的榜样信息转化为适当的行为；四为动机或诱因过程，指的是个体具有再现榜样行为的能力后，是否会把行为公开表现出来取决于诱因。

班杜拉虽然沿用了行为主义者惯用的强化概念，但他把强化区分为直接强化、替代强化和自我强化，并着意强调替代强化和自我强化。个体看到他人的行为获得成功或赞扬，便会增强产生同类行为的倾向，反之亦然，这是替代强化。个体一旦社会化了，就能自己设定标准并根据这种内在标准来评定和奖惩自己的行为，这是自我强化。根据班杜拉的理论，人是能够通过观察学习获得替代强化进而控制自我强化，从而形成自我行为的。那些受到奖励的、产生愉悦结果的行为，很容易学会并且维持下来；相反，受处罚的、获得令人不悦结果的行为，就不容易学会或很难维持下来。因此，掌握了操作这些奖赏或处罚的条件，就可以控制行为。

> **拓展阅读 3-1**
>
> 社交媒体上的照片如何影响你的个人形象

此外，班杜拉的社会学习理论亦具有一些不同于以往行为主义的特点：①强调人的行为是内部过程和外部影响交互作用的产物。②强调认知过程的重要性。与以往的行为主义者不同，班杜拉认为认知因素在人的活动的组织与调节中起着核心作用，社会学习是信息加工理论和强化理论的综合过程。③强调观察学习的重要性。班杜拉认为许多行为模式都是通过观察别人的行为及其后果而学来的，他尤其强调模仿对象及其特征对激发特定行为的重要性。④强调自我调节的作用。班杜拉认为某个特定行为既会产生外在的后果，也会产生自我评价的反应，所以行为的强化来源于外界反应与自我评价。因此，班杜拉除注意到外部强化、替代强化(因观察别人的某种行为而强化自己的该种行为)对学习的影响外，还特别重视利用自我强化或自我惩罚的方式来加强行为的自我控制。

四、行为治疗的其他理论

对有些心理问题，心理治疗学家有时候也可以用其他非行为主义的心理治疗理论来解释。对于儿童和不会讲话的成年人，几乎只能使用行为技术。另外，对于单纯恐怖症病人，例如怕蛇的病人，可能要使用行为治疗。对类似行为障碍、抑郁、焦虑、饮食障碍等问题，行为治疗常常和认知的方法一起使用。如果能用行为的语言说明一种其他疗法的技术，如空椅技术，则也会在行为治疗中使用这种技术。有行为治疗学家已经用心理动力学的方法治疗边缘性人格。因为行为治疗不是只使用一种技术，而是使用一个技术包，所以也常常把认知技术结合在内。

其他学派的治疗学家也有意无意地使用行为治疗技术。多拉德和米勒在一本早期有影响力的书《人格和心理治疗》，书中用强化原理解释了精神分析，把神经官能症看作童年期学习作用的结果。阿德勒心理治疗经常使用行为方法。而艾利斯把合理情绪治疗改为合理情绪行为治疗，就是意识到了行为方法在他的治疗技术中的重要作用。贝克在认知治疗中也选择使用了一些行为技术。当来访者和治疗师谈话的时候，某些行为原理被应用。治疗师用微笑、表现出兴趣、点头、语言反应的方式强化来访者。在许多治疗方法中，如果来访者的话表现出进步，治疗师也会评论来访者的话并且赞扬，从而提供正强化。如果治疗师面对来访者的焦虑时安静平和，这就是治疗师在示范非焦虑反应。很多理论家没有把治疗师说成是榜样或强化者，行为的治疗学家意识到了这一点。

第三节　行为治疗的方法和技术

行为主义疗法的基本假设是人的行为是通过学习而获得的，通过强化可以控制行为。基于行为可控假设的行为技术疗法有许多，本节主要介绍放松疗法、厌恶疗法、系统脱敏疗法、满灌疗法和代币法。

一、行为治疗的基本假设

行为治疗的基本假设如下。

(1) 人的行为，不管是适应性还是非适应性的行为，都是经过学习而获得的，并由于强化而得以巩固。一般来说，当某一行为的结果不再具有社会适应性时，该行为就会减弱、消退；而某些行为则不同，它们在丧失了适应性后仍不消退，这就需要借助治疗者的帮助来加以改变。

(2) 通过奖赏或惩罚的强化方式，可以控制行为增减或改变的方向。也就是说，个体可以通过学习消除那些习得的非适应性行为，也可通过学习获得所缺少的适应性行为。

(3) 各个异常行为是分别习得的。如果个体有一个以上的问题行为，那么这些问题行为是个别地通过学习获得的。也就是说，并不是因为有了问题甲，就带来了问题乙，各个问题行为本质上并不存在因果关系，所有问题行为分别是在其特定环境中进行了某种特定学习的产物。

二、行为治疗的基本过程

行为治疗的具体方法虽然有很多，但其治疗过程有许多共同之处。

(1) 了解来访者非适应性行为或疾病产生的原因。来访者的非适应性行为往往不是由单一因素引起的，而是多种因素(生物、心理、社会因素)综合作用的结果。只有比较准确地把握了这些影响因素，才能奠定有效咨询的基础。

(2) 确定需要矫治的目标行为(或称靶行为)。来访者的非适应性行为往往十分复杂，其中有主要的，也有次要的；有原发性的，也有继发性的。因此，首先需要把来访者非适应性行为的主要表现确定下来，即把需要矫治的靶行为确定下来，作为治疗的目标；然后通过观察、检查，记录下来访者非适应性行为的严重程度与出现的频率，并列出治疗前症状表现的基线，作为治疗时的对照指标。例如焦虑，可按照所规定的轻、中、重的等级标准，确定其表现的严重程度与出现的频度。这项工作的完成为下一步制订恰当的治疗方案打下了基础。

(3) 向来访者说明行为治疗的目的、意义和方法。行为治疗的实施方案和程序虽然是由治疗者制订的，但实施过程必须取得来访者的主动配合才能成功。行为治疗从表面上看，治疗者是主动的，来访者是被动的，但实际上，双方必须密切配合，特别是来访者的主动配合是行为治疗能否取得理想疗效的关键。因此，在治疗开始之前要向来访者说明行为治疗的目的、意义和方法，使其消除由于无知而产生的不必要的疑虑和心理阻抗，从而主动配合治疗。

(4) 采用专门的行为治疗技术或配合必要的药物或治疗器具进行治疗。行为治疗技术种类繁多，但每种方法都有其一定的适应症范围。在开始进行行为治疗时必须根据靶行为的临床特点、治疗的目的，选取一种或两种最为恰当、最可能取得可靠疗效的行为治疗技术。有时，为了提高疗效，还需配合一定的药物或治疗器械，作为综合性的治疗措施。

(5) 根据行为治疗技术的性质及来访者行为的改变情况给予正强化或负强化。治疗过程中，治疗者根据选用的治疗技术本身的特点和靶行为的性质、特点、形成原因及治疗目的(例如，是对靶行为进行消退、改造，还是进行重塑，或是形成新的行为以取代旧有的行为)，给予相应的正强化(如表扬、鼓励或物质奖励等)或负强化(如批评、疼痛刺激或撤销奖励等)，并且在整个治疗的过程中针对行为改变的具体情况而变换方式，以达到最佳疗效。

(6) 根据治疗情况的变化，调整治疗方法。由于来访者的非适应性行为大多数是经过相当长的时间逐渐形成的，而且形成的原因也很复杂，所以不经过一定的疗程难以治愈。因此，治疗开始以后需要根据治疗情况的变化，对治疗方法与技术做适当的调整。

(7) 将治疗效果迁移到非治疗情境中。行为治疗一般都是在专门的治疗情境中(如治疗室)进行，来访者的治疗有可能在特殊的治疗情境中是有效的，能否将疗效迁移到日常生活情景中，这是行为治疗经常碰到的一个难题。

三、治疗师的功能和角色

行为主义疗法的治疗师会系统收集有关行为先例、问题行为的种种维度、问题的后果等方面的信息，并通过彻底的功能测试来识别导致个体问题的条件。这就是大家熟知的 ABC 模型。

行为主义疗法的治疗师会主动对来访者进行指导，从而扮演顾问和问题解决者的角色。治疗师会关注来访者表现出的种种线索，治疗师还会跟随自己的临床直觉。行为主义疗法的治疗师必须拥有技术、敏感性以及临床的敏锐感，他们会利用其他疗法常用的技术，如总结、思考、澄清及询问开放式的问题。此外，他们还会履行其他一些功能：基于综合性的功能评估，形成初步的治疗目标并设计、贯彻治疗计划以达成这些目标；使用有实证基础的、对特定问题有效的策略；治疗过程中对目标达成情况进行评估，从而评估治疗计划的效果；重复评估以判断来访者的改变是否具有不受时间影响的持久性。

四、行为治疗的基本原则

(1) 进度适当：根据年龄特点、配合学习的能力，从易到难。

(2) 赏罚适当：新行为能否形成并得以维持，取决于该新行为产生时有没有得到适当的奖赏或处罚。

(3) 训练目标适当：咨询师对临床问题观察仔细、诊断准确，选准核心问题作为矫治的靶症状，并围绕其建立新行为模式。

(4) 激起并维持动机，利用来访者的求助愿望，建立主动合作的工作关系。

五、行为治疗的主要技术

行为治疗的主要技术有行为的观测与记录、行为功能分析、放松训练、系统脱敏疗法、冲击疗法、厌恶疗法、自信训练、矛盾意向法、模仿与角色扮演、塑造法、自我管理、行为技能训练。下面主要介绍放松疗法、厌恶疗法、系统脱敏疗法、满灌疗法和代币法。

(一) 放松疗法

放松疗法又称松弛疗法、放松训练，是一种通过训练有意识地控制自身的心理生理活动、降低唤醒水平、改善机体紊乱功能的心理治疗方法。实践表明，心理和生理的放松均有利于身心健康，能够起到治病的作用。肌肉放松可分为全部放松和渐进放松两种程序，又可分为放松全身肌肉群和逐个放松身上的肌肉群两种形式。同时，按诱导方式的不同，肌肉放松又可分为直接放松和间接放松。放松训练有五大类型：渐进性肌肉放松、自然训练、自我催眠、静默、生物反馈辅助下的放松。

渐进性肌肉放松的放松训练是对抗焦虑的一种常用方法，和系统脱敏疗法相结合，可治疗各种焦虑性神经症、恐怖症，且对各系统的身心疾病都有较好的疗效。放松技术现在除了肌肉性放松之外，还有意象性放松技术等。虽然肌肉性放松被广泛使用，但美国较新的研究指出：肌肉性放松不宜用于患有心脏病和高血压的来访者人群，因为这类人群之前的肌肉紧张有可能使其心血管系统方面承受压力。对于这类来访者，使用意象性放松技术比较合适。

渐进性肌肉放松训练是一种先刻意紧张然后再放松的方式，如此一来，人们才可以区分紧张与放松两种不同的状态。这里，向大家介绍一个很简单的、自己可以练习的放松技巧：平躺在地板上，深深吸一口气后屏住呼吸，同时将双脚、双手举起离开地面约30厘米。紧绷全身的肌肉，并且让这样紧绷的感觉保持大约5秒钟，然后放下双手与双脚，缓缓呼气慢慢体会肌肉放松的感觉。接下来，想象自己很放松，好像要陷入地板里一样。带着这样放松的感觉，从头到脚再体会一次，你的感觉如何？跟放松之前有特别不一样的地方吗？

放松之前和放松之后，肌肉的感觉又各是怎样的呢？可针对全身肌肉分别做练习。

(二) 厌恶疗法

厌恶疗法是一种有效但要慎用的技术，一般不主张在学校使用，需在专门的治疗机构由熟练的专家使用，而且往往要求在其他干预措施无效且当事人同意的情况下才可选用。因为使用厌恶疗法有一定的危险性和副作用。

厌恶疗法的原理是拮抗条件作用，即设法使一个要消除的行为(这种行为受到某种愉快反应的强化)与一种厌恶反应建立联系，从而使行为人放弃或回避问题行为。用引起躯体痛苦反应的非条件刺激与形成不良行为的条件刺激结合，使病人发生不良行为的同时感到躯体的痛苦反应，从而对不良行为产生厌恶而使其逐渐消退。反复如此实施，使不适行为与厌恶反应建立条件反射。取消附加刺激后，当个体进行不适行为时就会产生厌恶体验，个体就会中止或放弃不适行为。此疗法对酒瘾、戒烟、贪食、吸毒、洁癖、露阴癖、偷窥癖、恋物癖，以及适应不良行为、强迫症和各类精神分裂症效果较好。厌恶疗法常用电击和药物(如吐酒石、吐根碱等可引起恶心呕吐的药物)作为非条件刺激手段。

以治疗酒瘾为例，一般使用药物刺激。起初在酒瘾者饮酒的同时注射阿扑吗啡，使其饮酒后发生恶心呕吐而厌恶饮酒，后来改用在酒中放入戒酒硫的方法，此药使体内乙醇氧化成乙醛后不能再继续氧化成乙酸，导致体内乙醛积聚而引起恶心呕吐、呼吸急促、出汗、胸痛等痛苦症状，使酒瘾者厌恶饮酒。也可采用电击的方法，在酒瘾者手腕或脚腕部安置电极，只要饮酒即遭电击，产生剧烈疼痛，从而使其不敢再饮酒。另外，也可令酒瘾者饮酒时就想象他酒醉后在大庭广众面前做丑态百出的表演，或呕吐物弄脏主人的干净床被的场面。对有一定文化素养并决心戒酒的人来说，采用厌恶想象法非常有效。

可采用电击治疗偷窥癖、露阴癖、异装癖等。决心戒烟的人也可采用电击疗法：口袋里放一个袖珍电刺激盒，将电极置于手腕或手指上，每当他做出从口袋里掏烟的动作时，电极装置就自动启动，约半分钟后发出警告信号(声音)，而在他将香烟含在口中准备点火抽烟的瞬间，突然电击并持续约 0.8 秒钟，使人产生剧烈疼痛。电子电击装置从启动到电击有一段时间不固定的空隙，在此时间内抽烟者等待着即将来临的皮肉疼痛，造成心理上一定的焦虑紧张，从而失去了对抽烟的兴趣。最简单的方法是在手腕上放一根橡皮筋，每当病人出现不良行为时就用另一只手不停地拉橡皮筋，一拉一松使之产生疼痛，直至不良行为消失为止。这对某些具有各种强迫性动作的病人较为有效。

厌恶疗法的注意事项如下：①选择合适的厌恶刺激。不适行为常常给个体带来某种满足和快意，这些满足和快意不断地强化着这些不适行为。厌恶刺激必须强烈到一定的程度，使其产生的不快要远远压倒原有的种种快感，才有可能取而代之，从而削弱和消除不良行为。同时，厌恶刺激应该是无害的、安全的。②把握施行厌恶刺激的时机。如果在实施不适行为或欲施不适行为的冲动产生之前，个体就出现厌恶体验，则无益于在两者之间建立条件联系。在不适行为停止以后才出现厌恶体验则达不到建立条件反射的目的，因此厌恶体验与不良行为应该是同步的。不是每一种刺激都能立即产生厌恶体验，时间要控制准确。

(三) 系统脱敏疗法

系统脱敏疗法又称交互抑制法，主要是诱导个体缓慢地暴露出导致神经症焦虑的情境，并通过心理的放松状态来对抗这种焦虑情绪，从而达到消除神经症焦虑习惯的目的。通俗地说，以"刺激—放松"反射为适应行为，来取代个体已经形成的"刺激—异常行为反应"反射，继而强化适应行为，因泛化而使适应行为得到巩固，克服异常行为，这就是系统脱敏疗法的治疗原理。有些神经症病人虽然认识到了自己的病因，也有了改变自己病态行为的决心，但是做起来却很困难，不知怎样做才能真正摆脱这些症状，为此还需要学习如何采取行动来摆脱它们。系统脱敏疗法对明显是由环境因素引起的某些恐怖症、强迫症特别有效。

系统脱敏疗法是由美籍南非精神病学家沃尔帕最先发明并应用的。沃尔帕在实验室将一只饥饿的猫置于笼中，每当食物出现引起猫的取食反应时即施以强烈电击，多次实验之后，猫便产生了拒食反应，最后发展到对笼子和实验室内的整个环境都产生恐惧反应，形成了所谓"实验性恐怖症"。后来，他着手用系统脱敏疗法逐步引导猫消除恐惧渐渐回到正常就食状态。1958年，沃尔帕在正式发表的《交互抑制心理疗法》一书中指出：神经症是学习过程中学到的不适应行为。因此，要治疗这种不适应行为必须应用学习的法则。后来，他将上述实验和理论应用于人类，在临床上用于治疗神经症，提出了叫作系统脱敏疗法的行为治疗技术。

沃尔帕认为，人和动物的肌肉放松状态与焦虑情绪状态是一种对抗过程，一种状态的出现必然会对另一种状态起抑制作用。例如，在全身肌肉放松状态下的肌体，各种生理生化反应指标(如呼吸、心率、血压、肌电、皮电等生理反应指标)都表现出与焦虑状态下完全相反的变化，这就是交互抑制作用。能够与焦虑状态有交互抑制作用的反应不仅是肌肉放松，进食活动也能抑制焦虑反应。根据这一原理，心理治疗时便应从能引起个体较低程度的焦虑或恐惧反应的刺激物开始进行治疗。一旦某个刺激不会再引起求治者的焦虑和恐惧反应时，施治者便可向处于放松状态的求治者呈现另一个略强一点的刺激。如果一个刺激所引起的焦虑或恐惧状态在求治者所能忍受的范围之内，经过多次、反复呈现，求治者便不再对该刺激感到焦虑和恐惧，治疗目标也就达到了。

系统脱敏疗法的基本步骤如下。

(1) 放松训练。

(2) 制定出焦虑层次，将引起病人焦虑反应的具体情境根据焦虑层次进行排列。

(3) 选择合适的系统脱敏程序进行脱敏治疗。

📖 拓展阅读 3-2

飞机恐惧症的系统脱敏治疗

> 拓展阅读 3-3
>
> 我不敢开口说话

（四）满灌疗法

满灌疗法也叫冲击疗法，与系统脱敏疗法正好相反，是指让个体长时间地暴露在那些引发其焦虑的情境中，甚至使其过分地与惧怕的情况接触，从而使恐惧反应逐渐减轻、消失。

治疗前，应向患者介绍原理与过程，告诉患者在治疗中需付出痛苦的代价。因为长期在焦虑情境中暴露引发的不适感受，患者一般不愿意选择这种治疗手段。

想象满灌，即鼓励病人想象最使他恐惧的场面，或者治疗者在旁反复地、不厌其烦地讲述病人最害怕的情景中的细节，或者用录像、幻灯片的形式放映最使病人恐惧的镜头，以加深病人的焦虑程度，同时不允许病人采取堵耳朵、闭眼睛、大喊等逃避措施。即使病人由于过分紧张、害怕甚至出现昏厥的症状，仍鼓励病人继续想象或聆听治疗者的描述。如果让病人躺卧在沙发上，一般不会出现昏厥现象。事先告诉病人：这里各种急救设备俱全，医护人员皆在身旁，他的生命是绝对安全、有保障的，因此可以立即想象、聆听或观看使他最害怕的情景。在反复的恐惧刺激下，即使病人因焦虑紧张而出现心跳加剧、呼吸困难、面色发白、四肢冰冷等植物性神经系统反应，病人最担心的可怕灾难并没有发生，焦虑反应也就相应地消退了。

实景满灌则是要病人直接进入他最感到恐惧的情境。例如，一名因担心寒冷会使下肢冻坏而至瘫痪的恐惧症病人，即使到了夏天上身仅穿单衣，下身仍穿着厚厚的棉裤，病人诉说他只要一脱棉裤或者想象要脱棉裤，下肢就发抖、僵硬以致不能站立和行走。治疗时室温为28℃，病人上身只穿单衣，下身却穿一条衬裤、一条棉毛裤、一条毛线裤、一条厚棉裤和一双厚的长袜子。治疗者告诉病人，经过检查，他的下肢和上肢的功能一样，在室温下不会发生瘫痪，同时还准备了注射药物和电刺激仪器以预防可能出现他所担心的情况。在治疗者的保证下，取得病人的同意后，病人躺在治疗床上，用极其迅速的方法将其棉毛裤、毛线裤、厚棉裤，包括袜子在内一并脱下，只留衬裤，结果病人下肢并未出现发抖、僵硬现象。病人在床上活动下肢，数分钟后即下地行走，一次治疗就获得成果。

满灌疗法的适应症和系统脱敏疗法一样，对某些恐怖症和强迫症效果较好。至于应对哪些病人采用此法，还要考虑病人的文化水平、暗示程度以及发病原因等多种因素。

（五）代币法

代币法是基于"条件强化物"这一概念而发展出来的。一种原来无强化作用的刺激物经过与真正的强化物建立联系，就获得了强化的力量，这种刺激物就是条件强化物。人们日常使用的钞票是一种最普遍的条件强化物。代币也是一种"钞票"，只不过它只在咨询师和当事人之间"流通"。实施代币法时，咨询师和当事人约定代币的形态(常用扑克牌、小红星等)、币值(一定量的代币能兑换多少支持强化物)、支持强化物(与代币关联的真正的强化物,如食品、文具)、取得代币的行为标准,以及兑换支持强化物的方式等事项,然后就以代币为强化物来改变对象的行为。代币法有两个明显的优点:第一,它能在有效行为出现后及时、方便地支付(强化),这样就能用它们来连接目标反应与支持强化物之间的长时间延迟。当行为出现后无法马上给出支持强化物时,代币的使用就显得非常重要。第二,代币能有效地应用于一个群体,它是一种一致的强化物。事实上,幼儿园和小学低年级教师一直在广泛使用代币法。

建立一个代币体系通常需要以下步骤。

(1) 确定目标行为。代币法可以用于塑造新行为、减少不适应性行为和增加适应性行为,但更多地用于增加适应性行为。确定目标行为的原则与自我管理等方法一样。

(2) 确定基线,以了解实施代币法前的行为水平,并为执行过程中的评估提供比较数据。

(3) 选择支持强化物,这可以通过询问当事人或其他调查方法来确定。如果当事人是一个群体,要注意支持强化物须对大家都有吸引力。

(4) 选择代币的类型。一般要求代币有吸引力,轻便、耐用,不易伪造。

(5) 选择能帮助实施管制的人员。在规模较大的代币体系中,常需要其他人来协助完成代币的制作、保管、发放和兑换工作。这些人可以是咨询师的同事、助手或当事人的家长、教师,也可以是体系中的成员,对后一种人员要慎重选择。

六、行为治疗的发展倾向与创新

行为治疗可以应用于各个年龄段,从幼儿到老年;可以用于解决各种各样的问题,如4岁的智力迟滞儿童的撞头行为、青春期问题、成年人边缘性障碍、饮食障碍。另外,类似眼动脱敏的新方法被开发。行为治疗还应用于超出心理障碍范围的其他问题,如用行为治疗原理治疗生理疾病。在行为治疗中,关于非自愿的来访者的问题,已经引起了行为治疗学家的关注。

(一) 眼动脱敏

眼动脱敏(EMDR)是夏皮罗开发的新方法。最初,眼动脱敏用于治疗创伤后压力障碍,现在,眼动脱敏已经应用于包含焦虑的多种障碍的治疗。简单地说,该方法要求来访者把最难过的记忆视觉化并和放松训练相结合。来访者重复与创伤性情境结合的消极自我陈述,然后,来访者的眼睛跟着治疗师的手指,迅速地来回移动。完成眼动后,来访者停止想象并深呼吸。重复这个过程,直到来访者对创伤性情境的焦虑明显减少。这个方法描述起来比较简单,实施起来却很复杂。有关这个方法的效果的调查并不多,但是早期的研究表明这个方法很有效。

(二) 行为医学

许多行为治疗技术已经被用于帮助治疗和预防生理疾病。在高血压的治疗中,放松和生物反馈(要求来访者提供有关他们的生理活动的信息)都可以降低血压,但是这些方法没有药物治疗那么常用。在治疗慢性病的过程中,也使用过认知教育、放松训练和生物反馈。根据疾病决定所用方法。Wagner 和 Winett 创立了一种处理饮食行为的方法。Azin 和 Nunn 创立了一种包括放松训练、自我监控、积极强化和发展竞争反应的方法来治疗抽筋。

另外,行为治疗已经被用来帮助治疗精神分裂症,需要在医生的指导下配合药物治疗进行。在教育和促进人们从事健康行为、预防心脏病和艾滋病等疾病的过程中,几种行为治疗技术已经得到了广泛使用。例如,肯定性训练和社会技能训练已经被用于同性恋等性病高危人群。行为治疗技术被越来越多地用于医学问题的治疗。

> **拓展阅读 3-4**
>
> 行为治疗的案例分析

第四节 行为治疗的评价

行为治疗的核心目标在于消除来访者适应不良的行为方式,代之以更有建设性的行为方式。也就是说,要找出导致来访者行为问题的思维方式,教以新的思维方法,从而改变他们原来的行为方式。这种疗法有其独特的优势:可以确定明确的、易于管理的和可测量的行为目标,并可以将此作为治疗的焦点。在治疗开始时,个体的行为将被测量从而得到一个基线水平。在治疗过程中,治疗师可以在给定的维度上将来访者的行为与其基线水平进行比较而得出治疗的进度。此外,在治疗的过程中,评估和治疗是同时进行的,来访者将频繁地面对治疗师提出的这个问题:"我们现在做的事情是否可以帮助你达到你所预期的改变呢?"这样,来访者可以很容易地确定什么时候应该停止治疗。

行为治疗法包含各式各样的技术,这些技术的共同点在于它们都注重寻求现有问题或疾病的处理办法。首先,治疗师会确定来访者的特定问题,之后,治疗师将和来访者一起设计解决问题的计划。行为治疗的治疗过程几乎没有秘密可言,治疗师和来访者将共同参与治疗计划的设计等过程。此外,在治疗开始时,双方就对治疗效果有了清晰的评价标准。治疗师的工作就是让治疗计划良好地运行并时时对其效果进行检验。

行为治疗遇到的第一种责难是道德方面的。批评者指责它对人进行操纵和控制,损害了人的基本权利。的确,行为主义心理学家发现了控制人类行为的钥匙,即可以采用行为治疗方法"随心所欲"地操纵人做什么和不做什么。对此,行为治疗咨询师的观点是:行为治疗是对人的行为的操纵和控制。但是,又有哪一种心理治疗不是对行为进行控制呢?只要是以社会性为特征的生物,相互之间的控制就是不可避免的。一部人类文明史,就是一部相互控制史。其他疗法对人的控制无非就是隐蔽一点、间接一点,而人们对此使用了一个刺激性不强的词——影响。因此,问题不在于治疗是否对当事人有所控制,而在于这种控制是否有益于当事人和社会。

对行为疗法的第二种批评主要来自心理动力学流派。这种批评建立在医学模式基础上，它认为外在的行为障碍(譬如强迫洗手行为)起因于内在的冲突。从理论上说，只改变外显行为是无效的，因为内在冲突并未消除，它会导致新的外显行为障碍和症状。因此，直接矫正外显行为的行为治疗只不过是以一种行为障碍替代另一种行为障碍而已。这一被称为"症状替代"的假设，对行为治疗构成了更具实质意义的挑战。它必须在理论上做出答辩，并从实验中检查是否出现了批评者预言的症状替代现象。在理论方面，行为主义心理学家认为，如果当事人有问题，问题就是不适行为本身，而不是假设性的内在原因。不适行为不是某种内在冲突的表面症状，它之所以发生，根本原因不是发生了某种内在冲突，而是学习。假如洗手能引起家人的关注，而这种关注又使当事人在焦虑时觉得好受一些，洗手便可能顺理成章地演变成一种操作性行为。不幸的是，洗手行为后来变得不可控制而成了新的痛苦之源。既然如此，治疗洗手行为就是心理治疗的目标，放弃这个直接目标而硬要去寻找某种看不见、摸不着的内在症结实在毫无意义。

在实证检验方面，一些研究并没有发现行为治疗的结果出现了症状替代。在多数情况下，发现并直接矫正行为既是成功治疗的必要条件，也是充分条件，原因仍不清楚。

虽然症状替代问题最终未能打击行为疗法，但与此有关的一个更基本的问题仍然存在：人的心理是一个整体，它是知(认知)、情(情绪)、意(意志)、行(行为)四种成分合一的，这个常识性的道理谁也无法否认，行为治疗只问其一，不管其他，这个理论有多大可靠性？对于认知功能没有受损的个体来说，外界因素作用于他，首先是引起认知方面的反应。其他成分(包括行为)无一不受认知因素的调节。忽视认知因素，只进行外在行为矫正，难道没有舍本逐末之嫌吗？当然，这一分析并不会导致要求放弃行为疗法，而只是对它的功能做一些限定。毕竟，从任一因素入手来干预心理障碍都是可能的，至少从理论上来说是这样。因此，行为治疗仍不失为一种合理、有效的疗法。只不过它并非对任何种类的障碍都是合理、有效的，而是对那些适合进行行为矫正的障碍较为合理、有效。这话听起来有循环论证的味道，然而事实很可能正是如此。

临床心理学家最关心的还是一种疗法的疗效。行为疗法的疗效如何呢？与其他疗法比较起来，它是更好还是较差？当前已经进行了不少疗效比较研究，但由于这种研究存在方法上的困难，结论的可靠性不高。大致来说，人们同意这样的看法：像其他几种主要疗法一样，行为疗法的疗效是值得肯定的。行为疗法的疗效如果不是更好的话，至少也不比其他疗法差。对于某些障碍，行为疗法可能是最有效的疗法。

拓展阅读 3-5

心理学家那点事——华生的激情人生

思考与实践

一、思考题

1. 说明和分析行为主义的理论假设。
2. 举例说明行为主义的几个治疗技巧。
3. 谈谈行为主义治疗模式的贡献和局限。

二、理论联系实践

一个能够很好地完成家庭作业和自学任务的中学生(王同学),只要一参加化学课测验,他的大脑就僵住了。有时在考试前一天,他会因为紧张而想逃学。考试时,过分的焦虑导致他对许多知识都回忆不起来,结果他的化学课考试成绩总是很不理想。

引起王同学化学课情绪反应的情境探索对话如下。

咨询者:王,我们谈到化学课时,你感到焦虑不安,能具体谈一下吗?

来访者:嗯,上课前,只要想到不得不去上课就会使我烦躁。有时晚上会感到不安,做作业时不明显,考前复习时则很明显。

咨询者:好。你能列举出你在化学课的哪些情境下感到焦虑吗?

来访者:考试时总会紧张。有时当我遇到了难题,不得不请教老师时,也会紧张。当然,还有老师叫到我的时候,或者叫我到黑板前演算的时候,我也会紧张。

咨询者:很好。我记得你从前对自由发言也感到紧张。

来访者:是的,也害怕。

咨询者:然而这些情境在其他课上并不使你紧张不安,是吗?

来访者:是的。而且事实上,我在化学课上的感觉从没有像最近一年这样糟糕过。我想,部分原因是临近毕业带来的压力。我的老师让我不知所措,上课的第一天就被他弄得惊慌失措。而且我总是对数字有一种恐慌。

咨询者:看来你的恐慌一部分是针对你的老师,还有一部分可能是由于希望得到较好的毕业成绩。

来访者:是的,虽然我知道我的成绩不会太差。

咨询者:好,你认识到,虽然不喜欢化学而且为之担心,但你还是会以较好的成绩毕业。

来访者:不会比中等差。

咨询者:我希望这星期你能做一件事,列一个清单,说明发生了哪些关于化学和化学课的事情使你感到紧张,写下有可能使你焦虑的、有关化学和化学课的所有事情。

来访者:好的。

咨询者:另外,早些时候你说过,有时与父母相处也会有这种感觉。所以在你改变了对化学课的焦虑之后,我们还将考虑你与父母相处的情境对你的影响。

请根据案例提供的内容,尝试使用系统脱敏疗法构建刺激等级。

第四章
理性情绪疗法

【学习目标】
(1) 理解理性情绪疗法的治疗原理。
(2) 掌握理性情绪疗法关于精神疾病的观点。
(3) 了解 ABC 理论。
(4) 能够运用理性情绪疗法的方法和技术。

【重点与难点】
理性情绪疗法的方法和技术的理解与实践。

【情境导入】

在任何时候，我必须都做得好

如果我以一种无效或愚蠢的方式行动，那么我就是一个坏人或者没有价值的人。我必须得到那些我认为重要的人的认可和接受。

如果我遭到拒绝，那么我就是一个不好的、不可爱的人。

人们必须公平地对待我，给我所需要的一切。

那些行为不道德的人是没有价值的、无用之人。人们必须按照我的意愿行事，否则就是可怕的。

我的生活中必须不能有激烈的争论或者麻烦。我实在不能够忍受坏事情或者难以相处的人。如果重要的事情不能够按照我需要的方式运转，这将是糟糕和可怕的。

当生活真的不公平时，我是无法忍受的。

我需要那个对我而言重要的人的爱。

(资料来源：约翰·麦克劳德. 心理咨询导论[M]. 3 版. 潘洁, 译. 上海：上海社会科学出版社, 2014.)

人们的情绪及行为反应与人们对事物的看法有关。在这些看法背后，有着人们对一类事物的共同看法，这就是信念。"别人绝不能不公正地对待我""如果遭到拒绝，那对我是非常可怕的事情"，这些语句中充满了非理性的信念，这些都是不合理的信念。合理信念会引起人们对事物的适当的、适度的情绪和行为反应；而不合理信念则会导致不适当的情绪和行为反应。当人们坚持某些不合理的信念,长期处于不良的情绪状态之中时,最终将会导致产生情绪障碍。

第一节 认知疗法

认知疗法产生于20世纪五六十年代,总体上属于人本主义心理学范畴,到了20世纪80年代,被临床实践证明为比较有效的心理咨询方法。一般对认知疗法的界定是,根据认知过程影响情绪和行为的理论假设,通过认知和行为技术改变不良认知的心理治疗方法总称。

一、认知疗法的起源

认知疗法在批判行为主义刺激—反应之间的联结的基础上发展起来,认知疗法认为外部刺激并不能直接引起个体的情绪和行为反应,在刺激和反应之间存在复杂的过程,就是认知。认知过程是刺激和行为之间的中介,认知心理学认为个体的情绪和行为是由认知过程决定或调节的。外部刺激通过个体感觉器官成为感觉材料,经过记忆存储为过去经验,经人格结构进行折射,再通过思维过程对感觉材料赋予意义,由此构成知觉过程。通过这样的知觉过程对事件进行解释、评价和预测,因此个体对外部刺激的反应过程包含了对刺激的概括选择和组织转换等过程,最后才产生行为和情绪。不同的认知导致不同的情绪和行为,由于个体的文化背景和个人经验不同,同样的刺激可能产生不同的认知评价,引起不同的情绪反应。也就是说,由于人们对事物的分析和评价不同,同一刺激可能会引起不同的甚至截然相反的情绪反应,可见不同的认知决定情绪的不同特征和性质。

二、认知疗法的理论

认知疗法汲取认知心理学研究成果,强调任何情绪和行为的产生都有认知因素的参与,经由认知发动和维持。合理的认知产生合理的情绪,反之,不合理的认知产生不合理的情绪。同样是下雨,同样是阴天,因为个体对下雨和阴天的评价与认知不同,可能产生不同的情绪反应,喜欢下雨的浪漫或者下雨带来的凉爽的个体会觉得下雨非常舒服,不喜欢下雨带来的潮湿以及出行的不便则会吐槽下雨。由此可见,认知疗法适用于各种心理障碍的治疗,如抑郁症、焦虑症、恐怖症、情绪易激动等,都具有较好的治疗效果,对于神经性厌食、功能障碍及酒精成瘾也有较好的疗效。自从1977年认知疗法的预后研究发表以来,其应用实效已经得到大量证实。认知疗法以霍姆(L. E. Homme,1965)为代表,霍姆最先修正了行为疗法忽视个体作用的问题,提出内隐条件反射理论,强调个体内部认知过程,重视思维、知觉、自我评价等对于致病和治病的作用。与传统的精神分析疗法不同,霍姆不追究来访者以往经历对目前问题的影响,而是关心来访者此时此地的认知对心理状态的作用。美国心理学家阿尔伯特·艾利斯提出理性情绪疗法,其核心思想是强调理性认知的作用，本章会重点介绍。美国临床心理学家贝克(A. T. Beck)于 20 世纪六七十年代，在治疗抑郁症个体的基础上，提出治疗心理障碍的重点在于鼓励来访者检查和消除内在错误思想和认知歪曲。这一方法与理性情绪疗法很相似，但是贝克也提出了很多独特的理论和技术。贝克早期出版了《抑郁：临床、实验和理论》(1967)，此书标志着他开创了认知疗法，而《认知疗法与情绪失调》(Cognitive Therapy and the Emotional Disorders，1976)一书是贝克对认知疗法理论和技术的完善与系统化。

贝克发现，他的一个病人经过自由联想后变得愤怒，并公开批评贝克，但询问病人的感受时，病人的回答是感到非常内疚，贝克根据分析得出结论，"病人感到内疚，因为他已经对自己向我发怒进行了自我批评"。贝克将这些自我批评的认知称为"自动想法"，并开始把这种想法看作成功治疗的关键因素之一。人们在日常生活中所经历的情绪及行为问题并非由事件直接引起的，而是由人们对这些事件的解释方式以及对这些事件的意义认知所引起的。如果可以帮助病人去关注"内部对话"，即伴随和指引其行动的自动想法，那么他们就能够对这些自我陈述的适当性做出选择。贝克发现自己越来越对认知行为疗法感兴趣，他发现认知疗法和行为疗法之间存在共性：两者均使用了一种结构化的问题解决方法或使症状减少的方法，这些方法都带有非常积极的治疗师风格，两者均强调"此时此地"，而不是做出"对病人童年关系和早期家庭关系的理论性重建"(贝克，1976)。

理性情绪疗法的创立者艾利斯(Ellis)指出，最早把认知模型应用于来访者的尝试是在性治疗领域，性治疗的先驱者们发现，他们必然地需要向来访者提供关于性和性行为种类的信息，也就是说，他们需要挑战来访者所拥有的关于性的不适当的白日梦和信念，帮助来访者改变其对性的观念和思考方式仍然是所有认知疗法关注的焦点。

艾利斯和贝克(认知疗法的创立者)均是由学习精神分析开始治疗工作，两人逐渐都变得对精神分析方法不满意，并且都逐渐认识到来访者自身的思维方式很重要。艾利斯认为，情绪问题是由"曲解的想法"所致，根据"应该原则"和"必须原则"，这些曲解的想法起源于对生活的看法，如"别人应该对我客气和礼貌""我必须在考试中得第一名"，即某些人应该怎么样，自己必须要怎么样。如果来访者认为他(她)需要被人无时无刻关爱的话，那么就是过度概括化，认知疗法的心理咨询师则可能会指导来访者把陈述重构为"我喜欢被另一个人关爱和接受的感觉，如果不能获得这种感觉，我可能会感觉不愉快"。在不合理信念中还存在着认知曲解，如绝对化思考(如果人们不喜爱我，那么他们肯定会憎恨我)、任意推断(我在今天的考试中失败了，所以我一定非常愚蠢)、个人化(主动为别人的错误承担责任，如办公室同事来晚了，肯定是因为她不喜欢我，不想见我才迟到的)。

认知行为疗法具有以下特点：①治疗师和来访者之间是协作的关系；②治疗的主要前提是：心理上的痛苦基本上都是由认知过程紊乱造成的；③治疗旨在通过改变认知来改变个体的情感和行为；④治疗基本上针对的都是明确的、结构化的目标问题，并且是一种有时限的、以教育为导向的治疗过程。所有的认知行为疗法都基于心理学的教育模型，强调布置家庭作业的重要性，强调来访者在治疗过程中的积极主动性并为促发改变而采取一系列的认知及行为策略。

认知行为疗法的基本假设在于：个体自我假设陈述的重新构造过程可以促进个体行为的重构。操作性条件反射、示范及行为排练等行为主义的技术可以被运用到那些更为内在的过程中，如思维和内部对话等。认知行为疗法中包含行为主义疗法的治疗策略。本章主要介绍有代表性的认知疗法——理性情绪疗法。

> 📖 **拓展阅读 4-1**
>
> 了解艾利斯

> 📖 **拓展阅读 4-2**
>
> 了解贝克

第二节　理性情绪疗法的理论

理性情绪疗法是 20 世纪 50 年代由艾利斯在美国创立的。它是认知疗法中的一种，因其采用了行为治疗的一些方法，故又被称为认知行为疗法。

一、理性情绪疗法的代表人物

艾利斯是一位美国临床心理学家，是理性情绪疗法的代表人物。1913 年 9 月 27 日，艾利斯出生在美国匹兹堡的一个犹太人家庭，他是 3 个孩子中的长子。4 岁时，他们全家移居纽约市。5 岁时，艾利斯得了肾炎住院，因此不能再从事他所热爱的体育运动，从而开始热爱读书。他的父亲长年在外经商，对孩子少有关爱，母亲同样情感冷漠，喜欢说话，却从不倾听，父母两人的关系很差。12 岁时，他的父母离婚了。曲折的经历让艾利斯对人的心理活动充满兴趣，他在小学时就经常帮助别人解决麻烦。进入中学以后，艾利斯的理想是成为美国伟大的小说家。为了这个理想，他打算大学毕业后做一名会计师，30 岁之前退休，然后开始没有经济压力地写作，因此他进入了纽约市立大学商学院。后来，经济大萧条来了，他的梦想破灭了，但他仍然坚持读完大学，获得了学位。

大学毕业后，艾利斯开始做生意。此时，他对文学还是非常痴迷，把大多数空闲时间用来写纯文学作品。28 岁时，他已写了很多作品，但都没有发表。这时，他意识到自己的未来不能靠写小说为生，于是开始专门写一些非文学类的杂文，并加入了当时流行的"性-家庭革命"内容。慢慢地，他发现很多朋友都把他当作这方面的专家，并向他寻求帮助。

此时，艾利斯才发觉原来他像喜欢文学一样喜欢心理咨询。

1942年，艾利斯开始攻读哥伦比亚大学临床心理学硕士学位，主要接受精神分析学派的训练，并于1943年获得哥伦比亚大学临床心理学硕士学位。1947年，艾利斯获得临床心理学博士学位。20世纪40年代后期，艾利斯在当地的精神分析界已小有名气。他在哥伦比亚大学做教授，还先后在纽约市以及新泽西州的几所机构内身居要职。可就在此时，艾利斯开始对自己钟爱的精神分析事业产生了怀疑。

1953年1月，艾利斯彻底与精神分析分道扬镳，开始将自己称为理性临床医生，提倡一种更积极的新的心理疗法。1955年，他将这种新的心理疗法命名为理性疗法(rational therapy，RT)。这种疗法要求临床医生帮助来访者理解自己的个人哲学(包括信仰)导致了自己的情感痛苦，例如"我必须完美"或"我必须被每个人所爱"。1961年，艾利斯将该疗法改名为理性情绪疗法(rational emotive therapy，RET)。1993年，艾利斯又将该疗法改名为理性情绪行为疗法(rational emotive behavior therapy，REBT)，原因是他认为理性情绪疗法会误导人们以为此疗法不重视行为概念。其实，艾利斯初创此疗法时就强调认知、行为、情绪的关联性，而且治疗的过程和所使用的技术都包含认知、行为和情绪三方面。

他曾出版过许多富于创造力的、很受欢迎的论著，尤其是在20世纪60年代，他有好几本著作(例如《性无罪》等)的销售量高达几百万册，从而使他的理性情绪疗法得以普及。艾利斯是精力充沛而多产的人，也是心理咨询与治疗领域内著作最丰富的心理学家之一。在忙碌的职业生涯中，他每星期会晤80名个别治疗替诊者，指导5个治疗团体，每年对专业人员与大众做200场演讲和讲习。他出版了50多本书籍，并发表了700多篇文章，内容大部分以理性情绪行为治疗法的理论与应用为主。

2004年，艾利斯罹患严重的肠炎。2007年7月24日，艾利斯自然死亡，享年93岁。

艾利斯认为，精神分析疗法有时几乎没有什么疗效，人们的状况不但没有好转，反而似乎更糟糕了。他开始说服并鼓励他的来访者们去做一些他们最害怕的事情，比如冒着被重要他人拒绝的风险而提出要求等。逐渐地，他汲取了很多有用的因素并开始以主动且富有指导性的风格进行治疗，而理性情绪行为疗法也演变成了一种旨在帮助来访者重构其哲学及行为风格的心理治疗的综合性学派。尽管理性情绪行为疗法一般被认为是今天的认知行为疗法之父，但是它也是在早期学派的基础上发展而来的。艾利斯承认古希腊人的思想对自己大有启发——尤其是禁欲哲学家埃皮克提图，他在两千年前就说："人们的混乱虽然不单是他们对自己的观点所造成的，但是人们对自己的观点有时的确会导致混乱。"艾利斯声称，"人们的烦恼不仅来自周围发生的事，而且更多地来自人们头脑中的认知和想象。"

理性情绪行为疗法是第一个认知行为疗法，现在它依然是认知行为疗法领域重要的疗法之一。理性情绪行为疗法与其他以认知和行为为定向的疗法拥有很多共同之处，都强调思考、判断、决定、分析以及行动的过程。理性情绪行为疗法的基本假设在于：人们通过自己对事件和情境的解释方式，导致了自己的心理问题和症状。理性情绪行为疗法认为，认知、情绪和行为之间存在交互作用，它们彼此之间还拥有可逆的因果关系。理性情绪行为疗法强调所有这三个方面以及它们之间的相互作用,因此理性情绪行为疗法被描述为一种整合型的疗法。

> **拓展阅读 4-3**
>
> 艾利斯理性情绪疗法咨询个案

二、理性情绪疗法的治疗原理

理性情绪疗法是指帮助来访者以理性思维代替非理性思维,以减少或消除非理性思维给来访者的情绪、行为带来的不良影响的一种心理治疗方法。它的基本理论假设是:人既是理性的,又是非理性的。人的精神烦恼和情绪困扰大多来自其思绪中的非理性信念。非理性信念使人逃避现实,自怨自艾,不敢面对现实中的挑战。当人们长期坚持某些不合理的信念时,便会导致不良的情绪体验;而当人们接受更加理性与合理的信念时,其焦虑及其他不良情绪就会得到缓解。

理性情绪疗法具有高度的挑战性,主要是其所设计的面质能够使来访者检查自己的非理性信念。理性情绪疗法认为,情绪问题是由"曲解的想法"所致,根据"应当(应该)原则"和"必须原则",这些曲解的想法起源于对生活的看法。例如,如果一个人以专制、夸张的方式进行人际交往,那么,他可能怀着一种内在化、非理性的信念,诸如"我必须喜欢或赞成我生活中的所有重要他人"。在艾利斯看来,这是一种非理性的信念,因为它是言过其实的、夸张化的。一个理性的信念系统或许包含这些陈述,诸如"我享受着他人的爱"或者"在生活中,当大多数人关心我时,我感到非常安全"。在人际交往中,任何事情即使只有极其细微的错误,非理性的信念也会导致"灾难性的突变"、焦虑或抑郁的情感。更为理性的信念陈述则允许人们以一种更具建构性与和谐的方式去处理人际关系中的困难。

理性情绪疗法强调认知、情绪、行为三者有明显的交互作用及因果关系,特别强调认知在其中的作用,所以归为认知疗法的一种。

理性情绪疗法中所运用的信念陈述能够反映大量被曲解的认知加工操作。例如,如果来访者认为自己需要被人无时无刻关爱的话,那么这就是过度概括化。理性情绪疗法就会反驳来访者的陈述的合理性,可能会引导来访者把这种陈述重构为"我喜欢被另一个人关爱和接受的感觉,如果不能得到这种感觉,有时我会感到不愉快"。在不合理信念中,显然也存在对其他认知的曲解。

三、理性情绪疗法的人性观

艾利斯假设个体生来就具有理性思维和非理性思维的潜力,具体表现为个体具有自我保护、快乐、与他人交流等趋向于成长和自我实现这样的内在倾向，但同时个体还发展出了一种不利于生存发展的生活态度的倾向，这种倾向容易使人在后天的教育和环境影响下发展出非理性的生活态度，把简单的爱好当成极端的需要，造成心理失调。他认为，人犯错误是在所难免的，理性情绪疗法所要做的就是帮助个体接受自己是一种会犯错误的人，并学会与自己和谐相处。具体来讲，艾利斯对人性的看法可以归纳为以下几点。

(1) 人既可以是理性的、合理的，也可以是非理性的、不合理的，当人们按照理性去思维、去行动时，他们就会是愉快的、富有竞争精神以及行有成效的人。

(2) 情绪是伴随人们的思维而产生的，情绪上或心理上的困扰是由于不合理的、不合逻辑的思维所造成的。

(3) 人具有生物学和社会学的倾向，倾向于存在有理性的合理思维和无理性的不合理思维，即任何人都不可避免地具有或多或少的不合理的思维和信念。

(4) 人是有语言的动物，思维借助语言而进行。不断地用内化语言重复某种不合理的信念就会导致无法排解的情绪困扰，而情绪困扰的持续是内化语言持续的结果。

因为情绪是由人的思维、信念所引起的，所以艾利斯认为每个人都要对自己的情绪负责。他认为，当人们陷入情绪障碍之中时，是自己使自己感到不快的。

四、ABC 理论

ABC 理论是理性情绪疗法的基本理论。艾利斯认为，人的情绪和行为障碍不是由于某一激发事件(activating events)直接引起，而是由于经受这一事件的个体对它不正确的认知和评价所引起的信念(beliefs)，最后导致在特定情境下的情绪和行为后果(consequences)，因此该理论被称为 ABC 理论。其中，A 代表诱发事件；B 代表个体对这一事件的看法、解释及评价；C 代表特定情境下，个体的情绪反应和行为的结果。人们通常认为情绪和行为后果以及相应的反应是直接由激发事件所引起，即 A 引起 C。而 ABC 理论则认为 A 只是 C 的间接原因，B 才是直接的原因，即个体由对 A 的认知和评价而产生的信念。在艾利斯看来，无论个人情绪反应后果是什么，均非由事件本身所引起，而是由个体对既成事实所持的信念所引起。换言之，事件本身的刺激情境并非引起情绪反应的原因。

ABC 理论认为，个体的认识系统产生非理性的、不现实的信念，是导致其情绪障碍和神经症的根本原因。社会中的非理性的、绝对性的信念，如"必须""应该""需要""一定"等用词或理念，对人类的不良适应有较大的影响。艾利斯认为，非理性的、绝对性的信念根源于早年生活经验，儿童早年常被迫接受家庭、朋友、老师的态度、信念与价值观，而这些态度、信念与价值观常常是非理性的，如太多的"必须""需要""完美"与"绝对"，从而使儿童产生较多的情绪与行为问题。韦斯勒等曾总结出非理性信念的三个特征：绝对化的要求、过分的概括化和糟糕至极。

(1) 绝对化的要求(demandingness)。非理性信念中最常见的一个特征是，从自己的主观愿望出发，认为某一事件必定会发生或不会发生，常用"必须"或"应该"等字眼。怀有

"我必须要表现优秀且得到重要他人的肯定"这种看法或信念的人极易陷入情绪的困扰。当这类人对事物的绝对化要求与事物的客观发展相悖时,他们就会感到难以接受、难以适应并陷入情绪困扰。

(2) 过分的概括化(overgeneralization),即对事件的评价容易以偏概全。一方面,对自己有非理性评价,常凭自己做某事的结果来评价自己为人的价值,常导致自暴自弃、自责自罪,认为自己一无是处、一钱不值,而产生焦虑、抑郁情绪。另一方面,对别人有非理性评价,别人稍有差错,就认为他一无是处,常导致一味责备他人,并对他人产生敌意和愤怒情绪。艾利斯曾说过,过分概括化是不合逻辑的,就好像以一本书的封面来判定一本书的好坏一样。

(3) 糟糕至极(awfulizing),即认为事件的发生会导致非常可怕或灾难性的后果。这种非理性信念常使个体陷入羞愧、焦虑、抑郁、悲观、绝望、不安、极端痛苦的情绪体验中而不能自拔。糟糕至极的想法是与个体对己、对人、对周围环境事物的要求绝对化相联系的,如"事情没有按照我设想的方式发展,这太可怕了,我不能忍受这一切!我该怎么办啊?"

在人们的非理性信念中,往往都可以找到上述三个特征。正是这三个特征造成了个体的情绪障碍,因此理性情绪疗法是以理性治疗非理性,帮助个体改变其认知,用理性思维的方式来替代非理性思维的方式,最大限度地减少由非理性信念所带来的情绪困扰的不良影响。

五、理性情绪疗法关于精神疾病的基本观点

根据ABC理论,有神经症和行为障碍的人并不是比其他人经受了更特别的经历或刺激,而是他(她)们常用一些与现实不协调的非理性的认识和信念来分析、看待事物,从而陷于"自我"的情绪障碍中。ABC理论认为,个体的认识系统产生非理性的、不现实的信念,是导致其情绪障碍和神经症的根本原因。人格障碍患者有相对较少的行为策略,但他们在不同情境、不同时刻都使用这些策略,即使在某些时候这些策略已经明显不适合了,他们仍会发展这些策略来应对自身极其消极的核心概念。

第三节 理性情绪疗法的方法和技术

理性情绪疗法在临床实践中应用广泛,易学易用,操作简单,既可以在咨询中对来访者采用此种疗法,也可以用在个体自助上。任何个体都可以自我学习理性情绪疗法并实践应用,只要找到操作技术中最关键的步骤和概念,即找到非理性信念或者错误认知,并与之进行辩驳。

一、理性情绪疗法的操作模式

理性情绪疗法适用于各种神经症和有某些行为障碍的来访者,能够帮助来访者认清其思想中的非理性信念,建立合乎逻辑、理性的信念,降低各种不良的情绪体验,以减少个人的自我挫败感,使他们在治疗结束后能带着最少的焦虑、抑郁(自责倾向)和敌意(责他倾向)去生活,进而帮助他们拥有一个较现实、较理性、较宽容的人生哲学。

图 4-1 所示为理性情绪疗法治疗模式图,其中,A (activating events)指发生的事件;B (beliefs)指人们对事件所持的观念或信念;C (emotional and behavioral consequences)指观念或信念所引起的情绪和行为后果;D (disputing irrational beliefs)指劝导干预;E (effect)指治疗或咨询效果;F (new feeling)指治疗或咨询后的新感觉。

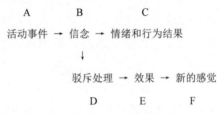

图 4-1　理性情绪疗法治疗模式图

理性情绪疗法的辩论过程样例图解如图 4-2 所示。

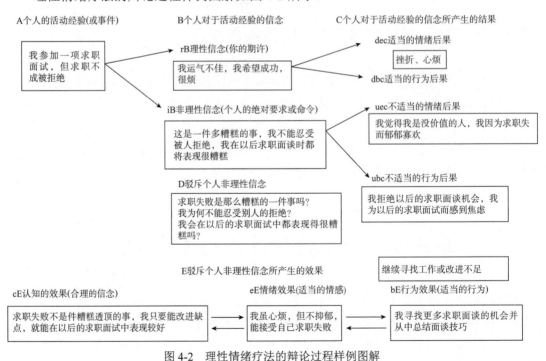

图 4-2　理性情绪疗法的辩论过程样例图解

图 4-2 中,iB(irrational Belief)指非理性信念,不合理认识;rB(rational Belief)指理性信

念，合理认识；cE(cognitive Effect)指认知的效果(合理的信念)；eE(emotional Effect)指情绪效果(适当的情感)；bE(behavior Effect)指行为效果(适当的行为)；dec(decent emotional consequences)指适当的情绪后果；dbc(decent behavior consequences)指适当的行为后果；ubc(undecent behavior consequences)指不适当的行为后果；uec(undecent emotional consequences)指不适当的情绪后果。

根据图 4-1 所示的辩论过程，可以对理性情绪疗法进行如下解读。

(1) 从一个典型事例入手，先找出激发事件(A)。

(2) 询问来访者对这一事件(A)的感觉及反应(C)。

(3) 询问来访者为什么会有不适当的情绪、行为反应，逐步找出患者不合理的、歪曲的思维方式(B)。

(4) 驳斥来访者非理性信念与思维(D)，咨询师可直接向来访者提问。例如，你有什么证据证明你的这一观点？是否别人都应该照你想的那样去做？你有什么理由要求事物都按你所想的那样去发展？等等。

(5) 建立新的、更现实，也更适应的思维认知方法(E)。

(6) 产生新感觉或行为(F)。

> **拓展阅读 4-4**
>
> 一次失败意味着永远失败吗？

> **拓展阅读 4-5**
>
> 孩子一定要听父母的话？

二、理性情绪疗法的治疗阶段

理性情绪疗法的治疗主要分为四个阶段：心理诊断、领悟、修通、再教育。

(一) 心理诊断阶段

首先要向来访者指出，其思维方式、信念是不合理的，帮助他们弄清楚为什么会变成这样，怎么会发展到目前这样，讲清楚不合理的信念与他们的情绪困扰之间的关系。这一步可以直接或间接地向来访者介绍 ABC 理论的基本原理。

(二) 领悟阶段

咨询师向来访者指出，他们的情绪困扰之所以延续至今，不是由于早年生活的影响，而是由现在他们自身所存在的非理性信念所导致的,对于这一点,他们自己应当负责任。

在寻找非理性信念并对其进行分析时,要按顺序进行下列操作。

(1) 了解有关激发事件 A 的客观证据。

(2) 了解来访者对 A 事件是怎样反应的。

(3) 要来访者回答为什么会对 A 事件产生恐惧、悲痛、愤怒的情绪,找出造成这些负性情绪的非理性信念。

(4) 分析来访者对 A 事件同时存在的理性的和非理性的看法或信念,并且将两者区别开来。

(5) 将来访者的愤怒、悲痛、恐惧、抑郁、焦虑等情绪,不安全感、无助感、绝对化要求,以及负性自我评价等观念区别开来。

(三) 修通阶段

通过以与非理性信念辩论的方法为主的治疗技术,帮助来访者认清其信念的不合理性,进而放弃这些非理性的信念,帮助来访者产生某种认知层次的改变。

用夸张或挑战式的提问,要求来访者回答他对 A 事件持与众不同的看法基于什么证据或理论。

通过反复辩论,使来访者理屈词穷,不能为其非理性信念自圆其说,使他真正认识到,他的非理性信念是不现实的、不合乎逻辑的,也是没有根据的,从而分清什么是理性的信念,什么是非理性的信念,并用理性的信念取代非理性的信念。

这一阶段是理性情绪疗法最重要的阶段,咨询时还可采用其他认知行为疗法,如布置来访者完成认知性的家庭作业(如阅读有关本疗法的文章,或写一篇与自己的某一非理性信念进行辩论的报告等),或进行放松疗法以加强治疗效果。

(四) 再教育阶段

这一阶段的主要任务是巩固心理治疗的成果,并进一步消除来访者其他的不合理信念,帮助来访者学会以合理的思维方式代替不合理的思维方式,避免再做非理性信念的牺牲品,恢复健康的情绪。

📖 拓展阅读 4-6

别人都在关注你

三、理性情绪疗法的主要技术

理性情绪疗法是一种认知疗法。认知疗法常用的技术有很多:挑战不合理的认知和信念;重构主题,如把内心的情绪状态理解为激动而不是害怕;与咨询师一起演习不同的自我陈述并作用在现实情形中，试验各种不同自我陈述的作用；停止思考，不让焦虑或摆脱不了的思想占据自己的内心，让来访者学着去做一些事情以打断这些想法，比如，猛拉她(他)束在手腕上的橡皮圈等。理性情绪疗法既有与认知疗法常用技术类似的特点，也有自己的特点。理性情绪疗法的主要技术有：与非理性信念辩论，可以是咨询师与来访者辩论，也可以是来访者自己和自己辩论；合理情绪想象技术，帮助来访者进行情绪想象；家庭作业，让来访者自己与自己的非理性信念进行辩论；其他方法。

（一）与非理性信念辩论

改变来访者非理性的信念，可以通过与来访者辩论的方法来实现。这种辩论的方法是指从科学、理性的角度对来访者持有的关于自己、他人及周围世界的非理性信念和假设进行挑战与质疑，以改变他们的这些信念。辩论是理性情绪疗法中最常用、最具特色的方法，它来源于古希腊哲学家苏格拉底的辩证法，即"产婆术式"的辩论技术。苏格拉底的方法是先让你说出你的观点，然后依照你的观点进行推理，最后引出你的观点中存在的谬误之处，从而使你认识到自己先前认知中不合理的地方，并主动加以矫正。

理性情绪疗法主要是通过咨询师积极、主动的提问来进行的，咨询师的提问具有明显的挑战性和质疑性，其内容紧紧围绕来访者信念中非理性的成分。例如，针对来访者非理性信念中绝对化要求的观念，咨询师可以直接提出以下问题："有什么证据表明你必须获得成功(或得到别人的赞赏)""别人有什么理由必须友好地对待你""事情为什么必须按照你的意志来发展？如果不是这样，那又会怎样"等；对于来访者非理性信念中过分概括化的观念，相应的提问可以是："你怎么才能证明你(或别人)是一个一无是处的人""毫无价值的含义到底是什么""如果你在这一件事情上失败了，就认为自己是个毫无价值的人，那么你以前许多成功的经历表明你是个什么样的人""你能否保证每个人在每件事情上都不出差错，如果他们做不到这一点，那么又有什么理由表明他们就不可救药了"等；针对来访者非理性信念中糟糕至极的观念，相应的问题可以是："这件事到底糟糕到什么程度，你能否拿出一个客观数据来说明""如果这件可怕的事发生了，世界会因此而灭亡吗，你会因此而死去吗""如果你认为这件事是糟糕至极的话，我可以举出比这还要糟糕10倍的事，你若遇到这些事情，你又会怎样""你怎么证明你真的受不了啦"等。

在上述辩驳过程中，当涉及来访者对周围的人或环境方面的非理性信念时，咨询师可运用"黄金规则"来反驳来访者对别人或周围环境的绝对化要求。所谓"黄金规则"，是指"像你希望别人如何对待你那样去对待别人"，这是一种理性信念，可以理解为：你希望别人对你好，你就对别人好；你希望你有困难时别人帮助你，在别人有困难时你就去帮助别人。某些来访者常常错误地运用这一规则，他们的观念是一些不合理的、绝对化的要求，如"我对别人怎样，别人必须对我怎样"或"别人必须喜欢我、接受我"等，而他们自己却做不到"必须喜欢别人"。因此，当这类绝对化的要求难以实现时，他常常会对别人产生愤怒和敌意情绪，这实际上已经违背了"黄金规则"，构成了"反黄金规则"。一旦来访者接受了"黄金规则"，他们很快就会发现自己对别人或环境的绝对化要求是不合理的。

一般来讲，来访者并不会简单地放弃自己的信念，他们会寻找各种理由为它们辩解。这就需要咨询师时刻保持清醒、客观、理智的头脑，根据来访者的回答，紧紧抓住来访者回答中的非理性内容，通过不断重复的辩论，使其感到为自己信念所做的辩护是理屈词穷。但是，咨询师还不能满足于此，因为他的角色不仅是个辩论者，也是一个权威的信息提供者和合理生活的指导者。这就是说，通过辩论，不仅要使来访者认识到他所持有的信念是不合理的，也要让他分清什么是合理信念，什么是不合理信念，并帮助他学会以合理的信念代替那些不合理的信念。当来访者对这些信念有了一定认识后，咨询师要及时给予肯定和鼓励，使他认识到即使某些不希望发生的事真的发生了，他也能以合理的信念来面对这些现实。

应当注意的是，各种阻抗也会在辩论中产生，使辩论难以取得进展或没有效果。出现阻抗的原因有咨询师和来访者两个方面。首先，如果咨询师在辩论时没有结合对方的具体问题或没有抓住问题的核心，甚至是为博得来访者的好感而不直接提出他的非理性之处，或提的问题过于婉转和含蓄，那么就会使辩论停留于表面形式。因此，咨询师一定要对辩论的问题有明确的目标，并做到有的放矢；同时，一定要保持客观化的身份应对来访者的非理性信念针锋相对，不要因害怕遭到对方拒绝而姑息迁就。其次，来访者本身的原因主要表现为他对咨询师的辩论和质疑会存有顾虑："如果我改变了那么多，那么我就不是我了"或"如果我改变了那些必须、应该的要求，我就会变得平庸，也就没有前进的动力了"。针对这种情况，咨询师应向来访者指出：改变一个人的非理性信念并不是要消除一个人的成就动机。每个人都有获得成功的愿望，但如果要求自己必须或应该成功，这就是一个不容易实现的目标，而合理的想法则会使目标更易实现。

与来访者的非理性信念进行辩论是一种主动性和指导性很强的认知改变技术，它不仅要求咨询师对来访者所持有的非理性信念进行主动发问和质疑，也要求咨询师指导或引导来访者对这些非理性信念进行积极、主动的思考，促使他们对自己身上存在的问题进行反思，这样辩论的结果会比来访者只是被动地接受咨询师的说教更有成效。

"产婆术式"辩论的基本思路是从来访者的信念出发进行推论，在推论过程中会因非理性信念而出现谬论，来访者必然要进行修改，经过多次修改，来访者持有的将是理性的信念，而理性的信念不使人产生负性情绪，来访者将摆脱情绪困扰。

"产婆术式"辩论有其基本形式，一般从"按你所说……"，推论出"因此……"，再推论到"因此……"，即所谓的"三段式"推论，直至产生谬误，形成矛盾。咨询师利用矛盾进行面质，使来访者不得不承认其中的矛盾，迫使来访者改变非理性信念，最终建立理性信念。

常用的辩论驳斥语句：

(1) 为什么别人不按照我想要的方式去做事，我就必须认为他们是不好的呢？

(2) 最坏的结果可能是什么？这件事的发生可能会让我很不快乐，但我有必要让自己为了这件事变得可怜兮兮的吗？

(3) 为什么我表现不完美或者别人不喜欢我时，就表示我是不好的？

(4) 为什么发生那件事就必须是可怕的呢？虽然那不是一件令人高兴的事，但也不是一件可怕的事，除非我自己认为那是很可怕的。

(5) 为什么那样就表示我不能忍受呢？有什么证据表示我不能忍受？

(6) 为什么要继续责备？我们不是有权力犯错吗？我们有权力从错误中去学习。

(7) 为什么必须要拥有它呢？我将会尽力去得到它，如果我不能那又怎样？我真的需要它吗？

(8) 如果我开始去想它，并且感觉很烦乱，为什么我必须去想它而让自己思绪更烦乱呢？

(二) 合理情绪想象技术

合理情绪想象技术是指在咨询师的指导下，帮助来访者进行想象。通过想象不适当和适当的情绪反应，体验它们之间的差异，及时纠正某些非理性信念，强化来访者的新的理性的信念。可按照以下顺序进行合理情绪想象。

(1) 使来访者在想象中进入产生过不适当的情绪反应中或自感最受不了的情境之中，使其体验在这种情境下的强烈情绪反应。

(2) 帮助来访者改变这种不适当的情绪体验，并使其能体验到适度的情绪反应。

(3) 停止想象。让来访者讲述自己是怎样想的、自己的变化，以及自己是如何变化的。对于来访者情绪和观念的积极转变，咨询师应及时给予强化，以巩固来访者获得的新的情绪反应。

(三) 家庭作业

家庭作业是咨询师与来访者之间的辩论在一次治疗结束后的延伸，即让来访者自己与自己的非理性信念进行辩论，主要有 RET 自助表、合理自我分析报告两种方式。

1. RET 自助表

RET 自助表如表 4-1 所示。首先，让来访者写出事件 A 和结果 C；然后，从表中列出的十几种常见非理性信念中找出符合自己情况的 B，或写出表中未列出的其他非理性信念，要求来访者对 B 逐一进行分析，并找出可以代替 B 的理性信念，填在相应的栏目中；最后，来访者填写他所得到的新的情绪和行为。完成 RET 自助表实际上就是一个来访者自己进行理性情绪治疗的过程。

表 4-1 RET 自助表

(A) 诱发事件(我感到情绪困扰或产生自损行动之前发生的事件、思想或感受)：

(C) 后果或情况(在我身上出现的，也是我想要改变的情绪困扰或自损行为)：

(续表)

(B) 信念(导致我产生情绪困扰或自损行为的非理性信念):

(D) 辩论(与每一个非理性信念辩论):例如"为什么我必须干得非常棒？""哪儿写着我是个笨蛋？""何以证明我必须受人赞赏？"

(E) 有效的理性信念(取代非理性信念的理性信念):例如"我希望干得很棒,但并非必须如此不可。""我是个行动有些差劲的人,但我这个人不是笨蛋。""尽管我喜欢受人赞赏,但没有理由必须如此。"

---

1. 我必须干得棒或非常棒！
2. 如果我做事蠢笨,我就是个笨蛋或一无是处的人。
3. 我必须受到我看重的人的赞赏。
4. 如果我被人拒绝,我一定是个不好的、不可爱的人。
5. 为什么老天总是待我不公平,总是不满足我的要求！
6. 老天一定要惩罚那些无德的人,否则就没有天理。
7. 人绝不能辜负我的期望,否则就太可怕了。
8. 我的生活为什么不能够一帆风顺,没有麻烦呢？
9. 对真正糟糕的事和难以相处的人,我不能忍受。
10. 当遇到重大的、不顺心的事时,那是极其糟糕可怕的。
11. 生活中若遇到的确不公平的事,我不能忍受。
12. 我必须被我看重的人所爱。
13. 我必须总是心想事成,否则就必然要感到痛苦伤心。

补充的非理性信念:

14.
15.
……

(F) 感受和行为(我获得了自己的理性信念之后感受到的):

备注:我将在大量场合做出大量努力,有力地对自己重复我的有效理性信念,这样我就能使自己在当前减轻情绪困扰,在将来减少自损行为。

2. 合理自我分析报告

合理自我分析报告如表 4-2 所示,该表和 RET 自助表基本上类似,也要求来访者以报告的形式写出 A、B、C、D、E 各项，只不过它不像 RET 自助表那样有严格规范的步骤，报告的重点要以 D 为主，即与非理性信念的辩论。

表 4-2 合理自我分析报告表

基本步骤	具体分析
事件(A)	考试成绩不及格
结果(C)	抑郁
信念(B)	我那么用功地复习，考试都不及格，我真是个没用的人
驳斥(D)	1. 结果并不重要，重要的是学习的过程； 2. 这次不及格只说明我这次没考好，不代表我以后考试也会不及格； 3. 考试不及格，不代表我是个没用的人，我在其他方面还有长处
新观念(E)	1. 人的能力有高下，我可以决定努力的过程，却无法决定最终的结果； 2. 失利会让我明白自己的缺点和改进的方向； 3. 考试只是我生活的一部分，而不是全部

(四) 其他方法

理性情绪疗法除了以上介绍的几种常见的主要技术，还有一些比较有特色的技术。

1. 假设最坏可能性

假设最坏可能性的方法是通过想象技术帮助来访者从"糟糕至极"的思维方式中走出来，使其重新认识和面对现实。

2. 应对性自我言语练习

应对性自我言语练习是让来访者通过积极、合理的自我对话，对抗和破坏那些消极、不合理的自我言语。

3. 自我管理程序

自我管理程序是通过自我奖励和自我惩罚来改变来访者不适应的行为方式，形成操作性条件反射。

4. 三栏目技术

三栏目技术主要是采用 ABC 理论来消除不良情绪，关键是学会与非理性信念做辩论，具体做法如下：

(1) 将你当时头脑中出现的随想统统写在纸上，不要让它们老是盘旋在头脑中，想到什么写什么。

(2) 把所有随想都写下来以后，对每一种随想进行分析，找出认知失真，准确地揭示你对事实的歪曲。

(3) 练习对失真的思想进行无情的反击，以更客观的思想取代失真的思想。

例如，一位同学因身体不适导致开会迟到，被辅导员当众批评，她感到非常羞辱和气愤。事后，她通过三栏目技术进行了认知矫正，如表 4-3 所示。

表 4-3 三栏目技术示例

随想(自责)	认知失真	合理反应(自卫)
被老师当众批评,丢死人了	极端化思维	每个人都会有错,所以被人批评是正常的事,没有什么丢人不丢人的。虽然老师当众批评我,让我很难堪,但也不至于那么可怕。没有时间观念的确不是什么好习惯,以后尽力改正
同学们肯定在嘲笑我,他们都会看不起我,以后我在同学中还怎么做人	瞎猜疑,极端化思维	不对,大部分同学都很好,起码同宿舍的同学知道我身体不好,她们会同情我。一个小小的错误并不会影响我在同学们心中的地位
老师真可恶,他看不起农村学生	诅咒,情绪化推理	其实,老师平时对我的生活、学习都很关心,他发火并不是针对我一个人。况且,他也经常批评班干部和本地同学
我真是个失败者,怎么会落到这样落魄的地步	人格化,以偏概全	不对,我能进入大学,就说明我很优秀,在学习方面我一点也不比别人差,今天的事只是一个小插曲而已,改掉就好
我真倒霉,偶尔迟到一次,就被老师碰上	诅咒	弱者才会怨命,只要我积极进取,我的命运一定很好。目前我要做的是找老师沟通,解释一下迟到的原因

第四节 理性情绪疗法的评价

理性情绪疗法很有特色,因其理念易懂及操作简单,咨询中可以采用很多不复杂的、与认知相关的心理问题,在临床上的实际使用率很高,应用也很广泛。理性情绪疗法的优点鲜明,局限也比较容易理解。

一、理性情绪疗法的贡献

理性情绪疗法的贡献主要在于非理性信念的提出,非理性信念的确是很多认知歪曲或错误的主要原因。理性情绪疗法的主要贡献体现在三个方面。

(1) 强调非理性信念对来访者情绪和行为的影响。理性情绪疗法认为导致来访者问题的真正原因是来访者的非理性信念,它使得来访者在理解自己的生活状况时出现抽象化、绝对化和普遍化的特点,这已被临床实践证明是正确的。来访者不仅具有发展自己的理性信念的倾向,同时还具有产生非理性信念的倾向。心理咨询就是让来访者学会理性的生活方式。

(2) 强调咨询师应积极、主动地介入个案辅导过程。咨询师积极、主动地影响来访者,帮助来访者消除各种非理性信念,这个过程体现为咨询师帮助来访者一起分析和寻找非理性信念并与之进行辩论。

(3) 采取开放的态度，综合运用各种辅导技巧。理性情绪疗法尝试综合运用各种临床咨询的面谈技巧及咨询方法。

二、理性情绪疗法的局限性

理性情绪疗法的主要局限是关于理性信念和非理性信念的界定，许多研究者都认为这种提法太过模糊和笼统，无法用实验进行验证，当然还有一些其他的不足。

(1) 理性信念与非理性信念的界定十分个人化。完全保持理性的生活方式是无法实现的，要求来访者完全消除非理性信念也是不现实的。

(2) 不注重来访者的过往经历，可能会抹杀或忽略了困扰来访者的问题及背景。

(3) 不太注重咨询关系，忽视对来访者内心感受的分析和理解，甚至不注重营造有助于咨询和治疗的气氛，例如共情，因此咨询中咨询师与来访者的关系会显得比较冷淡。

(4) 来访者可能很容易接受咨询师或治疗者的立场和意见，没有真正将意见内化及个人化。

(5) 会有过早诊断问题的倾向，导致真正的问题未能得到处理，或过早地驳斥当事人的非理性信念，致使当事人无法接受或产生反感。

(6) 全然将个体情绪的问题归咎于个体的思想是否合理化，有将问题简单化的倾向。实际上，人生中许多影响情绪的因素，包括环境、背景、人际与情感等都很难绝对化。

(7) 过分强调咨询师积极介入辅导过程。来访者是心理咨询和治疗的中心，只有当来访者体会到并希望改变自己时，心理咨询工作才会有效。

(8) 咨询师有高度的权力及指导性，若咨询师本身训练不足，容易对来访者心理造成更大的伤害。

思考与实践

一、思考

1. 什么是理性情绪疗法？
2. 理性情绪疗法的治疗理念或原理是什么？
3. 非理性信念有哪些？

二、理论联系实践

1. 结合拓展阅读说明理性情绪疗法最难的步骤是什么？为什么？
2. 如何采用理性情绪疗法进行自我认知调整，请结合自身实践进行分析说明。

第五章

人本主义疗法

【学习目标】
(1) 理解人本主义疗法的治疗原理。
(2) 掌握人本主义疗法的基本理论与方法。

【重点与难点】
(1) 人本主义的人性观与自我观。
(2) 心理咨询的伦理和规范。

【情境导入】

每一个生命都有趋向成长的本能

心理学家卡尔·罗杰斯(Rogers C. R.)儿时观察地窖里土豆发芽的过程，曾做出过以下精彩描述：我记得小时候，家里把冬天吃的土豆储存在地下室的一个箱子里，距离地下室那个小小的窗户有好几英尺。生长条件相当差，可是那些土豆竟然发芽了，很苍白的芽，比起春天播种在土壤里长出的健壮的绿芽，它们是那么的不同。这些病弱的芽居然长到两三英尺长，尽可能地伸向透进阳光的方向。它们这种古怪的、徒劳的生长活动，正是我所描述的那种"趋向的、拼死的"表现。也许它们永远无法长大成株，无法实现它们固有的潜能，但是即使是在如此恶劣的生长条件中，它们也要拼死去成长。生命不知道屈服和放弃，即使它们得不到滋养。在与那些生命被严重扭曲的当事人打交道的经历中，我常常想起那些土豆芽。这些人的成长条件是那样恶劣，以至于他们的生命看起来常常是异常的、扭曲的、缺少人性的，但是他们身上那种成长、生存的趋向仍然值得信赖。他们在以唯一可行的方式奋斗，趋向成长。在我们看来，他们的努力古怪而又徒劳，但是对于他们，那是生命为实现自己而拼死的挣扎。

(资料来源：Rogers C R. On Becoming a Person：A Therapist's View of Psychotherapy[M]. Boston：Houghton Mifflin，1961：26-27.)

人性是什么？这也许是人类所面对的最复杂和最有挑战性的问题。罗杰斯从土豆发芽中窥探到人性中潜藏的"实现趋向"。人性充满奇妙无比的可能，每个人都拥有不可思议的深度和成长潜能，这成为罗杰斯作为一个心理学家的基本信念，也成为他所代表的人本主义心理学的奠基石。

第一节 人本主义疗法概述

人本主义疗法又称来访者中心疗法，由美国人本主义心理学家罗杰斯(1902—1988)创立于 1942 年，在 20 世纪 60—70 年代得到迅速发展，并形成一种心理学思潮和革新运动，即人本主义运动。人本主义疗法既反对行为主义(心理学的第一势力)机械的环境决定论，又反对精神分析(心理学第二势力)本能的生物还原论。人本主义疗法强调心理学应该研究人的本性、潜能、尊严和价值，研究对人类进步富有意义的现实问题，因此被称为西方心理学的第三势力。人本主义疗法以其独特的研究对象和方法，影响了西方心理学的研究取向，是 20 世纪心理治疗领域最有影响的治疗学派之一。

一、人本主义疗法的代表人物

(一) 罗杰斯

人本主义疗法的创始人罗杰斯学习心理治疗的个人经历就非常具有人本主义色彩。他最早选修的是农业，后转为历史学，研究生阶段先是就读于纽约联邦神学院，后来转入哥伦比亚大学教育学院，学习儿童心理问题的指导和矫治。

1926 年，罗杰斯来到罗切斯特儿童预防虐待协会的儿童研究部工作。这里地理位置偏远，远离大学，薪水也不高，而罗杰斯听从内心的感受，全身心投入工作，接待违法少年和行为不良的儿童。正是在罗切斯特 12 年的工作实践中，人本主义疗法的一些基本理念在罗杰斯心中萌发。

最初，罗杰斯很尊崇精神分析疗法，也很佩服那些能够引导谈话并迅速切入问题要害的治疗师。经过几年的训练，罗杰斯已熟练地掌握了心理分析的解释技巧，但是期间发生的两件事情让罗杰斯对这种治疗方法产生了怀疑。

第一件是他曾经治疗过一名有纵火癖的男孩。这个男孩有一种让人难以理解的纵火冲动，罗杰斯经过长时间的会谈和分析，最终找到了这个男孩纵火冲动的根源在于他早期与手淫有关的性冲动。问题的答案找到了，男孩的问题也解决了。但是令罗杰斯震惊的是，当男孩被释放以后，却又开始纵火行为。

第二件是罗杰斯接待了一位看起来很聪明的母亲，她的儿子表现得异常调皮。从精神分析的角度来看，问题的根源明显在于她早年对孩子的拒绝态度。罗杰斯耐心地向她解释，并对她提出的各种证据进行归纳和分析，试图帮助她认识到问题的根源所在。但令他失望的是，这位母亲仍然不能领悟，最后罗杰斯只好选择放弃。而就在临近咨询结束的时候，当事人却选择咨询自己的问题，她向罗杰斯倾诉自己对婚姻的绝望，与丈夫糟糕的关系，自己的失败和困惑。这时候罗杰斯觉得治疗才真正开始，最终的结果也非常成功。

罗杰斯意识到，"只有当事人才知道创伤在哪里，该走向哪里，哪些问题是关键，哪些经验被深深地掩盖了。除非有必要显示治疗师的聪明和学识，否则最好由当事人决定治疗的发展方向"。罗杰斯在 1939 年的处女作《问题儿童的临床治疗》中对自己的早期思想进行整理，并提出了对治疗师咨询有帮助作用的四个因素。

(1) 客观性：包括不过分的同情、真诚的接纳与关心、超越道德判断的理解等。

(2) 对个人的尊重：对正趋向独立自主的个体表达对自己负起责任的态度。

(3) 对自己的理解：咨询师要有自知之明，并接纳自己。

(4) 心理学的知识：咨询师要对人类行为及人类生理的、社会的和心理的决定因素有扎实的知识基础。

罗杰斯更看重前面三个因素。他认为，知识相对治疗效果而言，并不像前三个因素那样重要，对心理学知识知之甚深的人并不能保证一定有好的疗效。

1942 年，罗杰斯出版了引起轰动的著作《咨询和心理治疗》，这本书奠定了罗杰斯的学术地位，并标志着人本主义治疗学派创建。他在书中第一次使用"当事人"(client)一词代替了"患者"(patient)，此前"患者"一词是用来描述接受咨询或治疗的成年人的典型术语。"当事人"一词表明了一种看待前来求助的个体的新方式，并且由此带来一种看待医患关系的新方式。

1951 年，罗杰斯在《当事人为中心疗法》一书中系统地阐述了"以当事人为中心疗法"(client-centered therapy)的理论和初衷，其中对自我概念、自我概念与机体经验的关系等理论问题进行了更深入、更清楚的探讨和分析。

1957 年，罗杰斯来到威斯康星大学任心理学和精神病学教授，这使他有机会将当事人中心理论应用到以精神病人为主的服务对象身上。此后，罗杰斯在经验的积累中不断完善人本主义理论与技术。他充分强调了当事人与咨询师的治疗关系在治疗中的重要作用，所提出的"一致性""无条件积极关注"和"共情"已经被大部分治疗流派所认可。

1961 年，罗杰斯出版了《个人形成论》，该书将以人为中心理论的适用范围推广到教育、家庭、团体和科学应用中。他提出的"美好生活观"和"充分发挥功能的人"更深刻地诠释了人本主义疗法对人性中真善美积极面的认可，对人性中自我实现的积极力量的肯定。

1987 年，罗杰斯去世。此后，人本主义治疗体系仍然在全世界蓬勃发展。全世界范围内大约有 200 家以人为中心治疗的组织机构与培训中心，罗杰斯建立治疗关系的基本技术被大部分治疗流派所接受并广泛使用。

在当今社会，以人为中心的治疗理论为人们带来内心的关怀和温暖，让人们体会到做人的尊严，使人们拥有继续前行的力量和勇气。

(二) 马斯洛

亚伯拉罕·马斯洛是美国著名社会心理学家，是人本主义心理学的开创者。他出生于美国纽约市布鲁克林区的一个犹太家庭，是家中七个孩子中的老大。童年的马斯洛体验了许多孤独和痛苦。父亲酗酒,对孩子们的要求十分苛刻,母亲性格冷漠、暴躁。幼年的马斯洛从未感受过母亲的关爱,他害羞、敏感并且神经质。上小学后,由于天赋极高,学习成绩十分优秀,马斯洛渐渐找回了自信。

1929年,马斯洛在威斯康星大学攻读心理学,拜著名心理学家哈洛为师,1934年获得博士学位。后来,马斯洛接受了系统的精神分析训练,又在行为主义大师斯金纳教授手下工作。无论在哪个流派或系统下工作和学习,马斯洛都从未停止思考"人类的本性是什么""个体发展的动力是什么"这两个心理学中重要的根源性问题。

1943年,马斯洛从人类动机入手对人的需要和本性做了深入的阐述,发表了《人类动机的理论》(*A Theory of Human Motivation Psychological Review*),并提出了著名的需要层次论。他认为人作为一个有机整体,具有多种动机和需要,包括生理需要(physiological needs)、安全需要(security needs)、归属与爱的需要(love and belonging needs)、自尊需要(respect & esteem needs)和自我实现需要(self-actualization needs)。当人的低层次需要被满足之后,会转而寻求实现更高层次的需要。其中自我实现的需要是超越性的,追求真、善、美,将最终导向完美人格的塑造,高峰体验代表了人自我实现的最佳状态。马斯洛认为人的本性是中性的、向善的,主张完美人性的可实现性。他相信,人的本性中有一种推动人向前成长的力量,它推动人们建立自我的完整性和独特性,并充分发挥其一切能力,树立面对世界的信心。一般的心理疾病是人类的本性遭到否定、挫折或者扭曲的结果,因此要尊重人的本性发展,才能构建健康的心理状态。人们不能去反对本性,而应该接受它,并且按本性的指引来生活,顺应本性生存。

《纽约时报》评论说:"马斯洛心理学是人类了解自己过程中的一块里程碑。"还有人这样评价他:"正是由于马斯洛的存在,做人才被看成是一件有希望的好事情。在这个纷乱动荡的世界里,他看到了光明与前途,他把这一切与我们一起分享。"的确,弗洛伊德为我们提供了心理学病态的一半,而马斯洛则将健康的那一半补充完整。

二、人本主义疗法的哲学基础

人本主义疗法是罗杰斯在治疗实践中发展起来的,他汲取了许多流派的思想,包括古典精神分析、新弗洛伊德主义、存在主义、现象学和格式塔心理学,其中存在主义对罗杰斯的影响最大,人本主义和存在主义的思想在根本上是一致的。

(一) 存在主义的核心要点

存在主义的核心要点有以下四点。

(1) 存在主义的首要原则是人的自主选择性:人除了做他自己以外什么都不是。生命的主要动机是通过有效的选择创造意义。存在主义哲学家克尔凯郭尔(Kierkegaard)认为,人的存在是通过自身内在独特的主观体验来实现的,每个人独特的存在性只有靠他自己的喜怒哀乐展现出来,只有他自己知道。正是人的这种独特的存在性,决定了人有选择的自由,同时也应承担相应的责任。

(2) 存在主义的基本特点是个人意识的独立存在性：把孤立的个人的非理性意识活动视为最真实的存在，并以此作为其哲学体系的出发点。

(3) 关于人的本质存在问题：存在主义者认为，哲学的根本任务是要描述人的本质存在。人的本质存在主要是指非理性的意识活动的"存在"，强调"生存""主观性""自由"等心理状态才是人的本真状态。

(4) 存在主义哲学在本体论上十分重视的两个基本问题：第一，人性的本质问题；第二，个体存在的意义是什么。存在主义提出重视研究人的本质、尊严、自由、价值及个体存在等，具有一定的积极意义。

(二) 存在主义对人本主义疗法的影响

存在主义反对客观主义和极端决定论，突出"以人为中心"，强调人的主体性和主观性，主张研究自由、价值、选择、责任等主题，给人本主义心理学提供了理论支柱，对人本主义疗法产生了深刻的影响。

(1) 产生了哲学的影响，体现在人本主义心理学接受存在主义作为其哲学基础。

(2) 产生了价值观的影响，体现在存在主义哲学面向现实生活的态度，促使人本主义心理学家走向社会，探讨当代人所面临的种种现实紧迫问题。

(3) 存在主义哲学思潮在本体论上显著地影响着人本主义心理学的发展。

(4) 出现了以罗洛·梅为代表的具有存在主义取向的人本主义心理学分支。

(5) 存在主义哲学关于人的论述为人本主义的人性观奠定了基础。人本主义疗法的思想与技术都根植于人性观。比如心理失调，就是指一个人放弃了自己真正的需要，而被一些外在的规则、义务和美德所挟持，因而不能做真实的自己。机能充分发挥人的核心特点就是按照自己的本性生活，而不是戴着面具来表演某个人生角色。治疗的目的就是帮助人"去伪存真"，使当事人发现和接受面具背后的真实自己。

第二节 人本主义疗法的基本理论

人本主义疗法与精神分析疗法相反，不需要来访者回忆压抑在潜意识中的心理症结，而是帮助他认识此时此地的现状。由于他缺乏自知不能正确认识和处理当前环境的现状、拒绝感受当时的情感体验而产生病态焦虑，因此治疗的目的就是让来访者进行自我探索，了解与自我相一致的、恰当的情感，并依此体验来指导行动，最终实现靠自己本身的力量来治疗自己存在的问题。

一、人本主义疗法的人性观

任何一位治疗师都会有自己的人性观，而他的人性观将直接影响其治疗取向。罗杰斯一直强调治疗师对待"人"的态度对心理治疗的重要性。而人本主义看待"人"的态度是由其对人性的假设决定的，也就是由其人性观决定的。如果咨询师不能理解人本主义对人的根本态度和基本哲学，那么对人本主义疗法的认识就是肤浅的、片面的，因为人性观是人本主义疗法理论的底层根基。

(一) 对人性的理解

人本主义承认人有本性。罗杰斯认为，人的本性不是一块可以被任意涂画的白板，也不是可以被捏成任何形状的胶泥。人是天生就有某种心理趋向的，这是人的本性。就像狮子是吃肉的，老鼠是胆小的，每种动物都有它本身的特性。罗杰斯将生物本性界定为该物种的一些共有属性，体现着该物种的一般特点。人性同样也是先天的，是这个物种的共同属性。人的基本特征不是敌意的、反社会的、破坏性的、邪恶的，而是积极的、向前迈进的、建设性的、现实的、值得信赖的。虽然罗杰斯也承认人可以为恶，而且常常为恶，但他强烈地认为那不是人的本性的反应，而是由其他原因引起。

为什么人本主义对人性的看法如此积极呢？

(1) 人本主义接纳人性中的需要，人的需要是值得被尊重的。按照人本主义心理学大师马斯洛的需要层次理论，人性是通过需要和欲望展示出来的。人的需要是分层次的，由低到高分别是生理需要、安全需要、归属与爱的需要、自尊需要和自我实现需要。人要先满足低层次的需要，然后再满足高层次的需要。人类所有的行为都扎根其需要，是受需要驱动的。因此，人类的所有需要都是值得尊重的。

人类的发展其实就是通过需要的不断满足而实现的。防御性强的个体常常会通过损害其他需要(如友谊、爱情等)的满足而使另一种需要(安全、野心或性)得到极端满足；而那些信任自己、持开放经验的个体，他们会对不同需要进行自然的和内在的平衡，去发现尽可能满足所有需要的适当行为。

(2) 人本主义对人性的信任不是盲目的，而是在治疗实践中发现并确认的。罗杰斯在治疗中发现，"包括那些存在很多困扰的人、行为反社会的人，具有不正常感觉的人，当我能够敏感地了解他们所表达的感受时，当我能以他们的立场去接纳他们时，当我承认他们有权利和别人不同时，他们就会朝向积极性、建设性或向自我实现的方向迈进，向成熟、社会化方向成长"。

马斯洛成长于"二战"之前和"二战"期间，深知人类的历史沾满了血腥。面对无可争议的战争罪恶，他看得非常清楚，明白人性可以变得暴戾、邪恶和残酷，光明与黑暗、崇高与邪恶、巅峰与深渊，这些都体现了人的二元性。弗洛伊德的基本观点是人类拥有侵略、破坏的本能和其他强烈的人类本能，就像自慰和性满足一样，是人性中与生俱来的原始生物本能。马斯洛敬佩弗洛伊德，但在人性这个极其重要的核心问题上，他的观点几乎与弗洛伊德截然相反，他认为尽管人类可能是自私、贪婪、好斗的，但这些并非最根本的天性。透过表层心理学，站在生理学角度来看人的天性，我们会发现最基本的善良和尊严。当人们表现得不那么善良和正派时，是因为他们正在对压力和痛苦做出反应，或者是因为安全、爱和自尊等基本的人类需要没有得到满足。

(二) 实现趋向

罗杰斯认为，如果人处在安全、没有威胁、完全自由的生活中，"他最深层的特性是倾向于发展、分化和合作；他的生活从根本上是倾向于从依赖走向独立；他的冲动自然地倾向于融入一种复杂且不断变化的自我调节模式中；他的总体特点就是保存并提高自身和他的种族，同时推动其进步、进化"。罗杰斯把这种倾向称作实现趋向，它是在一切人类有机体身上都会表现出的先天的、发展自己各种能力的倾向性。这种倾向性是向上、向前的，是积极的、建设性的、创造性的。

实现趋向是人本主义疗法对人的信任的一个更深层次的基础，是一切生物都具备的基本倾向，是最能体现生命本质的生物特性。这种实现趋向体现为任何一个生命体都具有求生存、求强大、求旺盛、求完满的趋势。生物学的研究也证明，生命系统有着很强的自我调节和自我修复能力。人类作为一种生命体，从最本质的角度而言，也具有将自身的机能充分发挥出来的倾向，而且这一充分发挥机能的方向是积极的、建设性的、创造性的。

实现趋向具有整体性的特征，只有在有机体作为一个完整的整体而存在时，它的实现趋向才会最强烈地展现出来。因此，在咨询和治疗中，治疗师要把当事人看作一个整体，对其进行整体的接纳和信任，而不是进行肢解，只接纳其中的一部分而不接纳另一部分。

实现趋向是人本主义疗法的一块基石，它体现了人本主义咨询师看待人的态度是乐观、积极的，他们对人有着发自内心的信任。如果把人比作一粒大树的种子，种子可能因为土壤、阳光和水分等原因延迟生长，但其内在成长为一棵大树的动力却不会消退，只要一有机会，就会顽强地生根、发芽、开花。咨询师的作用就是为人们的成长、发展提供适宜的条件。

(三) 人是可信任的

正是基于人具有实现趋向的本能，所以人性中有着积极、正面、自我实现的发展潜能。人本主义治疗师认为，人是值得信任的，且人自身具有广阔的潜力，只要提供合适的氛围，人的这种潜力就会充分地发挥出来，具体来说有以下体现。

(1) 人的本性自由运行时，是建设性的和值得信任的。

(2) 只要给来访者提供适当的心理环境和气氛(足够的尊重和信任)，他们就能产生自我理解，改变对自己和他人的看法，产生自我导向的行为，并最终达到心理健康的水平。

(3) 人是理性的，是善良的和值得信任的。

(4) 人是不断向健康、独立自主、自我认识和自我实现的方向发展的。

(5) 人各具潜质，每个人都有自己的价值，有本身的尊严，是独特的个体。

(6) 人有能力产生自觉，有能力认识和掌握自己的命运。

(7) 人的行为往往被自己的自我形象所影响。

二、人本主义疗法的自我观

罗杰斯的自我理论是其人格理论的核心，也是人本主义疗法关于心理失衡的理论基础。

(一) 自我的结构和内容

在罗杰斯看来，自我不等于自我意识，而是自我知觉与自我评价的统一体。它包括个体对自己的特点和能力的知觉与评价，对自己与他人和环境关系的知觉及评价，其中评价的部分对个体的影响最大，因为评价的部分涉及自我价值，具体内容如下。

(1) 个人对自己的知觉以及与之相关的评价，例如"我是个坏男孩"，"男孩"是知觉意识，"坏"是评价。

(2) 个人对自己与他人关系的知觉和评价，例如"人们都不喜欢我"(知觉)。潜意识的评价可能是"我不好"，"这很令人伤心"。

(3) 个人对自己与环境关系的知觉和评价，例如"这个公司能让我发挥自己的才华，我觉得自己是被尊重和欣赏的"。

自我是可以不断发展变化的。任何一个小部分的改变都会导致整个自我结构的改变，比如一个自卑的当事人，如果能够让他发现自己的一个优点，当事人可能会自言自语地说，"原来我还不是那么差"。当他增加了这样一个对自我的新认识时，他的内在的整个自我结构也发生了变化，并会被反映到意识和潜意识中。在咨询中，当咨询师创造出包容和接纳的治疗关系时，被意识否认或曲解的部分就可以进入意识，而当当事人对自我进行重新调整和建构时，积极的改变就会发生。

此外，由于自我结构是相对稳定的，因此治疗的过程往往是漫长的，进展是缓慢的，在治疗中不能急于求成，要保持耐心，也要具有信心。

(二) 自我的形成

在婴儿最初的世界中，并没有"我"的概念，一切都是混沌一片。随着儿童与环境和他人的相互作用，他开始慢慢将自己与非自己区分开来。当儿童开始有了初步的自我概念后，实现趋向开始转变为自我实现趋向，人在自我实现趋向的基本动力驱动下，在环境中进行各种活动，与他人发生相互作用，并在相互作用的过程中产生大量的经验。个体在这些事件及互动中逐渐构建自己的评价体系。自我的价值评价有两个来源：一个是机体性的评价，另一个是他人的评价。

拓展阅读 5-1

不良的自我概念形成

来访者：我不记得父母曾经因为任何事情称赞过我，他们总是对我的表现感到不满，我的母亲总是不满意我的邋遢和对任何事情都不动脑筋。我的父亲总说我笨，当我在中学考试得了 6 个 A 时，他说我通常在错误的学科中干得不错。

咨询师：似乎无论你多么努力、多么成功，在他们眼中你总是一无是处。

来访者：我的朋友们也这样对待我，他们总是取笑我的样子，说我是一个长满粉刺的书呆子，我只想躲在角落里不引起任何人的注意。

> 咨询师：你觉得自己很糟糕，甚至想变成隐形的。
> 来访者：不仅仅是过去，现在也一样。我的丈夫从来不认可我做的任何事，而且现在我的女儿说她把朋友带回家会感到丢脸。因为我让他们不高兴，所有人都认为我一无是处，如果我消失的话也许会更好。
>
> (资料来源：[英]戴夫·默恩斯, 布莱恩·索恩, 约翰·迈克李欧. 以人为中心心理咨询实践[M]. 4版. 刘毅, 译. 重庆：重庆大学出版社, 2015.)

(三) 机体评估过程

人类个体对自己的体验或者经验有一种天生的、内在的机制或者手段，罗杰斯称之为"机体评估过程"。机体评估过程作为一种反馈系统，使个体能调节自己的经验，朝向实现化成长，达到维持、增长、完善和发挥生命潜力的目的。

机体评价就是个体根据自己机体的需要是否得到满足来做出评价。按罗杰斯的观点，任何有机体，包括生命，都天生具有不断地自我实现的趋向。相信机体评价过程就是相信机体的智慧，是最好的自我实现趋向的方式。因此，当一个人有充分的机体评价时，自我的发展就变成一个流动的、充满生机的过程，并因此形成高自我价值感，这样的人会更相信自己，有更稳定的人际关系，也会更好地发挥自己的潜能。

(四) 积极关注的需要和价值条件的形成

罗杰斯的学生斯坦德尔(S. Standal)提出，在自我萌芽的意识过程中，人类逐渐出现一个极其重要的"积极关注"的需要，即个体需要重要他人对自己的肯定、认可和喜爱。他认为这是人类的普遍需要，无处不在并历时持久。积极关注的需要具有以下特点。

(1) 这种需要的满足有赖于他人。
(2) 它与个人的许多经验有关联。
(3) 它是互惠的，当某个人意识到自己在满足另一个人的积极关注需要时，他会同时体验到自身积极关注需要的满足。
(4) 这种需要的强度非常大，个体通过这种关注与他人产生连接，为了得到重要他人的积极关注，有时个体会放弃机体评价的积极经验，从而忽略自己的体验并尽量按照他人的标准去行为。比如孩子要得到妈妈的认可，必须要表现得听话、安静，尽管在大喊大叫的过程当中，孩子会感受到快乐，但是当他们认为得到妈妈的赞许、认可也许比自己的快乐的体验更重要时，就会忽略或扭曲大喊大叫的体验。

伴随积极关注需要的满足，个体会发展出一种积极的自我关注，即自己对自己的赞许和肯定。这样个体无须通过重要他人就可以体验到与自我经验相关的积极关注，而自我关注是重要他人关注的一种内化，重要他人如何看待自己，便成为自己看待自己的方式。

当一个人可以无条件地获得积极关注时，就不需要牺牲自己的体验来附和他人的感受或评价，他可以面对现实并真诚地对待自己，听从内心的声音，保持完整的自我。但这只是一种理想的状态，大部分人在成长过程中都会出现他人有条件的积极关注。一个人自我结构中出现了条件性价值，当第一次出现有条件的积极关注时，自我的异化便由此开始，即出现了心理失衡。

(五) 自我的发展与异化

在婴儿的发展过程中，其心理世界中有一部分关于自己的内容逐渐分化出来，成为自我。随着自我的形成，产生了关怀的需要。关怀就是指受到那些对我们来说最重要的人的赞扬所产生的一种情感。为了获得关怀，他们逐渐体验到获得关怀是有条件的，这种条件被称为"价值条件"，只有个体的行为令"重要的人"满意时才会被关怀，而不能够令"重要的人"满意时将得不到关怀。

通过反复体验这些价值条件，儿童把它们加以内化，从而把它们变成自我结构中的一部分。一旦被内化，它们就成为指导儿童行为的"良心"和"超我"。

不幸的是，当价值条件建立起来后，儿童对自身做出肯定评估的唯一形式是按照他所内化的那些"重要的人"的价值观来行动。这时，儿童的行为不再受机体评估过程的指导，而是受他们所处环境中与关怀有关的各种条件的指导。

(1) 因为价值条件的作用会使人有选择地对待自己的经验，只接受与价值条件一致的经验进入意识之中，那些不符合价值条件的经验或被拒之门外，或以歪曲的形式出现。

(2) 由于价值条件的存在，个人又必须对存在于现象场中的经验加以筛选，除去与价值条件相矛盾的、符号化了的经验。

(3) 选择性知觉可能拒绝或歪曲某些对成长有指导作用的经验，从而导致自我概念与经验之间的不一致。

1. 价值条件

归属和爱的需要以及尊重的需要是个体需要结构的重要组成部分，而这些需要必须依靠他人才能获得满足，他人是否愿意满足个体的这些需要，取决于个体的行为是否符合他人的价值观。也就是说，他人对个体的某些需要是否给予满足要以个体的行为符合他人的价值观为前提条件，这就是价值条件。

2. 自我异化

个体为了获得归属和爱的需要以及尊重的需要的满足，必须认同他人的价值观，久而久之就会把这些外在的价值观内化为自我结构的一部分。于是，个体的经验不再受自身固有的机体估价过程的评价，而是受内化了的社会价值规范的评价，自我就产生了异化。

因为个体为了获得他人的关怀，必须根据他人的意愿行动，并用他人的价值观来评价自己，被迫否认自己的经验系统，从而导致自我与经验发生强烈冲突，使之失去了真实的自我。从这种观点出发，在心理咨询中坚守价值中立，将避免给来访者带来新的自我与经验之间的冲突，以维护来访者的心理健康。

三、人本主义疗法的治疗原理

人本主义疗法的治疗原理主要是关于心理适应不良产生的解释，从心理适应不良到心理失调的发展过程，以及对心理失调实质的解释。

（一）心理适应不良的产生

心理适应不良是指自我概念与真实的经验和感受相冲突，来访者借助曲解和否定等方式保持自我概念与经验的表面的一致，这时的内部心理状态称为心理适应不良。

心理适应失调是指来访者的自我概念与真实经验之间的冲突加剧，无法维持表面上的一致，服务对象面临极大的困扰和不安，严重的将导致心理适应失调。

罗杰斯认为，当来访者内化他人的价值条件之后，就会出现来访者的自我和经验不一致，甚至冲突的现象，来访者为了维护自我概念就会曲解和否认经验，常见的来访者内心矛盾的表现形式有以下三种。

(1) 选择性知觉：只允许那些与自我价值感(价值条件)相一致的经验被意识到，以便肯定自我概念。

(2) 曲解：将与自我不一致的经验从认知上予以歪曲，使之与自我概念保持一致。

(3) 否定：否定那些与自我概念相冲突的真实经验，认为它们并不存在或者是虚假的。

通过这三种表现形式，来访者能使自己的自我概念与经验保持表面一致，维护形象，这时的内部心理状态称为心理适应不良。

（二）从心理适应不良到心理失调的发展过程

罗杰斯指出，心理失调不等于心理适应不良，当来访者出现心理适应不良时不会产生紧张和焦虑，因为此时来访者会发展防御机制，曲解和否定经验，使自我概念与经验保持一致。只有当他的防御手段失效，不能成功地否认或歪曲经验和体验时，才会出现烦恼和紊乱，导致心理失调，严重的还会出现精神结构解组。

以下是几种防御手段失效的情况。

(1) 个体因预感到经验和自我失调的威胁而产生焦虑。

(2) 因防御失败而导致经验和体验得到完全的、明确的意识，个体不得不面对这些他力图否认或歪曲的经验。

(3) 自我和经验的对立非常明显，而个体又无法使之协调，完全失去了控制局面的能力。

（三）心理失调的实质

心理失调产生的原因是机体的经验与自我概念之间的不一致、不协调。在罗杰斯看来，只要自我和经验之间存在不一致和冲突，只要个体否认或歪曲经验，这个人就存在心理失调。一般情况下，个体会运用防御来掩盖这种失调，因而不会出现心理适应问题。

1. 经验与自我概念之间的三种状态

经验与自我概念之间存在三种状态：一致、不一致和矛盾。

(1) 经验符合需要，与自我概念相结合，融为一体。

(2) 经验与自我概念不一致而被忽略，自我对其不加理睬。

(3) 经验与自我概念相矛盾，产生歪曲的反应。

例如，一个小孩打了他的弟弟感到很快乐，但由于这不符合父母的价值观导致他受到了惩罚，因而得出经验"这种行为不是令人满意的"。这个经验使他自己的经验受到歪曲。如果不被完全内化为自己的，他就可能在感到快乐和避免痛苦这两个欲望之间陷入冲突。在解决这些冲突时，他必须改变自己的态度和相应的价值观，其真实经验就被扭曲了。扭曲的经验虽然不一定能清楚地被意识到，但仍以不同方式影响着人的行为。

由于自己的真实经验被否认而要接受符合别人价值观的经验，人们的自身结构中就加入了虚假的成分，这些成分并不基于自己的本来面目。虚假的、可意识到的价值观和真实的、意识不到的价值观之间存在着冲突。如果一个人的真实价值观越来越多地被别人的价值观所取代，而本人又感觉这些好像是自己的价值观，自身内部就出现了分裂，打破了心理健康自我应当具有的整体性和一致性，就会出现紧张、不舒适的情况。

为阻止这些使自己感到威胁的经验形成意识，个体会建立防御机制来维持自身造成的假象，仿佛戴着面具生活。这时，人就越来越不能与环境适应，并出现烦恼、焦虑和各种异常行为。

2. 心理治疗的实质

基于心理失衡产生的原因，人本主义治疗师认为，心理咨询与治疗的实质就是调整自我的结构和功能，重建个体在自我概念与经验之间的和谐与完整，即人格的重建。从人本主义治疗模式来看，产生心理适应障碍的根源都是自我概念和经验之间的不一致或失调。内部紊乱最严重的可达到精神崩溃及整个精神结构解体的程度，类似于精神分裂症。紊乱程度较轻的则表现为焦虑、恐怖和抑郁等情绪反应，类似于所谓的神经症。也就是说，心理适应障碍共同的、基本的特征就是这个人不再像一个正常人那样有效地发挥其心理机能。

心理治疗的目的是让来访者的人格得到成长、发展和改变，使来访者真正成为一个机能完善者，它的最终效果在于人性的自我实现和人格的改变。人本主义心理学家把协调人际交往、重建人际沟通、取得彼此共识视为心理治疗与心理咨询成功的关键所在。

> 📖 拓展阅读 5-2
>
> ### 一个害怕爱、一无是处的人
>
> 玛丽是一位教师，她受朋友的推荐来找心理咨询师。在第一次会谈中，她始终冷若冰霜，与咨询师有几分疏远，对于咨询能给自己带来什么并不特别热心，她热衷于谈自己在学校里发生的事情，谈她对孩子们的憎恨。
>
> "他们每天都会嘲笑我，当我冲他们大吼时他们会窃笑，并且安静不了一分钟，我试

图做的一切就是教会他们最基本的礼貌行为。我虽然教法语，但我不是从教学中获得成就感，而是让他们在停止不安的扭动中获得成就感。有些学生很狂妄自大，我根本无法指挥他们。我喜欢对付年纪小一些的学生，有时候会因为把他们弄哭了而感到高兴。"

多数人会对这位教师对待孩子的粗暴态度而感到不快，并试图让她重新思考，遵守教师职业的道德准则。但是，进行批判并不是心理咨询师的工作，因为这样会切断沟通，不利于加深沟通。指出她的这些暴力行为，并不代表她会接受，此时最有助于来访者的是心理咨询师对来访者保持兴趣和积极关注，尤其是关注她的积极面，并给予一定的尊重和温暖。

在第三次会谈中，当她说出了以下这段话时，我们发现了某种东西，而且有助于了解这位教师是否存在对他人的外在暴力："有时我感到很悲伤……非常悲伤，我从来都不能在任何人面前表现出来，只有在自己的公寓里哭泣，我非常害怕见到他人……我就是对他们感到很恐惧，我想我是害怕他们会看到……，真实的我……一个害怕爱的一无是处的人。"

(资料来源：[英]戴夫·默恩斯，布莱恩·索恩，约翰·迈克李欧. 以人为中心心理咨询实践[M]. 4版. 刘毅，译. 重庆：重庆大学出版社，2015.)

第三节 人本主义疗法的方法和技术

建立理想的治疗关系是人本主义治疗的前提，而无条件积极关注、共情、真诚一致、在场是建立理想治疗关系的核心要素，也是人本主义治疗师需要具备的核心品质。

一、人本主义疗法的基本特点

人本主义疗法的基本特点有四个：强调对人的信任；强调治疗关系的重要性；咨询态度高于咨询技术；对当事人主观感受的重视。

1. 强调对人性的信任

尊重人的价值、尊严，强调对人性的信任，是人本主义治疗师最基本的哲学观和人生态度。

2. 强调治疗关系的重要性

人本主义疗法在治疗中最突出的特点是强调治疗关系的重要性，认为只有建立良好的治疗关系，当事人才会降低防御、展现真实的自我，才会有真正的治疗发生。而没有良好的治疗关系，治疗一般不会有效果，或者效果极其有限。人本主义治疗中的共情、无条件积极关注等都是治疗关系形成的基本要素，目的是形成良好的治疗联盟，几乎没有一个流派比人本主义疗法更强调治疗关系的重要性，并把建立良好的治疗关系作为主要目标。

3. 咨询态度高于咨询技术

在罗杰斯的著作中到处可见对咨询态度的强调。人本主义治疗的关键在于通过真诚、共情、无条件积极关注的方式建立良好的治疗关系,但治疗师仅仅在谈话技术、语气、表情等方面做到训练有素仍然是不够的。罗杰斯一直倡导的是"态度至上",认为治疗师个人的人格、素养和态度比技术更重要。在咨询过程中,治疗师不应过度关心自己的技术表现和应用,而应把注意力放在当事人身上,尽量真诚地去感受、理解当事人,并如实地传达自己此时此刻的感受。

4. 对当事人主观感受的重视

人本主义疗法认为,个人主观经验(现象场)是一个人真正的现实。他从何而来,要到何处去,为什么痛苦悲伤,要到他的现象世界才能了解。因此,在治疗过程中应特别关注当事人的情绪、感受的变化,治疗师完全地接纳当事人的情绪、感受,并采用共情帮助当事人觉察、表达和接纳自己的感受,最终能够让当事人的自我和感受融为一体,进而呈现自我最充分的流动性,这也是罗杰斯所认为的人的最理想状态。

二、人本主义疗法的基本技术

人本主义疗法主要强调咨询关系的建立和创设良好的咨询氛围。

(一) 建立理想的治疗关系

人本主义治疗的核心就是关系治疗。心理治疗领域几乎一致认为罗杰斯对治疗关系的研究和发现做出了重要贡献。人本主义治疗的基本前提是建立一种理想的治疗关系,这被认为是促使来访者产生积极改变的一个主要资源。人本主义治疗关系的主要特征如下。

(1) 以当事人为中心。当事人是主角,咨询的进程由当事人决定,而不是由咨询师决定,咨询师不是权威和专家,而是一个陪伴者的角色。

(2) 对当事人的信任。咨询师相信当事人自己做的决定,相信当事人有自我指导的能力,相信当事人所具有的成长潜力。

(3) 一种温暖的、完全接纳的关系。咨询师通过对当事人无条件的积极关注,创造一种安全的氛围,就像妈妈对新生儿的关注一样,当事人在这种情境中可以自由地探索和完全地做自己。

(4) 从当事人的内在世界角度去体会当事人的感受。咨询师要尝试从当事人的角度看待问题,做到设身处地地体会当事人的感受,与当事人一起探索他的想法,降低当事人的孤独感以及与人的疏远感。

(5) 以真实的自我与当事人接触。咨询师不需要戴面具,在治疗中表现出真诚一致,能创造出信任的氛围。

(6) 完全在场。这是罗杰斯在生命晚期谈到的一个治疗要素,所谓完全在场,就是一种完全投入的状态,也可以说是完全活在当下。

在此基础上，人本主义疗法认为理想的治疗关系的构建包括四要素：无条件积极关注、共情、真诚一致、在场。

无条件积极关注代表的是咨询师对当事人的态度，它能创造出一种包容的氛围。共情是一个过程，是一个与当事人同甘共苦的过程，咨询师陪伴当事人一起走过成长的旅程。真诚一致是咨询师与当事人关系的一种状态，咨询师对当事人的外在反映与他对当事人的内部经验始终保持一致，为当事人创造出信任的氛围。前三个要素已经得到治疗界的普遍承认和接受。第四个要素——在场，尤其是完全的在场，有些超体验的成分，完全在场可以放大其他三要素的效果，保证治疗的质量。

这四个要素包含了人本主义疗法的主要内容，人本主义疗法的核心技术都是为了实现这四个要素而形成的。这四个要素属于一个整体，彼此互相促进，离开任何一个要素，咨询师与当事人的关系都会大打折扣，也是不完整的。

（二）无条件积极关注

无条件积极关注似乎是令人难以琢磨的，因为它是一种态度，但我们可以用相当直接的语言来定义这种态度。

Dave Means 认为，无条件积极关注是人本主义疗法的咨询师对来访者所持的基本态度，持这种态度的心理咨询师非常重视来访者的人性，并且不会因为来访者的任何特殊行为而影响这种重视，这种态度体现在心理咨询师对来访者始终如一的接纳和持久的温暖中。

心理咨询师的无条件关注是很重要的，因为它打破了条件价值，无论来访者是否符合条件，心理咨询师都对其给予重视。这样来访者在与心理咨询师的关系中就不必采取自我防御，他们可以感受到足够的安全，不必再刻意保护自己，便会更多地表露自己，更加深入地探索自己的体验。

另外，无条件积极关注还对来访者重视自己产生了更加直接的影响。从某种意义上说，来访者被心理咨询师的接纳态度所感染，并渐渐地开始对自己也持相同的态度，当他开始以这种方式去重视自己，尽管也许是尝试性的，但真正的成长已经悄然发生。

1. 如何做到无条件积极关注

如何做到无条件积极关注呢，可以从以下几个方面入手。

(1) 在内心珍视、尊重和信任每个人的价值。这是人本主义疗法的核心，没有这一基础，人本主义治疗就很容易变成一种纯形式、纯方法的技术。要做到这一点，咨询师需要在咨询中或个人的经历中体验到这种珍视、尊重和信任的感觉。

(2) 从生命的角度体会当事人生命的展现方式。在咨询中学会放下当事人的外在角色，从生命的角度体会当事人的感受，体会他的生命展现的方式，不纠结于对当事人行为的评价。从生命的角度，咨询师会更容易与当事人建立连接。

(3) 了解当事人的行为语言。每个当事人都有自己的方式来表达自我，咨询师要通过共情了解这种语言所传递的当事人的真正含义。

(4) 了解当事人的防御方式。不同的来访者有着不同的防御方式，来访者通过采用各种防御方式让别人无法靠近自己。比如，有的人会沉默，有的人会喋喋不休地说话，有的人会指责，有的人会讨好，有的人会冷漠，有的人会哭泣，有的人会迟到，这些防御方式的目的是满足当事人自己的安全需要，保护自己不受伤害。如果咨询师能够意识到这一点，就会自然而然地对当事人产生好奇，这种好奇会帮助咨询师将注意力从自身转移到当事人身上。

(5) 发现咨询师自身的评价体系。一般情况下，当咨询师在某个咨询阶段停滞不前或者厌倦想逃离的时候，就是咨询师内在的评价系统自发地开始运转的时候。咨询师需要去探究自身的这种评价，最好能够在督导或者其他咨询师的陪伴下去探索，和自身的评价系统进行对话，这是咨询师需要用一生去做的功课。在咨询中，除非咨询师自身能够接纳，否则他不可能帮助当事人去接纳。

2. 对无条件积极关注的误解

咨询中存在对无条件积极关注的误解，主要体现在三个方面。

(1) 治疗师在治疗的全部过程中都要做到对当事人百分之百的无条件积极关注。刚开始学习时，咨询师常常会为自己做不到百分之百的关注而自责或内疚，甚至会认为自己不适合从事心理咨询的工作。其实，无条件积极关注只是一种理想状态，没有人能够做到百分之百的接纳。正如罗杰斯后来所说："从临床的经验来看，我相信最恰当的说法是，有效能的咨询师在与当事人相处的时间里，有许多时候感觉到对当事人的无条件积极关注。当然，他也常常感到有条件的关注，甚至偶尔还有些消极态度，尽管这对治疗效果是不利的。"因此，无条件积极关注也只能是一种理想状态。

(2) 无条件积极关注是对当事人的"友善"。这也是一种曲解，"友善"是一种社会化的工具，是为了获得社会性的安全感，在"友善"的面具下，常常是对人际关系的疏远或肤浅。我们在现代社会中就能明确地体会到这一点，人们似乎彼此更"友善"了，但事实上人与人之间却更淡漠了。咨询师的无条件积极关注不是为了自己的安全感，而是为了在更深的层次上与当事人建立关系，在内心尊重和接纳当事人。也就是说，向当事人传递"我在乎你""你在我的心目中是重要的"这种观点和态度，而不是对当事人的排斥。

(3) 无条件积极关注就是完全赞同当事人。无条件积极关注是一种态度，是对当事人作为一个"人"的珍视和尊重，是对一个人的人性的接纳和理解，但并不表示完全赞同当事人的行为和观点。比如，当事人因为受到侮辱想伤害他人，我们可以理解他的愤怒和绝望，也接纳他期望获得别人尊重的需要，但我们不赞同他要伤害别人的观点和行为。罗杰斯在多篇文章中反复提到，在治疗中，如果咨询师能够尊重和理解当事人，那么当事人的这种破坏性的冲动就会减弱，并且会采取更加积极的行为方式。

(三) 共情

共情的英文是empathy，也有人翻译为同感、共情、移情、同理心等。共情是治疗关系建立的核心要素。

共情是一种持续的过程，在这个过程中，心理咨询师放下自己的经验和觉察现实的方式，对来访者的经验和知觉进行感受并对其做出反应。心理咨询师切身体验到了来访者的想法和情感，就如同它们源于自身，这一感觉强烈而持久。共情不是心理咨询师对来访者做出的单一反应，而是一系列的反应，它是一个过程，是一个与来访者同甘共苦的过程。

共情有三层含义。

(1) 共情就是治疗，是以当事人的内在参照体系来看世界，设身处地地进入当事人的主观世界。

(2) 共情的重点是感受，而不是概念化的知识。在人本主义疗法的理论体系中，当事人所歪曲、拒绝的经验未被符号化或不能符号化。符号化就是一种认知加工心理治疗，希望当事人认知这些不被认可的经验是很困难的，而通过对感受的觉察和体会，就可以使这些经验更容易被当事人接纳，进而使当事人逐步完成接纳自我经验这一过程。

(3) 共情并不是与当事人认同合一，咨询师应采用一种强烈而富有感情的方式对待当事人，但同时又不让自己受控于那些感受，并使自己可以随时抽离出来。共情是咨询师应具备的一项重要专业技能，这保证了咨询师的稳定性，对处在迷茫和困惑中的当事人至关重要。

总而言之，共情不是对来访者的一种反应技术，而是一种与来访者建立关系的方法，共情的感觉常常像是与来访者共同乘坐一辆火车或过山车，无论前途多么崎岖，心理咨询师都参与并陪伴来访者的旅途。无论是路途平坦，停停走走，还是前无道路，步入僵局，咨询师都一直陪伴着来访者并与其一起体验每一段旅程中发生的一切。

拓展阅读 5-3

罗杰斯对一名母亲的共情

吉　　尔：我和我女儿相处有一些问题。她20岁了，在上大学。让她就这么走了，我非常痛苦。……我对她充满内疚。我非常需要她，依赖她。

罗杰斯：你需要她留在你身边，这样你就可以为某些感到的内疚做些补偿，这是其中一个原因吗？

吉　　尔：在很大程度上是吧。她一直是我真正的朋友，而且是我的全部生活。非常糟糕的是，她现在走了，我的生活一下子就空了很多。

罗杰斯：她不在家，家里空了，只留下了妈妈。

吉　　尔：是的，是的。我也想成为那种很坚强的母亲，能对她说："你去吧，好好生活。"但是，这对我来说非常痛苦。

罗杰斯：失去了自己生活中珍贵的东西是非常痛苦的，另外，我猜，还有什么别的事情让你感到非常痛苦，是不是你提到的和内疚有关的事情。

吉　　尔：是的，我知道我有些生她的气，因为我总不能得到我所需要的东西。我的需要不能得到满足。唉，我觉得我没权力提出那些要求。你知道，她是我的女儿，不是我的妈妈。有时候，我希望她能像母亲一样对我。可我不能向她提那样的要求，也没那个权力。

罗杰斯：所以，那样的想法是不合理的。当她不能满足你的需要的时候，你会非常生气。

吉　尔：是的，我非常生她的气。

罗杰斯：(停顿)我猜这会让你感到紧张。

吉　尔：是的，非常矛盾……

罗杰斯：嗯，嗯。

(资料来源：[美] Farber B A, 等. 罗杰斯心理治疗——经典个案及专家点评[M]. 郑钢, 等译. 北京：中国轻工业出版社，2015.)

(四) 真诚一致

在人本主义疗法中，一致性是指心理咨询师与来访者关系中的一种存在状态，在这一状态下，心理咨询师对来访者的外在反应与他对来访者的内部经验始终保持相同。

当咨询师在对来访者的反应中坦诚地面对真实的自我时，当其行为方式反映了他内心的体验时，当他对来访者的反应是其真实的体验而非伪装或防御时，咨询师就是一致的，或者说心理咨询师就处于一致性的状态中。相反，当咨询师假装聪明、胜任或者关切时，他在与来访者的关系中就是虚伪的，他的外在行为和内部经验并不一致，此时就没有保持一致性。穆斯塔卡斯(Moustakas，1959)谈到自己在儿童心理咨询工作中保持一致性的重要性时曾说过："我认识到自己必须停止扮演专业治疗师的角色，必须要让我的潜能、天赋、技术，以及我作为一个人的所有经验，自然而然地融合到我与孩子的关系中去，并且无论何时都要尽可能地将它视为一个完整的人。"

一致性在日常生活中也被称为真诚，即咨询师真诚地反应咨询中所感。咨询师的一致性可以让来访者更容易对咨询师及其咨询过程产生信任。如果来访者认为咨询师表里如一，则他会知道自己得到的反应是坦白而诚实的，他知道咨询师并不想操纵自己，因而在咨询关系中感到更加自在和安全。

> **拓展阅读 5-4**
>
> 不良的自我概念形成展示你的工作过程

(五) 在场

治疗中，那些难以言表的，具有穿透性、主观性的因素，往往是最难以通过实证来证明的，在场就是这样一个因素。在场是罗杰斯晚年提出的一个影响治疗关系的重要因素，他这样描述："我发现当自己最接近内在的、直觉的自我时，当我接触到自己内心不为所知的部分时，当我也许在关系中处于一种轻微改变了的意识状态时，无论我做什么似乎都有很好的治疗效果。那时候，仅仅我的在场就对关系有了一种放松和治疗的作用。在这些时刻，我的内在精神似乎已经延伸并触及了对方的内在精神。我们的关系超越了它本身，成为某种更大事物的一部分，产生了极大的成长治疗效果和能量。"

罗杰斯认为这是一种超验现象，大卫·凯恩从旁观者的角度对这一现象做了描述："在一些场合下，我有机会近距离地观察罗杰斯的治疗演示，打动我的是罗杰斯所具有的特别专注的能力，专注于坐在他前面的当事人的能力，仿佛他和他的当事人进入一个不可穿透的气泡里，只有他们在里面，尽管事实是他们被一大群观察者观看着。"

实际上，在场是一种完全处在当下的状态，治疗是完全的投入，此时无条件积极关注、共情和一致性会被最好地表现出来，治疗效果也被放大。这种完全在场的状态似乎有一种很强的穿透力，咨询师不需要过多的语言就能与其他人连接在一起。

这样一种完全在场的状态需要咨询师平时进行存在感的练习，如冥想、瑜伽等这些活动能够让自己处在当下，提高咨询师的存在感。另外，咨询师在治疗前做好与自己连接的准备工作对提高咨询中的在场程度也会有很大的帮助。

三、人本主义疗法的目标与步骤

罗杰斯提出了"充分发挥功能的人"的理论，它是人类机体自我实现过程中的一个终极概念，也是人本主义治疗的最佳心理治疗目标。

（一）人本主义疗法的治疗目标

罗杰斯对"充分发挥功能的人"这个治疗目标做了简洁的概括：
(1) 对经验、感受较为开放；
(2) 自我结构变得能与其经验相协调，并能不断变化以便同化新的经验；
(3) 更加信任自己，信任机体和机体自身的官能；
(4) 评价点由外变内，也即对经验的评价越来越立足于自身，而不再寻求他人的赞同或否认；
(5) 愿意使其生命过程成为一个变化的过程，而不是追求达到一种理想、满意却固定不变的状况。

（二）人本主义疗法的治疗步骤

人本主义疗法的治疗步骤主要是基于整个治疗流程而言，下面对其做详细的阐述。
(1) 来访者前来求助。这对治疗来说是重要的前提，如果来访者不承认自己需要帮助，不是在很大的压力之下希望有某种改变，咨询或治疗是很难成功的。
(2) 向来访者说明咨询或治疗的情况。咨询师要向对方说明，对于他所提的问题，这里并无确定的答案，咨询或治疗只是提供一个场所或一种气氛，帮助来访者自己找到某种答案或自己解决问题。咨询师要使对方了解，咨询或治疗的时间是属于他自己的，可以自由支配，并商讨解决问题的方法。咨询师的基本作用就在于创造一种有利于来访者自我成长的气氛。

(3) 鼓励来访者情感的自由表达。咨询师必须以友好的、诚恳的、接受对方的态度，促使对方对自己的情感体验做自由表达。来访者开始所表达的大多是消极的或含糊的情感，如敌意、焦虑、愧疚与疑虑等。咨询师要掌握会谈技巧的经验，有效地促使对方表达。

(4) 咨询师接受、认识、澄清对方的消极情感。这是很困难也是很微妙的一步。咨询师接受了对方的信息必须有所反应，但不应是对表面内容的反应，而应深入其内心深处，注意发现对方影射或隐含的情感，如矛盾、敌意或不适应的情感。不论对方所讲的内容如何荒诞无稽或滑稽可笑，咨询师都应接受对方的态度，努力营造一种气氛，使对方认识到这些消极情感也是自身的一部分。有时也需要对这些情感加以澄清，但不是解释，目的是使来访者自己对此有更清楚的认识。

(5) 激发来访者成长的萌动。当来访者充分表达其消极的情感之后，模糊的、试探性的、积极的情感不断萌生出来，成长由此开始。

(6) 接受和认识来访者积极的情感。对于来访者所表达出的积极的情感，如同对待其消极的情感一样，咨询师应予以接受，但并不加以表扬或赞许，也不加入道德的评价。使来访者在其生命中能有这样一次机会去了解自己，既无须为其有消极的情感而采取防御措施，也无须为其积极情感而自傲。在这样的情况下，促使来访者自然达到领悟与自我了解的境地。

(7) 来访者开始接受真实的自我。来访者处于良好的、能被人理解与接受的气氛之中，因此有一种完全不同的心境，能够有机会重新考察自己，进一步领悟自己的情况，进而接受真我。来访者的这种对自我的理解和接受，为其进一步在新的水平上达到心理的调合奠定了基础。

(8) 帮助来访者澄清可能的决定及应采取的行动。在领悟的过程中，必然涉及新的决定及要采取的行动。咨询师要协助来访者澄清其可能做出的选择，并对来访者此时常常会有的恐惧、缺乏勇气，以及不敢做出决定的表现有足够的认识。咨询师不能勉强来访者或给予来访者某些劝告。

(9) 疗效的产生。领悟导致了某种积极的、尝试性的行动，此时疗效就产生了。由于是来访者自己有所领悟，有了新的认识，并且付诸行动的，因此这种效果即使只是瞬间的，仍然很有意义。

(10) 疗效的扩大。当来访者已能有所领悟，并开始进行一些积极的尝试时，治疗工作就转向帮助来访者发展其领悟，以求达到较深的层次，并注意扩展其领悟的范围。如果来访者对自己能达到一种更深入、更正确的自我了解，则会有更大的勇气面对自己的经验、体验并考察自己的行动。

(11) 来访者的全面成长。来访者不再惧怕选择，处于积极行动与成长的过程之中，并有较大的信心进行自我指导。此时，咨询师与来访者的关系达到顶点，来访者常常主动提出问题与咨询师共同讨论。

(12) 治疗结束。来访者感到无须再寻求咨询师的协助，治疗关系就此终止，通常来访者会对占用了咨询师许多时间而表示歉意。咨询师要采用与以前的步骤中相似的方法来澄清这种感情，认识和接受治疗关系即将结束的事实。

四、人本主义治疗案例

罗杰斯与欧克夫人访谈

在治疗心理障碍病人时，罗杰斯运用共情理解病人内心深处的感受，他擅长帮助来访者发觉隐藏在他们肤浅认识之下的真实感情。

本案例中，欧克夫人是一位处于治疗后期的中年女性，她正在探索一些困扰她很久的复杂感受。

来访者：我有这种感受，但它不是愧疚。(停顿，哭泣)当然，我是说，这有点词不达意。(然后，涌上一阵情绪)这真是太痛苦了。

咨询师：嗯。它不是愧疚，可能是感觉有点受伤，深深的伤害。

来访者：(哭泣)你知道，我经常对此感到愧疚，但是多年后我听到家长对孩子说"不许哭"，我就会觉得有点受伤，为什么他们不让小孩哭？孩子为自己难过，谁能比他自己更感到难过呢？嗯，我想说的是，我认为他们应该让小孩哭。而且……或许他们也应该为孩子感到难过。这是一种相当客观的方式。嗯，这就是……是我正体验到的。我是说，现在——就在此刻。而且，在——在——

咨询师：我好像能了解你的感受，你似乎在为自己感到难过。

来访者：是的。你知道，这里有矛盾心理。我想说，我们的文化是那种……一个人不该沉溺于自怜中，但是事实并非如此。我想说，它也许没有这样的言外之意，也可能有。

咨询师：你有些认为文化会排斥你的自怜感受。然而，你又觉得你所体验的感受也不是文化全然排斥的。

来访者：后来，当我开始……意识到或感到越过它时……我掩饰它。(哭泣)但是掩饰得非常痛苦，我不得不反过来掩饰我的痛苦。(哭泣)这就是我要摆脱的东西！我不在意自己是否会因此受伤。

咨询师：(轻轻地以共情的温和方式对待她正体验到的痛苦)当你体验到这种感觉时，你感到最根本的还是你为自己难过。但是你不能表现出来，也不得表现出来，这样，它被你不喜欢、想要摆脱的痛苦所掩盖。你感到你宁愿忍受这一伤害，也不愿感受这种痛苦。(停顿)你似乎想说的是，"我很痛苦，而且我试图掩饰它"。

来访者：我也不知道。

咨询师：嗯，真的就像个新发现。

来访者：(同时说道)我真的从未发现。但是你知道它的确存在。它……它有点像我审视自己身体里面的所有——神经末梢和小碎片都搅和在一起。(哭泣)

咨询师：好像你身体里一些最纤弱的东西被压碎或受伤。

来访者：是的。你知道，我就是这种感觉——"哦，你真可怜"。

(资料来源：[美]卡尔·罗杰斯. 论人的成长[M]. 2版. 石孟磊, 邹丹, 张瑶瑶, 译. 北京：世界图书出版公司, 2018.)

事后，罗杰斯对这一咨询案例进行反思和分析时写道：

(1) 共情鼓励当事人更广泛地探索、更深入地认识内在体验。当事人在共情的氛围中学习倾听自己的内心感受，从最初的模糊、混沌的表达(使用粗浅的词语)到最终的清晰、真切的内在感受，拓展了自己对内在体验流的认识。

(2) 非语言化的内在流动是如何被作为参照物的。当事人如何知道"内疚"不是描述她感受的恰当词语？她通过审视，从另一种方式看待这一现实，即在咨询当下发生的可感知的体验过程中考察"痛苦"这一词语，发现它更贴近自己的实际感受。当她试图使用"哦，你真可怜"时，才真正明确了符合内心感受的比较意义及自我怜悯。

当事人不仅用这一部分的自我体验作为参照，还学会了审视自身的整体生理状态——这是一种她可以在未来不断使用的知识。共情有助于促进这个过程的发生。

(3) 当事人自我体验、自我探索的价值在于只有内心体验完全被接纳，并在意识中被准确标识出来时，这个过程才得以完成，然后个体才能超越它。共情有助于个体从体验中学习。

第四节　人本主义疗法的评价

在高速发展的现代社会中，人们过度追求社会所崇尚的"成功"，在物质丰富的同时，人与人之间的关系却越来越疏远。人们感受到越来越多的不安、焦虑和恐惧，物质的丰盛、个人的强势掩盖了内心的孤独和精神的贫瘠。而人本主义却带着对人性的乐观、接纳和真诚的理解，引发了一场心理治疗领域的革命，对心理学领域产生了巨大的影响。

一、人本主义疗法的主要贡献

人本主义的主要贡献在于对人性的理解和尊重，这个理念转化为咨询中以来访者为中心的思想。主要贡献有以下几点：

(1) 把人的本性与价值上升到心理学研究对象的首位，大大推动了心理学的发展。人本主义疗法提出"以人为中心"，强调人的正面本质和价值，主张尊重人的需要，强调人的尊严、价值、创造力和自我实现，对推动心理学走上研究人或人性的科学道路做出了历史性贡献。布根塔尔指出：人本主义心理学是西方心理学史上的"一场重大的突破"，也是"人关于自身知识的一个新纪元"。人本主义最大的贡献是看到了人的心理与人的本质的一致性，主张心理学必须从人的本性出发研究人的心理。

(2) 对人性的积极看法有利于当事人的改变和发展。人本主义疗法批判了传统心理治疗把人兽性化、非人格化和无个性化的倾向，强调每个个体都具有积极、正向的内在成长动机和力量，强调尊重人性和个体需要，创新性地发展了原有的心理治疗理论，并在治疗实践中促进了当事人的自我成长。

(3) 对咨询关系的研究成为咨询界的共同财富。人本主义治疗中提出建立理想的咨询关系、无条件积极关注、共情、真诚一致、在场，极大地推动了心理咨询及心理治疗的发展，得到了广泛的认同。

二、人本主义疗法的局限性

人本主义疗法的局限主要在于理论体系过于思辨，很多概念和理论无法得到实验的验证。

(1) 理论体系不够严谨，缺乏对基本观点的充分论证，一些概念也描述得很模糊。

(2) 过分强调自我实现和自我选择，认为这是一种与生俱来的自然倾向，忽视社会环境和后天教育对人成长的影响与制约。

(3) 人格问题的研究方法有其积极意义，但作为一种方法论体系，该方法存在一些不可忽视的缺陷。人本主义排斥心理诊断与评估，排斥自然科学的实验和分析方法，以整体分析和经验描述为主，但这些方法不足以说明人的精神和生活的相互联系与因果关系。

(4) 人本主义疗法反对仅仅以病态人作为研究对象，也反对把人看作物理的、化学的客体，主张研究对人类进步富有意义的问题，关心人的价值和尊严，但其忽视了时代条件和社会环境对人的先天潜能的制约与影响。

> 📖 拓展阅读 5-5
>
> 什么人适合成为人本主义治疗师

思考与实践

一、思考

1. 你了解自己的人性观吗？你依据什么来确定自己的人性观？
2. 结合你的个人成长经验，谈谈你对无条件积极关注的理解？
3. 你觉得自己在建立治疗关系的过程中最大的困难是什么？
4. 为什么说咨询师的欲望和安全需要是影响心理治疗的障碍？你能够觉察到自己的欲望和安全需要吗？

二、理论联系实践

1. 罗杰斯关于"机能充分发挥的人"的看法，浓缩着他对人性、心理治疗目标及美好人生的观点。对于学习"以人为中心治疗"的观点的人，掌握这些思想的精髓非常重要，但对初学者来说，这些看法比较晦涩，不易把握。结合你看到的案例、传记或者电影故事人物，谈谈你对这种看法的理解。

2. 观看电影《放牛班的春天》，结合电影谈谈影片中的校长哈桑、音乐老师克莱门特·马修两人对人性是如何理解的？从人本主义疗法的角度分析音乐老师克莱门特·马修是如何成功地实现对叛逆孩子的教育的。

3. 邀请一位人本主义治疗取向的咨询师来分享他的一个咨询案例。分享结束后，就咨询目标、咨询过程及咨询关系等方面的具体问题和做法向咨询师请教。

第六章

森田疗法

【学习目标】
(1) 了解森田疗法的创始、发展和理论基础。
(2) 理解森田疗法的基本内容、特点及适应症。

【重点与难点】
(1) 森田疗法的治疗原理和基本技术。
(2) 森田疗法在中国的推广与研究。

【情境导入】

森田疗法的阅读式心理干预

近年来，人们工作、学业、住房、子女教育等压力逐渐增大，突发性耳聋患者也越来越多，并且发病年龄越来越小。突发性耳聋患者中，约70%以上伴有耳鸣。国内外一些研究认为，突发性耳聋是一种与心理因素相关的心身疾病，其发病和人格有很大关系。与健康人群相比，突发性耳聋患者具有情绪不稳定和精神质个性特征，做事要求完美，焦虑、抑郁倾向更明显。一项研究采用森田疗法的治疗理念来改善47例突发性耳聋患者的情绪，根据患者的意愿，给自愿参与森田疗法的患者发放《战胜自己顺其自然的森田疗法》图书。参与阅读的成为阅读组患者，被要求在两天时间内阅读同一章节，并利用下午的时间自由讨论20~30分钟，讨论由精通森田疗法的国家二级心理咨询师主持。讨论之后，让患者把从书中领悟到的精神运用于生活中，然后交流心得，继续身体力行。对于不参与阅读的对照组患者，不做心理干预。经过十几天的阅读体悟和身体力行的行动，阅读组患者的焦虑和抑郁症状有了明显的缓解。对照组患者的焦虑症状没有改变，抑郁症状比入院时更加严重，从入院时的轻度抑郁变成了中度抑郁。因此，阅读森田疗法相关书籍进行心理干预是改善伴耳鸣的突发性耳聋病人焦虑和抑郁的有效、可行的方法。

(资料来源：景玉敏，赵宇，王佳佳，等. 阅读"森田疗法"书籍对伴耳鸣的突发性耳聋病人焦虑和抑郁的作用[J]. 中华耳科学杂志，2019，17(06)：982-984.)

在情境导入所述的研究中，突发性耳聋患者的发病与其个性、情绪有密切关系，通过阅读森田疗法相关书籍，他们的情绪状况获得了改善。患者出现突发性耳聋症状后，在当今心理咨询与治疗的实践中，越来越多的咨询师采用森田疗法的理念、技术来治疗包括焦虑、抑郁等情绪症状及疑病症、强迫症在内的神经症。森田疗法具有独特的东方文化色彩，咨询师实施森田疗法前，需要了解森田疗法的历史、发展过程、治疗原则和实施方法，初步掌握类似个案的森田疗法治疗过程。

第一节　森田疗法概述

一、森田疗法的创始

森田疗法是20世纪20年代日本著名精神医学家森田正马(1874—1938)经过数十年的精神治疗探索之后，结合自身的成长经历创立的、具有东方文化色彩的心理治疗体系。

拓展阅读 6-1

森田正马小传

森田疗法的产生绝非偶然，它的创立与该疗法创始人森田正马亲身经历的神经症体验密不可分。森田正马早年常苦于神经质症状，他在《我具有神经性脆弱素质》一书中写道："12岁时仍为患夜尿症而苦恼，16岁时患头痛，经常发生心动过速，容易疲劳，总是担心自己的病，具有所谓神经衰弱症状。"中学时，他在患肠伤寒的恢复时期学习骑自行车，夜间突然发生心动过速，全身颤抖，又体验到死亡的恐怖。他后来认为这是神经性心动过速。在高中和大学初期，他经常苦于神经衰弱，被东京大学内科诊断为神经衰弱和脚气病，经常服药治疗。大学一年级时，因父母忘给森田正马寄生活费，他误以为父母不支持他上学而感到很气愤，决心放弃一切治疗，不顾一切地拼命学习，结果取得了意想不到的好成绩，而令人惊奇的是他的脚气病和神经衰弱等症状也不知不觉地消失了。森田正马在自己的切身体验中发现"放弃治疗的心态"对神经症具有治疗作用，他也因此认为自己以前的疾病全都是自己假想的结果。这些经历和体验对森田正马后来提出诸多理论有极大的启发，他提出的神经质的本质论(包括疑病素质论)、症状发生的精神交互作用、对症状"听其自然"、建设性的生活态度等理论学说，其实都源于他本人精神疾病体验的升华。

森田正马还是一位有着科学精神的精神医学研究学者。当时在日本对神经症的治疗往往采取服用镇静剂或内脏制剂等方法，效果不好。森田正马在东京大学医学系毕业后，在治疗神经症的实践过程中先后尝试了Charcot的催眠暗示疗法、Binswanger的生活正规法、

Dubios 的说服辩论法，以及安静疗法、作业疗法和劳动疗法，但都没有收到预期效果。经过长期不懈的探索，他把各种疗法进行综合概括，取其有效成分合理组合，摸索出了界限分明的神经症 4 阶段治疗体系，即绝对卧床期、轻作业期、重作业期、生活训练期(社会康复期)，成为森田疗法的经典范式。森田正马提出了疑病性素质、精神交互作用和思想矛盾等概念，阐释了神经质的生物、心理机制，奠定了森田疗法的基础理论，并把这些与自己的亲身体验相互对照，逐渐形成了独具特色的自然疗法。1925 年，森田正马出版《精神疗法讲义》，1927 年出版《神经质的实质与治疗》。1930 年，他创办了《神经质》杂志，并创建了森田疗法研究会，致力于神经质症患者的治疗和研究。1938 年，森田正马病逝，他的弟子们将森田正马毕生研究的这种疗法命名为"森田疗法"。

二、森田疗法的发展

森田疗法经过高良武久、大原健士郎等几代人传承，保持了其基本理论和治疗方法的延续性，使森田疗法不仅在日本医学心理学界独树一帜，并且将森田疗法传入中国、欧美，成为在世界范围内具有影响力的心理治疗体系。20 世纪 50 年代后，森田疗法传入西方，各个国家的学者根据本国文化特点对森田疗法进行改进，如美国推出了 Reynold 指导的建设性生活中心，加拿大日籍学者 Ishiyama 推出了改良森田疗法等。

森田疗法创立至今，日本及各国的专家、学者利用大量来自临床、心理学和生物学等方面的资料总结、报告，对森田疗法的有效性做出了科学的评价。同时，森田疗法在理论和实施方法上也得到了发展和完善，被统称为新森田疗法。

(一) 理论研究的进展

森田正马的弟子高良武久长期从事森田疗法的研究，在发展森田疗法的理论方面提出了较多自己独特的见解。他认为，应以"适应不安"一词代替"疑病性素质"更为妥当，并把"疑病性素质"扩展为"对自己生存不利的不安感"，即"因为现在所存在的这个状态是不可能适应环境的"。但也有学者指出，森田正马的"疑病性素质"是生物学上的概念，而高良武久的"适应不安"是心理学上的概念。高良武久还认为"神经质"的提法容易和反映性格特征的概念相混淆，提倡用"神经质症"来替代。但森田正马的另一个弟子古闲义之则认为，"森田先生竭力将神经质作为正常人来看待，而高良却是将神经质作为来访者看待"。高良武久还提出了"主观虚构性"和"表面的防御单纯化"等新概念，来解释神经质者的特点。所谓"主观虚构性"，即神经质者难以冷静、客观地判明自己的实际情况，往往受到情绪的影响，来访者的主诉症状往往和实际事实差异很大，尤其是向神经质者指出他并没有相应的器质性的损害时，将会引起对方相当的不满。"表面的防御单纯化"则可以疾病恐怖为例，正常人讨厌所有的疾病，但神经质者往往把这种情绪过分集中在一种疾病对象上，竭力试图排斥，非但没有带来安定感，反而招致了思想矛盾、精神交互作用和自我暗示等机制的发生。

大原健士郎是高良武久的弟子，对森田疗法的系统化和推广做出了重要贡献。大原健士郎于1970年与人合著《森田疗法》一书，首次对森田正马提出的概念用简明易懂的语言做了解释，他还整理出了《森田术语集》和《森田疗法术语辞》，形成了系统的森田理论。大原健士郎把森田的"神经质"和高良的"神经质症"统称为"森田神经质"，避免了用词混乱。他对森田理论中最重要的概念，即"疑病性素质"与"生的欲望"及"死的恐怖"之间的相互关系做了阐述，他认为"疑病性素质"是人生来俱有的人格的核心，是素质性的，是一种精神能量，但并非固定不变的，也受到幼时父母及老师教育的影响。如果这种人格倾向朝着建设性的人生目标发展，则成为"生的欲望"，这是健康的状态；如果人因某种原因受到挫折，这种精神能量越大，就越会拘泥于自己的身心变化，形成精神交互作用和思想矛盾，并固定下来，采取非建设性的生活态度，即"疑病性"和"死的恐怖"。他还指出，森田的"生的欲望"和"死的恐怖"是同质的精神能量，只是方向相反，森田疗法就是要转换精神能量的方向。大原健士郎还修正了森田原来只强调工作和劳动是人生追求的目标这一指导思想，在治疗中适当加入了娱乐活动，从而使内容更加充实。

田代信维等从心理生理学角度出发对森田理论做出了新的解释。他将森田的各个治疗期与人类的自我成长过程相对应(见表6-1)，认为森田疗法是一种促进自我生长发展的过程，森田疗法在两三个月的短时期内再现人类的成长过程，直接面对现实中出现的各种问题，可以把治疗看作问题解决方法的重复。

表6-1 森田疗法的分期与人类自我成长过程

森田治疗期	成长过程分期	社会性的自我发展	特点
绝对卧床期	哺乳期	活动性	依赖
轻作业期	幼儿期	自发性	
重作业期	学龄期	自主性	自立
社会康复期	青春期后	协调性	

(资料来源：田代信维，施旺红. 森田疗法理论及其进展[J]. 神经疾病与精神卫生. 2011, 1(1): 49-51.)

(二) 精神生化生理的评估研究

精神生化生理方面的研究主要集中于森田疗法绝对卧床期时个体的生化生理变化。早在20世纪60年代，研究者就探讨了绝对卧床期来访者的胆碱酯酶活性、注射儿茶酚胺对血压的影响，结果发现与正常人对照，通过测定上述指标，认为绝对卧床有改善神经症症状的作用。在内分泌领域，川口、奥山等测定了神经症来访者在绝对卧床前期的血皮质素、催乳素、生长素等，认为某些神经症来访者有间脑功能的异常。1962年，远腾等人通过分析脑电图支持了神经症来访者自觉睡眠与客观睡眠不一致的看法。研究者还使用多导睡眠诊断仪进行了研究，如川口通过研究发现绝对卧床期的各阶段有其独特的睡眠节律，主要表现在睡眠潜伏期的差异上；通过分析动眼睡眠的表现形式，认为卧床条件下能使紊乱的节律正常化；主观睡眠时间与客观睡眠时间在卧床后5~6日趋向一致。这些研究结果对于探讨森田疗法的疗效因子、完善森田治疗理论体系有重要意义。

(三) 治疗技术的完善

在实施森田治疗时，对来访者进行心理测定开始成为治疗的通用规范，如Rorschach墨迹测定、文章完成法测定等。北西宪二(1990)提出了有关"森田神经质"的诊断用接触规范(diagnostic interview for Morita, DLM)，可以帮助诊断森田神经质。

森田治疗的实施方法也随着时代发展有了变化和调整。经典森田疗法要求在绝对卧床期间，严格禁止会客、谈话、读书、吸烟及其他安慰措施，但现在已有所改变，例如对十分想知道治疗内容的来访者开展解释，对那些确实不能忍受的来访者增加面谈次数等，在某些情况下也可以联合采用抗焦虑药。在轻作业期，经典森田疗法严格禁止来访者间互相交谈，并规定入睡前和刚起床时一定要读《古事记》和《万叶集》等书籍，但现在已经没有这样严格的要求了。在重作业期时，经典森田疗法通常让来访者锯木、割稻、挖沟、做饭、打扫庭院、做粗活，但现在在治疗机构中已很难开展类似活动，只能因地制宜地开展一些绘画治疗、音乐治疗、康复治疗、体育治疗等。经典森田疗法把一个住院疗程定为40天，现代的森田疗法的住院时间则大为延长，多采用2～3个月为一个疗程，延长的时间主要用于康复训练、社会适应训练。治疗的各个时期之间的区分已经变得不很明显。

森田疗法的主要适应症是森田神经质，但现在有越来越多的研究在探索用森田疗法联合药物治疗其他精神疾病，如精神分裂症、躁郁症、癔症、酒精依赖、心身疾病等，但大都是作为社会康复期的辅助治疗。

三、森田疗法的理论基础

森田疗法经过近一个世纪的发展，在精神疾病领域，尤其是神经症治疗方面构建了独具特色的理论体系。森田正马及其后继者提出了许多富有创见的概念与思想，极大地丰富了人们对于神经症的生理与人格基础、形成过程的理解。森田疗法理论中的一些原则在当代的心理咨询领域也得到了广泛传播与应用。

(一) 神经质的疑病素质基础

森田疗法重视神经症产生的心理素质因素，认识到人的欲望、人格倾向等方面对于神经质形成的基础性作用，一些重要的理论概念都是基于对人的个性倾向的深刻认识而提出，如神经质、生的欲望、疑病性素质等，形成了森田疗法理论上的特色。

1. 神经质

森田创立森田疗法的时代，日本的精神科医生还没有"神经症"的概念，临床上有关神经症的普遍用语是"神经衰弱"，认为神经衰弱的病因在于疲劳，即中枢神经系统的长期慢性刺激。森田认为"神经衰弱"的概念过于含混，也从不使用"神经症"的概念，因为他认为把不同的病症均归类为神经症是不合适的。森田认为，神经衰弱的发生有一定的心理机制,也有一定的性格原因,因而提出了"神经质"这一概念。神经质的倾向任何人都有,他把这种倾向强烈者称为神经质。森田的神经质包括普通神经质(神经衰弱)、强迫观念症、发作性神经症。根据现代的分类系统,可以看出森田神经质的第一类包括目前的神经衰弱、广泛焦虑、抑郁性神经症等,第二类包括强迫观念症、恐怖症、疑病症等,第三类则相当于惊恐症。为与个性中的"神经质"相区别,后来的学者将森田提出的神经质称为森田神经质。

具有森田神经质的个体在个性上有内省倾向,对自己的身心变化特别敏感;追求完美、求全责备,但可能又自信不足,常为自卑而苦恼;明显的自我中心倾向,常对事物做主观、片面的评价。临床上,高良认为森田神经质来访者具有下列特点:有强烈的从症状中摆脱出来的欲望;来访者对自己的症状具有某种程度的反省与批判;一般来说,来访者仍具有一定的自制力,也在积极地做着克服症状的努力;症状有主观的臆想性;来访者虽有脱离社会的倾向,但无明显反社会倾向;来访者无智能障碍及感情麻木等表现,但又有某种程度的社会生活不适应状况。

2. 生的欲望

森田认为大多数人都有一种本来的向上发展的欲望,即一种充分发挥自己的能力,能作为一个真正的社会成员,为自己和他人做出贡献的欲望,森田将这种欲望称为"生的欲望"。生的欲望包括从自我生存、食欲等本能的欲望到想获得人们的承认、想向上发展的社会心理的欲望。在森田的演讲和论文中有许多关于生的欲望的论述,大原健士郎将之概括为以下几点:求健康地生存;求更好地生活,希望被人承认、尊重;求知欲强,肯努力;希望成为伟人、完人;求向更高层次发展。森田的生的欲望的概念与马斯洛需要层次理论有相似之处,实质上是各种不同层次愿望的复合体,第一层次为生存欲,有其生物学基础;第二层次为自我的确立,有其心理学基础;第三层次为追求完美、向上的境界,有其社会学基础。这种生的欲望是一种与生俱来的能量,如果此能量向外发展,则会产生建设性的作用;如果此能量向内发展,则可能出现疑病、不安倾向,产生神经质。

森田认为,如果神经质的人生的欲望过分强烈,或对自己、对环境有超出寻常的要求,就会因惧怕达不到自身的欲望而产生死的恐怖。死的恐怖中包含了在对欲望追求的同时惧怕失败,对死及疾病的恐怖,怕失去种种具有心理价值的东西,恐惧不安等矛盾心理,导致痛苦的产生。生的欲望和死的恐怖两者平衡时,则身心健康;如果两者对立,则死的恐怖便会占据优势成为引起神经质病态的根源。

3. 疑病性素质

森田把神经质发生的素质基础称为疑病性素质。所谓疑病性素质,是指一种担心自己患病的精神上的倾向性。其主要特点是精神内向(精神能量投向自身),内省力强,对自己身心的活动状态及异常都很敏感,总是担心自己的健康;认真、仔细、追求完美,胆小、谨慎、做事按部就班等。从本质上来说,疑病性素质(疾病恐怖)是人的生存欲的体现,是一切人都具有的一种性情,是人的本性。但在某种偶发性体验下,具有疑病性素质的人由于对自己的身心过分地担心,容易把自身正常生理反应或感受、情绪、想法及细微不适视为病态,因此精神紧张,忧心忡忡,从而将注意力集中于此种感觉上,使这种感觉被放大,进一步导致注意力更加集中,形成恶性循环,开始发展成一种异常的精神倾向,呈现出复杂、顽固的神经质症状。森田认为疑病性素质的产生与遗传有关,早年的养育态度、方法对疑病性素质也有一定的影响,但这种素质并非一成不变。

高良武久发展了对疑病性素质的认识。他认为神经质并非单纯某种性格倾向的结果,在一定场合下任何人都有因某种诱因出现神经质症的可能。例如,外向型性格的人看起来不易出现神经症,但事实上焦虑性神经症的来访者里,有些人在患病前十分开朗,但由于某种诱因,很可能为心脏神经症、焦虑发作所苦恼而出现了症状。内向型性格的人则具有较强的自我反省、自我批判的倾向,做事谨慎小心,不容易出错。尽管自我反省、批判是个体不可缺少的最基本精神修养,但如果过度小心,反而会使人聚焦自己的缺点和弱点,成为神经质反应的温床。

> 拓展阅读 6-2
>
> 森田神经质诊断标准

(二) 神经质的精神交互作用机制

森田正马认为疑病性素质是产生神经质的基本原因,而对症状的发展起决定性作用的因素是精神交互作用。森田及其弟子对神经质的精神交互作用的阐释,揭示了神经质形成的复杂过程。

1. 精神交互作用

所谓精神交互作用,是指在疑病基础上所产生的某种不适感,由于注意力的集中使此种感觉更加敏感,过度的敏感进一步使注意力更加集中,感觉与注意力的交互作用使注意力更加集中于这些感受上,而注意力的指向和集中使不适感觉更加强化,甚至使症状固定化,导致焦虑不安、恐怖、植物神经系统症状都更加明显,从而形成神经质症状。来访者欲罢不能,为此深感苦恼。理论上要消除这些症状,只要把注意力转移即可,即将交互作用切断,则症状自然消失。但实际上恰恰相反,来访者越想摆脱注意力,反而注意力更加集中于病态的兴奋灶上,症状越严重,即森田正马常说的"求不可得"。

人活着就会存在"适应不安"(对自然、社会的不适应)。高良武久认为,适应不安是人类必不可少的保护机制,是正常的心理现象,人人都有欲望,欲望不能实现,就会产生不安。由于不安,欲望变得更强烈,反而会引起更强烈的不安,不安和欲望就像比赛一样,竞相强烈,最终形成神经质症状。例如,有的人一心想获得别人的好评,就会处处谨小慎微,常常在意别人对自己的态度,在别人面前会十分紧张,局促不安,不敢正面看人,产生这些症状之后,又一心一意想排除它而导致症状加重,最终形成恐怖症。

2. 思想矛盾

森田疗法认为,"主观上以为应该如此,客观上却事实如此",两者之间发生的矛盾,就是思想矛盾。森田正马认为,"应该恐怖的时候发生恐怖,应该安心的境遇中表现安心,这都是真实的自然。企图把安心弄成恐怖,导致厌世观,或把恐怖当成安心,以求获得乐天,这都是思想矛盾"。思想矛盾即心理冲突,是人的主观与客观、情感与理智、理解与体验之间常有的矛盾。思想矛盾是促使精神交互作用发生、持续下去的动力学机制,这在森田神经质的形成中占重要地位。处在思想矛盾中的人,精神十分痛苦,使尽力气,用尽绝招,企图排除痛苦,结果要想一浪平息一浪,反而出现更多波浪。神经症患者使自己陷入思想矛盾中,最后一筹莫展,痛苦不堪,无法解脱。

森田正马认为,人的精神、意志具有随意支配的领域,在这个领域人们可以自由地支配身体,可以去看足球,或者不去看足球,在日常生活范围内,人们几乎可以随心所欲地想干什么就干什么。但是精神还有不能随心所欲的领域,如不能控制自己肠胃蠕动和血液流动的快慢,不能想长高一点就长高一点,同样每个人也不能消除自己的不安、焦虑和恐惧。一个人总想把自己的情绪控制在思想意识的支配下,不想让焦虑发生,或总想取得别人的信任,这些都是把不可能想象成为可能的,产生烦恼之后又去极力控制,久而久之就可能发展成神经症。

3. 森田神经质形成的机制

森田关于神经质形成的基本理论,简而言之就是具有疑病性素质的人,往往具有强烈的生的欲望,不允许出现丝毫的身心变化,但日常生活中由于某种契机(偶然疑病体验),把人们普遍存在的一些身心自然现象如头痛、失眠、与生人交往时的拘谨不安,以及偶然出现的杂念、口吃等,误认为是病症,并把注意力集中在这上面,触发了精神交互作用的产生,感觉越敏锐,"病症"也就越严重。森田认为这种症状的实质并不是具有很深病态的心理现象,只是人类普遍存在的身心自然现象而已。但具有神经质倾向的人会从他的疑病性素质出发,把这种身心的自然现象看成异常,然后从理智上进行防御,结果使其发展为强迫的、病理性的焦虑。

神经质者不是生来就表现神经症状的,而是随着生存欲的发展,想过高于常人的建设性生活,但是由于某种契机(疑病体验),使一直朝向外界的精神能量改变了方向,朝向自己的身心。人的身心其实在不断地变化,但神经质倾向者常常把这种改变误解为"病态",并试图极力摒除这些病态,个体由对外界的淡漠转为陷入精神内部的冲突状态。

(三) 森田疗法的适应症

森田疗法的主要适应症是森田神经质,在治疗过程中一般不使用药物。森田正马所说的神经质大致包含我们今天所说的焦虑症、恐怖症、强迫症、疑病症、神经性睡眠障碍等,可以细分为以下三种类型。

(1) 普通神经质(即神经衰弱),包括头痛、头重、眩晕、易兴奋、易疲劳、头脑不清、脑力减退、注意力不能集中、失眠、乏力、胃肠神经症症状、性功能障碍、震颤、书写痉挛、杞人忧天式的忧虑、劣等感等所谓神经衰弱性症状。

(2) 强迫观念症(主要包括恐怖症)，包括：强迫意向以及不洁恐怖、疾病恐怖、不完善恐怖、尖锐恐怖、高空恐怖、广场恐怖、杂念恐怖等(恐怖症)症状，以及由此引起的对立观念，难以摆脱的矛盾、强迫观念；社交恐怖(包括赤面恐怖、对视恐怖、自己表情恐怖等)、不洁恐怖、疾病恐怖、不完善恐怖、学校恐怖、猝倒恐怖、外出恐怖、口吃恐怖、罪恶恐怖、不祥恐怖、尖锐恐怖、高处恐怖、杂念恐怖等。

(3) 发作性神经症(即焦虑症)，包括心悸发作、焦虑发作、呼吸困难发作等(焦虑症)症状。

森田疗法的禁忌症：器质性精神障碍、精神分裂症、情感障碍、药物依赖等被精神医学诊断确诊的疾病，原则上不适宜用森田疗法进行积极的治疗；处于急性期的严重抑郁状态、频繁的自杀企图和严重的自杀倾向，不适宜采用森田疗法进行治疗；对冲动的控制力差也不适宜进行森田疗法。

第二节　森田疗法的治疗原理与技术

一、森田疗法的治疗原理

森田疗法理论认为，人的精神病理问题都是在各种复杂关系中形成的，即在情感反应、认知、行动、注意的连锁关系中形成的，可以理解为各种程度的恶性循环，森田疗法的目标就是打破和退出这种恶性循环。森田疗法理论强调对人的理解以自然为基础，来访者认为不愉快的身体和情感反应，如恐怖、焦虑、抑郁等反应是自然的反应，本身都不是病理性的，而是对这些反应的认知、行动、注意的方法存在问题，由此形成恶性循环，便成为病理问题。

(一) 森田疗法的治疗目标

森田疗法的治疗目标是陶冶疑病性素质，打破精神交互作用，消除思想矛盾。

1. 改变来访者的疑病性素质

森田疗法的首要目标是让来访者改变对症状的态度。神经症来访者拼命地与症状作斗争，想排除它，却反而强化了症状。森田疗法则另辟蹊径，让来访者领悟这种斗争是强化症状的，而不是消除症状的，因而需要采取接纳症状、与之共存的态度。例如，对于惊恐发作的来访者，一旦症状发作，便急慌慌地去医院就医打针，试图把症状控制住，但回去后又发作，反反复复，痛苦不堪。森田疗法要求来访者发作时首先静静地体验整个发作的过程，不管症状多么严重，随着时间的变化会自然减轻，短则几分钟，长则十几分钟。通过这种体验，来访者感知到其症状并不是想象的那么可怕。

2. 打破精神交互作用

森田疗法帮助来访者认识到自己现在出现的症状并无特殊之处，是很平常的、谁都会有的体验，认清自己的症状实际上是主观臆想的产物，形成对客观事物的正确认识与积极服从。如果自己感到恐惧，就暂且维持恐惧状态，如果感到痛苦，也暂时忍受痛苦的折磨。总之，要接受现实，例如患失眠症的人不要强行入睡，否则可能更难入睡，如果来访者对失眠采取一种无所谓的态度，听任睡意的自然来临，就会因睡眠的本能很快进入梦乡。

3. 发挥生的欲望的作用，适应社会，恢复社会功能

生的欲望是人的基本欲望，人为了满足这一欲望会做出自己的努力。"顺应自然"正是这种努力的重要一环。就对人恐怖的来访者来说，生的欲望要求来访者出现了对人恐怖的心理时，就带着恐怖心理，同时又依靠自己本身的生的欲望去与人接触，去尽到一个社会成员的责任。不洁恐怖来访者出现了想洗手的冲动，就应任由这种冲动的发展，而且可以逐渐减少洗手的次数，同时向着自己的事业目标继续前进。

(二) 森田疗法的治疗原则

森田正马根据其对神经质的深刻认识，提出了针对性的治疗方法。从森田疗法的治疗过程和实践来看，森田疗法最基本的原则是"顺应自然、为所当为"。这一治疗原则反映了森田治疗对意志、情感、行动和性格之间的关系的看法，即意志不能改变人的情感，但意志可以改变人的行为，可以通过改变人的行为来改变一个人的情感，陶冶一个人的性格。森田疗法的核心是实施不同阶段的作业治疗，而作业治疗的实质是通过体验生活激发来访者生的欲望，进行建设性的行动。

1. 顺应自然的生活态度

森田正马非常重视来访者对于症状的领悟，使来访者自发地获得某种体验。从某种意义上来说，森田疗法是一种"领悟"疗法。对症状而言，顺应自然是指对于症状和随之而来的各种烦恼、不安，让来访者原原本本地接受症状，不抵抗、不回避，真正认识到对它抵制、回避、压制都是徒劳的，不要企图排除和抵制自己的症状，心甘情愿地带着症状去努力进行正常人的生活。由于来访者放弃了对症状的抵抗心理，这种人为的精神自我冲突就得以缓解，由此引起的精神痛苦也会随之减轻直至消除。

(1) 自然即真实，森田认为，"所谓自然，就是夏热冬寒，就是人生经历中的客观事实，能遵从其本来面目来认识人生。能够以苦为苦，以恐惧为恐惧，以真悦为真悦才好"。自然界和社会存在的事物都是事实，特殊情况下人们可以对这些事实视而不见，听而不闻，但是人们不会否认它们存在的客观性。森田认为思想、情感同样是事实，他曾形象地描述"一想到毛毛虫，心里就感觉厌恶，这是我们的真实感情，也是不可动摇的事实。另外，毛毛虫不会飞到人身上来，这是毛毛虫本身的事实"。面对思想情感的事实，森田认为人们要做的就是"事实唯真，去伪存真，顺其自然就是真实"，从事实出发，即从讨厌毛毛虫这类情感事实出发，同样也要从毛毛虫不会飞到人身上这类思想认识事实出发，做到这一点，心

理就不会有强烈的抗拒。如果违背事实为真的原则,自己明明有讨厌毛毛虫的情绪,非要强迫自己不讨厌毛毛虫不可,明明知道毛毛虫不会飞到自己身上,非要强迫自己害怕毛毛虫飞到身上不可,以至于产生不安与恐惧,还企图进一步消除这些不安与恐惧,从而陷入了越想消除,不安与恐惧反而越严重的思想矛盾之中,最终导致出现心理问题。

(2) 接纳症状。增强神经质来访者的领悟首先需要正确认识情感活动、精神活动、症状发生发展的规律。情感活动的自身规律是不以人的意志为转移的,有其产生、强化以及消退的过程。如果个体出现恐怖、不安和苦恼等这些人人都会有的反感、压抑、回避情感时,试图消除这类情感,则有可能把原本是正常感受的情绪情感得以强化,结果使自己陷入神经质症的漩涡。人们要抑制必然的心理现象,会产生完全相反的效果,这就是内心冲突。强迫观念正是由这种冲突形成的,也由这种内心冲突进一步强化。因此,越想抵抗强迫观念,就越因此而烦恼,对强迫观念只有顺从地接受,别无他法,这就是顺应自然。

森田认为,来访者应不努力排除痛苦或从念头中扫除它,反倒把注意集中指向痛苦,并且试探着观察它、说明它和评判它。这样一来,痛苦和烦恼开始脱离主观上的固着,成为投影于外界的客观事物,最终有可能得到摆脱。森田正马强调来访者自己观察症状,研究症状,记录症状,对待症状"不害怕、不排除、不对抗",体会到"与症状共存,任其存在,为所当为"的真谛,本身这一过程就是顺其自然,并没有出现任何的"矛盾",当然也就不会引起精神领域的"注意",也就不会引起精神交互作用来使症状加重,相反会使症状得以减轻。来访者还要认识到,即使对症状采取接受的态度,症状也不可能在一朝一夕就改变,症状的形成是一个过程,同样症状的改变也是一个过程,从而以平常心态度对待症状,不排斥、不抗拒。

(3) "不问"的态度。森田疗法主张对症状采取"不问"的态度。所谓不问,即不问过去,注重现在,不探求症状的意义及原因。不问症状,重视行动,即对来访者的症状以及急于求得解决等均不问津,鼓励来访者承担自己应承担的责任,修正不良的生活方式,以主动的、顺其自然的生活态度去实践和体验生活,在行动和生活体验的过程中得以自我实现,获得自信心。咨询师对待来访者的这种"不问"的态度,容易转变来访者对症状的执着,容易保持治疗关系的距离,使来访者对精神自我冲突的发病机制产生"顿悟"。

2. "为所当为"的行动导向

森田疗法的独到之处不在于说理,而是相信行动会创造性格。森田疗法鼓励来访者重新融入正常生活、交往中,从中体验这种带有建设性的外向行动,促使来访者开始意识到这些情绪感受是每个人正常生活的一部分而已,对神经质性格的来访者进行行为陶冶,使来访者的现实自我与焦虑共存于一个统一的生存整体中。例如,失眠恐怖者忍受着失眠的痛苦,不再把失眠当作一种症状,也不再有抵触情绪,不再为失眠的后果所担心,坚持白天的工作,却发现某夜竟然安然入睡。这种建设性的外向行动体验会逐渐放大到整个生活,来访者的精神交互作用被打破,在一定程度上甚至重构了来访者自身的疑病性素质。

对于森田疗法的"为所当为",有人认为只要付诸行动,时刻不停地行动,症状就会解除,疾病就能被治愈。为了达到目的,有些人在行动上做出了不懈的努力,他们把工作日程排得满满的,加班加点,企图以此转移注意力,忘却不安。他们的目的不仅没有达到,还带来更大的痛苦,长谷川洋三批评了这样的"努力家"。长谷川洋三认为,"努力家"们把努力的方向搞错了,"为所当为"的关键在于"当"字,如果积极地做"应当为"的事,就能排除不安,重获健康;如果只是集中注意于"为",进行的却是"不当为"的行为,不但不能解决问题,还会使问题更加严重。来访者在没有使用森田疗法之前,可能已经千方百计地"为",如他们奔走不停,寻医问药,但没有解除不安和痛苦,就是因为所进行的是不当为的事,并没有理解"为所当为"的真正意义。

为所当为是指做应做的事,而且是带着不安去做应该做的事情,这样会把一直指向内心的精神能量引向外部世界,而且会因为注意不再固着在症状上而使症状得到改善,因此虽然带着症状去行动仍有痛苦,但行动本身会带来两种收获:该做什么就可以做什么,而不必等症状消除,在积极的行动中提高对焦虑的耐受力;做了就能在工作、学习和生活上有所收获,提高自信心。许多来访者固执地认为自己不能投入到实际生活中和做不了某些事情,实际上是他们没有去做或不肯做,他们常常认为只有先除掉症状,才能做好要做的事情,为此他们付出了昂贵的代价。因为不做事情或少做事情减少了自己实践与适应实际生活的机会,而且会使精神能量更加集中地指向内部,使自己更加注意自己的症状,致使疾病进一步发展。

3. 性格陶冶的体验反馈

森田疗法认为,一定的性格会做出一定的事情,但行动会造就性格也是客观事实,这是神经质性格得以陶冶的根本理由。人们每时每刻的经验都在不断创新、变化着,人们精神生活的流动也没有中止,而是在不断扩大,这是精神生活的本质。这种变化是由于实际的行动促使思维变得符合事实,更为重要的是,实际行动是提高人们对实际生活适应能力的最直接促进剂。如果通过实际行动体验到了自信,即使本人并未觉察到这种自信,也会使其性格更加坚强。

神经质来访者性格的陶冶也必须由这种对实际行动的体验才能实现。这类来访者一般采取逃避痛苦的态度,最关心的是把这种痛苦抛弃,如赤面恐怖的来访者总想避开众人,或想利用小聪明以避免被别人发现自己的症状。来访者不能忍受痛苦去做可以做的事情,就难以在实际行动中产生适应人生的自信。"忍受痛苦,为所当为",这是神经质症来访者必须遵循的生活方针。对人恐怖来访者要忍受发抖的恐惧心,失眠恐怖来访者也要忍受失眠的痛苦坚持去做白天应该做的一切。来访者一边忍受着痛苦,一边做事,这样就可以在不知不觉之中体验到自信。来访者有了这样的体验,就弄清了自己的症状实际上是自己主观臆想的产物。

神经质性格的陶冶并非将性格彻底改变,而是指使神经质性格中的长处得以发扬,做事认真、踏实、勤奋、责任心强,这是人的美德。神经质症来访者普遍有一种神经质的细心和谨慎,这一点经过引导,会很容易地走上正确的轨道,对治疗起到积极的作用。

二、森田疗法的基本技术

森田疗法治疗森田神经质的基本技术有住院式森田治疗、门诊森田治疗、生活发现会、通信或集体森田治疗等。

(一) 住院式森田治疗

住院式森田治疗是一种由各种方法组合而成的综合性疗法，被认为是治疗森田神经质的最佳方法。住院式森田治疗能对来访者消除症状、增强适应能力、养成建设性的生活态度起到极大的促进作用。住院式森田治疗的核心就是"自发性活动"，因此咨询师不使用高压的强制性手段，也不对来访者进行"应该外向，应该积极"之类的说教，甚至不直接触动来访者的主诉，只是在来访者诉说有不安或痛苦时，告诉来访者应顺应自然，接受自己的不安和痛苦，或根据具体情况，参照来访者所记的日记，适当地对来访者进行指导。

1. 住院式森田治疗的过程

住院式森田治疗的过程分为 4 个阶段，包括绝对卧床期、轻微工作期、普通工作期和生活训练期。

(1) 第一阶段：绝对卧床期。此阶段一般为四天到一周。要求来访者除饮食、大小便以外绝对卧床，同时禁止吸烟、品茶、看电视、听广播、会客、聊天、看书报杂志、吃零食等，几乎绝对卧床。在绝对卧床期，来访者的体会丰富而多变，会出现各种想法。住院之后，来访者情绪上可得到暂时的安定，经过了一两天的睡眠、休息以后，最初会有焦虑、烦躁，躯体不适感加重，接下来会对治疗产生疑惑和痛苦感，有时会出现极端的苦恼甚至难以忍耐，但咨询师一般不回答来访者有关病痛的倾诉和疑问。来访者可能会陷入更加痛苦的状态，但来访者必须忍受这一切痛苦、烦闷，听之任之，不能采取任何措施，只能默默地忍受这一切痛苦和烦恼。如果来访者继续坚持卧床，逐渐地会出现安静的倾向。大多数来访者在卧床的第四五天以后，会逐渐地产生一种无聊的感觉，会有想起床做点什么的愿望。一般此时可以让来访者起床，进入第二阶段。

临床上这一阶段的作用还有：提供鉴别诊断，绝对卧床期的精神表现可用于鉴别神经质与精神分裂症、躁抑症等；有利于消除神经质来访者的身心疲劳；一周左右的绝对卧床所诱发的烦闷、苦恼可能比治疗前的症状还要痛苦，还要难以忍受，当痛苦到达一定的程度时，痛苦水平可突然下降，烦恼减少，即所谓"烦闷即解脱"。

(2) 第二阶段：轻微工作期。此阶段一般为三天到一周，来访者起床，要求来访者除夜眠以外不要躺在床上，每天清晨起床可做些打扫、清洁一类的事，也可在清晨到庭院中见见阳光，然后在室内做些简单、单调的事。但仍限制来访者的活动，禁止交际、谈话、外出，允许看些简单的文章或古典散文之类的书籍。晚间卧床时间限制在 7~8 小时。来访者在第二阶段的开始，会有一种从第一阶段的无聊中解放出来的短暂的愉快情绪，但几天之后，来访者会感到似乎被愚弄，甚至想停止治疗，离开医院。一般在 4~5 天以后，来访者的信心得到了培养，体验到一种从无聊中解脱的愉悦感，做更多事的愿望也逐渐增强，此时即可转入下一阶段。

从第二阶段起，要求来访者记治疗日记，主要内容包括当日的各种活动、思想情绪变化、对治疗的认识和体会等。日记不仅可以作为医生了解病情的参考和依据，而且记述日记也有帮助来访者自我认识的作用。日记由医生批阅，帮助来访者认识不良的思维方式，指导下一步的活动等。

(3) 第三阶段：普通工作期。此阶段一般为三天到一周，根据来访者体力安排较重的室外活动作业，如挖土、割草、锯木头、大扫除之类，也可以做体育活动、集体游戏、绘画、欣赏音乐等。在此阶段，暂不过问来访者不太愉快的情绪，只让来访者努力去工作，以体验完成工作后的喜悦，培养来访者的忍耐力。来访者大都会有新鲜、喜悦、愉快、舒畅的心情，也有人因为劳动量大而产生极为疲劳、累垮了的感觉。此阶段不再对来访者做过多的限制，如允许适当地与人谈话、读书等，但不是毫无限制，读书主要选择历史、传记、科普读物等，不赞成随意游玩、谈笑、长时间的聊天、打电话、睡觉等。这一阶段还可将其他心理治疗方法引入治疗过程中，如音乐疗法、绘画疗法。

在这一阶段，来访者由于工作自然养成向外注意的习惯，体验到工作的愉快，培养了忍耐力。要注意消除来访者习惯性的自我期望过高和对现实过于悲观、失望的思维习惯，还要消除来访者有关体面、自尊、有损形象的顾虑。培养和保持来访者对事物本身的兴趣和做事的耐力，提高其主动性和自觉性，减少其对自身不适感的关注和对某一症状的纠缠，同时要为恢复并提高学习能力、社会生活能力、驾驭和应对复杂事物的能力等做好准备。

(4) 第四阶段：生活训练期。此阶段一般为1～2周，主要是为适应复杂的社会生活做准备。在此期间基本上解除了对来访者的各种限制，以集体性的活动为主，活动的内容也更加丰富、复杂。来访者能体会到自己在前几期中所有由于受到约束而被压抑的生活欲望，此时都顺其自然地逐步得到了满足。

个别来访者会有一段时间可以每日白天回到社会做些适应性的工作或到学校参加学习，但这段时间仍要每天坚持记日记。日记所记内容主要以每日起床后的活动及自己内心更加良好的感受和感想为主，不能让来访者将日记变成每日倾诉痛苦的方式。

2. 住院式森田治疗的功能

住院式森田治疗的目的就是使来访者完成"顺应自然"的体验。首先，住院治疗可以改变来访者的环境，帮助来访者从过去的状态中脱离出来。在一周的绝对卧床期内，来访者体会到安静休养的意义，同时接受苦恼和烦闷。来访者直接面对这一切，可切断精神交互作用，而且来访者由于无事可做会更加烦闷，就会产生一种想工作的强烈欲望。来访者总认为只有自己有这种特殊的症状，因此感到十分痛苦，而住院集体生活使来访者从这种个别观中解脱出来，还可以从其他人的进步中得到启发，鼓励自己更加努力。集体生活可以改善人际关系，从而促进来访者人格的社会化。来访者们一起劳动，一起娱乐，可以帮助来访者实现生活的外向化，从自我中心的防御状态中解脱出来，由此产生一种即使出现症状也可以带着症状去完成工作的自信感。

> 📖 **拓展阅读 6-3**
>
> 被自己想法缠住的男孩

(二) 门诊森田治疗

门诊森田治疗是基于这样一种理念，即来访者对情绪或症状要顺其自然、任其或轻或重地变化，要不加排斥地接受，将应该做的事做好。治疗的关键是不论来访者的症状和感受如何变化，都要像健康人那样去行动。来访者只要能行动起来，以健康人的行为生活，即使是简单的门诊治疗也能取得相当不错的疗效。

门诊森田治疗仍然需要遵循森田疗法的基本原则，一般一周 1～2 次。首先要对来访者进行详细的体格检查以排除严重躯体疾病的可能，消除来访者这方面顾虑。其次要指导来访者接受症状而不要试图排斥症状，不以症状作为讨论的主要内容，并嘱咐来访者不向亲友谈症状，鼓励来访者承担自己应承担的责任。治疗者不过多地采用说服的方式。治疗的关键是帮助来访者理解顺应自然的原理。

(三) 生活发现会

生活发现会是以集体的形式学习森田疗法理论的自助团体，会员之间不是医患关系，只有老会员和新会员之分。新会员在集体学习过程中向老会员述说自己的苦恼，老会员根据自身战胜神经质症的体验给予新会员指导和帮助。

生活发现会的会员大部分是为神经质症所苦恼，但尚能坚持工作和日常生活的人。生活发现会活动的目的不仅是帮助会员克服神经质症的症状，还帮助会员更加建设性地生活，活动宗旨是通过森田疗法的集体学习和实践，使会员自己解决自己的问题。生活发现会是自助组织，会员们相互理解，相互启发，自主地开展活动，会员之间是朋友，谋求温馨的人际交流氛围，通过分享各自的经验与希望，共同成长，投入更积极的生活。会员之间是平等的，会员的隐私权受到尊重和保护。会员在活动中绝不涉及工作、营利、宗教、政治等内容。

(四) 通信或集体森田治疗

对于需要通过通信给予指导的来访者来说，除了要求来访者介绍自己的一般病史以外，还应报告自己的生活状况和对森田疗法的认识或体验，咨询师根据日记等描述给予具体的指导，避免对来访者进行脱离具体的生活体验或行为内容的空洞指导。

集体森田治疗实际上是门诊式的集体治疗，指导方式为定期的集体讲座及有针对性的具体指导。集体讲座为每周一次，由指导者主持讲解、辅导、讨论，总共 7～8 次，重点指出神经症发病的疑病性素质、精神交互作用、注意的固化等核心病理特征，在教育与自我教育中让大家认识到自身性格、认知方式、对待症状的态度在神经症形成、发展中所起的作用。每次辅导完毕要布置习题供来访者书面回答，鼓励大家书写日记，并请大家针对书面回答及日记中出现的曲解、错误进行讨论，及时予以澄清、纠正，取得共识。

第三节 森田疗法在中国的推广与研究

森田疗法经森田正马的弟子传入我国后，由于与我国传统文化中的顺应自然等思想天然契合，且治疗形式明确，受到了我国心理咨询与治疗领域的广泛关注，发展很迅速。

一、森田疗法在中国的推广

早在1957年，东京慈惠会医科大学高良武久教授应中华医学会神经精神分学会邀请，来中国讲授森田疗法，在北京和上海各做一次报告，森田疗法开始进入中国学界视野。而森田疗法正式在我国推广则是从20世纪90年代开始，30多年来，森田疗法在我国得到极大发展，可以概括为三个发展时期。

1. 传入和认识阶段

1990年，日本森田心理疗法学术交流代表团一行19人应中国心理卫生协会的邀请到北京访问。代表团团长冈本常男、日本生活发现会长长谷川洋三、时任森田疗法学会理事的大原健士郎教授还应邀在森田疗法讲习班上就森田疗法的理论和实践进行讲课，人民卫生出版社举办了《森田心理疗法实践》首次出版发行的赠书仪式。之后至1995年，日本森田疗法专家如大原健士郎、铃木知准、长谷川洋三和冈本常男等多次访问中国介绍森田疗法。1992年9月，在天津召开了全国首届森田疗法研讨会。有关森田疗法的书籍也相继出版，如《神经质的实质与治疗》《神经衰弱及强迫症的根治法》等，成为指导临床实践工作必不可少的理论工具。

2. 专业化和推广阶段

1997年，中国心理卫生协会森田疗法应用专业委员会成立。中国心理卫生协会原理事长陈学诗教授和北京大学第六医院原院长崔玉华教授先后领衔专业委员会，推动了森田疗法在我国的研究与推广。1996—2001年，冈本常男理事长组织大原健士郎教授、中村敬助教授、北西宪二教授及丸山晋教授分别访问上海、无锡、南通、南京、武汉、长沙、福州、厦门、海口、广州、深圳、香港等多个城市，专题介绍森田疗法，形成全面推广和发展森田疗法的势头。

3. 拓展研究阶段

这一阶段，住院式森田治疗、门诊森田治疗、生活发现会等森田疗法的基本技术得到广泛应用和研究。除神经质症之外，森田疗法在我国的治疗对象已开始延伸到精神疾病、心身疾病等其他方面的病种，治疗范围日趋扩大，森田疗法逐渐成为主要的临床心理疗法之一。

二、森田疗法的中国化研究

森田疗法在我国发展至今先后形成了门诊森田疗法、住院森田疗法、改良森田疗法、中国森田疗法等多种范式。随着对森田疗法的研究不断深入,森田疗法从只用于神经症的治疗发展为应用于精神分裂症、抑郁症的康复期和酒、药物依赖、心因性疾病的治疗中。

1. 改良森田疗法治疗精神分裂症的临床研究

改良森田疗法在经典森田疗法的基础上进行改良了,不经过森田疗法的绝对卧床期,第二阶段至第四阶段不严格区分开,运用森田疗法的基本理论,以顺应自然,发挥生的欲望,为所当为、为所乐为为治疗要点。精神分裂症原则上以抗精神病药物治疗为主。目前,改良森田疗法治疗精神分裂症多用于长期住院来访者或康复期来访者。单独使用改良森田疗法或联合其他中西医治疗手段对精神分裂症来访者改善阴性症状,提升自我和谐,促进社会功能,恢复自知力,转变病态人格及提高诊治依从性、自尊、自我效能感、生活质量等有明显作用。实施改良森田疗法及多种康复护理的训练,能有效提高来访者的治疗依从性,帮助来访者提高积极因素,增强信心,提高日常生活质量和恢复社会功能,间接降低护理风险。

2. 门诊森田疗法治疗神经症的研究

门诊森田疗法面接时间短,对场所的要求较低,所以适用范围更广。长期以来,森田疗法作为治疗神经症的有效方法被国内学者关注和研究,相关文献报道不断出现,近十年来国内学界仍然延续了这种局面,研究领域不断向各类神经症交叉拓展,开始涉及森田疗法本土化、森田疗法与心理健康干预、森田疗法与中医心理治疗比较等诸方面,其中,强迫症个案报道尤为突出。云维生等研究表明,门诊森田疗法是治疗神经症的有效方法,尤其是选择适当的临床类型则疗效更佳。

3. 森田疗法干预大学生焦虑的研究

森田疗法富有东方文化特质,能较好地指导我国大学生有效处理心理冲突,达到自我完善和自我实现。国内学者不仅报道了森田疗法干预大学生焦虑的多个案例,从理论和实践两个方面显示森田疗法干预大学生焦虑具有一定潜力。大学生的心理问题很多与森田疗法适应症相对应,而如社交恐怖、睡眠不好、头重、头脑不清、脑力减退、乏力感、胃肠功能失调、自卑、记忆力减退、注意力不集中、人际交往不理想等更是有心理问题的学生的普遍症状。但森田疗法毕竟是一种常用于心理疾病的心理疗法,对学生心理健康教育的干预效能及干预机制尚需更多研究确证。

4. 森田疗法对抑郁症患者生活质量的影响

一般认为森田疗法不适用于抑郁症及恶劣心境障碍的治疗,但近年来随着抑郁症患病率、发病率的增加,国内学者开始尝试采用森田疗法治疗抑郁症。研究者采用门诊森田疗法、住院森田疗法和生活发现会等森田疗法的不同技术来进行辅助治疗,通常先以药物等手段恢复来访者的认知能力，再从森田疗法第二阶段轻微作业期开始，对外伤毁容、产后抑郁、老年抑郁、中风后抑郁、心肌梗死后抑郁、子宫内膜异位症合并抑郁等多种原因引起的抑郁症进行治疗。研究发现，在抑郁症康复期应用改良森田疗法能有效改善残留症状、提高疗效、降低复发率和促进社会康复，门诊森田疗法联合药物治疗抑郁症的近期疗效和远期疗效均优于单纯药物治疗。住院森田疗法与门诊森田疗法在改善症状方面无差异，但在提高生活质量方面，前者优于后者。

思考与实践

一、思考题

1. 森田神经质的含义是什么？
2. 如何理解疑病性素质和精神交互作用机制？
3. 森田神经质形成的机制是什么？学会应用森田疗法的治疗原理解释相关个案。
4. 顺应自然、为所当为的实质和内容是什么？
5. 住院式森田治疗的各个阶段有何特点？

二、理论联系实践

📖 **拓展阅读 6-4**

森田疗法治疗神经性呕吐

阅读拓展阅读6-4森田疗法治疗神经性呕吐案例，进行小组探讨，思考下面的问题。

1. 从森田疗法角度谈谈该个案的症状是如何形成的？
2. 以小组为单位，结合时代发展，讨论该个案采用森田疗法进行治疗的过程、特点、可能的变式及发展的趋势。

第七章

表达性艺术治疗

【学习目标】
(1) 了解表达性艺术治疗的基本理论和方法。
(2) 掌握表达性艺术治疗的实践与技巧。

【重点与难点】
(1) 表达性艺术治疗的实践应用及分析。
(2) 绘画治疗的解读及技术、心理剧的基本技术、音乐治疗技术、沙盘游戏治疗的实施与分析。

【情境导入】

毕加索的自画像

绘画治疗——从毕加索的自画像说起。毕加索是当代西方最有创造性和影响力最为深远的艺术家之一，一生作品总计有3.7万件。毕加索一生的画法和风格变化多端，通过看毕加索的自画像，可以看出不同时期的他对自己有不同的观察和思考，且都充分地体现在他的自画像中。图7-1所示是毕加索15岁时和90岁时的自画像。从毕加索15岁时的自画像可以看出，整幅画面比较中规中矩，是非常典型的学院派的画法，主题也比较传统，但从人物眼底可以看出有桀骜不驯的成分。他自己也曾说过，他14岁时画的画就能像拉斐尔一样好，实乃当之无愧的绘画天才。而毕加索90岁时的自画像体现了他经历了人生的跌宕起伏之后形成的一种独特的绘画风格，非常抽象和难以理解，但还是可以从惶恐的双眼、紧闭的双唇和凸出的颧骨感受到一种紧张、惶恐不安的情绪，这幅自画像创作于他去世的9个月前，被称为《毕加索最后的自画像》。可以说，绘画是一种非言语的表达，可以帮助人们从个体的绘画作品中了解他人的内心世界、情绪及人格特征。

(a) 15岁　　　　　　　　　　　(b) 90岁

图 7-1　毕加索自画像

(资料来源：百度图库)

表达性艺术治疗(expressive art therapy)又称创造性治疗(creative therapy)，主要以具备表达性的各式媒材为治疗工具。Corey(2009)对表达性艺术治疗做了定义：表达性艺术治疗是一种人们可以透过言语与非言语去探索个人问题的方式，因此表达性艺术治疗是一种心理治疗的介入方式，可使人厘清个人问题的面貌。美国艺术治疗协会(American Art Therapy Association，AATA)的最新定义也将表达性艺术治疗与艺术治疗(art therapy)做了进一步的区分。

表达性艺术治疗结合了心理治疗与表现艺术，可再度激起人们潜藏的创造力，帮助当事人将无法说出的冲突以不同的方式表现出来，提供一种非言语的表达方式与沟通机会，借助象征性描述(symbolic speech)的方式，降低当事人直接说出而造成的威胁感，进而更加深入地探索个人内在与外在的经验。以艺术作品作为中介，可以将当事人的内在状态予以外化或投射出来，当事人可借此机会重新整合自我内在状态。表达性艺术治疗的种类有许多，包括游戏、艺术、沙盘工作、音乐、舞蹈、绘本、说故事、雕刻、绘画、写作、戏剧、心理剧等，通过这些艺术途径，以非言语沟通技巧作为表达媒介，释放被语言压抑的情感体验或困扰，帮助当事人更深刻地对不同刺激做出正确反应。表达性艺术疗法的魅力在于，它不仅表情达意，还将个体内心的情绪或意念表现在作品上，减少防御，促进自我表露、自我觉察、自我整合，能启发更多的想象及灵感，促进创造力及洞察力的生成。赖念华(2001)认为，人类生来就具有艺术创造的能力，而艺术作品可以展现人类最原始的情感，透过情绪的再经验，将有助于带动认知与行为层次的改变。

本章主要介绍几种主要的艺术治疗方式：绘画治疗、心理剧治疗、音乐治疗、沙盘游戏治疗。

第一节 绘画治疗

丰子恺先生曾说过,我们平日对于人生、自然,因为习惯所迷,往往不能够见到他本身的真相。唯有在艺术中,人们可以看到万物的天然的真相,恢复人的天真。艺术常常比人们想象的更能表达自己、帮助自己,帮助人们了解自己内心真实的世界。在心理学中,绘画是一种表达和治愈的工具,不需要高超的绘画技巧,只需要一支笔、一张纸就可以实现。

一、绘画治疗概述

绘画治疗是表达性艺术治疗的主要方法之一,最早起源可以追溯到20世纪初对神经官能症病人的自由绘画进行的心理分析。汉斯·普林茨霍恩(Hans Prinzhorn,1886—1933)在1908年获博士学位后在海德堡精神病医院工作,开始大量收集精神病人的艺术作品,1922年出版了《精神病人艺术作品选》一书,在欧洲人心中引发震荡,同时也给心理学界带来了一个崭新的课题和研究方向。1926年,弗洛伦斯·古迪纳夫尝试用画人的方法测试孩子的智力,这是第一次采用这种标准化的绘画测试。1930—1940年,近代心理学开始蓬勃发展,绘画治疗也由于精神医学运动的发展而拥有了更为广阔的发展空间,并取得了巨大的进步,弗洛伊德、荣格等心理学大师都曾用绘画的方式来记录梦境并进行深度的心理研究和分析。20世纪40年代,通过绘画可以确定一个人的情绪状态和人格特征已成为业内人士的共识,巴克(Buck)和哈默(Hammer)分别在20世纪40年代和60年代提出房树人绘画投射测验,最先是以人物画为投射工具,探讨画中表现的个人发展及绘画投射的作用。20世纪70年代,罗伯特·伯恩斯和哈佛德·考夫曼发现在绘画中缺乏动感,因此指导孩子进行一种家庭动力绘画,于1970年出版了《家庭动力绘画》一书,极大地推动了房树人绘画投射测验的应用。

如今,由于绘画具有表达、疗愈、符号象征和创作等元素,因此被越来越多地应用到心理治疗当中,现代的绘画治疗已基本形成较为完善的操作体系。绘画治疗以心理分析、心理动力学等概念为基础理论体系,并在处理情绪障碍、创伤体验等以情绪为主要症状的心理问题时显示出独特的优越性。

(一)绘画治疗的基本形式

20世纪40年代以来,心理学家研究发现,以绘画作为个体内部心理状态的视觉表征,能够确定个体的情绪和人格。绘画不但反映了个体的内在心理特征,还体现了个体意识层面的心理行为,并且可以根据绘画的特征分析出绘画者深层次、潜意识的人格特点,从而进一步了解绘画者的心理冲突和无意识力量。

绘画治疗有三种基本的形式:一是给绘画者规定好绘画的主题,如房树人(house-tree-person,HTP)绘画投射测验,通过图画作品分析个体的性格特征、情绪状态、智力水平、人格特点、人际交往能力等,是最简单、最直接的了解人的内心世界的方法;二是不限定绘画主题，采用自由绘画的形式，绘画者有最大的自由度来表现其最渴望表现的内心世界，根据绘画者的任意一个涂鸦，通过分析画幅的大小、用笔的轻重、空间的配置、颜色的搭配、绘画过程等特定象征意义，分析绘画者最主要的情结、被压抑得最深的情绪、最迫切需要解决的问题等；三是介于两者之间，给绘画者一定的刺激，但并不规定以什么内容作画，主要是对未完成的绘画进行添补，而最终的分析也不是基于绘画者的绘画内容，而是基于其在给定的图画上做了什么性质的改动。

(二) 绘画治疗的理论背景

1. 精神分析学派理论

心理动力学派的学者在研究人格时多采用投射技术来揭示其内隐倾向或潜意识活动。弗洛伊德认为，只有脱离现实价值评价系统的刺激反应，或在个人失去自我控制的情况下所出现的反应，才最能反映个体的潜意识。以弗洛伊德为代表的精神分析学派理论强调无意识在心理障碍或人格障碍的形成中起决定作用，整个咨询治疗的过程也可解释为破除其心理阻抗，将其无意识中的东西挖掘出来，并使之意识化的过程。即通常所说的"洞察"，使来访者明了症状的实质，从而使症状因失去存在的意义而消失。

艺术疗法创始人之一的南姆伯格(Naumburg)在1966年提出了以弗洛伊德的无意识理论为基础的"动力取向艺术疗法"，她认为患者无意识的心理问题可以通过"自发的"艺术表达出来，艺术可以表达压抑的冲动，使个体隐藏在潜意识中的欲望、需要、动机、冲突等显现出来，或者说是不自觉地投射出来。通过对绘画者图像的分析可以让其无意识进入意识层面，通过绘画艺术治疗揭示移情，回溯地处理绘画者过去发生的心理问题，一旦发现了其心理问题的症结所在，真正和持久的改变就可能发生。

2. 荣格心理分析学派理论

荣格在38岁时遭遇了生命的瓶颈期，于是他辞去教职，专注于内在的修持。每一天，他都将自己的梦境、思想及所绘的图加以记录，并顺从内心的冲动，在日记中描绘圆形图，他所绘的圆形图原来就叫 Mandala(梵语，译作曼陀罗，亦称轮圆)。艺术活动具有升华的作用，绘画可以让无意识具象化，来访者强大的内部驱力可以通过艺术升华从而使其心理问题得到解决。升华不是简单的心理行为，涉及原型、集体无意识、人格面具和阴影、整合、自性化等心理机制。荣格发现，每一个人的原型都是分裂的，以至于需要曼陀罗将它整合起来。后来，曼陀罗被心理学家荣格联想为自我及整体个性的核心，发现个体绘画曼陀罗具有暗示其潜能和独特性的力量，并将其转化发展成绘画艺术治疗的理论和方法。

3. 投射理论

绘画天然就是表达自我的工具，可以用非言语的象征性工具表达自我潜意识的内容。绘画疗法主要是以分析心理学中的心理投射理论为基础，"投射"一词在心理学上是指个人将自己的思想、态度、愿望、情绪、性格等个性特征，不自觉地反映于外界事物或者他人的一种心理作用，也就是个体的人格结构对感知、组织及解释环境等方式发生影响的过程。"投射"这一概念最早出自弗洛伊德提出的自我防御机制理论,就是自我将不能接受的冲动、欲望和观念转移到别人身上,表现为把自己不为意识所接受的、被压抑到潜意识中的内在冲动和欲望说成是别人的,以免自己直接面对超我所无法接纳的阴暗面。

荣格在自由联想中进一步发展了投射的概念,他认为自由联想是情结的激活和外在投射,一个人真正的动机、欲望可以通过诸如联想、回忆、故事、绘画、笔误、口误、笔迹、梦等心理过程或心理活动间接地表现和反映出来,这就是心理投射。随着心理学研究范畴的扩展,投射概念的内涵已经不再局限于自我防御机制,而是泛指个体对自我心理特征和心理倾向的外显的解释,即将发生在自己身上的内在心理过程无意识地附着在外在客体上。换句话说,投射就是个体把自己的态度、情绪、人格等心理特征无意识地反映于外在相关事物上的心理倾向。

心理投射技术具体可以分为五种类型:一是联想型,以罗夏墨迹测验(rorschach inkblot test)为代表,让被试者对某种刺激(单词、墨迹)进行联想,并将联想内容表达出来;二是构造型,以主题统觉测验(thematic apperception test,TAT)为代表,要求被试者根据呈现给他的图画编造一个故事,内容应该包含过去、现在、未来的发生、发展过程;三是完成型,以句子完成测验(sacks sentence completion test,SSCT)为代表,让被试者自由补充完成一些不完整的词语、句子或故事;四是选排型,以内田-克雷佩林心理测验为代表,用图画、照片、数字等作为刺激项目,要求被试者根据某一准则来选择项目或做各种排列;五是表露型,以绘画投射测验(projective drawing test)和沙盘游戏疗法(sandplay therapy)为代表,让被试者通过某种媒介(如绘画、沙盘游戏、心理剧等)自由表露他的内在心理状态。

4. 大脑偏侧化理论

人的大脑分为左右两个半球,两个半球分别存在优势分工,左脑执掌"理性",与抽象思维、象征性关系以及对细节的逻辑分析有关;右脑把握"情感",与知觉和空间定位有关,具有音乐的、绘画的、综合的集合-空间鉴别能力。另外,对精神分裂症侧化损害研究发现,精神分裂症患者大脑右半球的功能亢盛,表现为情感活动异常,主要是负性情感的体验,这说明大脑右半球功能损害影响患者情绪机能。因此,绘画疗法认为以言语为中介的疗法在矫治由不合理认知或信念所引起的心理疾病时有疗效,但在处理以情绪困扰为主要症状的心理问题时就显得无能为力了,而同属大脑右半球控制的绘画艺术活动可以影响和治疗患者的情绪机能障碍。通过绘画练习,可以让理智与情感对话交流,彼此了解,互相接纳,使人们的身心获得一种平衡,变得更加完整。

(三) 绘画治疗的特征

绘画治疗在保持一般心理投射技术的特性的同时,还具备以下三个主要特征:一是间接性,绘画治疗通过被试者的心理活动产品——绘画,间接地评估被试者表现、反应、投射出来的知觉、情绪情感和个性特征等;二是推论性,绘画治疗评估的知觉、情绪、个性等是隐含的、间接显现的,是分析者根据自己的临床经验、实证所做的推论,但推论是有风险的,它或者可以经受实证的检验,或者可能是一种主观臆测,因此必须谨慎解释；三是隐蔽性，绘画治疗一般只有简短的指示语，其测量目标具有隐蔽性，具体的绘画风格、样式都由被试者自己决定，被试者不知道自己的作品该如何解释，因此减少了伪装的可能性。

(四) 绘画治疗的优势

绘画治疗是心理艺术治疗的方法之一，绘画心理治疗师 Robin 对绘画治疗的作用机制做了较为全面的分析。首先人们的思维大多数是视觉的，记忆可能是前语言的或者是禁锢的，创伤经验等可能被压抑，用语言难以有效提取，从而难于进行心理治疗。此外，还有许多情绪体验的内容本身就是非言语，人们常常感到自己的真实感受非常难以用语言描述，也就更加无从下手进行治疗。而人们对绘画的防御心理较低，不知不觉中就会把内心深层次的动机、情绪、焦虑、冲突、价值观和愿望等投射在绘画作品中，能够有效反映人们内在的、潜意识层面的信息，绘画可以帮助个体将潜意识的内容意识化。那些不被接受的思想、情感和冲动，如果能被个体所觉察和接受的话，个体才可能把毁灭性能量变成建设性能量，绘画治疗的过程包括心理治疗与创造两个平行的过程，通过绘画创作的过程，个体可以进一步厘清自己的思路，把无形的东西有形化，把抽象的东西具体化为心理意象，同时将潜意识压抑的感情与冲突呈现出来，并且在绘画的过程中获得疏解与满足，从而获得良好的诊断与治疗效果。

用绘画的方法进行诊断和治疗，其功效是显著的、独特的，其优势主要体现在以下几个方面。

1. 真实性

绘画治疗获得的信息更真实，与传统的心理治疗相比，绘画治疗是运用非言语的象征方式表达潜意识中隐藏的内容，患者不会感觉被攻击，没有社会道德标准等方面的顾忌，可以自由表达自己的思想和情感，阻抗较小，容易被个体接受，有利于真实信息的收集。此外，由于语言信息受理性意识的控制，容易作假，而图像思考具有非言语沟通的特质，非言语沟通则大多发自内心深处，极难压抑和掩盖，被试者可以自由表达内在心理特征，从而在无意识状态中传达出自身的信息。因此，绘画治疗所获得的信息可信度更高，更有利于增进咨询师对来访者的了解。

2. 可操作性

绘画治疗具有灵活性和多面性，治疗的实施不受地点和环境的限制，并且可以灵活采取单独或集体进行的方式，咨询师只需要准备素描纸及绘画笔，这些工具易于操作且花费少，同时绘画治疗的方式使咨询过程中双方的沟通更为顺畅、轻松，因此，这种技术在实际咨询过程中简单易行。

3. 迅速有效

咨询师通过绘画者的绘画过程及绘画作品就能够对其有初步印象，不具有明显的反应倾向性就可以直观地看到绘画者的内心世界，进而绕开个体的隐藏和伪装，发现自我隐藏的面具下面的最真实的情况,有利于咨询师与绘画者的沟通与交流。同时,绘画过程可以使绘画者在无意识的状态下减少防备,因此能够快速建立良好的咨询关系。

4. 时间消耗少

玛考文(Machover)观察到,投射法可以表达无意识内容,通过绘画作品分析绘画者的潜意识,花费较少的时间与精力但是可以获得非常丰富的信息,能够有效提高咨询师的工作效率。

5. 适应范围广

爱德华兹(Edwards)认为绘画是最简洁的非言语性语言。艺术没有语言发展的局限,因而可以传达最直接的思想和感情。绘画疗法不受患者语言、年龄、认知能力及绘画技巧的限制,因此可应用于认知水平低、过分内向、阻抗严重、不善于用语言表达、不擅长抽象思考、防卫心理和戒备心理强的人,包括语言表达能力受限制的群体,如儿童、聋哑人、智障患者都可以接受测验,应用范围广泛。

(五) 绘画治疗的局限

每种治疗方法都有自己特定的局限性,绘画疗法也不例外,它的局限性主要体现在以下三个方面。

(1) 对咨询师要求高。咨询师需要以绘画者的图画分析作为突破口,探寻来访者潜在的心理困扰。在实际操作过程中,绘画心理分析不但需要理论的深入学习,更需要咨询师自身有长期的分析经历,必须经过大量、长期的训练才能达到。

(2) 存在一定的片面性。绘画治疗是在精神分析理论的基础上成立并发展的,而精神分析咨询模式强调生物模式、早期童年经历和本能反应等因素,忽视社会、文化等外在、后天的因素,有一定的片面性。此外,单个作品如同单一的话语、行动或思想一样,不能全面、有效地反映被试者的心理状况,需要根据绘画者自己的解读以及一系列的绘画作品才能更全面地反映绘画者的内心世界。

(3) 所揭示的心理活动有限。绘画能够揭示被试者的心理活动,但其所能揭示的心理活动是有限的,例如难以对人格特质等方面的信息进行评估。另外,由于绘画者的反应具有多样性,不像问卷测验限定了个体的反应方式,因此建立全面的评价标准和体系比较困难,还需要大量的临床资料进一步完善。

二、绘画治疗的应用

绘画治疗的应用范围十分广泛,可以应用于个体测验和集体测验,帮助咨询师通过绘画作品解读个体的心灵密码,剖析困扰人们的潜意识"症结",辅助心理咨询过程;还可以作为心理诊疗的一个有效工具,辅助咨询师进行正常人群的精神健康普查、门诊和住院病人的心理诊断等。

(一) 心理筛查和诊断

国内外学者近十几年对采用绘画作为心理治疗手段进行了大量研究，发现绘画治疗在处理人们的情绪和心理创伤问题等方面起到了比较显著的作用。绘画治疗的应用已超出传统的人格测验领域，扩展到评定绘画者的认知发展，对绘画者是否具有情绪问题和心理障碍进行筛查，对绘画者的机能损伤和心理障碍进行诊断等。

例如，在人格评定方面，巴克(Buck)在1987年编制的房树人测验用来获取被试者人格特点和人际关系方面的信息。该测验包括四个任务，前面三个任务是用铅笔先后在三张白纸上画房子、树和人，第四个任务是用包括红、绿、蓝、黄等8种颜色的蜡笔在同一张纸上画房、树和人。测验通过对细节、比例和透视等方面进行定量和定性分析，得到被试者的人格特点和人际关系方面信息；在认知发展评定方面，科皮兹(Koppitz)在1968年编制的人像绘画测验(human figure drawing，HFD)要求被试者"画一个完整的人"，通过对人像的细节的存在或缺失来评定被试者的认知发展水平。斯尔文(Silver)在1990年编制的绘画测验通过预示性绘画、观察绘画、想象绘画三个分测验评定被试者的顺序概念、空间概念和概念形成。纳格利尔里(Naglieri)等人在1991年编制的《画人测验：情绪障碍筛选程序》绘画艺术评定可以有效地筛选出有心理问题的被试者，测验要求被试者用带橡皮头的铅笔先后画男人、画女人和画自己，以人像大小、人像倾斜度等计分。在机能损伤和心理障碍诊断方面，科恩(Cohen)在1985年编制的绘画诊断系列(diagnostic drawing series，DDS)，把绘画诊断与DSM-Ⅲ-R联系起来，对被试者的心理障碍进行辅助诊断。研究表明，患者组DDS绘画与正常组绘画有显著区别，库奇(Couch)于1994年发现具有器官心理综合症和障碍的老年患者倾向于使用单一颜色、单一图像，线段压力轻，所画树一般难以辨认，绘画中没有动物和人；奈普(Knapp)于1994年发现阿尔茨海默症患者的DDS绘画比控制组用色较少，使用空间较小。

(二) 辅助心理治疗

通过投射、象征等技术可以直观地呈现绘画者难以言语化的"心像"，同时绘画过程本身就是心理能量再生、转化、疏泄的过程，更是知、情、行的改变和体验过程。国内近几年在绘画治疗的运用上进行了许多尝试。例如，闫俊等人在一次集体绘画治疗中发现，来访者的画与内心存在一致性，来访者可以借助集体绘画的方式释放感情和反省自我，治疗方式新颖且容易操作。陈侃(2008)对285名初、高中生进行绘画测验，发现将房树人绘画测验应用于抑郁倾向的心理诊断具有可操作性和科学性。潘德润(2008)采用房树人测验方法对6名中学生进行心理治疗，发现使用绘画治疗可以更好地了解中学生情绪冲突的缘由，绘画治疗可以在心理咨询过程中发挥良好的作用。

三、绘画治疗的解释原则

绘画治疗的解释应当谨慎，应遵循以下几个原则：一是要由专业人员来解释，绘画分析者必须经过严格的训练，从图案的配置、形态、行为、装饰、相貌、姿态、绘画的形式，以及时间性、空间性、象征性、全体样式的完成度等各方面分析绘画的内容；二是绘画者在绘画测试、分析和咨询治疗的过程中可能会提出一些问题和困惑，咨询师要耐心解答，并对来访者绘画的情况进行观察与记录；三是绘画者本人的解读很重要，倾听绘画者本人对图画的解释是非常有必要的，尽管咨询师可以从绘画治疗的角度解读一些重要信息，但因为图画中会有很多个性化的内容，咨询师在根据经验进行诊断时要特别谨慎，要综合考虑绘画者的意愿、意图、情感、意志及身体性等各种因素，同时必须关注其年龄、社会文化背景、情绪状况等；四是不能只凭一幅图就对来访者的心理问题进行诊断，同时注意不能过度解读，过度的解释可能会导致来访者对于咨询的抗拒，尤其在咨询情境中，焦点并不在于绘画作品的内容，而是来访者的感受和心情，所以不要立刻去推敲绘画作品的内容，而应和来访者一起探索。

四、绘画治疗的解读方法

一般对绘画作品进行治疗性的解释主要从系统性、深入性、建构性三个方面入手。

(一) 系统性：整体性的解读

整体画面是否和谐对称(过远或过近、各元素比例配置)、画面的空间配置(上下左右、中心外周)、画面的整体感觉(冰冷的还是温暖的)、画面的色彩(冷色调还是暖色调、单一还是多样)、画面的大小(非常大还是非常小)、画面的位置(处于画幅的哪个位置)。

(二) 深入性：寻找绘画的特征

绘画者的用笔力度(有力的还是断断续续的)、线条特征(粗细、曲直、流畅、浓淡、长短、连贯情况)、是否有涂改的痕迹(如被强调、涂抹或忽略的部分)、是否有不自然部分(某些部分比例不协调，如人物只有头没有身体)、是否有特殊形态、图画的组成部分(各个要素的关系)、是否有附加信息。

(三) 建构性：探索绘画的投射与内涵

绘画的顺序(最先画的部位或事物往往是绘画者最关注的方面)、绘画时间和过程、来访者对绘画内容的解释或描述。画的过程是非常重要的，因为人的能量时时刻刻都在变动，更多的时候人们看着那个变动在发生，包括绘画者体验到他自己的能量在这个过程中是如何流动的。通过绘画者的参与、体验以及他自己的解读去理解图画的意思，咨询师要永远抱持试图去理解的心态，不评判、不随意猜测。

五、常见的绘画治疗技术

画人是绘画疗法中最常见的治疗技术，除此之外还有画雨中人、画家庭、画树、画房树人、自由绘画和曼陀罗绘画等治疗技术。

(一) 画人

画人是最基本的、应用最广泛的绘画治疗技术之一，从儿童到成人都适用，并且还有一系列的评判标准。画人常用来考察以下方面：一是智力和成熟度；二是情绪状态，包括负面情绪；三是人格特点，如自信、自我意识、攻击性等。对儿童来说，画人测试还可了解其听力障碍、神经系统疾病、适应问题及个性问题等。画人时的指导语非常简单："请你画一个人，不要画火柴人或漫画，你想画什么样的人都可以。"

例如画自画像，从自画像中，可以看出一个人对自己的评价，这种评价既包括生理层面的评价，也包含心理层面的评价。给出的指导语非常简单："请画出你自己。"有些人会迟疑着不愿意动手，或者说："我画画技术很差。"对此可以鼓励："这并不是考察你的绘画技术，我只对你画的人感兴趣，不用担心绘画技巧，你想怎样画都可以。"

(二) 画雨中人

"雨中人"最早由布拉姆斯及阿姆钦提出，给出的指导语是："请画一个雨中之人"或"请画一个在雨中的人"。这个测试主要考察人们在压力情绪下的反应，雨就象征外界压力。根据所画的雨中人可以考察：在压力情境下，绘画者会调动资源来应对压力吗？如果调用了，是调用何种资源？绘画者的应对方法是否有效？其情绪状态如何？其计划性如何？在这种不愉快情境中，绘画者会使用何种防御机制——迎接挑战，还是回避、退缩？

雨中人通常有以下几种：一是在大雨中没有任何遮蔽的地方，没有任何雨具保护自己，反映绘画者在遇到压力时，常感到无力且无助，有一定的依赖性，既对环境不满但又没有离开环境的行动；二是有雨具来遮风挡雨，但觉得雨具不是很有效，或是雨伞被风吹翻，或是打着伞但依然被淋湿，反映绘画者可能会有一定的焦虑，对压力会有一些适应不良；三是用雨具把自己保护得很好，脸上的表情也非常沉着或乐观，反映绘画者对压力有足够的信心，有良好的应对压力的方法。

需要注意的是，绘画者对画的解释可能会与以上所说不同，比如画中人没有雨具，绘画者解释说："我很喜欢在蒙蒙细雨中漫步。"这时，就要对其压力应对方式进行谨慎的解释。

> 📖 **拓展阅读 7-1**
>
> 雨中人绘画分析
>
>

(三) 画家庭

画家庭是把画人技术应用在家庭方面。从家庭图中可以考察绘画者对家庭的态度以及家庭成员之间的动态关系。对于家庭图，给出的指导语有特别的限定："请画出你家庭中的每一个人，包括你，正在做某件事或从事某个活动。尝试画一个完整的人，不要画漫画或火柴人。"

家庭图有以下情况：一是静态的家庭图，如全家人坐在客厅里看电视，相互之间没有交流，大家注意的焦点都在电视上。这种情形表明家庭成员之间可能缺乏沟通。二是动态的家庭图，如全家人在一起吃饭的场景。如果餐桌上堆满食物，一般表明家庭中充满爱，或绘画者渴望家庭成员充满爱；如果餐桌上空无一物，可能表明家庭成员关系冷漠，家庭氛围冷漠。三是绘画者省略自己的情况，一般表达绘画者感觉被家庭"抛弃"或"不被重视"，有时传递出绘画者拒绝家庭、不能融入家庭的信息。此外，家庭成员的相对位置也能提供其相互关系的重要信息，相互距离近，表明心理距离近；相互距离远，表明彼此之间关系比较远。同时，家庭成员的比例大小提供绘画者的情感和态度等信息。一般绘画者会把对自己而言有正面情感的家庭成员画得比较大，而且多为正面像；把对自己而言有负面情感的人画得比较小，会出现侧影或背影。一些微妙的互动关系，如夫妻关系、亲子关系、父母关系等，都可以从家庭图的一些细节中得到表现。

（四）画树

由于树的成长与人的成长有相似性，所以用树来比喻人的成长，可以让人产生丰富的联想。通过画树，可以折射出一个人的个性特点、风格、心态与心境，考察一个人的成长历程，反映绘画者对成长的感受。据一些学者的研究，画树更容易表现一个人对于自我负面的感受，可以表现出较为原始、基本的层面。画树时给出的指导语是："请画一棵树。"如果绘画者问："画一棵自然界存在的树，还是想象的树？"可以回答："你想怎么画就怎么画。"

（五）画房树人

房树人的图画作品可以作为考察绘画者智力的辅助工具，也可以考察绘画者的人格整合程度，对待家庭、亲情的态度和看法，以及对待自我成长的看法。

传统的画房树人是指让绘画者分别画出三张画，给的指导语是："请画一间房子，请画一棵树，请画一个完整的人。"画房子的纸是横放的，而画人和画树的纸是竖放的。柏恩斯提出动态房树人图，给出的指导语是："请在这张纸上画一间房子、一棵树和一个正在做某个动作的人。尝试去画一个完整的人，不要画漫画或火柴人。请注意纸横着放。"

> 📖 拓展阅读7-2
>
> 房树人绘画分析

（六）自由绘画

不论绘画治疗技术怎样强调给予简单的指导语，它一般都限定了主题，这会让一些人感觉不自在，自由绘画正是满足这种需求，给出的指导语是："你可以随意画"或者"你可以画任何你想画的东西"。

通过自由绘画,可以考察绘画者最主要的情结、被压抑最深的情绪、最迫切需要解决的问题等。自由绘画表达的信息是开放的、丰富的,但它对评估者要求较高。评估者对绘画者经历的熟悉程度和双方信任关系的建立,对理解自由绘画作品并充分利用其信息有重要作用。

> 📖 **拓展阅读 7-3**
>
> 自由绘画分析

(七) 曼陀罗绘画

"曼陀罗"原是佛教修行密法、观想的地域,被视为佛陀觉悟境地,宇宙万物居住世界的缩图,被心理学家荣格联想为自我及整体个性的核心。曼陀罗绘画的形式多种多样,可以用各种不同的工具(铅笔、水彩笔、水粉等)画不同的内容,包括彩绘曼陀罗、绘制曼陀罗、涂鸦式曼陀罗和意象式曼陀罗等。曼陀罗绘画可以用来表达内心情感、画面和故事,因此,曼陀罗绘画的内容包括自我意象曼陀罗、心情曼陀罗、自发曼陀罗(心随手动,让手带动心)、梦曼陀罗(描绘自己某个重要的梦)、生命曼陀罗(为自己的生命设计一个logo)、神圣曼陀罗等。

曼陀罗绘画疗法的步骤:首先是准备阶段,选择一个理想的环境,一个能让人平静、专注且舒适地作画的空间,保证绘画者至少有一个小时不会被打扰。选择舒适的姿势进行放松和冥想,引导自己通过改变呼吸的频率来让自己的身体放松下来,然后进入内心的想象之中,无论心中出现什么,抓住当下内心的感受。其次是绘画阶段,带着内心的感受去作画,不用过多地思考,仅仅让手拿着画笔在纸上自发地去表达就好。最后是完成阶段,观想自己所画的曼陀罗,去试着走进其中的世界,在内心和它对话。

需要特别注意的是,曼陀罗心理分析强调自性的保护、凝聚、整合、自性化(超越),强调从优势功能到劣势功能的发展,必须先稳固自我意识之后再深入无意识,先处理情结再处理阴影,而后整合阿尼玛和阿尼姆斯,最后实现自我和自性整合。

> 📖 **拓展阅读 7-4**
>
> 曼陀罗绘画分析

第二节 心理剧治疗

两个人的相遇,目光相接,面与面相聚。就在你靠近我的刹那,我将穿戴上你的眼睛,就如同你穿戴上我的眼睛一样，那么，我就能用你的目光来认识你，如同，你亦用我的目光看着我。

——莫雷诺，1946

心理剧是一种通过演出活动使团体成员建设性地探索并重新审视自己的生命故事的表达性艺术治疗方法。与谈话式的心理咨询治疗相比，心理剧治疗更重视非言语的沟通媒介，让团体成员从不同角度看待演出中的生活情境，它以其参与性、自发性、体验性和启发性等特点，成为一种独具魅力的心理治疗方法，并日益得到发展和推广。

一、心理剧治疗概述

(一) 心理剧治疗的代表人物

心理剧治疗的理论及相关的方法是由奥地利精神科医生雅各·李维·莫雷诺(Jacob Levy Moreno，1889—1974)创立，作为心理剧治疗之父，莫雷诺身兼精神科医师、戏剧家、神学家、哲学家、团体心理学家、心理剧作家、教育家等多种身份和角色，他在心理剧治疗领域具有原创性的巨大影响。莫雷诺是犹太人，从小与母亲一起生活，父亲由于工作的原因，很少有机会陪伴家人，这使得莫雷诺很早就开始幻想一个理想的父亲，并用一生寻找生存的意义。1909年，莫雷诺进入维也纳大学攻读哲学专业，后来转为医学，在这段时间，莫雷诺经常在花园中观察孩子们做游戏，并对他们讲故事，鼓励孩子们将故事表演出来，孩子们通过角色扮演开启了幼小的心灵，并开始抵抗家庭和学校的不合理管束。莫雷诺还为孩子们组建了一个戏剧团体，在公园或者一些小的表演厅里进行即兴表演。莫雷诺对表演进行不断的改进和发展，于1919年将这种表演正式命名为心理剧，并在1921年将其用于精神疾病的辅导。

(二) 心理剧产生的历史背景

心理剧的产生有其独特的哲学基础和历史背景。莫雷诺所处的时代，正值第一次世界大战的战火导致欧洲四分五裂的时期，整个维也纳充斥着各种改革思潮，大多数人都想用自己的思想改造社会，结果都是一败涂地。而莫雷诺则是另一种改革者，他根据自己的哲学思想发展出一套新的方法，这种方法以心理学为基础，以个人主动参与为特点，而不是控制个人，让各种具有极端思想的人在特定的时空中找到自己的位置，表现自己，展示自己的灵魂，并且因此得到改造，这个方法就是心理剧。在这一点上，莫雷诺的心理剧不仅对个人改变具有重要意义，对社会改革也具有重要意义。心理剧发展的历史在相当长的时间内是以莫雷诺为主导的，而且发展的脉络也不是那么清晰，可大致分为以下发展阶段。

(1) 早期的发展阶段。1919年，莫雷诺第一次使用"心理剧"这个名称。早期的心理剧与现在所使用的心理剧在方法上有很大区别，早期的心理剧整合了莫雷诺个人在其职业生涯中不同时期的想法，结合了莫雷诺在维也纳的花园中对孩子讲故事的经验、早期在麦特多夫探索社会计量学的经历、在布达佩斯当医生的经验，吸取了弗洛伊德、马克思的思想，以及他在维也纳参加的那些哲学讨论的体会，这些都在1922—1925年维也纳的"自发性剧场"中得到初步发挥。可以说，早期发展阶段的心理剧有一个十分明显的特征，即心理剧只是主角(当事人)将他想说的故事行动化，医生只是催化作品的产生。在创设剧场之初，主要目的是表演且娱乐观众，治疗过程是次要的。心理剧在正式剧场中因剧本的排演缺少自发性，莫雷诺的目标是发展即兴演出真实的人生经验的剧场。

(2) 所有学科的整合阶段。莫雷诺发展心理剧，同时也发展了社会计量学、社会剧及团体心理治疗，并进一步将这些方法整合到心理剧中，用于讨论社会以及个人问题。莫雷诺认为自己所发展的心理剧和团体心理治疗是两种不同的方法。在纽约，他使用社会计量学的测试和探索方法发展团体心理治疗，将社会计量学的观点融入心理剧。现代心理剧则变成了一种主要的团体心理治疗，比如说选主角，团体成员被要求选出他最认同的人。心理剧可以采用两个人或者团体动力的方式进行。心理剧是从社会计量学发展而来的一种主动技巧，社会计量学使得团体动力可以被测量，这是与分析学派主要的不同之处。莫雷诺认为团体心理治疗的主要目标就是社交的改变，而不只是分析个人问题。所以可以这样理解，心理剧可以使个体体会角色的感情与思想，从而改变自己以前的行为习惯。在心理剧中，当事人可以扮演自己家中的成员、陌生人或者治疗专家，剧情可以是当事人想象的内容(离婚、母子冲突、家庭纠纷等)，也可以是与当事人的实际情况近似的内容。在舞台上，当事人所扮演的角色的思想感情与平日的自己不同，他可以体验角色内心的酸甜苦辣，也可以成为当事人理想或幻觉的化身。心理学专家可以在一旁指导，也可以与当事人一同表演，观众则为当事人鼓掌助兴。心理剧的目的是诱发当事人的自发行为，以便直接观察他的病情。有些心理学家或社会工作者也常安排一些带有强烈感情色彩或含有人格问题的剧情，以揭示当事人的内心世界，这种方法特别适合离婚者、吸毒者、轻生者及违法者。心理剧可以展现深藏在当事人内心的症结，在知情观众的协助下，当事人可以发泄或者控制自己的情感。随着剧情的发展，他们的情感行为最终可以得到改变，并且去模仿正确的行为方式。由于心理剧较好地体现了社会学以及社会心理学的理论，因此，在用来解决人际关系和交往能力方面的问题时效果非常好。

(3) 成熟的发展阶段。这一阶段的心理剧更强调心理学专家的作用，更注重治疗的效果。运用心理剧进行治疗需要具备以下条件：一是提供必要的设备，包括圆形舞台、观众席和必要的道具；二是选择表演者，当事人、工作人员、观众都可以参加进来；三是心理学专家和观众都要事先明确需要通过心理剧解决的问题；四是心理学专家要大体勾画出剧情，鼓励当事人大胆表演，并及时引导剧情向目标方向发展；五是邀请观众进行评论，以加强取得的效果。

心理剧治疗方法特别倚重心理学专家。心理学专家必须经过专门训练，思路清晰，目光敏锐，并且具有很强的应变能力。特别值得注意的一点是，其他表演者或观众不能为难和攻击当事人，相反，应当热情地帮助当事人按照要求把心理剧演完，从而把问题解决好。否则，效果会适得其反。经过几十年的研究与发展，心理剧已成为一种重要且基本的心理治疗技术，尽管莫雷诺曾经说过，心理剧不只是心理治疗技术，但是人们更愿意将心理剧作为一种治疗技术来接纳、传承和发展。莫雷诺的书被翻译成多种文字，许多国家也都有了本国的作者所撰写的心理剧方面的书籍。

到1974年莫雷诺去世，心理剧在世界各国专业工作者的努力下，已经成为一种重要且有效的团体心理咨询和治疗方法，并为更多的心理学工作者所认同。此后，莫雷诺的妻子哲卡也继续在世界各地推广心理剧，为心理剧的发展发挥了重要作用。莫雷诺提出"我们是自己生活的演员"，心理剧将人们内在的世界外显化，在舞台上演出一个人的生活，了解并清除过去，且训练未来、排演生命等观点已经被人们，尤其是专业工作者所理解和接纳。心理剧这种利用身体的直接表演活动进行现场操作的治疗方法，以及心理剧丰富的理论内涵和强烈的影响作用成为心理治疗领域的重要课题。目前，心理剧已广泛应用于孩子教育、企事业单位的员工训练等各种心理障碍的治疗和心理治疗专业工作的培训、督导环节，也应用于医院或监狱的复建等临床与非临床工作领域，呈现出方兴未艾的光明前景。

(三) 心理剧及心理剧治疗的界定

莫雷诺用希腊文"psycho"(心灵)与"drama"(戏剧)创造了"psychodrama"一词，用"剧"来展现人类的"心灵"，用"剧"来展现人类的"自发性"(spontaneity)及"创造性"(creativity)，透过"剧"来重新发现人类被文化传承所制约的各种心灵面貌。心理剧以主角为中心，是一种以演剧的方式达到心理诊断和心理治疗目的的方法。导演(即治疗师)在其中鼓励来访者通过戏剧化的形式、角色扮演与戏剧性的自我表征来完成他的表演，言语与非言语的交流都被充分利用。

莫雷诺认为，心理剧意味着个体透过戏剧去探究事实，并对心理剧做出如下定义：心理剧是以戏剧的方法探索真实，并处理人际关系及隐秘世界问题的一门科学。他认为，心理剧是促使每个人自发成长的一种方法，当人们被心理问题困扰的时候，可以通过心理剧重新激发个人的潜能进而达成心灵的成长。莫雷诺的妻子哲卡也是心理剧理论的继承者和发展者，她将心理剧形容为一种可以让人练习怎么生活，但不会因为犯错而受到惩罚的方法。她鼓励个体在心理剧中更多地表达自己，将剧场当作现实生活的实验室，可以通过演出直面自己的问题并在互相支持和启发中得到成长。

心理剧治疗是由莫雷诺创立并发展起来的一种基本团体治疗方法，它是心理剧在治疗层面上的应用。关于心理剧治疗，我们可以这样描绘：心理剧治疗是一种戏剧形式的团体心理治疗方法，团体成员并不是围坐在椅子上讨论生命及问题，而是运用动作技巧将生命带进房间，并由团体成员来扮演戏剧中的演员。心理剧团体成员通过每个人过去、现在、将来的生活场景，表演自己的思想、感受、人际关系或者梦想，在演出的过程中，团体成员可以增强洞察力、自发性和创造性，从而度过困境，并趋于个体整合和人际关系的和谐。由于心理剧治疗采用了戏剧的形式，因而团体领导者或者治疗师被称为导演，并沿用剧场的一些习惯及用语。心理剧在心理剧剧场中进行，剧场中有阶梯，理想的剧场中还有可以调整明暗的彩色灯光，成员们有时候是观众，有时候则是演员阵容中的一分子。座位通常只是一些坐垫，随意、非固定地排列着，没有正式的道具，只有一些椅子、箱子、毯子以及其他任何手边找得到的东西。

(四) 心理剧的构成要素

心理剧通过团体的形式开展，团体的带领者被称为导演，导演用各种方式选出愿意呈现自己内心或生活事件的一位团体成员担任主角，主角从其他团体成员中选出扮演其生命中重要他人的成员担任辅角，剩余的团体成员担任观众的角色，与主角一起体验其生命故事。在导演的指导与辅角的协助下，主角以呈现其生命故事的空间为舞台。因此，心理剧的基本组成要素包括主角、导演、辅角、舞台和观众。

1. 主角

心理剧最大的特色是现场即兴的演出，没有剧本，也没有彩排，上演的永远是真实的人生故事。就剧场而言，提供剧情故事的来访者是主角，是从事主要演出的人。所有在场的人都将进入主角的主观经验世界，用主角的眼睛去观看，导演与在场的团体成员会在主角的叙述之下，一一地认识剧中其他的人、物和情节的发展。主角并不需要有任何的戏剧表演训练与演技，他需要拥有的只是一份想治愈人生困扰的意愿，此外还需要有对导演和团体的信任，在导演的指导之下以及在团体成员的陪同下，演出自己的故事，并在其中学习和成长。一般情况下，主角可以通过两种方式来产生：一种是由导演来选择，这种选择方法是在特殊状况下，比如时间或者团体大小不允许的时候，由有经验的导演根据团体的需要选出主角；另一种是由团体成员选择，团体成员会先倾听主角候选人轮流讲述他们的故事和困惑，而后由团体成员选择主角。

2. 导演

导演是在心理剧中采用心理剧方法，引导主角探究其问题的人。导演是心理剧的灵魂人物，导演的角色有四种：制作人、治疗师、分析师和团体带领者。在心理剧治疗中，导演是受过训练引导主角演出的人，同时也是主角的替身和协同制作人。导演的主要作用是提升主角的自发性、提词、引导与架构心理剧、协助心理剧演出者及观看心理剧的整个团体，将心理剧从什么都没有变成某种真实的东西。所以，导演是催化演出的人，依据心理剧治疗的规则与技巧创建一个安全的氛围，以引导主角探索一个特定的生活场景，进行心理治疗的活动。作为一个导演，应在心理剧中承担以下责任。

(1) 观察与评估。导演虽然置身于舞台之上，却需要时时保持客观的观察角度，一边听取主角的叙述，同时对主角进行人格和心理的评估。

(2) 拟定咨询目标。在心理剧辅导过程中，导演要不停地在心中做出决定，决定要运用什么心理剧技巧，达到怎样的咨询目标，例如，应把目标定在让主角的愤怒得到宣泄，还是使主角认识目前困境与童年经验之间的相关性，或者是把目标设定在让他有行为演练的机会。

(3) 保护主角。咨询师要永远担负保护主角在辅导过程中不受到心理伤害的责任，心理剧的主角勇敢地在团体中袒露个人困难与隐私，导演需要使主角得到正面协助，而把受到心理伤害的可能性降到最低,例如,导演要引发观众对主角产生正面的支持,防范批判和不谅解的声音。

(4) 暖化团体及主角。导演需要设计一些活动增加团体的凝聚力和开放性,在主角展开心理剧过程之前,还要帮助主角暖化起来,以便能够开放地演出。

(5) 选择和设计场景。在一个没有剧本的心理剧里,导演需要捕捉主角叙述中的重要信息,将之设计成为可以演出的场景。

(6) 时间的掌握。导演会决定该场心理剧的规模,并在恰当的时间结束演出,带领团体进行分享,并在适当的分享之后结束当天的活动。

(7) 道具的运用与管理。在心理剧中常会运用一些道具、灯光和音乐,如何使用道具、灯光和音乐,以及在什么时间使用,也在导演的考虑中。

导演是整个心理剧的催化者,会协助主角选择成员来担任辅助演出的辅角,并且要指导及协助辅角参与,包括在一些关键的时刻提醒辅角该做的事情及该说的话,要注意及照顾整个团体的气氛。导演应是主角的追随者,对主角的心态亦步亦趋,能够捕捉和紧紧追随主角在每一个时刻呈现出来的线索。原则上,导演并不在心理剧中加入自己个人的价值观和理念,并且要能够进入主角的知觉系统和主观世界,所以他导演的是主角的戏而不是自己的戏。

3. 辅角

辅角是在心理剧中除了主角以外,其他参与角色扮演的成员。辅角就像导演的助手,应能够协助导演的工作。辅角当中有一个特别的角色就是替身,即第二个主角,也就是在剧中代替主角去演出主角的人,以便某些时候主角可以置身台下,看到替身替他演出自己的故事,从而从不同的角度看待自己的问题。辅角的责任如下。

(1) 辅角是主角的延续。辅角依据主角的叙述和导演的指导,把该角色的行为表现出来,同时在心中体会角色的内在拥有什么样的感受和心态,以便在恰当的时候报告他的体会,从而增加主角对这一角色的认识。扮演替身的辅角尤其需要努力设身处地地进入主角在当时剧场情景中的心情和知觉,协助主角把自己的想法、看法、感受和期望表达出来。

(2) 辅角是导演的延续。尤其是受过训练的辅角,他会注意导演的指示,企图看懂导演的治疗方向,收集或者体会更多所扮演角色的信息,并将这些信息表达出来以作为导演治疗的参考。因为辅角身在角色中,有其独特的视角。当一名辅角置身于主角对面或者置身于数名有关的角色之间的时候,将体会到的信息表达出来,将是导演可以运用的素材。

(3) 支持及鼓励主角的表达。替身能够陪伴和协助主角表达自己和尝试新的行为。

对于辅角来说,参与扮演某一种角色往往对他自己也有成长性的帮助,就像戏剧里的演员在演活了一些角色的时候,能够丰富自己的人生经验。心理剧的辅角不仅可以协助主角体会人生,自己也能够体会到另一种人生,有扩大角色目录的效果。

4. 舞台

莫雷诺认为舞台能够提供给演员一个活生生的空间,这是一个多向度且弹性达到最高点的空间。真实生活中处处充斥的现实性常常让人们因为被束缚而失去了灵活性，而在心理剧治疗中，人们可以凭借舞台的自由度，在舞台上找回灵性，从令人无法忍受的压力中解脱出来，进行自由地体验及表达。有时心理剧的舞台只是在团体辅导室里，在一群人围成的圆圈中间，但多半的剧场会有台上台下之分，以便分清想象和现实，界定心理剧场和现实生活。原则上，舞台需要有足够宽敞的空间，以方便动作频繁的心理剧的开展。

5. 观众

在心理剧中，那些不在舞台上担任主角、导演或辅角的人，被称为观众。剧场中的观众代表了客观的眼睛，代表了主角以外的世界，象征着他人的眼光，倘若主角所陈述出来的主题和内涵能够被这些眼光都接受，对于主角来说，也就象征着他可以被外界所接纳，因为观众的支持力量是非常重要的。

二、心理剧治疗的理论基础

心理剧治疗是一种复杂的治疗方法，可以和其他治疗技术或者概念、理论相结合，进一步扩展其内涵，因而并没有一个严谨、稳定的理论框架，但有自己的基本概念和技术。

（一）哲学观：创造力与自发性

创造力和自发性是莫雷诺心理剧理论的精华，莫雷诺相信人类是天生的演员，而且拥有自然的行动期望，婴儿会用嘴巴认识他所触摸到的世界，用哭与笑表达内心的世界与情感，在逐渐长大的过程中，不断地运用更加丰富、更加复杂的感官以亲身的体验来认识世界，同时将内心的情感表达出来，这种自发性成为人格成长中非常重要的观点。莫雷诺认为，所谓的自发是指面对一个崭新的情境时，个体一种自然激起的反应，或是面对一个旧的环境，个体脱离过去经验的窠臼，创造出一种新的方式去面对现实的情境。自发性是创造活动的催化剂，个体在自发的状态下，会获得无穷的创造能量，并有创意地面对现实的情境，内在的自然智慧得到扩大。一旦一个人处在极度焦虑的情况下，他的自发性就降低，从而导致其无法面对现实，以及不能充分地表达自我。

心理剧需要使角色暖化到有创造性和自发性表现的程度，从而引发情绪的表达、倾泻，进而产生内在洞察力，促使个体在情绪、认知和行为上的充分释放。透过释放的过程，使主角拥有表达情感，获得对问题的领悟，以及能在行动上以有创意的方式来澄清问题、面对问题。通过心理剧，团体可以在一个安全的范围内自由自在地表达自己的想法，这并不意味着让来访者活在虚幻的世界里，而只是借此机会来激发他们体内被埋没的潜能，重建一个和谐的境界，每个人都有展示自己能力的机会，重拾希望，坚信只要有适当的环境，人就会实现自己的价值，实现自己的抱负，进而克服在现实生活中遇到的困难。

（二）社会关系网络

莫雷诺认为，个体生活在社会关系网络中，人们在团体中有相互选择或者排斥的关系，一个团体要能正常运作,至少要有一定数量的人际网络,团体又称为社会原子。社会原子是构成社会的人类组织的最小单元,或者是社会关系网络中的最小单元,其关系可以是情感的、社会的或者文化的,社会原子是社会个体与他人所连接的网络核心所在,是个人在选择或者被排斥之后人际结构的总和,相互吸引或者排斥不是情绪性的,而是选择后的结果。社会原子与物质世界的原子结构相似,莫雷诺将人类社会看成原子结构式的,他将社会分成了三个维度:社会现实、外部社会和社会关系网。社会现实是社会关系网和外部社会之间的动态渗透。外部社会由可见的、外显的、可观察的团体构成。莫雷诺认为在人际关系网络中,彼此间的良好互动也将带动彼此的灵感与顿悟,从而相互吸引,牢固这种人际选择的网络。而这一切来自团体是否能提供支持个人创造力的环境,使彼此间的创造力得以充分发挥,个体生命要保持创造力,就必须有支持他的社会原子及网络。如果团体中存在不相连接的网络,那么这个团体就有可能出现两极分化的倾向,也意味着这个团体中有较多的冲突,团体中个体创造力的发挥将受到阻碍。要重建一个和谐的境界,需要的是没有人被拒绝,人人都有可以展示自己的机会,在心理剧的团体中,人们会获得被无条件接纳的力量。

(三) 角色理论

角色理论是心理剧的重要理论基础。"角色"一词源于戏剧,却在社会学领域提供了人与环境相联的诠释。社会学家拉尔夫·林顿(Ralph Linton,1893—1953)提出地位与角色相对的概念,认为地位是社会组织模式中的位置,包括人在组织中的权利与义务,角色则是地位动态的表现,其内涵为社会的期待及应有的行为规范。当个人在按照社会的期待,执行其地位中应有的权利和义务时,他就是在扮演这个角色,个人所扮演的角色主宰了他的行为,成为他的特征。生活中任何的角色都不是单独存在的,它有一定的配对关系,与其所处的角色系统有着联系,有夫就有妻,有老师就有学生,有受害者就有迫害者,正因为这种配对关系,使得角色模式的改变不只是个人问题,也是系统的问题。在角色系统中,每一个体都有着自己的角色目录,并在互动中扩大自我的觉知度。一个人在社会生活中扮演着多种角色,但是,并不是每个人在任何时刻都能清楚且扮演好自己的社会角色的。人们在角色扮演的过程中常常会产生矛盾、障碍,甚至遭遇失败,就会出现角色冲突、角色不清、角色中断、角色失败等类型的角色失调。个人是种种角色的焦点,并且透过不同的角色与他人连接,莫雷诺把个体在特定时空下的角色关系叫作文化原子,一个人必须先澄清自我内在的一些文化遗产(对某人刻板化的认定,面对某人僵化的反应模式),允许有新的自发性在心里发生,才更有勇气在外在社会原子中寻找新的突破方式,改变自己的生活环境。心理剧企图松动个体内在的文化原子,而不是以改变个体的外在社会原子为目标。

(四) 团体动力

团体动力学试图通过对团体现象的动态分析发现其一般规律。在团体中,只要有别人在场，一个人的思想行为就同他单独一个人的时候有所不同，就会受到其他人的影响。研究团体的影响作用的理论就是团体动力学。最早使用"团体动力学"这一术语的是勒温，勒温采用格式塔心理学的观点，将个体行为的变化视为在某一时间与空间内，受内、外两种因素交互作用的结果。他认为，在同一场内的各部分元素彼此影响，当某一部分元素变动时，所有其他部分的元素都会受到影响。人类的行为经常受到所处环境的影响，这是个体与环境交互作用所产生的结果，由于团体的成员是彼此互动的，所以团体动力也可以说是一种团体内互动的历程。在心理剧团体中，任何人都可能成为剧中活跃的参与者，由观察者转变成主角或所谓的戏剧中的主要人物。

(五) 表达与行动

心理剧是一套唤醒自发性的心理咨询工具，通过剧场环境给人现身说法、实际尝试的机会，使人从具体的经验过程中得到生命的答案。在心理剧中，自发性不仅可以被检测，而且可以被训练，自发性的训练使演员的习惯反应变得更加灵活，更具有选择性。

心理剧治疗的方法整合了认知分析的模式与经验分享的参与层面，运用人们的身体与想象力，进行实际互动，好像情境正在当下发生，能够将许多想法与感觉带到意识层面，这些想法或感觉是只讨论情景的个体咨询无法接触到的。心理剧最大的优点是将来访者外化的冲动行为转化为更具建设性的心灵演出。人们常会冲动地用行动将内在冲突或者需求外显，他们的行为展现出不为自己所觉察的内在需求。在心理剧中，行动被夸大，由于这一切发生在人际领域，能够被导演和观众所见证，也能引发主角的自我见证功效。心理剧将逃避觉察的行为转化成促进洞察的行为以及更大的自省能力。

三、心理剧治疗的基本技术

常规心理剧治疗的基本技术主要包括暖身技术和演出技术，下面对此进行探讨和介绍。

(一) 暖身技术

一般团体成员进入团体时，内心常常处在兴奋、焦虑、不安甚至恐惧的状态，因此导演需要通过暖身的过程让大家相互认识和了解，降低团体成员的焦虑情绪，建立起信任的关系。暖身是一个过程，也是一种技巧。在心理剧的整个过程中，导演会不断开展各种暖身活动。暖身的对象包括团体、主角、配角以及导演本身。

1. 导演的暖身

导演的暖身是营造鼓励自发性行为氛围的关键。在暖身阶段，通过真实的情感交流，导演可以发展自身的自发性，增强成员的信任和信心，同时，也为承担风险、自我表露、幽默、自发性、共情及接纳自我的情感并且将其表演出来起到了榜样作用，这一切都有助于团体凝聚力的形成。为了达到这个目的，导演可以通过各种活动与团体互动。与团体成员谈论各种话题，介绍一下将要开展的工作，以及讨论团体将会维持多久等，所有这些活动都是为赋予动力和唤起想象力做准备。如果导演的沟通能让团体成员感受到他的爱、真诚与专业,他的行为将会进一步引发团体的自我开放、自发性、幽默感,并缩小彼此的距离感。如果导演只是坐着与团体成员交谈,则难以将团体引入准备状态。

2. 成员的暖身

当一群来自不同的地方、怀着不同心情的团体成员走进剧场后,导演要在第一时间开展暖身活动,并做到:①帮助成员放下在其他情境中的角色与面具,自由地表露自我;②协助成员察觉自己此时此刻的心情状态;③协助成员暖化肢体,以便投入非言语的工作方式。导演可以选择性地使用各种介绍的方法让团体成员相互认识,也可以做一些非言语的练习,让每个人介绍自己,并说出自己的期望。此时,导演要把团体导向某一主题,或寻找主角。当出现共同主题时,导演就可以用它来导剧。

3. 主角的暖身

在心理剧进行过程中,导演对主角的暖身是有弹性的,导演要不断地让主角暖身。为了增加安全感,导演可以带领主角沿舞台走一圈,让主角的目光与团体成员对视,让他们感受到现实的存在和彼此心灵的交流、信任与支持。导演还可以与主角一起讨论问题,等待他的回答,引导他举出具体的例子,说明地点、人物等。在暖身的过程中,导演要慢慢地鼓励主角往舞台上移动,移到舞台中央位置后,继续帮助他演出各种行为。

在暖身过程中,导演应始终注意运用以下方法,把主角的问题清晰地呈现出来。

(1) 问题具体化,即把主角陈述出来的内容很具体地展现在团体面前。导演要跟随主角的表述清晰地了解问题所在,并找出一个明确的实例。随着主角的叙述,导演开始鼓励主角将所描述的情景表演出来。

(2) 个人化的暖身技巧。为了使主角更有情绪或更加投入实际生活情景,导演可以使用个人化的暖身技巧,如空椅技术,即导演将一把空的椅子放在主角的面前,说:"一个人就在这把椅子上,这个人与你有着密切的关系,看他在做什么?在想什么?"导演可以让主角扮演自己"所看见的人"并让他坐在空椅子上,或让他对"所看见的人"讲话。一般来说,主角与某一个人之间有困惑时,采用空椅技术能产生较好的交互作用,有助于澄清问题而后引出后续的表演。评估主角是否暖身完成,最主要的是看主角能否以理智化的方式呈现问题,或明确表述想表达的内容,或不再对问题的呈现表现出退缩、回避、解离等行为。当主角暖身完成时,就会全身心地投入自己的生命演出中。

(二) 演出技术

暖身后,导演会带领主角从体现表面问题逐渐进入体现核心问题,同时利用团体的成员作为辅角,来表演剧中重要的人物,这个过程就是最好的演出。当然,除了真情实感的流露和表达,还有一些技术可以助力演出进一步的深入。下面对常用的演出技术做一个说明。

1. 角色转换技术

在心理剧中,导演会让主角与另一个角色互相交换,例如扮演生活中对其有着重要影响的人，引导主角用辩证的思维看待问题，站在对方的立场考虑问题。通过角色互换，主角会对所扮演的角色有新的理解，让自己从困惑的心理中走出来，这种角色转换技术对于解决家庭矛盾、处理高校人际关系都是一个新的、有益的探索。目前，校园暴力等恶性事件频频发生，人际矛盾激化，暴露出当代大学生以自我为中心，与同学缺乏沟通，不善于团队协作等特点，而通过心理剧中的角色转换，真正做到站在对方的立场去思考问题、处理问题，要比口头上说要站在别人的角度思考问题更有说服力。主角通过角色转换，来克服自己已经内化的不平衡与扭曲的内在冲突，使主角学会从新的角度认识这些角色，协助主角超越那些不幸的经历而成长，并使其展示自发性。

2. 空椅技术

空椅技术是当主角对某人或者自己的某一部分产生抵抗，不敢面对的时候，导演可以利用一张空椅子，象征主角内心的期望或者恐惧，帮助主角想象。一般情况下，在心理剧表演阶段，导演会在舞台上放一张空椅子，主角想象在舞台的这张空椅子上放着自己一直抵触的一个物品、一直逃避的一个事物，甚至一个改不掉的缺点，或者想象空椅上坐着一个一直不敢面对的人或一直耿耿于怀的人，鼓励主角鼓起勇气大胆地与自己一直以来不敢面对的对立面直接对话。通过这种方法，可以激发主角的想象力、创造力，也可使主角内心的问题表面化，接触自己内心最深的情感与感受，扩大可对话的对象范围，使主角在不必面对真实对象的压力的情况下，充分体会内心的冲突。

3. 镜子技术

镜子技术是指主角有非常强烈的抵抗心理导致其无法在台上继续演出时，导演会找一位替身或者辅角尽可能真实地模仿主角，这种模仿可以是刚刚心理剧的表演，也可以是主角生活中一直以来惯用的对人的态度以及言行举止，通过舞台上辅角对主角惟妙惟肖的模仿，让主角如同照镜子一样看到自己的表现。在采用镜子技术的时候，要求替身尽可能真实地模仿主角的一切，重复主角的一切动作，就像一面镜子一样把主角不好的一面展示出来，无论是好的还是坏的情绪，甚至可以故意夸大或者歪曲。当主角看到被夸大或者被歪曲的演出，会觉得自己的想法或者言行举止被故意歪曲了，让主角觉得自己怎么被模仿者表演得那么糟糕，此时主角就会有上台更正替身表演的冲动，或者继续上台演出的想法。将主角由台下被动旁观的立场转为主动上台参与的角色，这也是一个由被动接受到主动汲取的过程。

4. 未来投射技术

如果团体成员对于未来感到过于担忧，导演可以用未来投射技术引导主角想象未来五年可能发生的情景，把主角担忧的事情表现出来，澄清主角的心理感受，消除过多悲观的担忧，鼓励其乐观地看待问题、看待世界，勇往直前，为了美好的未来而踏踏实实走好当下每一步。如果团体成员对自己的未来过于乐观，导演可以用未来投射技术帮助主角摒弃不切实际的幻想。一切成功都是用汗水换来的，没有不劳而获的幸福，通过未来投射技术让团体成员明确自己的理想和价值观，鼓励成员努力争取自己想要的生活或者结果。

5. 魔幻商店

主角来到辅角扮演的店主的商店，购买一些无形的、非常有价值的东西，在魔幻商店里可以买到各种各样的人类的特质，如关爱、成功、幸福、积极及健康等，而主角想要购买这些特质则必须拿出自己所拥有的一些特质来交换，比如用包容心换智慧，用热情换取忠诚，用积极换取健康，店主和主角进行讨价还价，主角需要思考舍弃一些特质来换取另一些特质是否值得。对于主角来说，通过魔幻商店讨价还价的过程，可以明确自己想要的是什么，以及愿意付出什么来获取；对于辅角或者导演而言，可以借此了解主角的主要困扰或改变的动机；对于团体而言，则能增加团体成员之间的互动，提供想象空间，暖化团体，帮助团体为参与后续互动做心理准备。还有一种方式是利用自身不好的特质来交换好的特质，比如用自己的说谎来换取诚实，用自己的酗酒来换取健康，用自己的敏感来换取同学之间的亲密无间，通过店主与主角的讨价还价，使主角明确自己内心想要的特质是什么，也使主角看清自己身上有什么特质，这些特质中哪些应该发扬哪些应该改进或者抛弃，这种方法对于培养大学生正确的三观有着重要的意义。

四、心理剧治疗的过程

心理剧治疗的过程包括三个阶段：暖身、演出和分享。这三个阶段环环相扣，暖身的目的是让心理剧成员及主角准备好进入他们的内心世界，为下一个阶段的演出做准备。演出也就是行动，是将团体成员中主角的生命故事具体地呈现在心理剧的舞台上，心理剧导演协助主角及团体成员觉察生命的处境与困顿，使团体成员产生对世界新的认知、情绪与行为。分享，是在心理剧完成之后，让主角休息，同时让团体成员分享与主角相同或者类似的生命故事，达到团体疗愈的目的。分享时，可能会引发其他团体成员的生命故事或者情绪，导演就可以从分享中直接切入分享者生命的故事继续做剧，因此分享也可以做下一个剧的暖身，所以三个阶段是环环相扣的。如果是训练团体，还会有一个审视的阶段。下面通过一个实际案例来具体讲解。

> 拓展阅读 7-5
>
> 为了忘却的记忆

(一) 暖身阶段

首先，导演安排暖身活动，让每个人分享自己的过去。在心理剧的暖身活动中，团体成员杨带着冒险一试的心情，叙述了他的成长经历，成为心理剧的主角。在导演的引导下，主角自己选择一位辅角做自己的妈妈，随后，杨与其母亲重逢的一幕呈现在观众面前。暖身是每个心理剧的第一阶段，第一阶段像是编织一个安全的摇篮，在这个摇篮中，每个人可以开始相信导演、团体以及心理剧这个方法。有的时候，来访者缺乏自发性并非表示他对心理剧作品有所抗拒，导演需要帮助来访者暖身以释放阻塞的能量，暖身可在心理剧一开始就帮助主角去碰触当时的感受与需求，使主角专注于其中而且更具自发性。暖身是持续的，团体要先借由暖身来产生主角，主角逐渐被暖身以与长期深藏于其内心的问题碰触，像剥洋葱般将这些问题一层层由外而内展现出来。

（二）演出阶段

当主角提出一个问题时，演出即将开始，导演会帮助主角将焦点放在他想要探索的冲突点上，确定主角已经知道即将演出的就是自己想要解决的困扰，依据主角的陈述，如我无法接受妈妈的离开，我不敢跟同学们相处等，导演协助主角搭设发生在过去、现在或未来的场景，并注意场景的细节，如此可以帮助主角回到会阻碍其创造性能量流动的未完成事件的场景中。然后，透过主角的演出与辅角的协助，在舞台上呈现具体或者想象的事件，并在附加现实的层面上创造新的现实及发展新的剧本。附加现实是超越与胜过现实的场景，是从来没有发生过，将来也不可能会发生，或者根本不可能发生的场景，然而，对于主角来说，它是再真实不过的场景。演出为主角的内在世界与外在世界搭起了一座沟通的桥梁。

场景1——与母亲的倾诉：杨见到离别已久的母亲，放声痛哭，嘴里不断地说着："你为什么离开我？你为什么选择自杀？"他向母亲哭诉他是如何面对这突如其来的噩耗，没有人告诉他母亲为什么如此离开他，亲戚与朋友们都在冷落他。杨怀着痛苦默默地回到学校，他必须参加一年一次的高考。

场景2——角色转换：导演让杨扮演他的母亲，扮演母亲的辅角扮成了杨。母亲(杨)重新回到儿子(辅角)的身边，自发地对儿子说："妈妈很爱你，因为有你，妈妈才不会让婆婆瞧不起，你是妈妈的宝贝，妈妈也舍不得离开你，可是妈的命太苦了，我是无奈才这样做的，希望你能谅解妈妈。"儿子对妈妈(杨)说："妈，我好累，我现在上了大学，但我总是一个人，不敢面对我的同学。"妈妈(杨)说："儿子，勇敢些，不要像妈妈一样，与亲戚不合，与婆婆家不往来。走你自己的路，不要太苦了自己。我们家有你这个大学生是妈妈的骄傲。"

场景3——离别告白：导演引导杨与她的母亲在校园的大草坪上见面。(场景布置：以绿色的纱布为草坪，深绿色的纱布裹在参与者的身上，让他们蹲下，看似小灌木)杨偎依在母亲的怀抱中，幸福地微笑着，心中曾有的不安与退缩早已不见踪影，杨告诉母亲(辅角)："妈，我会时常打电话给奶奶，叔叔对我也很关心，姐姐已经出嫁了，她有一对儿女，很幸福，姐夫对我也很好。妈，我要学习与同学相处。"

演出是心理剧的第二阶段，暖身过后，导演以及被选出来的主角更进一步地将问题带入核心，演出可以让主角在当下的情境中直接表露和感受在真实生活中无法完整、真实表现的内在感受，主角通过公开或者隐秘地探索角色中过度发展、发展不足、未发展，或者存在冲突或缺失的自我部分，并尝试体现新的角色，发展自己的角色技巧，拓展自己的角色目录，提升自发性的程度，从而变得更加真实和开放。在这个阶段需要注意的是，当主角在一个场景中演出的时候，他具有探索情境中任意方面的自由，而且不会被强迫。主角需要感受到自己能够操控要发生的事情，他是在进行自己的工作，而且会被倾听与尊重。

(三) 分享阶段

分享是心理剧治疗中将主角带回团体，整合进入团体的阶段。演出结束之后，要鼓励团体成员分享因主角的演出所唤起的个人经验，这样的分享可以让主角感到并不只是他有问题，进而感受到获得支持。分享使团体成员有时间宣泄自己并互相整合，成员开始反思，在整个心理剧表演过程中互相学习，进而体会到刚才的演出与自己的联结，以及他人的感受，并与自己生活中的相似经验联系起来，而一个成员的分享经常会触发其他成员新的觉察和感受。导演在分享阶段会要求成员分享自己的经验及感受，而不是分析或者评论演出者，因为这个时候的主角常常是很脆弱的，只能透过聆听其他成员对他的认同和链接，才能从演出时的那种赤裸裸的情绪中回到团体。同时，在分享阶段，所有参与者都有机会疏通他们的感觉，让团体冷静下来，让成员可以重新进入其个人现实世界，所以，适当的分享是一个宣泄、整合和反思的过程。

心理剧治疗主要分为暖身、演出和分享三个阶段，如果是训练团体，还会有审视阶段。审视是在整个心理剧完成之后，检查信息的处理以及运用是否得当，这是针对团体、主角及导演，特别是那些正在接受训练的导演的一种学习过程。在审视阶段，导演、受训者及团体成员将讨论理论假设及理论根据，会对技巧进行回顾。一般情况下，在大多数的团体中，审视通常是在心理剧结束后的 24 小时之内进行。

五、心理剧治疗的评价

心理剧不仅是治疗的方法，也是艺术化生活的一种方式，它调动了整个人的潜能、艺术才华与创造力。心理剧是一种艺术和灵性的触媒，它使人们的庆祝和冒险变为可能，它是丰富而非僵硬的，属于表达性艺术治疗，逐渐被越来越多的人接受并热爱。

(一) 心理剧治疗强调以行为来经验生命，而非讨论问题

莫雷诺相信，唯有行动才能帮助个体把不易觉察的事物唤醒。行胜于言是心理剧专家们的基本信条，所以心理剧专家强调：不要说，演给我们看。心理剧属于表达性艺术治疗，以行动表达为介质的心理剧在解决情绪困扰以及创伤体验时，比以语言为介质的心理治疗更有优势。从大脑工作机制的角度来看，语言主要受大脑左半球控制，而情绪主要受大脑右半球控制，语言无法直接处理情绪体验问题，因为情绪和艺术都同时被大脑右半球所控制，个体通过行为演出这种艺术性的表达方式使内心世界外化，进而消减情感冲突，提升自我意识并促进个人成长。

(二) 心理剧治疗对团体的安全氛围要求比较高

来访者需要有足够的安全感和信任感，才会大胆地在团体中暴露自己的隐私，表达自己深层次的内心感受，把现代人的各种精神压抑与心理冲突通过心理剧呈现出来，因此暖身环节特别重要，只有足够的安全感才能降低来访者的防御心理。

(三) 心理剧治疗强调内容的自发性和创造性

心理剧采用演出的方法，使成员可表达无法用语言描述的复杂情感状态，有助于减少习惯性的口语表达及心理防御。通过角色扮演，再现当事人的现实生活场景和心路历程，可以有效地唤起自己的创造力、自发性和想象力，促进个体成长，最大限度地激发个体的创造性潜能，从而有效面对生活中的挑战与机遇。

(四) 心理剧治疗具有高度的整合性

心理剧舞台为来访者提供了更为广阔的空间，可以帮助来访者超越时空界限，表达内心世界，可以在同一舞台中呈现不同时空的事件，甚至展现相互矛盾的情感冲突。心理剧治疗具有将内心世界与外在表现进行整合的功能，可以在行动表达的过程中推进个体情绪、认知、身体和社会的整合。心理剧是一个整合历程，是在情景构建中去诠释情绪而非用语言解释情绪。

> 拓展阅读 7-6
>
> 谁应该开我的车子

第三节 音 乐 治 疗

音乐治疗是表达性艺术治疗中比较经典的疗法之一，也是临床中使用比较广泛的一种表达性艺术治疗方法。音乐表达本就是所有艺术表达中最容易被理解、最具震撼性的形式之一。

一、音乐治疗发展的历史背景和哲学观基础

音乐治疗(music therapy)是指经过训练的音乐治疗师，通过使用经过系统性设计的音乐干预活动，创造出疗愈性的环境，达到治疗、疗愈的目标，包括康复、保持和改善精神与身体状况。根据不同的目的、场所和使用范围，music therapy 又译为音乐疗愈、音乐疗法等，各名称的含义稍有不同，而主流学者则广泛使用"音乐治疗"的名称。音乐治疗是一门交叉学科，涉及音乐、医学、心理学、康复学等学科，它为音乐创造出除传统审美功能外更多实用的应用性功能。

早在古代，人类就开始研究音乐对身心健康的影响。巴比伦时期，人们使用音乐的宗教仪式作为疾病的治疗，古希腊时期也出现过使用音乐干预精神疾病的尝试，我国在古代也尝试用音乐及乐器治疗疾病。

现代音乐治疗这一技术诞生于20世纪40年代。"二战"后，专业及非专业音乐家来到医院服务伤兵，医护人员发现音乐治疗能明显提高心理及生理的恢复速度与水平，继而开始有医护人员协同音乐家开始研究和开发这项技术，并研究音乐提升人健康水平背后的原理。音乐治疗继而逐渐发展成为一门学科，由临床经验及科学研究相结合作为支撑，相继在不同大学开展学科的推广、教学和研究。

18世纪晚期，欧洲的医生们已经开始支持在疾病治疗中使用音乐，而最早涉及现代音乐治疗的文字出现在1789年《哥伦比亚杂志》(Columbian Magazine)中一篇没有署名的文章《关于音乐与身体的思考》(Music Physically Considered)中，而最早涉及治疗性的文章由埃德温·阿特利(Edwin Atlee)和塞缪尔·马修斯(Samuel Mathews)在1800年发表。19世纪晚期，兰登·爱德华兹(Landon Edwards)在纽约布莱克威尔岛(Blackwell's Island，现在的罗斯福岛，即Roosevelt Island)上针对岛上精神病院里的病人开展了大量无规划的、尝试性的音乐实验。后来，脑神经病学家詹姆斯·康宁(James Corning)针对音乐与情绪、睡眠的关系进行了更科学化的研究。在19世纪内，音乐用于治疗这一理念被不同专业的人士，包括音乐家、医生等对其有兴趣的先驱们研究并付诸实践。20世纪，护士伊萨·伊尔森(Isa Ilsen)和为"二战"士兵做干预治疗的音乐治疗师哈里特·西摩(Harriet Seymour)等人对现代音乐治疗技术专业化的使用和推进起了关键性的作用。

音乐作为贯穿人类发展过程和个体一生发展的文化符号之一，对人类的意义不仅是文化现象和产物。音乐为人们带来的既是集体文化的体现，又是个性化、带有隐私信息的体验。音乐治疗的理念强调，每个人都能拥有个性化的音乐体验并产生个性化的体会；体会音乐，是每个人天生携带的能力；体验音乐，是每个人都能自由享受且无法剥夺的权利。

现代音乐治疗发展的过程决定了音乐治疗注重来访者的个人体验、疗愈和发展，因此非常注重来访者的感受并以来访者的需求为中心。音乐治疗应首先体现对个体需求的尊重和重视。

在以来访者为中心的音乐治疗干预中，为了尊重和重视来访者，治疗的伦理道德应当设定并被遵守，伦理道德是任何治疗应考虑的先决条件。音乐治疗过程中应当注意以下几点。

(1) 来访者的选择是带有个性的，咨询师不能因为个人的宗教、受教育程度、生活习俗、音乐偏好而产生负面评价。

(2) 与来访者的关系应保持在专业的范围内，避免双重甚至多重关系的产生。

(3) 注意保密原则与保密例外的情况。

二、音乐治疗流派与音乐治疗过程

(一) 音乐治疗流派

音乐治疗在世界各地都发展出了有规模、有系统的，针对不同人群的流派或专业方向，常见的有脑神经音乐治疗(neurological music therapy，NMT)、鲁道夫-罗宾斯音乐治疗

(Nordoff-Robbins music therapy)、新生儿监护音乐治疗(neonatal intensive care unit，NICU)、音乐想象-邦尼方法(GIM-bonny method)音乐治疗等。其中与心理健康、心理咨询与干预工作人群相仿，主要涉及音乐与心理的音乐治疗流派有音乐想象-邦尼方法音乐治疗、分析性音乐治疗(analytical music therapy，AMT)等。在实际临床运用中，则须考虑病人需求，综合各流派技术制定干预方式。

音乐有着组成元素的复杂性及各元素组合的多变性，以及与不同领域交叉合作时可体现出不同风格、元素、组合等特点。音乐治疗涉及的专业非常广泛，在临床中实际应用时与不同的专业交叉使用，医疗支持、发展发育、物理康复、语言康复、作业治疗、心理咨询、特殊教育等专业都有音乐治疗师的身影。本书的案例主要涉及音乐与心理方面。

音乐治疗在不同场景下的治疗目标有所变化。例如在肿瘤病房，常见的治疗目标为疼痛管理、情绪稳定、医疗过程支撑；在安宁病房，常见的治疗目标为疼痛及呼吸管理、维持生活娱乐质量、记忆唤起及生平回忆；在心理咨询中，情绪的表达、情绪的定位、潜意识的表现甚至行为的改变等方面都可以是音乐治疗的目标。心理的需求对于不同的来访者来说都是存在的，因此音乐治疗在心理方面的运用可能涉及情绪的改变、自我表达、自我体会及理解、感情的抒发、自我目标的制定和追求等。

(二) 音乐治疗过程

音乐治疗与其他治疗一样，干预的界定方式与常见的治疗方式类似，其干预过程需要有完整的步骤以确保治疗性。一般临床音乐治疗的过程分五个步骤进行：一是评估；二是制定治疗目标；三是根据制定的目标进行治疗干预；四是回顾和反馈；五是中止或继续干预。制定目标的过程一般由受过专业训练的音乐治疗师和来访者共同决定，必要时与医护人员、家属、监护人商量共同决定。

在评估过程中，治疗师需要注意：一是要与来访者交谈，并有必要与其家属或监护人交谈，做出客观交谈记录；二是在音乐环境与非音乐环境中观察来访者，做出客观观察记录。音乐治疗干预的目标制定为干预过程中重要的一环，治疗过程由目标决定，而目标则由音乐治疗师根据来访者的需求制定。目标的制定需要满足一定的原则，即有价值、适合来访者、可测量、可操作，制定的目标也需要最终回归现实需求。

在干预实施过程中，治疗师需要观察并贴近来访者的行为和情绪，用音乐迎合并烘托来访者的状态，达到吻合同步的状态，称为协同。而在此基础上，治疗师将带领并帮助来访者调整到期望的心理与生理目标方向。这一协同并带领来访者改变的过程，在音乐治疗中称为同步原则(ISO principal)。同步原则几乎能应用在音乐治疗的所有干预中，包括心理或生理的干预目标，其过程在于觉察来访者的状态，产生共情或共振，并有计划地改变来访者以达到设定的目标。

三、音乐治疗原理

不同流派和方向对音乐治疗原理的理解不同。音乐能在无意识中影响人的认知、行为、情绪、生理指标。当音乐配合有计划的治疗实施程序和步骤，就能达到一定的治疗目标和治疗效果。

人们一般通过听觉系统接受声音。声音通过外耳传过中耳到达内耳，通过耳蜗输入大脑听觉系统。大脑的功能分区已有一定概论，但功能的分区并非单一性的，且具有一定的个体差异，而这个特点给音乐治疗以良好的生理前提。目前的医学研究显示，人脑处理音乐的区域分布在各个角落，与语言能力、运动能力、记忆能力、高级认知能力等功能区均有重叠处，意味着音乐的输入、输出与人们的语言表达和理解、记忆创建及寻回、肢体运动、感知及认知、抽象想象能力、计划执行功能、情感体会和表达等均有联系。

例如，语言信息的输入有具体相关的大脑分区，布洛卡区负责表达性语言内容，威尔尼克区负责理解性语言内容。当这些脑区受损时，可以通过音乐的使用，配合音乐治疗的技术进行有计划的干预，促使损伤的大脑功能由其他部分代偿，促进部分语言功能的恢复。

音乐治疗在心理范畴的运用涉及音乐与记忆、情绪、生理指标等内容的互相影响。人的愉快心情与大脑多巴胺、催产素等物质的分泌紧密相关，而适当的音乐能促进多巴胺等神经递质的分泌，使人产生愉快的心情并希望重复尝试。研究表明，人们在听到熟悉的音乐时，等待并迎来音乐的高潮时，大脑能大量地释放多巴胺和激励奖赏回路。

音乐本身亦是文化的代表。文化是人们在集体中发展而来，是个人认同感高的经历融合的成果。音乐的旋律和节奏等元素，是音乐里特有的。不同的音高以一定规律组成句子，产生了旋律。这些特有的元素使音乐在触及人心灵方面有着不可替代的作用和效果，并使人从中产生文化认同感，从而使来访者在治疗中产生联结感、带入感、认同感。

音乐能帮助人们社交。音乐本身就涉及各种类型的社交活动，包括表演、合奏、音乐创作等。研究表明，当一群人一起歌唱时，尤其是即兴歌唱时，能增加血液中的催产素浓度，建立信任感和同理感。

音乐能帮助人们记忆信息和场景。音乐有强大的携带信息的能力，通过固定的节奏和结构，能模块式组合零散信息，使人的注意力快速集中并将信息映入脑中；音乐能通过朗朗上口的旋律和乐句，让人们的大脑长期、稳定地留住信息。

音乐能唤起情绪。音乐带给听众的信息除了有情绪、感情、故事背景、特色旋律、节奏等文化因素之外，还有个人记忆下的特定情景、片段、事件、即时感受、延时感受和其他复杂的个人体验与感受。人们经历的特定音乐体验和记忆，印象最深刻的往往是强烈的情绪记忆，如纪念日播放的有特殊意义的曲子，或亲人生前一起聆听的旋律。经过有计划的干预，音乐治疗能从个体的记忆中抽取意义重大的内容进行加工处理，从而达到治疗目标。

在心理咨询中，咨询师需要与来访者共情以获得信任、理解和进一步的自由表达；在音乐治疗中，治疗师通过执行同步原则，和来访者达到音乐上的协同。在使用音乐进行心理干预的过程中，协同表示治疗师与来访者达到音乐与情感上的共情而互相支持的状态。在协同的状态下，来访者能即时感到治疗师对自己的理解与支持，在音乐中发展、升华情感并产生更自由的自我认识和意识的输出。

四、音乐治疗技术

由于目标人群和工作原理的不同,音乐治疗中各个流派的干预方式不尽相同,人们最常意识到的音乐使用方式便是聆听。在音乐治疗中,亦可有计划、有技巧地聆听音乐,并配合心理咨询的技术来进行进一步的治疗。除积极聆听音乐外,常见的音乐活动还有现场演奏音乐和进行音乐创作。现场演奏音乐为来访者营造放松、自由、无拘束的表达场景,也给予治疗师以观察与了解来访者的机会,并使治疗师在来访者主动表达的情况下与来访者交流。音乐创作由于个性化的程度非常高,来访者可以在此过程中自由表达与发泄情绪。音乐也是私密的个人信息,能让来访者在低压的场景下察觉和解读潜意识,使来访者更容易理解并接纳自我,也创造了一种缓和的、可直接传递自我感受和个人体验的通道。

(一) 聆听音乐

聆听音乐是非常常见的日常活动,绝大部分人都有聆听音乐的能力和不同的聆听偏好。聆听音乐可能唤起人们不一样的内在情绪与感知,而在有技巧地引导的情况下,主动聆听音乐也可促进达成治疗性的目标。

音乐的选择是音乐治疗中至关重要的一步,选择对来访者有意义的音乐可以更有效率地达到治疗目标,而不谨慎的音乐选择则可产生对治疗关系或干预效果的负面影响。

音乐的选择范围非常广泛,音乐能与人的情绪、记忆、情感、事件、信息等思维认知涉及的内容产生联系,而无论这种联系是正面、负面抑或是中性的,都有个体的独特性。因此,在干预过程中,音乐的选择一定要慎重,并在需要时及时进行修改。

一般来说,在被动或主动聆听成品音乐作品时,音乐治疗师并不会直接为来访者做出选择,而是在了解来访者,并且与之交流沟通过后,为达到干预目标而做出选择。简单来说,就是从来访者的角度来考虑而做出选择。

因为每个来访者都有个体的独特性,治疗师无法武断地将音乐分为舒缓或活跃、悲伤或快乐,不能简单地给来访者开所谓的"音乐处方"。一首普遍认为"舒缓"的歌曲,可能会对某些与这首歌有创伤经验的来访者产生相反的效果。最直接的音乐选择方式就是询问来访者的偏好。

> 拓展阅读 7-7
>
> 尊重个人的选择

某些时候,来访者并没有考虑过类似的音乐选择问题,或者偏好发生了改变,治疗师选择音乐时就需要观察来访者的即时反应,及时根据反馈来进行调整,或就引出的情绪进行讨论。

> **拓展阅读 7-8**
>
> 观察并反馈聆听中的变化

(二) 创作音乐

自主创作音乐可以帮助来访者表达自我、发掘内心、了解自己、发泄情绪、展开思路、厘清想法等。创作音乐的方式较为自由,来访者有广阔的选择范围,但需要治疗师有一定的音乐创作水平,以支撑来访者的自由表达,其中,治疗师需要避免无意中给来访者附加个人意见或过多的引导。

(1) 改编已有音乐。治疗师可以通过与来访者共同工作,在改编已有音乐的旋律、节奏、风格、歌词、乐器、伴奏形式等内容的同时,促进达到干预目标。治疗师需要对来访者的偏好有一定了解,并有一定的音乐改编能力。

> **拓展阅读 7-9**
>
> 改编歌曲背后的意愿

(2) 作曲。来访者可以和治疗师一起从零开始创造属于来访者自己的音乐,形式、体裁、风格等都可以在讨论过程中产生,并通过创作的过程来进行疗愈,创作后也可以进行讨论。这个技术要求治疗师对音乐的元素有一定的了解与把握,并使用积极的引导技术调动来访者表达自我和创作。

(三) 演奏音乐

现场演奏音乐的过程本身具有疗愈性,通过现场乐器的演奏和自身的发声,在有规律的干预下进行演奏,可促进达到干预目标。一般来说,乐器的质量越好,产生的音响效果越好,则产生的疗愈性力量越大。现场演奏乐器对治疗师的音乐素养也有一定要求,治疗师需要能够掌握乐器的演奏、人声的演唱、现场质量和效果的把控、对来访者近距离的观察和调整等。

乐器的选择与聆听音乐的选择都应从来访者的角度考虑而做出选择,即要考虑来访者的文化背景、信仰、成长环境、世界观、价值观、听觉和触觉的敏感程度等。

如果选择现场演奏音乐,就会使用到不同的乐器。除了考虑治疗师自己的音乐演奏水平、乐器的特点外,还需要根据来访者的特点或者与来访者交谈讨论后决定使用的乐器:一是尺寸、外观、颜色;二是乐器的文化特点,如是否有某些特殊的文化背景和含义;三是音色的特点和内容的表达方式,如音色是否符合来访者的要求或目标;四是乐器的音量,是否在来访者能接受并有影响力的范围内;五是音乐治疗案例分析实践。

> **拓展阅读 7-10**
>
> 音乐中建立关系及稳定情绪

在心理咨询中使用音乐疗法时,聆听音乐需要有乐理和音乐美学的背景知识,其他操作会涉及一定的音乐技巧及现场音乐演奏、演唱水平,对来访者的音乐素养有一定的要求,而且要求咨询师同时具有音乐技巧与心理知识。音乐疗法并非适合所有人使用,当来访者认为语言表达更舒适而更偏好通过语言干预时,坚持使用音乐疗法可能会有一定的阻碍。

音乐疗法可在心理干预时单独使用,也可结合其他心理咨询技术使用。音乐疗法结合其他心理咨询技术,可以扩大音乐干预的技术使用范围,方便来访者自由表达与发泄情绪、解读潜意识、接纳自我,能够提升心理咨询的质量和丰富心理咨询的手段。

第四节 沙盘游戏治疗

沙盘游戏治疗的工具由沙、沙盘和沙具三部分组成,来访者在沙盘所限定的区域里,运用沙具发挥自主想象创造一些场景。在沙盘游戏治疗过程中,沙盘是一个介于个体内心世界和外在生活的"中间地带",来访者的内心世界和外在生活在这里得以呈现与自我揭示。通过沙盘作品,咨询师可以引导来访者去探索自己内心深处的真实感受和一些被遗忘或者是被压抑了的创伤体验。

一、沙盘游戏治疗简介

沙盘游戏疗法是荣格分析心理学的一种应用性发展,由瑞士精神分析学家多拉·卡尔夫创立。荣格的分析心理学、洛温菲尔德的"世界技术",以及中国文化和中国哲学,是卡尔夫创立沙盘游戏疗法的三大基础。

(一)沙盘游戏治疗的定义

在 2005 年的意大利罗马国际沙盘游戏治疗大会上,大家一致通过了以下对沙盘游戏治疗的表述:

沙盘游戏治疗是一种以荣格心理学原理为基础,由多拉·卡尔夫发展创立的心理治疗方法。沙盘游戏治疗是运用意象进行治疗的创造形式,是一种对身心生命能量的集中提炼。其特点是在医患关系和沙盘的自由与受保护的空间中,把沙子、水和沙具运用于意象的创建。沙盘中所表现的系列沙盘意象,营造出沙盘游戏者心灵深处意识和无意识之间的持续性对话,以及由此而激发的治愈过程和人格发展。

此外，其中作为沙盘游戏疗法基础的荣格分析心理学、意象和积极想象、身心生命能量、自由与保护的空间、意识和无意识、治疗与治愈，以及心灵与自性，同时也包括沙子、水和沙盘与沙具等，都是需要我们进一步思考与理解的重要内容。

(二) 沙盘游戏治疗的发展历史

沙盘游戏最初的灵感来自英国作家威尔斯的"地板游戏"。威尔斯把自己和两个儿子在地板上构建生活场景的游戏写在《地板游戏》中，并鼓励父母多与孩子游戏。他认为孩子应有充足的玩具，以培养想象力，并说明游戏所包含的心灵创造的力量。

受威尔斯"地板游戏"的启示，英国儿童心理学家劳恩菲尔德将场景凝缩到空间限定的箱子里，并将收集的各式各样的玩具模型放在箱子中，让孩子们在箱子中玩，表露自己的内心世界。劳恩菲尔德对玩具及箱子进行整理，将这一儿童心理治疗方法命名为"世界技法"。

瑞士的精神分析学家卡尔夫是沙盘游戏治疗的创立者，她接受了劳恩菲尔德的指导，完善了这项技法，制定了相关的原则，并把荣格的分析心理学象征理论和原型理论相结合，为来访者创造一个自由与受保护的空间。她最大的贡献是游历世界35年，向公众讲述这项技术，培训了一大批能够运用这项技术的人才。她被誉为"沙盘游戏治疗之父"。值得一提的是，卡尔夫自幼学习中文，在其成长过程中精读《易经》和道家哲学，精研周敦颐的哲学体系，并为沙盘游戏疗法的创立奠定了基础，作为其自性化发展的指引。

自此，沙盘游戏疗法开始在儿童心理咨询中广泛应用。逐渐地，这种技法也被扩展到成人咨询中，并取得了神奇的效果。沙盘游戏疗法在中国的传播有两个旗帜性人物：北京师范大学的张日昇教授和华南师范大学的申荷永教授。张日昇称该技术为"箱庭疗法"，申荷永称该技术为"沙盘游戏"。这两位专家泰斗为沙盘游戏治疗在中国的发展起到了巨大的推动作用。

现在，沙盘游戏治疗的应用范围非常广泛，包括：①心理临床应用，如团体咨询、危机干预、日常咨询；②在医疗系统应用；③在幼儿园、学校系统应用；④在家庭疗法中应用；⑤在社区、企业机关应用。

(三) 沙盘游戏治疗的理论基础与内涵

沙盘游戏治疗的理论基础主要是荣格的心理分析理论，其他一些理论学派对沙盘游戏治疗的产生也具有一定的影响。

1. 沙盘游戏治疗的理论基础

沙盘游戏治疗是心理治疗的一种疗法，也是分析心理学的一种疗法，同时也是表达性治疗、艺术治疗的一种重要疗法，它从不同方面汲取了这几者中的一些理论或重要观点，作为自己的理论基础，具体包括：

(1) 精神分析理论之客体关系理论；

(2) 荣格的心理分析理论；

(3) 以人为中心疗法(人本主义理论)；

(4) 东方文化；

(5) 投射理论(给无结构的材料赋予结构、减弱来访者的心理防御、表达性艺术治疗)；

(6) 卡尔夫的整合性思想(自性及其发展的意义、自由与受保护的作用、自性化与整合性)。

2. 沙盘游戏治疗的内涵

沙盘游戏治疗有着丰富的分析心理学内涵，包括以下重要内容。

(1) 积极想象与身心能量。积极想象(active imagination)是荣格心理分析的重要方法，同时也被称为一种接触无意识乃至自性化的基本态度。可以说，积极想象是沙盘游戏疗法的内含技术，或者说沙盘游戏疗法是积极想象的一种体现。因而，荣格的集体无意识思想、原型和原型意象的理论，以及对意象和象征的阐释，都属于沙盘游戏疗法的重要内涵。大部分心理咨询和心理治疗只是以语言沟通和文本叙述为主要形式，但沙盘游戏疗法则同时重视身、心两个层面，当来访者将双手放在沙盘上，或轻轻抚摸沙子，或用力将沙子堆起，或选取不同材质和形状的沙具……此时，身心同时在感受，身心同时在表达，身心的生命能量获得提炼，心灵的治愈效果由此发端。我们常用中国文化中的"体认—体会—体现—体验—体悟"来描述沙盘游戏疗法的治愈过程。得之于心，应之于手，此之谓也。

(2) 自由与受保护的空间。对于卡尔夫来说，沙盘游戏疗法之所以会有治愈的效果，首先在于其自由与受保护的空间，这既是沙盘游戏疗法的临床治疗基础，也是心理疾病治愈和转化的条件。自由与受保护，看似简单的描述却有着非凡的寓意。自由，尤其是心灵的自由，是人类的不懈追求。可以这样说，许多心理疾病，其本身正是由于缺乏心灵与思想的自由。自由并且具有保护作用，还可以加上安全，组成了沙盘游戏疗法所强调的治疗师与来访者的基本关系。这种关系随时体现为治疗的工作气氛，转化为治愈的重要元素。需要指出的是，自由与受保护的空间需要治疗师努力去营造，能够在工作室，在治疗师和来访者之间，营造出这种自由与受保护空间和气氛，正是心理治疗师的素质和功力体现。

(3) 意识与无意识。沙盘游戏疗法的定义中，提到心灵深处意识和无意识之间的持续性对话。若是对此做一个简要解读的话，可以发现其中包含这样几个要点：首先，从心理分析的临床角度来看，许多心理症状的背后总是涉及意识和无意识之间的冲突；其次，若要有效地解决冲突，就需要沟通与对话，从某种程度上说，心理分析与沙盘游戏治疗就包含了这样一种意识与无意识的沟通与对话；最后，意识与无意识之间的沟通与对话也是人的内在发展，以及创造与意义获得的途径。荣格的分析心理学与经典的精神分析理论都重视无意识的意义，心理分析或动力取向的心理治疗一向坚持在无意识水平上的工作。但是，如何面对无意识,以及如何在临床治疗的工作中体现无意识的意义,弗洛伊德的经典精神分析理论与荣格的分析心理学则有所不同。对于弗洛伊德和经典精神分析学学者来说,用意识整合无意识始终是工作要点所在,但无意识犹如海洋,而人们的意识只是小小的岛屿,这种整合可能吗?于是,对于荣格和分析心理学学者来说,则更加关注对无意识本身的尊重,关注人们如何能够学会在无意识的海洋中游泳。

(4) 心灵与自性化。沙盘游戏治疗与心灵有关,与自性化有关。心理分析和沙盘游戏体验的过程,也是每个人自我探索的过程,真正的治愈因素存在于每个人的内心深处,真正的治愈力量也存在于每个人的内心深处。西方心理学的源头可以回溯于古希腊特尔斐神殿的箴言——认识自己。以此为基础,深度心理治疗的心理分析可以加上对"自性"的体验,以及发挥自己的天赋与"成为自己"的自性化目标。自性化,实际上也就是成为与成就自己,这也是每个人心灵的自由之道。

(四) 沙盘游戏治疗的构成要素

沙箱、沙子、沙具,有时加上水,是沙盘游戏治疗最主要的构成要素。

(1) 沙箱:沙箱是承载的工具,是一个有边界的容器,其大小、规格和颜色都有统一的标准。国际上统一的沙箱尺寸为57cm×72cm×7cm。沙箱要置于桌子上或者架子上。沙箱是有边界的,本身具有"心理容器"的象征意义,给予来访者一个安全的空间,用于呈现和解决自己内心世界的问题。沙箱内侧是海蓝色或者天蓝色的,代表江河、湖海等,是生命和能量的象征。蓝色也代表蓝天,能让人有"水天一色"的感觉。蓝色还能够让人浮躁的心情平和下来,便于人们更好地沟通内在和外在的世界。

(2) 沙子:"一沙一世界",沙中蕴含着一个广阔的天地。沙子是沙盘游戏治疗最基本的材料,沙子是人类天然的玩具。大部分人在孩童时期就特别喜欢玩沙子。人类对沙子有天生的亲切感,因为沙子柔软、细腻,可以进行雕塑。沙子是久远的岩石内化的产物,它收藏着过去生命过程的印迹,能够让人回归过去,回到问题的本质。沙子具有流动性,触摸沙子能使来访者的注意力聚焦于此时此地。接触沙子能使人的触觉变得灵敏,可以让人体验到一种自由和生命感,能更好地缓解压力。沙子就像大地,会让人们联想到母亲。人们通过抚沙,能将意识和无意识沟通起来。

(3) 沙具:沙具是来访者用来表达内心世界的象征物,它可以把无形的心理世界有形化。生活中存在的所有可能的物体形象,都可以在沙箱中通过沙具表现出来。沙具越多,来访者备选的内容就越丰富,就越有创造力。

(4) 水:在沙盘游戏治疗中还可以使用水,这样沙子就变成了湿沙,干沙代表沙子的原始形态,流动性大,柔和;湿沙则可以被塑形,有着无穷的变幻,有丰富的象征性。

沙盘游戏治疗的设备可以系统购买,分为标准版、专业版等;类型也比较丰富,有交通类、建筑类、宗教类、植物动物类、人物类、神话传说类等;也可以单独购买或在日常生活中收集一些小玩具或者小工具来丰富沙具的种类,有时候,甚至一块石头、一小撮棉花，可能来访者都会用得到；还可以提供给来访者一些材料，让来访者自己制作沙具。

沙具要分门别类、有序地摆放在架子上，这样有利于来访者挑选需要的沙具。

(五) 沙盘游戏治疗的基本配置

1. 沙箱

(1) 内侧尺寸的国际标准：57cm×72cm×7cm。

(2) 颜色：外侧涂深颜色，内侧涂蓝色，可以让来访者感到挖沙子会挖出水，这种感觉是很重要的。

(3) 数量：1个。

2. 海沙

重量约10kg。

3. 陈列架

(1) 高度：150～170cm。

(2) 宽度：85cm。

(3) 深度：26cm。

(4) 层数：6或7层。

(5) 数量：2或3个。

4. 沙箱桌

数量为1个。

5. 沙具

沙具是沙盘游戏治疗用具中最重要的组成部分。沙盘游戏治疗设备较为专业的配比是由心理技术专家确定的9大类和57小类，包括人物类、动物类、植物类、建筑类、交通运输类、自然景物类、军事类、宗教类和其他等。沙具可以是现实和想象中的物品，包含了能够用于表达各种生活、心理的原型，具有象征意义。

(1) 人物类：家族、职业人、卡通及故事人物等。

(2) 动物类：野兽、家禽、家畜、野生动物、昆虫、水中生物等。

(3) 植物类：花草、树木、盆景、水果、蔬菜、草坪等。

(4) 建筑类：桥、栏杆、学校、医院、超市、高楼等。

(5) 交通运输类：飞机、火车、交通标志、船、汽车、摩托车、工程车、公路、轨道、加油站等。

(6) 自然景物类：山、珊瑚、鹅卵石、贝壳、彩珠、彩石、彩虹、云、星星等。

(7) 军事类：战车、工事、铁丝网、坦克、枪炮等。

(8) 宗教类：佛、塔、教堂、鬼怪等。

(9) 其他。

6. 其他配置

沙盘游戏治疗设备除以上基本配置外，还需要其他配置：

(1) 沙盘游戏室，大约 10 平方米(避免面积过大给来访者造成压力)；

(2) 照相机(拍摄来访者的沙盘作品，便于与以后的沙盘作品比较之用)；

(3) 记录本(记录整个沙盘作品制作过程，便于对沙盘作品进行分析)。

二、沙盘游戏治疗的实施过程

沙盘游戏治疗的实施过程是来访者运用沙箱、玩具、沙子等有形之物，用象征、心象等形式来表现自己的无意识世界的过程。当来访者的沙盘作品完成后，咨询师请来访者就作品内容和主题进行解释，通过与来访者对话理解其制作的沙盘作品。

(一) 沙盘游戏的导入

咨询师要在较短的时间和来访者建立良好的咨询关系，并获得来访者的个人背景、咨询目标、对咨询的期待等信息。良好的咨询关系确立之后，在适当的时候，向来访者介绍沙盘游戏，或者等来访者自己注意到沙盘的存在，感兴趣且希望体验时，就可以运用沙盘游戏进行治疗了。

咨询师可以这样向来访者介绍："我在以往为他人做咨询时，也遇到了一些和你情况相似的案例，通过制作沙盘，对方的问题都得到了很好的解决，你也可以尝试一下。"如果来访者同意采用沙盘游戏疗法，咨询师要向来访者介绍相关内容。

(二) 沙盘作品的制作、体验和调整

制作前，可以先让来访者感受沙子，咨询师可以示范移动沙子，露出沙箱的底部，让来访者看到沙箱底部的色彩和周边的设置，同时向来访者介绍沙和水的使用方法，介绍各种沙具以及在架子上摆放的位置，让来访者感到安全、自由。

指导语可参考如下：

(1) 请到架子上看看那些沙具，看到哪个沙具很吸引你，你就将它摆在沙箱上。

(2) 请你用这些沙具在沙盘里搭建一个你想要的世界。

(3) 请你用手触动沙子，感受沙子带给你的感觉，你想用手把沙子堆成什么形状就堆成什么形状。当你愿意的时候，你就可以到架子上选沙具，每次拿一个或一类，把它放在沙箱里的任何位置，想怎么放就这么放。放好以后可以再去架子上拿，直到你认为可以了，这个沙盘作品就制作好了。当然，你也可以一个沙具都不拿，只用沙子堆成你想要的形状。记住，这个过程中，你在沙箱边站立的位置要固定。

咨询师发出指导语之后，来访者就可以制作沙盘了。

在制作过程中，咨询师一般坐在沙箱的侧面，像一个见证者一样，默默见证来访者无意识世界的流露和表达。咨询师不说话，尽量减少语言的交流，不要对来访者或其作品进行肯定或否定的判断。但是咨询师可以通过目光、身体语言以及偶尔的应答，用共情理解

的态度，设身处地地体验来访者的心理和情感，帮助来访者的自性显现和整合。咨询师要给来访者提供一个自由且安全、受保护的环境，在来访者制作沙盘的过程中，要让来访者充分地与自己的潜意识和感受待在一起，咨询师只观察和记录来访者的非言语的行为表达以及所取沙具的顺序和摆放方位。

当来访者制作完成沙盘作品后，咨询师不要着急听他对作品的解释，而是要给来访者一点时间，让他安静地体验自己的内心世界。来访者体验作品之后，可以对自己的作品进行调整，咨询师要让来访者进行重新体验，并对来访者的改变进行记录。

(三) 沙盘作品的讨论与分享

来访者对自己的作品命名，并讲述与作品有关的故事，表达自己的创作背景。

咨询师陪同来访者，对沙盘作品进行探索，努力对沙盘世界进行深入的体验和经历，在适当的地方给予共情，以及在必要的情况下给出建议性、隐喻性或提问性的诠释。交流时，咨询师的提问可参考如下：

- 请你介绍一下你的作品，可以吗？
- 如果让你给作品起个名字，会是什么？
- 这个作品中你最满意哪个部分？
- 这里有你自己吗？你在哪个位置(或哪个是你)？
- 你觉得哪个沙具对你意义(或触动)最大？意义(触动)是什么？
- 作品完成后，你的感受(或收获)是什么？
- 对作品，你还有什么想表达的？

(四) 记录和拍照

仔细观察来访者适用和不适用哪些沙具，以及来访者会怎样使用它们，对来访者在整个制作过程中的言行表现进行必要的记录。

对沙盘作品进行拍照记录，目的是记录整个沙盘作品的制作过程，也是对来访者心路历程的一种纪念。

(五) 沙盘作品的拆除

沙盘对话结束后，可以根据时间和来访者的感受，让来访者自己选择是离开治疗室之后，由咨询师拆除其作品，还是由来访者亲自动手拆除作品。当来访者自己拆除作品时，咨询师仍然以静默、接纳的态度予以关注，因为来访者不太熟悉沙盘治疗室沙具摆放的规则，在来访者离开之后，咨询师再将沙具的摆放位置做适当的调整。

(六) 案例整理和照片存档

咨询师应根据疗程和每次的咨询效果，对案例资料做系统的记录，并将照片存档。这样做的目的不仅是为来访者负责，而且对于研究个案有一定的帮助。

三、沙盘的象征及分析

沙盘游戏中,很多具有典型意义的场景或者沙具同时具有一定的、普遍的象征性意义,一般而言,做沙盘游戏治疗时不应向来访者做过多的分析和讲解。

(一) 沙盘中各种具体事物的象征性

1. 沙具的象征意义

对于咨询师来说,读懂沙盘作品的象征意义能较好地了解来访者内部经验的世界,探索来访者无意识里想要什么,再现来访者对世界、对人生、对价值观的理解。因此,咨询过程中,结合来访者的解释,探讨每个沙具的象征意义,寻找积极能量点及病理、原因是非常重要的。

2. 宗教的象征意义

宗教文化方面的内容在沙盘作品中出现较多。宗教人物如上帝、释迦牟尼、观音菩萨以及多种宗教神话中的神祇,都象征着神秘而超自然的力量。当沙盘作品中出现诸如此类的形象,可以理解为来访者可能正处一种关键时期,正寻求一种精神寄托、指引或庇护。

3. 自然景观的象征意义

比较常见的自然景观的象征意义如下。

(1) 树木:树木是繁殖、成长、创造、潜能的象征。

(2) 水:水是女性的象征,代表一个人的女性性或母性性。一般认为,井水、泉水来源于地下,是无意识深层的力量。泉水代表精神的净化,是宁静、乐观、积极的生活态度的表现。井水、泉水的喷涌量是恒定的,故又象征动力的均衡与稳定,也象征纯洁的灵魂。

(3) 河流:河流象征生命力的流动状态及延续性,也可象征来访者的生命历程。

(4) 湖泊:湖泊的容量甚大,象征生命力的积蓄和吞吐。

(5) 海洋:海洋象征流动性、融合性、溶解性、连贯性,以及诞生和再生。

(6) 沙漠:沙漠是生命匮乏的场所,也是生命受到严峻考验的地方。以沙漠为背景是来访者心理贫瘠、无望、迟疑的象征,也是来访者心理状态的写照。来访者对沙漠形成原因的解释,投射了其心理问题产生的根源。

(7) 石头:石头是坚韧不拔、力量与融合力的象征,也是负性的象征,如代表阻障、羁绊等。

4. 人物的象征意义

沙具中有各行各业的人物,如农民、工人、医生、护士、消防员、牧师、运动员、警察、老师、科学家、僧侣、太空人、小丑等,以及各种神话人物,如鬼怪、天使、神灵。

人物可能是来访者自己不同人格面具的表现,也可能是对现实生活中渴望出现的人格品质的形容与表达,可以投射出其对待人际关系的态度。

5. 动物的象征意义

沙盘作品中出现的动物，既可能是来访者本身所崇尚、欣赏的事物的具体化，也可能是自己的恐惧、担忧、本能的象征。考察作品中动物的象征意义，可以触及来访者无意识中的人格内涵，但不必对来访者放置的每个动物所表现的象征意义都进行具体的分析或猜测。

6. 植物的象征意义

植物随着四季的更替而发生变化，它们的成长和人的生命有很大的相似性，因此植物常常被用来象征生命周期、死亡、再生。植物还可以开花结果，而果实是一种能量的象征，来访者将植物用于沙盘作品时，可以获得心理能量的补充。

7. 交通工具的象征意义

在沙盘作品中使用交通工具，可以使来访者体验到能量流动的感觉，会让人联想到"行驶""前行""运动"等词语，是能量的象征。交通工具也往往是来访者自我形象的表现，能呈现来访者的矛盾冲突。

8. 建筑物的象征意义

(1) 房屋、房子是家或归宿的象征，能表现来访者内在是否有安全感、踏实感。房子还象征着来访者本人的心理，有"心房"的象征意义。

(2) 商业场所象征着人际关系中的表面化、利益性关系，也可理解为补给或援助。

(3) 塔及庙宇。

塔：象征人的精神的升华。灯塔上的光常常引导人们前进的方向，且位于高处，因此又象征来访者对未来的期待和内心的追求。

庙宇：表示和平、大智慧以及精神的依托，象征精神上的宁静祥和，是一种精神的依靠。

(4) 连接物和障碍物。

桥：桥能连接个体，也能连接自我多种人格特征，连接个体的过去、现在、未来以及内在与外在。如果人立于桥上，可能象征处于一种转变的关键时期，同时积蓄着很多人们意想不到的力量和情感。

门：开着的门象征连接，关着的门则象征阻碍，反映了来访者心理状态以及与人交往的情况。

篱笆、墙：均是交通、交流的障碍，是界限的标志。它们既可以是消极意义的人际分隔的象征，也可以是积极意义的人际保护的象征，关键在于这些障碍是将什么东西与自己分开。

窗：接收光的入口，象征来访者对外界的接纳程度。

栅栏：常常出现在房子周围，表现来访者内心开放的程度。

9. 物品的象征意义

(1) 照明物：油灯和灯笼等通常是精神、真理乃至生命本身的象征。火炬具有神的智慧的象征。

(2) 乐器：象征来访者有倾诉情感的渴望，期盼有人能倾听自己的烦恼或者喜悦。

(3) 食物：水果等食品象征着对创造的肯定和回报，也是成就感的表现。食物是生命延续的根本保障，可以是自己劳动、努力的回报，也可以是生存延续的补给，可能投射出来访者物质需求和精神需求的匮乏状态。

(二) 沙盘空间配置的象征意义

所谓沙盘空间配置，是指各类沙具在沙箱中所摆放的位置及顺序等。

来访者创造的沙盘中，各个位置都是具有象征意义的。根据传统的空间想象理论，各个位置的象征意义如下。

左，象征过去、母亲、无意识、内部世界、退行、童年生活等。

右，象征未来、父亲、意识到、向往和追求、外部世界。

上，指超我，象征精神和父亲，是意识的表现，代表着超我的力量，如来访者的家庭背景、社会关系、信念等。山、森林、佛像、寺庙、神社、教堂等出现在沙箱上半部分的可能性较大。

中间，指自我，象征现在及自我实现感、评估、知觉、解释、现实状态，以及不敢面对的现实问题等。

下，指本我，象征物质世界和无意识领域，代表着人的欲望、本能、肉体、创伤、童年的经验、情感和母亲关系等。

左上，象征接受，包括信念、宗教、家庭背景、早年亲子关系等。

左下，代表可能性、发展的源泉，象征从内在世界向外在世界、从过去向未来新的可能性开发的过程。

右上，象征人生的目标、希望的归宿等。

右下，象征洞穴、堕落、物质世界的表现。

不论什么时候，咨询师必须重新考虑这些一般性的解释或标准，把它与来访者的个人发展水平和实际生活情况结合起来，不能机械照搬。

(三) 沙盘游戏主题

来访者通过创造可见的沙盘世界来展现自己的内部世界，R. R. Mitchell 和 H. S. Friedman 经过研究发现，几乎每个沙盘世界都有各自的主题，因此在研究的基础上提出了"沙盘游戏主题"这一概念，并对之做出了较为详细的论述。

沙盘游戏主题是来访者创造的沙盘世界中呈现的一个或一系列的可视意象。沙盘游戏主题几乎在所有的沙盘世界中都会存在。每一个沙盘世界可能包含几个主题，诸多主题可以分为两类：创伤主题(themes of wounding)和治愈主题(themes of healing)。

创伤主题经常在一些早年曾遭受虐待、外伤、失败或家庭成员死亡的个案中呈现。治愈主题常常出现在一些身体健康、早期环境良好的个案中。在治疗后期也常常呈现治愈的主题。

创伤主题和治愈主题的沙盘游戏的数量随着治疗的进展而发生变化：在治疗的早期阶段，通常是创伤主题多于治愈主题。随着治疗的进展，会出现更多的治愈主题并且最终会在数量上超过创伤主题。

所有的主题，不论创伤主题还是治愈主题，在沙盘游戏的过程中都会发生变化。随着沙盘游戏过程的展开，治愈主题会变得更加显著和丰富，更加现实或生活化，与整体场景更少分离或分裂。与之相反，创伤主题会变得更加微弱和单一，更加与现实脱离，更加虚幻，与整体场景更多分离或分裂，但是有向积极的一面转化的趋势。

1. 创伤主题

下面列出 10 种主要的创伤主题表现形式。

(1) 混乱。随便的、分裂的、无组织的沙具摆放。例如，把沙具胡乱投入沙盘；忽视界限和外部现实的存在；细节被充分注意，但整体却是杂乱的或分离的。

(2) 空乏。不使用沙具，或者使用缺乏能量和毫无新意的无生命感的东西。例如，只在角落放置一棵枯树，而其他部位几乎是空的沙盘。

(3) 分裂。沙盘的各部分之间是孤立的或分离的。例如，河流、栅栏、大象从沙盘底部摆到顶部，各部分之间没有联系。

(4) 限制。通常情况下，自由的形象陷入了困境或被关押起来。例如，把一只鸟关在了笼子里；环绕一个老太太建起了沙墙。

(5) 忽视。沙盘游戏中的角色孤立无援。例如，一个婴儿被困在很高的椅子上，而他的妈妈正在隔壁的房间里睡觉。

(6) 隐藏。把沙具掩埋或隐藏起来。例如，把一把枪藏在房子后边；把一个巫婆埋在树下的沙子里。

(7) 俯卧。通常直立的形象被有意地放倒。例如，一个直立的、怀孕的妇女模型被面朝下放在沙子里。

(8) 受伤。受伤的形象或正在受伤的形象。例如，一个身缠绷带的人躺在担架上；一个人物模型被放在恐龙的嘴里。

(9) 威胁。遇到险恶的或可怕的事件，以及受到威胁的角色有着无力感。例如，一群凶猛的野兽包围着一个小孩。

(10) 妨碍。新的成长和发展的可能性遭到妨碍或受到阻止。例如，一只开向一片新水域的小船被敌人包围了。

2. 治愈主题

10 种主要的治愈主题的表现形式如下。

(1) 联结。元素之间的联系和元素与对立面的联结。例如，一个梯子连接着土地和大树；一座桥连接着天使和魔鬼。

(2) 旅行。沿着小路或围绕中心的运动。例如，一位爵士循迹而行，一个美国人划着一只独木舟顺流而下。

(3) 赋能。呈现出活跃的、强烈的能量。例如，有机体开始生长，建筑机器开始工作，飞机从跑道起飞。

(4) 深入。对更深维度的探索和发现。例如，掩埋财物，挖井凿湖。

(5) 诞生。新发展的出现。例如，婴儿出生，花儿绽放，小鸟孵卵。

(6) 培育。为成长和发展提供滋养或帮助。例如，母亲哺育孩子，照顾家庭；护士看护病人，提供食物。

(7) 变化。沙子和(或)各种物体被创造性地使用。例如，用沙子建桥，用小树枝建一座小房子。

(8) 神圣。出现宗教和精神的象征，如超自然人物、偶像或神灵。例如，佛祖注视着一个读书的小童。

(9) 居中。在沙盘中心，元素得到很好的平衡或对立面出现整合。例如，曼陀罗占据沙盘中心。

(10) 整合。适当的、有组织的结构体现在整个沙盘中。例如，沙盘中出现风格一致的建筑。

3. 转化的主题

申荷永教授在自己的研究和体验的基础上，提出了"转化的主题"这一概念，为创伤主题和治愈主题搭起了一座桥梁，体现了系列沙盘的动态趋势，并阐述了"蝴蝶""青蛙""蝉"和"蛇"四种主要的转化象征，发展和完善了沙盘游戏主题分析的理论。

蝴蝶、青蛙、蝉和蛇被称为转化的四大象征。蝴蝶从虫卵到幼虫，然后从幼虫到虫蛹，经过结茧与破茧的过程，蜕变为蝴蝶，获得一种全新的生命形态，常被用来比喻或形容心理的转化。青蛙也有类似的生命形态的转化，从水中的蝌蚪转化为水陆两栖的青蛙；蛇则是由于其蜕皮的过程而呈现出转化的意义。蝉往往也被称为转化的象征，虫蛹落入地下，往往会经历几年乃至十几年的地下生活，然后破土而出，等待蝉变，生出飞翔的翅膀，常被誉为"羽化成仙"。

"转化的主题"往往包含一种内在的连续性，或者说，转化是一种过程，在这个过程中积累与酝酿着转化的可能。就沙盘游戏中的分析而言，对于转化主题的把握，往往也是通过来访者个人故事的连续性及其发展，或者是当把不同阶段的沙盘作品放在一起的时候，所呈现出来的变化。因而，在这种意义上，沙盘游戏中转化的主题也就不仅仅是一次沙盘作品的呈现，而是包含了几次沙盘作品或系列沙盘作品中的连续性表现。

在沙盘游戏治疗实践中，许多来访者往往带着实际的问题、心理的困惑与病患来寻求专业帮助，于是，沙盘游戏过程的结束，可能只意味着来访者遭遇的困难得到了解决，或者是病患得到了治愈。但是，就来访者脱离了困境，心理疾病得到了医治，或者重新获得了生活的信心与动力而言，其沙盘游戏过程的结束，也就意味着新的生活的开始，其中同样包含着转化的意义。

卡尔夫相信，不管是儿童还是成年人，都会在沙盘中呈现自性的意义和作用，而自性及其象征意义的出现，都可看作是与转化主题有关的内容。自性的呈现也往往意味着自性化过程的开始,许多沙盘游戏治疗个案的结束沙盘也都能够在不同的程度上表现出自性化过程的开始及其进展。

四、沙盘作品分析

沙盘作品要不要分析呢?卡尔夫是这样说的:"咨询师必须对出现在沙盘中的象征及其隐喻有所理解,这种理解通常会促进咨询师与来访者之间的信任气氛,此种信任正如最原始的母子联结一般,具有相当大的疗愈作用。由于咨询师是在自由、安全的空间内处理象征的经验,因此未必要使用语言向来访者传达或分析他的洞见。不过,在某些情况下,咨询师可以以浅显易懂的方式向来访者诠释沙盘作品的意义,而且最好以与来访者的生活处境有关的例子来呈现。在外在象征隐喻的协助下,内在的困境会慢慢变得清晰可见,并带来可能的改变。在此过程中,新的能量被释放出来,使自我可以获得更为健康的发展。"

解释卡尔夫这段话的含义之前,要先厘清"分析"这个词的意思。"分析"这个词其实蕴含着两个含义:一个是咨询师自己分析沙盘作品而不告诉来访者,二是向来访者解释沙盘作品。对照卡尔夫这段话来看,分析沙盘作品(而不告诉来访者)显然是要做的,而且是咨询师必须做的工作。因为只有通过对沙盘作品的分析,咨询师才能理解来访者的无意识,才能和来访者的无意识建立联结,进而为来访者营造一个"母子一体"的环境,促进来访者的疗愈。

但是,咨询师将沙盘作品的象征意义解释给来访者则不一定要做,有的时候甚至不能做。为什么呢?因为如果咨询师对来访者解释了沙盘作品的象征,一则会给来访者造成被评价的感觉,会产生压力和焦虑;二则会影响来访者后来沙盘作品的制作,他们的无意识的表达会受到这些解释的影响。所以,不能轻易对来访者进行解释和分析。即便是为了促使来访者对无意识象征的意识化,咨询师也必须用通俗易懂的方式和启发对话的方式把自己的信息传递给来访者,这样就可以避免影响来访者后来的沙盘作品制作。

可见,理解沙盘作品的象征意义、分析沙盘作品是必须和重要的,咨询师必须在学习象征和分析心理学的理论等内容上下功夫,而给来访者做出解释则不是必需的。只是咨询师必须记住的是,分析沙盘作品是为了促进和来访者无意识的联结,促进来访者无意识意识化,而不是为了显示咨询师的本领。

荣格说:"当面对一位来访者之时,你要把七七八八的所谓理论、方法和技术通通扔出窗外。"扔掉技术居然与掌握技术同样重要,两者对立统一、并行不悖地在咨询师身上实现。

沙盘作品是来访者自己内心世界的外化,因此,尊重、谦卑、好奇的心态是咨询师面对沙盘作品时最重要的态度。

理解沙盘作品最重要的是倾听和尊重来访者对沙盘的种种解释,以及让来访者自我感受与领悟。虽然咨询师可能有自己的分析,但不宜直接告诉来访者沙盘作品中沙具的象征,也不宜直接说出来访者通过沙盘作品表达出来的无意识的内容,因为来访者未必能真的领悟,也就不能触动来访者的内心。

沙盘游戏治疗的根本目的是实现咨询师无意识与来访者无意识之间的联结，也就是心灵的互通。因此，用意识去分析和解释沙盘作品不是咨询师首先要做的。

咨询师首先要做的就是用心去感受沙盘作品，感受离来访者的无意识更近，与来访者的心灵联系更紧密。咨询师可以把自己置于沙盘作品中，想象自己生活在那个环境之中是什么心情，这种感受往往更容易与来访者内心最深处、最核心的感受产生共鸣。

此外，咨询师可以通过询问，将沙盘作品分成几个部分，比如可以分为代表来访者自我的部分、来访者最关注的部分、最惨烈的部分、最和谐的部分、最不为来访者注意的部分，等等，然后选择其中的任意一个部分深入下去。

在沙盘游戏治疗过程中，应引导来访者利用联想和自由联想的方法理解沙盘作品。例如，来访者选择了代表自我形象的沙具之后，让他体会一下自我形象的情绪、感觉、与周围环境的关系等，这就是联想。还可以让来访者由某个沙具开始，想到什么就说什么，持续20～30分钟，无意识可能就会呈现出来。

📖 **拓展阅读 7-11**

沙盘游戏案例分析——艾伦"求其放心"之沙盘治疗体验

五、沙盘游戏为何会产生治疗效果

简单的沙盘、沙子、沙具，为何就能产生治疗效果？看起来似乎不可思议，实际上沙盘游戏治疗的效果是显著的。那么，沙盘游戏为什么会产生治疗效果？有以下几个方面的原因。

(一) 良好的咨访关系

沙盘游戏始终把咨询师和来访者建立良好的关系放在首位，称为"母子一体性"。在实施沙盘游戏治疗的过程中，咨询师以母性的态度，关怀、保护和接纳来访者，将其视为一个具有无限发展潜力的、有自我治愈能力的人。建立关系始终是最重要的，咨询师对待来访者这一整体，包括其意识、无意识、症状等在内，都需要保持罗杰斯以人为中心疗法所概括的"真诚、积极关注、共情"，就是荣格的心理分析理论经常提到的"抱持"，当关系建立好了，来访者就更容易对咨询师打开自己的内心世界。

(二) 自由与受保护的空间

沙盘游戏治疗过程中，以沙箱为中心，创造一个自由与受保护的空间，为来访者提供一个自我释放、治愈的空间。沙盘游戏疗法的创立者卡尔夫通过实践发现，病人在这样的状态下可以放松下来，真正地享受沙盘游戏带来的感受，体验心灵自身的发展和变化。这是一个小婴儿在母亲怀里所能享受到的"待遇"，为来访者提供了这样的待遇，他们就得到了自己发展的条件。有了这个条件，自性原型、治愈者原型、内在儿童原型等诸原型则可以活跃起来，心理能量得以良性运作。

每个人的心灵深处都有一个自我治愈的动力，但自我治愈能力有时因各种原因难以发挥其应有的能力。沙盘游戏治疗本身有三重保护功能，咨询师的陪伴、咨询室物理空间的保护、沙盘的保护，这使来访者感到安全而且有力量，这个时候，他开始敢于探索和面对自己的内心世界，自我治愈能力就可以发挥出来了。

(三) 沙具的象征意义

沙具的象征意义为内在小孩提供了解决内心矛盾的机会。荣格发现了集体无意识及原型内在儿童就是原型之一，这一原型富于发展性、创造性、生发性的心灵能量。通过沙盘游戏，这一创造性的、"幼稚"的活动，内在儿童原型会被激活，从而帮助个体从消极被动、虚弱无力中走出来。

梦、理想、期待、渴望，以及那些难以实现和难以表达的情感等，可以通过沙盘游戏这样的三维空间表现出来。有时候来访者会通过表达自己渴望的生活状态，来变相地表达自己现实生活中的压力和无法面对的矛盾冲突，体会想要而又无法达到的生活方式，从而促进个体的自我整合。

(四) 制作过程中的心灵转化

沙盘作品制作过程就是来访者心理能量的再生、转化、疏通的过程，更是知、情、意、行动改变和真实体验的过程。

一个心灵的沙盘作品中，一个个沙具和一个个情景都成为富有象征意义的意象。来访者就是通过沙盘游戏来呈现、体验、领悟这些意象及其意义，实现与无意识乃至与心灵的沟通，实现治愈与发展。

人在自由自在的自然状态下才能够身心平和、轻松、愉悦，游戏的治疗作用由此发生。哲学家席勒说："只有当人充分是人的时候，他才游戏；只有当人游戏的时候，他才完全是人。"中国一位近代哲人也说，真正的中国人就是有着赤子之心和成年人的智慧而过着心灵生活的一种人。游戏使人具有了人之所以为人的价值，这便是游戏的治愈力和"魔力"。

📖 拓展阅读 7-12

沙盘游戏——荣格的自我治愈

思考与实践

一、思考

1. 绘画治疗的基本形式有哪些?
2. 绘画治疗的理论基础是什么?
3. 绘画治疗有哪些优势和局限?
4. 绘画治疗主要应用在哪些方面?
5. 绘画治疗的解读原则是什么?
6. 常见的绘画治疗技术有哪些?
7. 什么是音乐治疗,音乐治疗的原理是什么?
8. 什么是心理剧治疗?
9. 了解沙盘游戏治疗的来源和实施过程。

二、理论联系实践

1. 角色扮演:两人一组,进行角色的扮演,场景可以自定义,比如猫抓老鼠、警察抓小偷、过分控制的妈妈和不听话的孩子、严厉的老师和叛逆的学生等,旨在通过体验不同的角色丰富自己的角色目录,增强心理弹性。
2. 心理剧治疗的定义是什么?
3. 心理剧治疗的理论基础和五大基本构成因素是什么?
4. 心理剧的常用技术和一般过程是什么?
5. 你还知道哪些音乐治疗技术?
6. 沙盘游戏的象征意义和主题有哪些?你觉得应该如何对沙盘作品的主题和象征意义进行分析?
7. 你是如何理解沙盘游戏所产生的治疗效果的?
8. 对曼陀罗绘画进行理解和分析。

这是一幅曼陀罗"自画像",绘画者的一般情况:女,28岁,研究生学历,汉族,某中学教师,未婚,中等收入水平,经济状况良好。绘画者将这幅画取名为《向阳》(见图7-2),自述整幅画表达的是雏菊在大地母亲的怀抱里茁壮成长,阳光普照大地,洒满了阳光,她用雏菊代表自己。画完之后的情绪:带着淡淡的喜悦,想到电影《雏菊》。

图 7-2 《向阳》

第八章

初诊接待

【学习目标】
(1) 掌握初诊接待的一般技巧。
(2) 做好初诊前的准备工作。
(3) 学习初诊接待的相关工作程序、工作内容及注意事项。

【重点与难点】
(1) 掌握出诊接待的理论要点。
(2) 了解初诊接待的相关注意事项。

【情境导入】

第一次做心理咨询,我好紧张

来访者第一次走进咨询室,他们会感到不自在、拘谨、陌生、害怕,甚至有些怀疑,这时候大部分的咨询师都会加以安慰:"感到不自在很正常,我的很多来访者都和你今天的感受类似,不过他们都会逐渐地放松下来,而且发现心理咨询对自己很有帮助。"

然后很自然地,咨询师会介绍心理咨询的保密原则:"在我们开始正式工作前,您需要了解一些心理咨询的注意事项和保密原则,这些是保密文件。"

咨询师继续介绍:"心理咨询的情况很特别,我们是陌生人,你不认识我,我不认识你,今天第一次会面是我们相互了解彼此的机会,我的目标是理解任何你担忧的事情。有时候我只是在听,有时候我会问你一些问题,你将知道我如何开展咨询工作,并体验这种咨询方式是否令你感到舒服。当你有任何问题时,都可以问我。"

(资料来源:作者临床咨询案例)

从这段描述中可以看到双方是如何从陌生逐渐变得熟悉起来。

初诊接待是心理咨询师与来访者的第一次会面,在心理咨询中有着重要作用。现代医学模式强调医患关系的重要性,病人找医生看病,首先要接受医生这个人,然后才会接受这个人的治疗。同样,能否建立良好的咨询关系也是保证心理咨询成功的必要条件。社会心理学强调人际关系中第一印象的重要性，俗语也有"好的开始是成功的一半"的说法，所以初诊接待在心理咨询中不仅有搜集资料、帮助诊断等重要作用，同时也是良好咨询关系的开始。

恰当的初诊接待可以使来访者感觉舒适、自在，有助于来访者减轻紧张不安与疑虑情绪，有利于建立一个有效的咨询关系。在初诊接待中，心理咨询师工作的关键不是解决来访者的困扰，而是提供一个可以让来访者释放的空间，比如在心理咨询室中自由联想、放心地谈论任何欲望与冲突。通过初诊接待，咨询师为来访者提供深层次觉察自己的机会，陪伴来访者一起去探索他的问题与困扰，初步了解来访者和帮助解决来访者问题，为形成初步诊断打下基础。

第一节 初诊接待的技巧

心理咨询通常被描述为一个过程，换言之，咨询师和来访者都要经历一系列的步骤来解决来访者需要被帮助的问题。初诊接待，实际上是正式心理咨询开始之前的一个阶段，这一阶段的核心任务是所谓的"接案"。咨询师着力于收集信息，了解来访者问题的广度或范围、来访者的某些背景，以及与问题有关的可能现状。

初诊接待的主要任务是评估，咨询师需要了解以下关键问题：来访者是否被精神、情绪和行为问题困扰？如果是，那么这些精神、情绪和行为问题是否严重到必须接受心理咨询和治疗？应该为来访者提供哪些治疗方法？来访者应该接受什么样的咨询师或者什么机构的治疗？

初诊接待隐含的假设是：来访者心理咨询时打算不止访谈一次，希望处理的问题涉及其他人、其他环境、现在及将来。多数心理咨询师会尽量把初诊接待控制在一个小时左右。在初诊接待中，咨询师要控制访谈来吸收信息，不会试图把它变成对来访者的治疗访谈。如果来访者在首次访谈时处于危机阶段，就不必初诊接待，咨询师可以直接处理与危机相关的问题。

一、初诊接待前的准备工作

初诊接待要做好来访者来访之前的各种准备，这些准备包括：环境的准备，如咨询室的布置等；咨询师的准备，如仪态仪表、理论基础与经验积累、心情和状态，以及对来访者的了解等。

（一）环境的准备

合理设置心理咨询场所，应给人平和、舒适、干净的整体感觉。咨询室应有足够的面积，一般以10平方米左右为宜，同时要具有保密功能，并配置足够的座椅。

(二) 咨询师的准备

咨询前，在预约时间来临之前，咨询师要有充分的时间做准备，思考还需要做哪些准备，如自己的衣着是否得体，咨询室的座椅摆放是否合适等。

1. 仪态仪表

咨询师应表现出咨询人员应有的仪态，服装整齐、坐姿端正、表情平和；与来访者会谈时，坐姿应表现出与来访者平等的关系，对来访者感兴趣；保持正常社交距离；注意言语和非言语交流技巧的使用，目光自然、直接，不时点头。

第一次见面，咨询师穿着什么样的衣服合适呢？是穿着比较正式和保守，还是休闲随意，是否需要穿白大褂呢？咨询师给来访者的第一印象很重要，第一印象会令很多来访者对咨询师产生积极或者消极的评价。因此咨询时，尤其是第一次面访，咨询师的穿着并非无关紧要，它总会引起来访者的相关反应。

咨询师的穿着并无明确的规范和要求，但不需要太过于正式。若咨询师的着装风格一向都是比较正式，这样也没问题，但是要自始至终一直保持这个风格，不能在一个咨询个案未结束前改换风格。如果咨询师在咨询个案未结束前改换风格，就可能出现以下对话：

来访者：您最近是不是有什么事啊？我感觉您最近好像不一样了？

咨询师：啊，没有啊？为什么这么问？

来访者：嗯，因为我之前看您穿衣服都很讲究，虽然不是很正式，但都很得体，感觉您今天好像穿着特别随意，T恤、凉鞋。

可能咨询师自己并没有意识到着装风格的变化会带给来访者很大影响，但是如果咨询师发生突然的着装风格的变化，来访者会很敏感地思考，是不是咨询师现在对我不够重视了？还是咨询师自己发生了什么事情？

女性咨询师的服装和发型要端庄、合适、得体，男性咨询师的服饰和发型要整洁、舒适、得体。虽针对咨询师没有衣着要求，但是也不能过分随意或者暴露，比如穿着拖鞋，不管男女咨询师都不合适。男性咨询师不建议穿短裤，尽量不穿无领T恤，如果穿着衬衫或者带领子的衣服，不一定穿西装系领带，西裤、休闲裤、牛仔裤都可以。女性咨询师的裙子尽量过膝盖，衣服不要露出肩膀，尽量不要穿着过于暴露或者花哨，以舒服、得体为宜。女性咨询师切忌过分摇晃头发或者摆弄头发，这些都可能给来访者一些错误的信号。

心理咨询室的一般设置如图8-1所示，应简洁、温馨、充满生机。咨询室的色调一般不需要过于灰暗或者过于明亮，大红大绿都不合适，以柔和的色调为好。咨询室的物品摆放应整洁、有序，咨询师的私人物品尽量少出现，必要的时钟、水和纸巾放在来访者能够看到和触及的位置。

咨询师的坐姿、座位和与来访者的空间距离并没有十分的明确的要求。很多欧美国家的咨询师经常选择面对面坐，如果咨询师和来访者是面对面坐，中间不能隔着桌子或者其他物品，当然隔着沙盘面对面坐是很通常的做法。是否一定选择45°角的座位也应根据情况而定，有些来访者喜欢距离远一些，有些喜欢靠近一些，尽量使双方觉得合适。来访者坐在什么位置相对来说比较固定,很多咨询室都安排了两把同样的椅子,其中一把椅子是固定给来访者坐的。

图 8-1　心理咨询室的一般设置

2. 理论基础与经验积累

咨询师的理论基础与经验积累主要包括对来访者所求助问题的相关知识的了解程度以及是否有类似个案的接待经验等。例如,如果来访者是一位退休的老年人,咨询师是否了解老年人的心理以及退休对老年人的心理影响等理论知识。如果实在难以胜任,可以考虑转介。

每一位咨询师的受训经历和背景都不一样,每一位咨询师都有自己擅长的理论以及擅长的咨询领域。咨询师并非万能的上帝,并非任何问题都能处理得很好。咨询师可以尝试和挑战自己,这是值得鼓励的,但是如果真的不擅长或者处理了却未成功,转介是正常和必要的方式。

3. 心情和状态

咨询师初诊接待来访者,站起来迎接来访者时,要设法使自己心境平和、注意力集中。当送走上一位来访者后,如果需要整理资料或简要写下咨询记录,建议休息一下,调整好状态再接待下一位来访者。如果前面的咨询中产生某种情绪或困扰,要设法让自己平静下来,不要影响下一位来访者,也可以向来访者稍加说明,请来访者稍等,调整好之后再迎接新的来访者。

咨询前的心理状态是所有咨询师应该重视的,是咨询前最重要的准备内容之一。如果咨询师不能在咨询前调整好自己的心理状态,就不能专注和集中到当前的咨询中,必然会影响咨询时的有效倾听和共情。一个热爱自己的工作,热爱咨询,热爱自己的来访者的咨询师,肯定会尊重和认真对待每位来访者的每一次来访。

4. 对来访者的了解

在接待来访者之前,咨询师需要对来访者是谁、咨询什么问题有大致的了解。除此之外,开始谈话后,还可以从当事人处直接获得重要信息。

(1) 来访者求助的途径。来访者是主动求助,还是被动求助,或者是被强迫来咨询,这对于咨询过程非常重要。一般来说,主动求助的来访者对自己的问题会感到不安或痛苦,有改变的欲望,对待咨询的态度比较积极;被动求助的来访者要么对自己的困难不自觉痛苦,要么没有认识到自己的问题,要么意识到问题但不相信能从心理咨询或治疗中获得帮助,要么还有其他的畏难情绪或顾虑。被动求助的来访者有些能够与咨询师合作,有些则应付、敷衍甚至抵触。

(2) 来访者的态度和情绪。期望、畏难、顾虑和抗拒是初次进入心理咨询室的人最常见的情绪。咨询师要注意来访者不切实际的期望,给来访者安全的环境,和来访者一起努力克服对改变、揭露内心世界等方面的抗拒。

(3) 来访者的预期和反应准备。多数来访者对即将开始的咨询都有一些事先的设想、预期,并随之做了一些准备。这些预期包括对会谈活动形式的猜想,对咨询师的态度、做派乃至形象的设想,对谈话内容的推测等。咨询师应努力了解来访者的预期,并纠正不恰当的预期,建立正确的预期。

二、初诊接待的工作程序和内容

初诊接待的工作程序大致可以分为三步:首先,表明态度,区分来访者的问题是否属于职能范围,判断来访者是否有异常心理活动。判断异常心理活动的三个原则:①主观世界与客观世界的统一性原则;②精神活动的内在协调一致性原则;③个性的相对稳定性原则。其次,说明性质,解释过程,说明内容包括认可给予帮助的可能性、说明心理咨询的性质、来访者知情同意。最后,协商咨询方式,协商就诊次数,协调可能的心理测量项目,说明收费标准。

具体工作程序和内容如下。

(一) 礼貌地接待

不仅是初诊接待,每次来访者到访,咨询师都应该起立迎接来访者,并单手示意指定来访者的座位,语气平和地说:
- 请进,请坐。
- 非常欢迎您前来咨询,谢谢您的信任。
- 我很愿意向您提供心理学的帮助。
- 请放心,我们具有良好的职业操守,会保守秘密。

(二) 间接询问

咨询师应间接询问来访者希望得到哪方面的帮助,不可直接逼问。直接逼问如:
- 您有什么问题,说吧!
- 您找我有什么事,说吧!
- 怎么啦?有什么问题,说吧!

- 出什么事啦，说吧！

间接询问如：

- 您最近有遇到什么困扰吗？
- 我希望知道，我们能在哪些方面帮助您？
- 如果您能跟我们说一下您的情况，我们可以一起想办法解决。
- 我听你说自己会感到紧张和焦虑。如果我理解正确的话，你是希望自己能够变得更冷静、更轻松和更有控制感吗？并且能让自己平静、放松下来，这是你来咨询的一个目的吗？不知道我的理解是否正确？

咨询师可以通过引导，与来访者一起明确咨询的目的，让来访者开始进入积极的、心理咨询设定的治疗过程。通常情况下，咨询师希望来访者进行初始面谈只是就一个简单、明确的问题开展咨询和治疗。例如，如果一个新的来访者第一次来咨询面谈时讲道：

"我有社交恐怖症，在公众场合或者人多的地方，我比一般人更担心自己会被其他人观察，并获得不好的评价。有时候我的焦虑很明显，紧张、出汗，总是担忧，很多时候我会逃避一些社交场合。我希望能通过心理咨询让我克服这种社交恐惧，与人交往时有信心，我想学会在感到焦虑和紧张的时候让自己平静下来。"

这是一个初始面谈，来访者的问题描述很清晰。现实中，很多来访者讲述得很混乱、模糊，他们通常会用问题式的谈话(如口头描述哪里出了问题)表达对生活、对自己问题的担忧。因此，初始面谈15~20分钟后，咨询师应该明确列出来访者的基本问题和治疗目标，这也标志着咨询师由最初的非指导性的倾听转为更结构化的、更直接的对来访者的处理。这样的转变可以达到两个目的：其一，让咨询师核实来访者是否讲完所有需要咨询的问题；其二，这种过渡性处理推动咨询或治疗进入明确的问题优先性阶段，明确问题并制定治疗目标。

> 拓展阅读 8-1
>
> 您还有其他问题要咨询吗

（三）表明咨询态度

询问咨询结束后，咨询师就要根据来访者描述的问题，明确是否能向来访者提供相应的帮助。例如：

- 您的情况我大概了解了，我咨询过很多跟你类似的问题，这方面我还是很有经验的，我相信我们一起努力一定可以帮你解决问题。咨询是来访者和咨询师共同努力解决问题的过程，如果您愿意，我们接下来会详细制订咨询计划和方案。
- 您的情况我大致了解了，但是很抱歉，您这个问题不属于心理咨询的职能范围，您可能要向其他医疗机构或精神卫生机构等寻求帮助。谢谢您的到来！

咨询师应根据来访者问题的类别，确定是否属于心理咨询的工作范围。各种情绪障碍、各类心身疾病、长期慢性躯体疾病、某些精神病的早期诊断和鉴别都属于临床精神病学治疗范畴，而性变态与性功能障碍、儿童心理障碍、其他医学问题都属于心理问题。咨询师也可适当给来访者介绍心理卫生知识，康复期、伤残病人的心理指导，以及精神疾病防治的指导。

需要注意的是，如果来访者的问题不属于咨询的范围，咨询师则应耐心地加以解释，谨慎介绍到相应的医疗机构诊断治疗。如果怀疑来访者是由躯体疾病引发的心理问题，可建议来访者到相应的临床科室做检查。

(四) 说明心理咨询的保密原则

不管是初始咨询，还是在咨询过程中和咨询结束时，咨询师都需要反复向来访者说明心理咨询的保密原则。

遵守保密原则既是职业道德的要求，也是由心理咨询本身的性质所决定的。来访者的隐私和秘密可能就是心理问题的症结所在，来访者只有认为自己所说的一切都能得到保密的承诺时，才能敞开心扉，毫无保留地向咨询师倾诉，从而有助于问题的解决。例如：

咨询师："您放心，我们所有的谈话内容不经过您的允许都不会被随意泄露出去的，我们严格遵守保密原则。"

(五) 说明心理咨询的性质

初诊接待中，咨询师要强调心理咨询的性质，说明心理咨询是什么，不是什么；能做什么，不能做什么。

(1) 说明什么是心理咨询，心理咨询如何进行，心理咨询主要解决什么问题，不能解决什么问题等。

(2) 说明心理咨询是心理咨询师协助来访者解决各类心理问题的过程。

(3) 说明咨询是否成功在很大程度上取决于来访者是否有主动参与与合作的态度和行动，咨询的过程中，主要是以来访者为主。问题是来访者的，没有人比来访者更清楚自己的问题，只要来访者愿意为自己的行为负责任，那么来访者的问题就会比较容易地解决。

(4) 心理咨询是一个过程，大部分问题都不是一两次心理咨询就能解决的，有时咨询过程还会出现迂回曲折甚至反复，就是一段时间问题看起来解决了，但是过一段时间又出现了其他问题；也有时候咨询了几次，看起来咨询效果都不明显，但实际上来访者受到了潜移默化的影响；也有些问题很难获得完美的解决。来访者要有充分的思想准备。

心理咨询协助来访者构建合理的行为模式、纠正不合理的欲望和错误观念、学会面对现实和应对现实，使来访者学会理解他人，使来访者增强自知之明。

(六) 说明来访者的责任、权利与义务

来访者有权选择心理咨询师以及确认他的职业资格，有权知道收费标准，有权终止咨询。来访者亦有义务如实向心理咨询师说明情况，提供与自己心理问题有关的真实信息；有义务按共同商订的时间表进行工作，如有更改要事先通知；有义务按时完成家庭作业，不与心理

咨询师建立咨询以外的任何关系，按规定缴费。来访者主要的责任、权利和义务如下。

1. 责任

(1) 来访者有责任向咨询师提供与心理问题有关的真实资料。

(2) 来访者有责任积极、主动地与咨询师一起探索解决问题的方法。

(3) 来访者有责任完成双方商定的作业。

2. 权利

(1) 来访者有权利了解咨询师的受训背景和执业资格。

(2) 来访者有权利了解咨询的具体方法、过程和原理。

(3) 来访者有权利根据个人意愿选择咨询师，有权利要求更换咨询师。

(4) 来访者有权利提出转介或中止咨询。

(5) 来访者有对咨询方案、咨询收费、咨询时间的知情权、协商权和选择权。

3. 义务

(1) 来访者有义务遵守咨询机构的有关规定。

(2) 来访者有义务遵守和执行商定好的咨询方案、咨询收费、咨询时间等方面的规则。

(3) 来访者有义务尊重咨询师，按照预约时间不失约、不迟到，如有特殊情况提前通知咨询师。

（七）确定咨询方式

初诊接待时，咨询师经过与来访者的交谈，了解咨询目的，说明咨询保密原则，介绍咨询性质和来访者权利、义务，双方协商，根据咨询师擅长的咨询方式及来访者问题的特点，最后确定使用哪种咨询方式。

(1) 确认来访者问题是否属于心理咨询的范围。

(2) 咨询师与来访者协商就诊次数(根据情况而定)。

(3) 咨询师与来访者协调可能的心理测量项目。

(4) 来访者获悉收费标准。

> 📖 拓展阅读 8-2
>
> 初始访谈的问询
>
>

第二节 初诊接待的理论要点和注意事项

初诊接待在咨询中具有非常重要的地位，初诊接待的情况如何，来访者第一次咨询的感觉如何,来访者对咨询师的第一印象如何,都会影响来访者做出是否继续进行心理咨询的选择,甚至会影响他对整个心理咨询行业的评价,因为来访者一般是带着很多犹疑、担心甚至误解而来。即使有些来访者继续坚持进行了第二次、第三次的心理咨询,但是第一次心理咨询的情景仍会令其印象深刻,所以咨询师应该特别重视初诊接待,避免犯一些不必要的错误或者低级错误。

一、初诊接待的理论要点

初诊接待中的理论要点主要包括第一印象的重要性、心理咨询中保密原则的重要性、保密例外原则、转介、寻找心理问题的关键点,以及心理问题表现形式的确认。

(一) 第一印象的重要性

印象,是指存留在个体(认知主体)头脑中的认知客体的形象。第一印象,亦称初次印象,指素不相识的两个个体第一次见面时形成的印象。心理咨询师在初诊接待时留给来访者良好的第一印象对确立咨询关系具有关键作用。如果咨询师在初诊接待时留给来访者的第一印象不良,咨询师在收集资料时就会遇到困难,因为求助者往往不愿向不信任的人敞开内心世界。

SOLER原则对于咨询师争取良好第一印象具有重要的指导意义。S表示坐(或站)要面对别人;O表示姿势要自然开放;L表示身体微微前倾;E表示目光接触;R表示放松。

(二) 心理咨询中保密原则的重要性

心理咨询师应该在初诊接待及其他必要的时候,向来访者反复说明保密原则。遵守保密原则既是职业道德的要求,也是心理咨询本身的性质所决定的。同时,遵循保密原则有助于尊重来访者的自主性,体现心理咨询师的诚信,避免对来访者造成伤害,使来访者获得安全感,有利于建立良好的咨询关系。

心理咨询师应严格遵守保密原则,具体要求如下。

(1) 心理咨询师有责任向来访者说明心理咨询工作的保密原则,以及这一原则在应用时的限制。

(2) 心理咨询师只有在得到来访者书面同意的情况下,才能对心理咨询过程进行录音、录像或演示。在因专业的需要进行案例讨论时,或采用案例进行教学、科研、写作等工作时,应隐去那些可能据以辨认出来访者的有关信息(如姓名、住址、电话等),以保障来访者不被识别出来。在团体咨询中,关于团体成员的自我揭露,心理咨询师必须事先设定守密标准。

(3) 心理咨询工作中的有关信息(包括个案记录、测验资料、信件、录音、录像和其他资料)均属于专业信息,应在严格保密的情况下进行保存,不得列入其他资料中。除了经过授权的心理咨询师和档案管理员以外,其他任何人员都无权查看心理咨询的档案材料。

(4) 向外界(如新闻界)提供有关来访者的信息时,有责任对来访者的姓名予以保密,并确定信息内容不会对来访者构成侵犯或伤害。心理咨询师接受卫生、司法或公安机关法律规定的询问时,不得做出虚伪的陈述或报告。

(5) 不能在任何场合谈论来访者的隐私,包括与专业或非专业人员谈话,不能向来访者的亲属、朋友、同事、领导等谈及来访者的隐私,除非征得来访者本人的同意。

(6) 在心理咨询工作中,一旦发现来访者有危害自身和他人的情况,必须启动危机干预方案,防止意外事件发生,例如与其他心理咨询师进行磋商,应将有关保密信息的暴露程度控制在最低范围之内。

(三) 保密例外原则

心理咨询中肯定会有一些保密例外情况,包括:来访者同意将保密信息透露给他人;司法机关要求心理咨询师提供保密信息;出现针对心理咨询师的伦理或法律诉讼;心理咨询中出现法律规定的保密问题限制,如报告虐待儿童、老人等;来访者可能对自身或他人造成伤害或死亡威胁;来访者患有危及生命的传染性疾病。

(1) 心理咨询师应清楚地了解保密原则的应用有其限制,应在第一次访谈开始时就告诉来访者法律上对保密的限制。

(2) 如果已经获得来访者的披露信息授权,心理咨询师应该严格按照约定范围使用该授权。

(3) 法律要求心理咨询师披露的,职业规范不能对抗法律规定。来访者有杀人事实、谋杀计划、自杀计划、虐待老人和儿童,以及其他重大犯罪行为的,心理咨询师必须向公安或者检察机关报告,这是每个公民的法定义务,心理咨询师也不能例外。

(4) 在下列情况下,心理咨询师可以暴露消息(打破保密原则):

① 取得了来访者(或其合法代表)的许可;

② 来访者有自杀倾向,或咨询师判断来访者有明确的自杀危险;

③ 来访者有杀人倾向,或威胁参加明显可能危害他人的行为;

④ 来访者有致命的传染性疾病且可能危及他人时;

⑤ 来访者是儿童,有证据证明其受到了性侵犯、性虐待、躯体虐待或被忽视;

⑥ 有证据证明来访者对未成年人实施性侵犯、性虐待或躯体虐待;

⑦ 有证据证明来访者发生了虐待老人的事件;

⑧ 被法庭命令提供来访者的消息;

⑨ 法律规定需要披露时。

(5) 在遇到上述②、③、④、⑤、⑥、⑦的情况时,心理咨询师有向对方合法监护人预警的责任;在遇到⑧、⑨的情况时,心理咨询师有遵循法律规定的义务,但须要求法庭及相关人员出示合法的书面要求。

(6) 来访者如果有杀人等犯罪事实,来访者应该先向司法机关自首,然后再寻求心理援助，或者在心理咨询中不暴露这样的事实给咨询师，否则将置咨询师于两难境地。如果来访者有自杀或者谋杀的倾向，来访者可以先寻求心理帮助以防患于未然，为了挽救来访者，咨询师有权向有关机关报告。

在咨询过程中，一旦发生来访者危害自己或他人的情况，必须立即采取措施，防止意外发生。必要时，应该通知有关部门或家属，但应该将保密信息的暴露程度控制在最低范围内。

(四) 转介

从国内各咨询机构近些年的实践经验来看，有相当一部分心理咨询的来访者其实应该转介到医疗部门或某些社会援助部门。例如，有些来访者的主要问题是身体疾病或者精神疾病，有些来访者则有经济上、法律上、就学或者专业上的问题等。这些现实问题有的引起来访者心理上的痛苦，或者与来访者的心理缺陷相关联，从这个意义上说，为这些人提供心理咨询是可以的。

但是有一些人，可以明显看出其困扰的主要来源是现实困难，并且心理咨询并不能助其解决这种困难，这个时候转介是必须的。例如，遭受丈夫暴力虐待的妻子、有明显精神分裂症状的来访者、痛恨当前专业想转专业的大学生，心理咨询可能不是他们急需的帮助形式，这时候就需要跟他们商讨转介的问题。当然，有些来访者也可以安排其在接受心理咨询的同时，寻求其他专业人员的帮助。

(五) 寻找心理问题的关键点

寻找心理问题的关键点或关键因素是咨询师最基本、最重要的技能。心理问题的关键点在个体发展过程中持久地存在着，并随着生活环境的变化而发生形式的改变。但无论形式如何改变，本身的性质不变。一般来说，确定心理问题关键点的工作程序如下。

(1) 根据心理健康水平评估的十项指标，对来访者心理健康水平进行衡量。

(2) 选择有效的测评工具对来访者的问题进行量化的系统评估。

(3) 完成上述工作之后，再对某些含混的临床表现进行鉴别诊断，初步区分一般心理问题、严重心理问题和神经症性心理问题。

确定心理问题的关键点，首先应依据可靠、真实的资料，未经验证的资料不能作为问题的依据；其次应依据客观逻辑，资料分析不能有主观随意性，要符合客观逻辑性。

(六) 心理问题表现形式的确认

心理问题表现形式的分类有几种方法，由表及里的逻辑分类方法是其中之一(见表8-1)。表8-1的内容要铭记于心，如果会谈时不方便及时做记录、录音，所有信息都要在会谈后追忆，就需要脑中事先有一定的问题框架和条理，才能保证了解到的信息的完整性，会谈后应及时进行记录。

表 8-1　心理问题表现形式的逻辑分类方法

表现形式	恋爱婚姻	家庭	心理成长发育	情绪情感反应	社交适应人际关系	躯体疾病	其他
问题的严重程度	轻、中、重						
问题的一般原因	生物学原因、认知原因、社会原因						
问题的具体原因	躯体情况、本人的人格因素、具体压力特点						

二、初诊接待的注意事项

对于很多新手咨询师来讲，初诊接待时会避免不了紧张，也会出现一些失误，这些都是正常的、必经的过程，可以尽量努力避免，即使无法避免而出现紧张或失误也不要过分在意、自责。

(1) 避免紧张情绪。刚刚从事心理咨询的咨询师，因为缺乏经验，难免出现紧张情绪。紧张情绪会扰乱思路、破坏工作程序，因此要尽量避免。在接诊之前，可按照初诊接待的操作步骤多加练习直至熟练，也可以多看一些有经验的咨询师的教学咨询录像，多模仿、多学习，随着咨询经验的丰富，紧张状况自然就会缓解和减少。

(2) 语言表达清晰。咨询过程中，咨询师需要语速适中，吐字清楚，使来访者听懂、理解，避免使用方言。若使用专业术语，则需要向来访者解释专业术语的内涵和外延。

(3) 严格遵循保密原则。一旦涉及来访者的信息泄密，来访者有诉诸法律的权利。咨询师应反复说明保密原则，特别要对心理测量资料保密。承诺咨询师的责任，并说明一旦由咨询师泄密，来访者有诉诸法律的权利。同时，咨询师应向来访者说明保密例外原则，强调并非无原则地时刻保密和全部保密。

(4) 科学、客观地解释心理测量和心理咨询的功能。心理测量、心理咨询的功能都是有限的，咨询师不可以随意夸大这些功能。心理咨询工作受范围限制，咨询师不能做咨询工作范围以外的任何承诺。

(5) 注意咨询仪态。勿吸烟，勿做多余的下意识动作，如玩弄铅笔、轻敲桌面、抖动身体、撩头发等。接待来访者之前，绝对不允许饮酒或服用兴奋、镇静药物。交谈中不能东张西望，应集中注意力，认真倾听或发问。

(6) 端正来访者动机。帮助来访者端正求助动机，一方面使其增强对心理咨询的信任，另一方面也使其不要有脱离实际的期望。

三、初始访谈运用问题的概念化系统

有些研究者建议咨询师在分析来访者的问题时使用问题的概念化系统(Cormier、Nurius、

Osborn，2009；Sperry、Gudeman、Faulkner，1992)。拉扎勒斯(1976)提出了建立在行为基础上的多重模式。他认为应该从7个具体的模式或领域来评估和治疗来访者的问题。拉扎勒斯将这7个模式的首字母合起来称为BASICID，代表七重模式系统。

B：行为(behavior)。拉扎勒斯的行为模式中提出要分析特定的具体反应，他特别强调要注意来访者表现出的过多和过少的行为及消极的习惯或反应。多重模式取向的咨询师会询问来访者"什么事情是你不想再做的"和"哪些事情是你想做得更多的"，以此来判断来访者通过治疗想要增加或减少的某些具体行为。

A：影响(affect)。拉扎勒斯对"影响"的定义包括感觉和心情，以及个体所报告和形容的其他情绪。他可能会问来访者"什么会让你有个好心情"或者"让你最苦恼的情绪是什么"。

S：感知(sensation)。感知指的是对信息的感觉加工过程。来访者在高焦虑状态下通常会报告生理症状的出现(如窒息感、体温升高、心悸等)，多重模式取向的咨询师可能会问来访者"是否有一些不舒服的疼痛、痛苦或其他生理感受"以及"发生了什么使你产生这些不舒服的感觉"。

I：意象(imagery)。意象指内部的视觉和知觉过程。来访者经常体验到一些影响他们正常功能的画面或图像，这些画面或图像可能与他们自己有关，也可能与未来的事件有关。多重模式取向的咨询师会询问："当你感到焦虑时，你脑海中会浮现什么画面或图像？"

C：认知(cognition)。拉扎勒斯认为应该仔细评估来访者的思维模式和信念。认知过程通常指评估来访者歪曲的、不合理的、自动化的思维模式，这些思维模式会导致来访者的情感障碍。例如，咨询师可以询问来访者："你会对自己说哪些积极的事？"

I：人际关系(interpersonal relationships)。人际关系模式涉及人际交往中的因素，如沟通技巧，以及在角色扮演和来访者与咨询师的关系中体现出的自信。与之相关的问题包括"你会用什么词来描述你所拥有的积极或健康的人际关系"以及"你想和谁共度更多的时光，想减少和谁在一起的时间"。

D：药物(drugs)。药物模式指的是会影响行为、情感和思维模式的生理化学与神经因素，也包括生理疾病和饮食模式。涉及的问题可能包括"你有没有经常进行体育锻炼"以及"你有没有服用一些处方药"。

拉扎勒斯的模式系统更多地强调认知过程，尤其是两个独立的认知模型：认知和意象，比较忽略或者不强调精神、分化等其他因素，在初始访谈中，拉扎勒斯的模式对于不同取向的咨询师来说都是广泛适用的。咨询师应根据自身情况，结合来访者的各种问题和需求，灵活提问和使用概念化系统。

行为和认知心理学家及从业者强调问题发展和持续的前因后果的重要性。这一方法认为，分析来访者所处的环境以及他们对环境刺激的解释，可以帮助咨询师对具体症状进行解释、预测和控制。行为学家将这种问题行为概念化的模型称为ABC模型(Thoresen & Mahoney，1974)：行为起因(A)、行为或问题本身(B)、行为结果(C)。尽管这一模型受到批评(Goldfried、Greenberg & Marmar，1995)，但对所有的咨询师而言，至少有助于在初始访谈阶段弄清以下事宜：

(1) 在问题出现之前曾经有什么事件、什么想法及什么特殊经历？
(2) 对问题的精确的操作性定义是什么(比如哪些行为构成了问题)？
(3) 在被确定的问题出现后，还发生了什么事情？有什么想法？还有哪些经历？

根据拉扎勒斯的概念化系统，咨询师可以在初始访谈阶段找到问题的前因后果：

- 行为：症状出现之前和之后有什么行为出现？
- 影响：症状出现之前和之后有什么有影响的事件发生？
- 感知：症状出现之前和之后有什么躯体感觉？
- 意象：症状出现之前和之后头脑中有什么画面？
- 认知：症状出现之前和之后有什么特别的想法？
- 人际关系：症状出现之前和之后有什么人际交往事件发生？
- 药物：症状出现之前和之后有什么化学上、生理上或是药物使用的特殊经历？

四、初始访谈的作用

如果咨询师对来访者的情况并不熟悉，就需要在初始访谈中收集来访者的资料，这是咨询师进行诊断和开展咨询工作的前提。初始访谈需要收集的信息有来访者的个人资料、基本信息，如姓名、年龄、职业、婚姻状况、教育背景、家庭住址、原生家庭情况等；主诉的问题包括：来访者认为自己有何症状，主要的问题是什么，以及相关的经历；家庭背景情况包括：家庭成员的人数、年龄、教育、职业、家庭重要事件、紧急联系人的电话和地址等；个人成长历史包括：是否早产、家庭排行、从小到大的经历，以及相关的身心变化重要事件；疾病史：有无看过心理医生，诊断结果如何，治疗过程和时间，有无其他相关身体疾病和看病历史；心理健康状况：通过观察来访者的言谈、举止、动作、表情，以及通过询问和交谈了解来访者的思维方式与当前的心理健康状况，判断来访者有无精神疾病。

可以把初始访谈需要了解的来访者的相关信息总结为10个方面：来访者身份信息，总体观察来访者获得的第一印象，与当前咨询问题相关的经历和事件，以往的精神疾病史和心理咨询史，个人的教育和职业背景，身体健康状况和疾病史，个人成长的社会背景和成长史，家庭、婚姻和性方面的历史，来访者的沟通模式的评估，个人的心理和精神状况的诊断与总结。

思考与实践

一、思考题

1. 咨询前的准备有哪些？
2. 初始访谈需要向来访者说明的保密原则有哪些？

二、理论联系实践

1. 你觉得心理咨询师在咨询前除了做一些物品的准备，还应该做好哪些心理和情绪上的准备，你认为这些准备会对咨询产生什么作用和影响？

2. 你认为初始访谈时，咨询师为什么要反复强调保密原则？

第九章

心理评估与诊断

【学习目标】
(1) 掌握心理诊断的定义，理解心理诊断的目标。
(2) 区分心理评估与心理诊断。
(3) 学习神经症性心理问题(可疑神经症)的诊断方法，以及各种精神障碍的诊断方法。
(4) 了解心理诊断的方法与原则。

【重点与难点】
(1) 正常心理与异常心理的诊断。
(2) 不同程度心理问题(一般心理问题、严重心理问题、神经症性心理问题)的诊断。

【情境导入】

李然说："我太难了！"

李然(男)今年24岁，在国内一所著名的985大学读硕士研究生，他生长在一个知识分子家庭，从小学习成绩优异，性格争强好胜，追求完美。今年，他准备申请去国外攻读博士研究生。让他没想到的是，他的女友坚决反对他出国留学，希望早点和他结婚组建家庭，不想两地分隔。几个月前，李然和女友发生了激烈的争吵，两人随即陷入冷战，李然很苦恼。雪上加霜的是，他又得知自己的留学申请未被接受，无奈之下只好参加本校的博士生入学考试，但由于准备不足，未能考取。最近两个多月来，李然一直郁郁寡欢，心情烦躁，注意力不集中，记忆力下降，学习效率明显下降，连硕士论文也只是勉强完成。他借故不与同学、朋友交往，甚至连毕业聚餐都没有参加。导师担心他一直消沉下去，劝他去寻求心理帮助。

(资料来源：作者临床咨询案例)

咨询师通过收集资料和聆听来访者的主诉内容，获得了相关资料后，就需要对来访者进行心理评估与诊断，确定来访者的问题程度和性质，以便制定具体咨询目标和咨询方案。可以看出，心理评估与诊断在临床心理咨询中和医院的精神科精神疾病诊断中都具有非常重要的作用。咨询师进行评估时，首先要排除来访者是否患有精神疾病、严重人格障碍、脑器质性病变，以及有没有自杀的危险(这一排除过程可能需要持续很长时间)，并确认来访者是否是一个适宜的咨询对象，咨询师最初面临的主要问题是对来访者的具体问题进行初步分析、澄清与界定。因此，咨询师需要了解心理评估和诊断的含义与区别，并学习常见个案的诊断原则。

从医学模式的角度来看，临床心理咨询的主要目的，甚至是唯一目的，是做出明确的诊断及治疗计划。

第一节　心理评估与诊断概述

从古到今，人们总是希望可以了解自己、了解别人，从而找出人与人之间的差异，并根据人与人的差别而对人们进行分类。根据《心理百科全书》的记载，对心理功能的评估在2500多年前就有所萌芽，古代教育家孔子就根据自己的观察把其学生分为中人、中人以上和中人以下；隋朝所实行的科举制度，实质上是一种能力的测验方法。在国外，公元前4世纪，希腊名医希波克拉底就开始以问诊和望诊作为诊病的主要手段，17世纪以后，相继出现了听诊法、叩诊法等一系列体格检查方法。而对心理功能的评估则开始于19世纪，对诊断内涵的认识也因此得到了深化和完善。

一、心理诊断的定义

"心理诊断"(psychological diagnosis)一词是由瑞士精神病学家罗夏(Rorschach)在1921年出版的《心理诊断》一书中提出的。当时这一概念专用于精神病领域，后来很快从医学领域延伸到了临床心理学领域。在临床心理学中，成人和儿童的智力测量、人格倾向的测定、能力和各类偏常行为的测定工作也被涵盖在这一概念之中。第二次世界大战以后，人们由于社会的激变而产生种种心理障碍，这时也把鉴定和区别各种情绪的手段称为心理诊断。

心理诊断是应用心理学的理论和技术，是对来访者的心理活动和人格特征进行评估与鉴定的过程，目的是确定其心理变化的程度和性质。心理诊断能确切说明治疗前的决策过程。

心理诊断在内涵方面仍然是通过观察法、会谈法、实验法、测验法和量表法来获取临床资料，并通过对资料的分析对来访者的心理状态和个性特征做出判断。心理诊断的含义有广义和狭义之分，广义的心理诊断是指以正常成人和儿童为对象的心理测量工作；狭义的心理诊断是指在临床心理学中作为精神病辅助诊断手段和对各种心理障碍进行确诊的测量工作。严格意义的心理诊断是指临床心理学中专门用于咨询和治疗的测量方法。

心理诊断的定义很多，不同学者从不同角度分析了心理诊断的实质。一般认为，心理诊断是以心理学的方法和工具为主，对个体或群体的心理状态、行为偏移或障碍进行描述、分类、鉴别与评估的过程。在对存在心理问题的人进行干预时，心理诊断也被当作对心理问题的评估，指的是干预者通过访谈、测验、观察、个案、问卷等方法来收集当事人的信息，并运用分析、推论、假设等手段对其心理问题的基本性质加以判定的过程。一般而言，充分地收集信息并有效地加以分类，进而确定影响来访者心理健康的若干重要变量，是评估问题的主要目的。所以，评估问题既影响心理干预目标的最终确立，也影响干预策略的选择与实施。

二、心理评估与心理诊断的区分

心理问题的临床评估(clinical assessment)包括一系列的步骤，如临床的观察谈话，运用评估量表进行评估，器质性的检查，临床心理或精神科专家的会诊。这些步骤中都会收集个体或其环境的各种信息和资料，以确定其心理问题的性质、症状以及如何进行针对性治疗。评估过程包括采用何种程序和如何选择有效的评估工具，比如生物功能、认知、情感、行为和人格类型的评估工具。当然，评估工具的选择在很大程度上是由来访者所描述的症状，以及年龄和医疗情况所决定，而且咨询师的理论视觉也对此起着重要的作用。例如，当评估一个明显抑郁和焦虑的个体时，行为主义心理学家更多地评价导致个体情绪低落的环境线索以及与此相关的想法、行为和结果；精神分析心理学家则更多地评估患者的早期童年经验和人际功能。

通常情况下，收集了足够的信息且评估完成后，咨询师会对初始问题形成一个初步的答案，将这些信息与来访者或者其家属进行交流，征得其同意或者授权，然后开始制定咨询或者治疗的方案。交流这些信息，既是评估过程的一部分，也对来访者具有一定的治疗效果(Maruish, 1999)。随着来访者对自身和周围环境了解程度逐渐加深，他们的症状也会随之得到改善。例如，当一个人发现自己每天玩手机、打游戏的实际时间远远高于自己的估计时间，那么他随后就会对此有更多的控制。评估的一个重要功能就是确定对个案的诊断。

心理评估主要是由评估者对来访者的心理品质水平做出全面的鉴定，心理评估注重过程。任何人都可以直观地理解心理评估和心理诊断的必要性与目的性。正像一个内科医生在决定对病人进行治疗之前必须弄清疾病的性质、种类和病情一样，一个心理咨询师要想切实解决来访者的心理问题或解除他的心理障碍，就必须对来访者的智力、情绪和个性有一定的了解，对他的个人生活史、目前生活状况、人际关系、工作性质有一定了解，对他的心理问题或障碍的形成、发展、严重程度以及对其他心理活动的影响有一个确切的判断，然后才能选择最恰当的治疗方法和制定符合来访者实际情况的治疗方案。

在心理咨询和治疗的临床实践中，上述过程常常被称为心理诊断。但"诊断"这一概念过分强调了结果而忽视了过程，所以，随着学科的发展，为了更确切地说明治疗之前的决策过程，目前多采用"心理评估诊断"这一概念。

"心理诊断"与"心理评估诊断"虽然就内涵方面都是以观察法、会谈法、实验法或测验法来获取临床资料，并通过对资料的分析对来访者的心理状态和个性特征做出判断，但由于工作对象和任务的不同，所以使"心理评估诊断"这一概念在外延方面形成广义和狭义两种理解。广义的心理评估诊断，既涉及正常成人和儿童的心理与个性的测评，也涉及精神病人的辅助诊断。狭义的心理评估诊断则是专门为临床心理咨询和治疗而进行的心理测评工作。精神病的诊断完全依据精神病学的诊断标准，心理评估只有参考价值，而心理问题、严重心理问题和神经症性心理问题则依据心理诊断的标准来分类与鉴别。所以，只有将心理诊断和心理评估诊断的概念限定在临床心理学范围内，才能更准确地理解并使用心理诊断和心理评估诊断的概念。

三、心理诊断的目标

一般心理学研究的目标是寻求人类总体或某一群体的共同心理规律，心理诊断则是以个体为目标，探求某一个体在群体中的位置，确定个体行为与常模偏离的程度和距离。比如，一般心理学研究个体受暗示的影响是为了探求个体受暗示性的自然分布状况，而心理诊断则是研究某一个人受暗示影响的程度以及这种程度在人群中的自然分布位置，从而判断受暗示性是不是致病的因素。

因此，心理诊断是将心理学的技术和心理测验的手段应用于临床实践，以评定个体人格内涵、心理过程的障碍程度及心理活动的水平，从而确定其正常或异常的性质和程度以及明确疾病性质的方法。心理诊断较注重结果。

四、心理诊断的科学性

心理诊断是否具有科学性，可以从以下几方面评定。

(1) 任何单项测定均应有可比较的常模，常模必须是通过信度和效度都可靠的量表或测验获得的。

(2) 诊断几乎无法根据一个单项测定而得出，它只能是对多项测定进行综合分析的结果，这就要求各单项测定之间必须有内在逻辑性。同时，测定结果与临床症状应有相对一致性，为此，测定必须接受上述所谓内在逻辑性和相对一致性的检验。

(3) 心理学各基础学科所验证了的规律是心理诊断方法的出发点，所以，心理诊断的提出和方法设计都应以各基础学科的规律和操作原则为依据。

(4) 心理诊断应接受临床实践的检验。

📖 拓展阅读 9-1

爱报复的女生

📖 拓展阅读 9-2

别人都不喜欢我

对于"爱报复的女生"案例的来访者，应进行心理测验，以便对她的心理障碍进行分析和帮助她克服心理障碍。对于"别人都不喜欢我"案例的来访者，应当立刻建议其去精神病院进行诊断治疗，因为该案例已超出临床心理诊断的范围，必须使用临床精神病学的诊断标准才可以做出正确的判断。

从上述两个案例及其处理方式来看，临床心理学在对象、任务和方法上与临床精神病学有极大不同。为此，心理评估诊断作为临床心理学的一种手段，它只适用于心理问题和心理障碍，充其量也只适用于心理疾病边缘状态的诊断，对于精神病学只有辅助作用。

五、心理诊断的作用

有些人反对给来访者做诊断，他们认为做诊断并没有把来访者真正当人来对待，只是贴了一个标签而忽略了个人特点。无论我们是否进行诊断或者命名，都无法否认心理疾病的存在，就目前所知，情绪问题、精神痛苦、人格变态及自杀行为自古有之。精神病学的诊断目的是根据定义的特征对心理疾病进行划分，提供有关心理疾病的异同、病程和预后知识等，这些知识也给予想帮助来访者的心理健康工作者一定的支持，使他们更安心，并赋予他们更多的知识力量。准确的诊断具有许多积极的实践效果。

(1) 诊断有利于专业性沟通。诊断是对来访者症状的一个精练而有组织的描述。要实现这样的精准描述，就需要仔细观察和问诊，一旦确定最佳的可能诊断，从业者就能够与来访者、其家人、其他专业人员、相关的医疗机构、保险公司等进行相关的沟通。

(2) 诊断可以进行假设检验。咨询师尝试把来访者的各种症状与问题进行关系性的链接，然后提出可能的方案，为有计划地运用相关理论和技术奠定基础。

(3) 诊断具有一定的咨询和治疗效果。一个标签对来访者来说可能是一种解脱。来访者前来求助时，带着一堆令人困惑的问题、痛苦和症状。他们感到痛苦、孤独，他们觉得只有自己有这样的问题，世界上没有人像他们一样难受、失控。一旦咨询师给了他诊断，把他们的问题进行命名、分类，在某种程度上加以明确，对他们来说是一种相当大的解脱。他们意识到别人——而且是很多人——也曾有过类似的问题和痛苦，经历过相似的抑郁，甚至产生过相似的应对方式，这对他们反而是一种安慰。明智的临床工作者会意识到诊断中含有希望，而这种希望会在互动的交流中逐渐增加。

也有一些咨询师持有不同的意见，比如欧文·亚隆在《给心理治疗师的礼物》一书中提到，避免直接下诊断(除非提供给保险公司)，他的意见是虽然从医疗保健系统管理的角度来看，咨询师迅速给来访者下一个诊断是非常符合逻辑并且有效率的，但是实际上却并不切合实际。他指出，对于在生理因素方面存在严重状况的来访者，如存在精神分裂症、情感障碍、颞叶癫痫、药物毒性等感染大脑状况的来访者，做出及时的诊断可能对治疗比较关键，但是对于很多情况没有那么严重的来访者来说，诊断可能具有反作用，为什么呢？因为治疗是在一个渐进、深入的过程中开展的，咨询师应当全面、深入地了解来访者。诊断会限制咨询师的视角，而且会影响咨询师把病人当作正常人来建立关系的能力。一旦做出诊断，咨询师可能会选择性忽略来访者某些不符合诊断的方面，过度关注可能证实诊断的某些特征。此外，诊断还可能成为自我实现的预言过程，咨询师把病人看作某种"边缘型"或者"歇斯底里型",并与之建立关系,可能会促使来访者不断表现出相应的疾病特质。实际上,一次性见面就做出的某种诊断,远不如多次面谈对来访者了解得更多,由于人的复杂性,虽然诊断是客观的,但是仍然要以人为主。

欧文·亚隆持有的是人本主义治疗理念,因此会提出一切的诊断都应该以人为主,因为不管多么客观的指标,都可能会忽视了个体间的差异性。你觉得诊断到底重不重要呢?是否要做出诊断呢?对此你有什么理解和思考?

第二节 临床咨询心理问题的诊断

来访者的信息是整体心理评估的一部分,咨询师需要把这些零散的信息串联起来。来访者的资料采集内容包括:人口学资料,如性别、年龄、出生地、居住地、文化程度、婚姻状况、职业、民族、经济状况;总体外貌、健康和疾病史;相关的过去经历、过往的成长问题与心理问题咨询史;教育和工作背景、宗教和文化背景、价值观、目前社会活动状况、休闲娱乐等。精神疾病诊断主要依据《精神障碍诊断和统计手册》(*The Diagnostic and Statistical Manual of Mental Disorders*,DSM),最权威的北美心理健康工作者的诊断指导手册。自从1952年DSM第一版出版以来,就成为临床心理健康工作者最重要的诊断指南,临床心理咨询工作者需要对这些诊断标准进行学习和了解。2013年5月发布的DSM第五版(简称DSM-Ⅴ)是目前广泛使用的,也是最新的版本。

目前,临床心理咨询主要处理的是一般心理问题、严重心理问题和神经症性心理问题的诊断,对于一些精神疾病,如精神分裂症、偏执性精神障碍、情感障碍、神经症、应激相关障碍、癔症、心理生理障碍等,心理咨询师仍然需要学会依据DSM进行诊断,以便及时鉴别该来访者的问题是否属于自己的工作范围,以及是否需要转诊。

一、正常心理与异常心理的诊断

初诊接待来访者后,咨询师最初需要对来访者进行初级筛查、心理评估和诊断,以确定来访者是否属于临床心理咨询的工作范围,虽然可以采用很多客观工具,如各类量表和测验,但最主要的诊断方式是依据判断正常心理活动与异常心理活动的三原则,以及来访者是否具有一些特异性的行为表现。

(一) 判断正常心理活动与异常心理活动的三原则

判断来访者正常心理活动与异常心理活动的三原则又叫病与非病三项原则,主要包括主观世界与客观世界的统一性原则、心理活动的协调一致性原则和人格的相对稳定性原则,如图9-1所示。

1. 主观世界与客观世界的统一性原则

因为心理是客观现实的反映,所以任何正常的心理活动或者行为,必须在互动的形式和内容上与客观环境保持一致，这就是主观世界与客观世界的统一性原则。人的精神和行为一旦与客观环境失去统一，必然令人无法理解，比如精神疾病个体的幻觉和妄想，都属于个体主观世界里发生的，属于个体主观臆想，客观世界并不存在，来访者说听到什么声音，闻到什么气味，在客观世界并没有这样的声音或者气味；来访者存在迫害妄想，认为总有人在采用各种方式迫害自己，但是这其实并不是真实存在的。

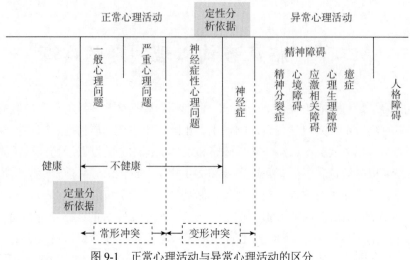

图 9-1　正常心理活动与异常心理活动的区分

精神科经常检查个体自知力是否完整，作为精神病的指标，这一指标就蕴含着"统一性标准"。所谓缺乏自知力或者自知力不完整，就说明来访者的主观意识脱离了客观现实，无法真实地反映客观现实。

2. 心理活动的协调一致性原则

人的心理活动包括知、情、意、行，正常情况下，知、情、意、行是统一、完整的，各种心理过程之间具有协调一致的关系，这种心理过程的完整性也保证了人对客观世界的反映过程准确、有效。如果一个人认识到做某件事情很重要，但是却没有付诸行动，这会令人觉得奇怪；如果一个人明明在认知上不喜欢某个人或物，但是见到这个人或物时，情绪却表现出喜悦，行为上也做出趋近反应，这就会令人匪夷所思；如果在一个喜庆的场景如庆功宴或者结婚典礼中，一个人却大哭大闹，人们会觉得此人实在不正常，所以知、情、意、行的一致性可以作为区分正常心理活动和异常心理活动的标准之一，就很容易理解了。

3. 人格的相对稳定性原则

每个人都会逐渐形成自己的稳定的人格特点，人格基本形成后，不会有太大的变化。所以 10 年、20 年后再见某个人时，这个人原来爱说爱笑、风风火火的性格特点及气质类型等不会有太大的变化。一个很节俭的人突然挥金如土，一个活泼开朗的人突然变得不爱说话、内向抑郁了，如果生活中并没有直接的诱因，就可以考虑这个人是否精神上出现了什么问题。因此，可以把人格的稳定性作为区分精神活动正常与异常的标准之一。

(二) 根据某些的典型特异行为或求医行为，以及对症状的"自知"程度进行诊断

有经验的心理咨询师会从来访者是否具有某些特异性的行为表现，快速做出判断和鉴别诊断。第一，根据来访者是否具有某些典型意义的特异行为表现进行诊断。例如，来访者是否具有典型的强迫行为或强迫观念，是否反复出现评论性幻听，是否有被控制的妄想，是否具有思维鸣响、思维插入、思维被撤走、思维被广播等症状，有助于快速做出精神疾病方面的诊断；来访者是否具有周期性发作的抑郁或抑郁与躁狂交替发作等症状，有助于双相情感障碍(也叫躁郁症)的诊断。第二，从来访者的求医行为来判断其是否为神经症或重性精神病。来访者的求医行为一般分为主动求医行为、被动求医行为或强制性求医行为。如果是主动求医，一般不是非常严重的心理问题；但如果是被动或者被强迫来就医的，则可以怀疑具有某些精神疾病。患有神经症的来访者常常表现为强烈的求治愿望而主动求医，而患有重性精神病的来访者很少主动求医。成人一般求治动机都比较强烈，可能会遍访专家；儿童经常诉说"难受"，当家长带其求治时会表现出顺从与合作。第三，从来访者对症状的"自知"程度来诊断。所谓对症状的"自知"，是指来访者是否认识到自己的异常以及如何解释这些异常。有一般心理问题的人可能出现失眠、不安、茶饭不思、情绪低落等心理行为异常，但自己能认识到这些问题的存在，也能分析问题产生的原因，希望找到方法可以解决。

神经症患者对症状很了解，承认有病，能找出问题发生的原因并推论其与症状之间的关系，有时还会夸大症状的严重程度，特别担心自己会不会发展成精神病。重性精神病患者则坚持自己的妄想是真实的，对别人认为自己有病的问题特别敏感而且坚决否认，对症状毫不"自知"。

二、不同程度心理问题的诊断

心理咨询师在初诊接待来访者后，要对所获得的各种资料进行分析综合，确定来访者的问题是否属于心理咨询的工作范围。通常一般心理问题最适合心理咨询，其次就是某些类型的严重心理问题，单独使用心理咨询或配合其他治疗方法都会有很好的治疗效果。至于精神病性心理障碍属于较特殊的专业范围，目前更多靠药物治疗，还不完全是心理咨询的工作对象，除非是康复期。对于人格障碍及心理疾病边缘状态者，心理咨询的作用也很有限。

不管哪种问题的诊断，都要根据来访者的主导症状。所谓主导症状，是指那些使来访者感到痛苦而迫切需要解决的问题(即异常的心理行为表现)，有些主导症状可能具有诊断或者鉴别诊断意义。

(一) 一般心理问题的诊断

一般心理问题是指近期发生的，内容尚未泛化，反应程度不太强烈的情绪问题，这类心理问题常常能找到相应原因。有一般心理问题的人思维合乎逻辑，人格也无明显异常，常常是心理咨询的主要工作对象，心理咨询也会有较好的效果。满足以下条件即可诊断为一般心理问题。

(1) 现实因素激发——因。由于现实生活、工作压力、处事失误等因素而产生内心冲突，

并因此而体验到不良情绪(如厌烦、后悔、懊丧、自责等)。

(2) 持续时间较短——时。不良情绪不间断地持续满一个月，或不良情绪间断地持续两个月仍不能自行化解。

(3) 社会功能常态——度。不良情绪反应仍在相当程度的理智控制下，始终能保持行为不失常态，基本维持正常生活、学习、社会交往，但效率有所下降。

(4) 反应没有泛化——化。自始至终，不良情绪的激发因素仅仅局限于最初事件，即便是与最初事件有联系的其他事件，也不会引起此类不良情绪。

(二) 严重心理问题的诊断

严重心理问题是由相对强烈的现实因素激发，表现为初始情绪反应强烈、持续时间较长、内容充分泛化的心理不健康状态。诊断为严重心理问题必须满足以下条件。

(1) 由强烈的现实性刺激引起的——因。引发原因是较为强烈的、对个体威胁较大的现实刺激。求助者体验着痛苦情绪(没有引发心理冲突，而是直接导致痛苦情绪)。

(2) 时间持久——时。痛苦情绪间断或不间断地持续2个月以上，6个月以下。

(3) 功能受损——度。遭受的刺激强度越大，反应越强烈。多数情况下，会短暂地失去理性控制；在后来的持续时间里，痛苦可逐渐减弱，但单纯依靠自然发展或非专业性干预难以解脱；社会功能受损，对生活、工作和社会交往有一定程度的影响。

(4) 内容充分泛化——化。泛化指痛苦情绪不但能被最初的刺激引起，而且与最初刺激相类似、相关联的刺激也可以引起此类痛苦，即情绪反应对象被泛化。

(三) 神经症性心理问题的诊断

神经症性心理问题又称可疑神经症，是表现为焦虑、抑郁、恐惧、强迫、疑病症状或神经衰弱症状的精神障碍，有一定的人格基础，起病常受心理社会(环境)因素影响，症状没有可证实的器质性病变作为基础，当事人能体验到这种冲突并感到痛苦，影响其心理功能和社会功能，主要有焦虑性神经症、抑郁性神经症、强迫症神经症、偏执性神经症、疑病性神经症、神经衰弱这六种疾病。神经症性心理问题主要指暂时还没有把握诊断为神经症，但可以做出可疑性神经症诊断的心理问题。

(1) 变形冲突——因。非现实、非道德性因素引发内心冲突，即引发原因只涉及生活中不太重要的事情且不带有明显道德色彩。从现象和事实的角度来说，心理冲突有常形与变形之分。心理冲突的常形有两个特点：一是它与现实处境直接相联系，涉及大家公认的重要生活事件，例如夫妻感情不和，长期想离婚又在犹豫，十分苦恼；二是它有明显的道德性质，不论持有什么道德观点，总可以将冲突的一方视为道德的，将另一方视为不道德的。心理冲突的变形也有相应的两个特点：一是它与现实处境没有什么关系，或者它涉及的是鸡毛蒜皮的事情，比如某人陷入睡觉前吃药还是不吃药的痛苦冲突中，吃药怕有副作用，不吃药怕自己睡不着，而一般人会认为医生让吃就吃，这有什么好想的。二是它不带明显的道德色彩，比如是否吃药不涉及道德不道德的问题。

(2) 持续时间——时。痛苦情绪体验持续时间为 2 个月，未超过 3 个月(超过 3 个月即神经症)。

(3) 功能受损——度。精神痛苦较难解决，社会功能受损，对工作和生活有一定程度影响，但严重程度未达到神经症的诊断标准(神经症基本都会影响心理功能与社会功能)。

(4) 内容泛化——化。痛苦情绪不但能被最初的刺激引起，而且能被与最初刺激相类似、相关联的刺激引起，即心理冲突内容泛化。

(四) 各类心理问题诊断汇总

精神分裂症、偏执性精神障碍、情感障碍、神经症、应激相关障碍、癔症、心理生理障碍等都属于心理问题。我们可以把心理诊断中经常出现的几个诊断结果按严重程度做如下划分：一般心理问题、严重心理问题、神经症性心理问题、神经症，如表 9-1 所示。

表 9-1　各类心理问题诊断汇总

分类	心理活动的性质	心理冲突的性质	问题持续时间(参考原则)	内容是否泛化(主要原则)	问题严重程度(参考原则)
一般心理问题	正常，不健康状态	常形冲突	较短，1 个月内	尚未泛化	基本未影响社会功能
严重心理问题	正常，不健康状态	常形冲突	较长，2 个月内	已经泛化(类似、相关的刺激也能引起症状反应)	已导致社会功能轻度受损
神经症性心理问题	正常，不健康状态	开始变形	较长，3 个月内	泛化严重(无关、不类似的刺激开始引起症状反应)	已导致社会功能中度受损
神经症	异常，非精神病性障碍	变形冲突	很长，3 个月以上	完全泛化(无关、不类似的刺激持续引起症状反应)	已导致社会功能严重受损

三、心理诊断的方法与原则

(一) 心理诊断的方法

心理诊断的方法一般有观察法、测量法、会谈法、史料分析法和实验法。

1. 观察法

观察法是指有计划地用眼睛或借助科学的观察仪器与装置，对所要研究的对象进行系统的观察和考察，以取得研究所需资料的方法。观察法包括自然观察法和控制观察法。

2. 测量法

测量法是指依据一定的法则，用数量化手段对心理现象或行为加以确定和测定的方法，包括智力测验、人格测验、神经心理学测验等。可根据以下介绍选择合适的心理测验量表。

(1) 了解心理、生理行为诸方面所存在的问题及其严重程度，可选择症状自评量表。

(2) 了解问题产生的社会因素(寻找心理应激源)，可选择生活事件量表、社会支持量表、婚姻质量问卷。

(3) 了解人格及认知方面的原因，可选择 EPQ、16PF、防御方式问卷。

(4) 属于神经症的，除了进行上述测量评定之外，还可以选择 SAS、SDS 或 HAMD 进行进一步测评。

(5) 属于精神病者，可以使用 MMPI 进行测查。

(6) 其他如智力问题、记忆障碍可采用韦氏测验、比奈西蒙测验。

3. 会谈法

会谈法是指通过以问题为中心，与患者本人及家属或知情陪同者进行会谈从而获得求诊者的背景资料、求诊目的和对求诊的期望的谈话方法。其操作步骤为确定谈话主题、确定提问形式、认真倾听、控制谈话方向和谈话内容、规范结束谈话。

4. 史料分析法

史料分析法是指通过对来访者生活史的记录和相关资料来分析。

5. 实验法

实验法是指在观察、调查以及测量的基础上，在一定的情景中对研究的某些变量进行操纵和控制，进而揭示某种心理现象或行为的原因、规律的研究方法。

(二) 心理诊断的原则

心理诊断遵循两个主要原则：①由重到轻(即排除重性精神病、神经症等)。由重到轻依次为精神疾病、神经症、各类心理问题。②由粗到细(即先大类，后小类)。比如社交恐怖症的诊断，从大的方面先诊断出神经症，进一步归类到哪一种神经症，如恐怖性神经症，再进一步诊断是哪一种恐怖性神经症，如社交恐怖症。

心理诊断主要根据诊断正常心理活动与异常心理活动的三原则，即使是一般心理问题也应先从三原则入手。

(1) 根据有无自知力、是否主动求治、有无逻辑思维混乱、有无幻觉妄想、病与非病三原则排除重性精神病。

(2) 判断是心理健康还是心理不健康。

(3) 根据四条标准明确是一般心理问题、严重心理问题、神经症性心理问题还是神经症。

(4) 根据主导症状确定心理障碍如何进行症状分类(大类如神经症)。

(5) 诊断心理障碍的具体性质(小类如恐怖性神经症)。

填写格式：本案例最可能的诊断是非精神病性障碍，属于神经症；属于恐怖性神经症中的社交恐怖症。诊断过程：根据是变形冲突、精神痛苦、病程持续时间持久、社会功能受损、内容充分泛化等症状诊断为神经症；根据细化症状如恐怖或恐惧症状进一步诊断为恐怖症；

再根据害怕人际接触、感觉在人群中被人审视诊断为社交恐怖症;最后寻找心理测量结果及相关资料进行支持诊断。

(三) 心理诊断的注意事项

心理诊断时需要注意方法的可操作性和科学性,并进行多项评估综合分析、专家会诊等,务求做出准确的诊断。

(1) 必须考虑方法的可靠性与操作的合理性。

(2) 单项评估分析时,必须参考其他因素,印证合理性;多项评估分析时,要综合分析,突出重点,明确诊断。

(3) 采用会谈法、观察法和史料分析法等主观性强的评估诊断方法时,应有两个以上的参加者共同讨论协商。

(4) 对异常心理活动者,需请精神病学家会诊。

(四) 来访者应具备的条件

咨询中,要对来访者做出合适、确切的诊断,来访者的作用也很重要,来访者问题的典型性、咨询动机的合理性以及对咨询的信任性都是重要的条件。

1. 来访者的问题典型

严格地说,只有心因性问题才适合进行心理咨询,而缺乏自知力、自制力,难以建立人际关系的,处于发作期的精神病患者一般不属于心理咨询范畴。另外,渴望咨询师帮助解决诸如住房、工资、工作、法律等现实问题的人也不适合进行心理咨询。

2. 动机合理

缺乏咨询动机,被迫前来咨询的来访者,若经几次咨询仍无改变自身状态的愿望,一般不适合再进行心理咨询。咨询动机越强烈,双方配合越容易达到密切,也就越容易取得效果。

3. 对咨询有一定的信任度

来访者如果总是抱着怀疑、抵触的心态来咨询,总认为心理咨询不能解决"实际问题",并经几次咨询仍无改善,应终止咨询。

(五) 确定造成来访者心理与行为问题的关键点

咨询师应多方面收集资料(收集资料并非是一劳永逸的,是一个逐渐积累的过程),确定资料的真实性和可靠性,对真实、可靠的资料进行分析和比较。一般对来访者进行接诊、了解主诉,通过心理测验了解其症状以及症状与症结的关系之后,还有一个最重要的工作就是寻找来访者心理与行为问题的关键点。

对临床诊断来说,找关键点或关键因素是最基本,也是最重要的技能,所谓引发临床表现的关键点,其内涵有两个:

(1) 该因素是多数临床表现的原因或者与多数临床表现有内在联系。

(2) 该因素在个体发展中以一定的形式存在，并随着生活环境的变化而改变，但无论形式如何改变，其本身性质不变。

> **拓展阅读 9-3**
>
> DSM-V 阅读节选

思考与实践

一、思考题

1. 心理诊断的狭义含义是什么？广义含义是什么？
2. 区分正常心理活动和异常心理活动的三原则是什么？
3. 一般心理问题、严重心理问题、神经症性心理问题的诊断标准是什么？学会应用这些标准对个案进行诊断。
4. 心理评估和心理诊断的联系与区别是什么？
5. 根据个体的哪些特异行为表现，可以更快地判断其心理或精神问题？
6. 心理诊断的方法和原则有哪些？

二、理论联系实践

一般情况：某男，28岁，研究生学历，汉族，某公司部门经理，未婚，收入中等，经济状况良好。

求助者自述情况：从小性格较内向，不爱说话，生活在很传统的家庭，父母是中学教师，感情融洽，但对他管教很严厉，从小要求他做一个懂事、有规矩的孩子，做任何事情都要做到最好，养成了做事情按部就班、追求完美的习惯，遇到没有做好的事情都要重新去做，直到做好为止。兴趣、爱好较少，很少与同伴玩耍、做游戏，只是一心学习。从小学到大学，学习成绩很优秀，一直名列前茅，偶然一次考试成绩不好就非常难过，担心对不起父母。因此，在别人眼中，他是一个非常优秀的孩子，几乎挑不出什么缺点，令人羡慕。高中毕业后，以优异的成绩考入某名牌大学，前两年学习生活如常，在大三时开始出现反复的洗手行为，有时甚至洗十几遍，考试时总是反复检查试卷上是否写上姓名，甚至交卷后还要去找老师核对姓名，自己知道没有必要，却控制不住，只有做了才感到轻松。自己有一对哑铃，看到它时就想拿起来砸别人，总为担心自己控制不住而感到焦虑，为此把哑铃扔到了河里。这种情况一直持续到现在，症状不但没有减轻，反而越来越严重，耽误了许多时间，工作和生活受到很大影响，性格变得孤僻，做事优柔寡断，不愿与人交往，没有要好的朋友，内心非常痛苦，因此来到心理门诊，迫切希望能够得到心理医生的帮助，消除不适，改善交往状况。

心理咨询师了解的情况：求助者自幼身体健康，未患过严重疾病。少年时期曾经发生过这样的事情，有一次因为没有洗手就拿起筷子吃饭，被母亲严厉训斥并告诫他，手上有成千上万的病菌，不洗手就会得病，并在母亲的监督下，把手洗干净才被允许吃饭。从那以后，养成了爱干净的习惯，认为若不卫生就会染病。这件事对他的生活未有多大影响。求助者上大学三年级的时候，同寝室的一位同学被查出患了肝炎，因为这件事情联想到母亲训斥的话，感到很紧张，担心自己会不会被传染肝炎，自此以后就开始反复洗手，有时要洗十几遍，自己也明白没有必要，但是就是控制不住。为此耽误了很多时间，学习受到了一定程度的影响，即使这样，成绩依然不错，毕业时被推荐免试攻读硕士研究生。期间，反复洗手次数较前频繁，但仍然勉强读完学业。毕业后到一家大型公司任职，尚能胜任工作，由于表现好，两年后被提拔为部门经理，至今已一年。近一年来，除前述症状加重外，还出现反复检查门窗是否关好，担心事情没有做好而反复检查，因怕别人知道而尽量减少与人接触，严重地影响了工作和生活，睡眠质量很差，做梦多，注意力不集中，记忆力下降，急躁，爱发脾气，工作经常出差错，领导和同事很有意见，为此感到焦虑不安，内心非常苦恼。

请对该求助者做出初步诊断，并说明诊断的依据。

案例最可能的诊断是强迫性神经症，判断的依据如下。

1. 首先使用三原则做心理活动正常与异常的区分

(1) 求助者的主观体验与客观世界存在统一性，主观世界能够对客观世界做出反应。虽然反应的强度偏离正常范围，表现为反复检查试卷上的姓名等，但尚未背离统一性原则。

(2) 求助者具有知、情、意的内在一致性，表现为因担心事情做不好而回避与他人交往，并为此感到焦虑、痛苦，出现睡眠困难等。

(3) 求助者的人格相对稳定，符合稳定性原则。求助者年幼时性格内向、做事认真、追求完美，与其成人后在强迫症状中体现出来的追求完美、害怕自己做不好的性格相一致。

2. 区分神经症和重性精神病

(1) 求助者自知力完好。表现为求助者感到内心十分痛苦，并能够意识到自己的行为超出正常范围，属自知力完整。

(2) 求助者主动寻求咨询师帮助，有主动求医的动机。求助者迫切希望咨询师能够帮助他摆脱困扰，重新恢复正常。

根据以上两点分析可以得出，求助者不属于重性精神病。

3. 求助者症状符合强迫性神经症的诊断标准

(1) 符合神经症诊断标准。

(2) 以强迫意向、强迫行为为主导症状。

(3) 有意识的自我强迫与反强迫并存，两者间的冲突使求助者感到焦虑和痛苦。

(4) 求助者的强迫症状起源于自己内心，不是被别人或外界影响强加。

(5) 求助者也意识到强迫症状的异常性，但无法摆脱。

(6) 求助者的社会功能受损。

(7) 符合症状标准至少已3个月。

(资料来源：作者根据网上的《心理咨询师技能案例分析训练题》整理而成)

第十章
心理咨询关系的建立

【学习目标】
(1) 掌握心理咨询关系的定义。
(2) 了解建立良好咨询关系的意义，认识到良好的咨询关系是开展心理咨询的前提条件。
(3) 学习并掌握影响心理咨询的因素(咨询特质)：尊重、真诚、温暖、共情、积极关注。

【重点与难点】
(1) 理解共情的含义，掌握共情的几个层次。
(2) 了解缺乏共情的咨询的后果。

【情境导入】

保拉的心理咨询

保拉驾驶着汽车，载着她的朋友玛丽亚，在毫无征兆的情况下她的车突然与另一辆汽车相撞，保拉的车翻倒在路边。车祸事件虽然过去，保拉却经常精神紧张，不断回忆那段惊心动魄的撞车场景，而且还反复做噩梦，睡眠质量极差。她渐渐变得易怒、烦躁，经常处于过度警惕的状态，和家人、朋友的关系也逐渐疏远，当然她也不能再开车。虽然她努力试图淡忘那次事故，但是却都以失败而告终。最后保拉去看了心理咨询师，她被要求填写了一些调查问卷，心理咨询师还给她一份家庭作业，要求她每天都在同一时间花10分钟将那次交通事故过程写下来。第二次心理咨询时，她被要求对着录音机用第一人称口述发生车祸的故事，仿佛一切刚刚发生。在家的时候，她需要重复播放这些记录她受伤过程的录音带，直到她对此感到厌烦为止。第三次心理咨询时，心理咨询师给保拉提供了防止做噩梦的方法，将这起交通意外换成两个卡通人物间的虚拟游戏。第四次心理咨询时，心理咨询师则要求她重温发生在车祸之前的一些积极记忆，并建议她重新开始驾驶汽车，从短短五分钟开始，慢慢延长驾驶时间。在完成所有这一切的过程中，她的心理咨询师都在认真倾听她说的一切，非常尊重她，并且对她的恢复保有积极、乐观的态度。经过9个心理咨询疗程的治疗，保拉创伤后紧张的症状几乎完全消失了，她逐渐恢复了原来正常的生活。

(资料来源：[英]约翰·麦克里奥德. 心理咨询导论[M]. 3版. 上海：上海社会科学院出版社，2015.)

这是一个经历了车祸的来访者出现创伤后应激障碍后，通过心理咨询的治疗得以恢复的案例，从这个案例的简略描述中可以看到保拉经历车祸的创伤后出现的一系列症状：记忆闪回、焦虑紧张、易怒烦恼、睡眠变差、人际紧张、不敢再开车。心理咨询师在每次心理咨询中都认真倾听，尊重保拉的真实状况，理解她的心理诉求，对她的恢复保有积极的态度，不断地鼓励她，每次采用有针对性的方法，如行为治疗的厌恶疗法、放松训练、系统脱敏等，最后使得保拉重新恢复正常，也可以再次驾驶汽车。在这样的心理咨询过程中，可以看到专业的心理咨询关系是心理咨询过程中一种无形无声的力量。

第一节 心理咨询关系概述

如果要简要形容我自己所发生的变化，那就是——职业生涯早期，我会问我自己，该怎么治疗、帮助或者改变这个人？现在我会这样表述这个问题：我该怎样提供一种关系，从而有助于这个人的个人成长。

——卡尔·罗杰斯《论人的成长》

一、心理咨询关系的定义

心理咨询关系是指心理咨询师与来访者之间的相互关系。建立良好的咨询关系是心理咨询的核心内容。

心理咨询的核心在于心理咨询师和寻求帮助的来访者之间的实际接触。尽管心理咨询师有能力在理论方面搞清来访者的问题，也可以运用各种方法和技术来解决来访者的各种问题，但是事实上心理咨询师仍然是作为一个人来运用和传达这些理论、方法与技术的，也就是说心理咨询的基本工具还是心理咨询师本人。所有心理咨询从业者和理论家都很重视心理咨询关系的本质，尽管不同学派的咨询师对此的理解各有差异，但他们都承认有效的心理咨询需要依靠以下三方面：一是如何建立和维持有效的咨询关系；二是当关系变得糟糕时会发生什么；三是在关系糟糕的情况下如何去改善咨询关系。

帕特森(Patterson)认为，"心理咨询和治疗是一种人际关系"。霍维茨(Horwitz)在解释心理咨询和治疗中来访者是如何发生变化时，他认为是这种特殊的人际关系起到支持作用，这种心理咨询关系被他称为治疗的联盟。心理咨询的核心就在于咨询师与来访者之间的关系的建立。

良好的咨询关系是心理咨询技术得以顺利实施、发挥效果的基础，也是来访者产生改变的不可缺少的条件，甚至有学者认为良好的咨询关系本身就具有治疗的功效。不同程度和不同性质的咨询关系中，尽管咨询师使用的语言和方法是一样的，但是咨询效果却可能大不一样。咨询师作为个体去影响来访者，最终实现治疗的目的。一个国内知名的心理学大师，尽管他并非临床心理咨询的专家，但是他的一句话"你没有病"，就彻底治好了一个辗转于各心理咨询机构和医院五六年的年轻来访者。因此从这个意义上说，心理咨询的基本工具就是心理咨询师本人。所有的心理咨询从业者和理论家，无论认同哪种理论和方法，都非常关注心理咨询中相互关系的本质。

对于几乎所有参与心理咨询与治疗的人来说，来访者与他们的心理咨询师之间的关系都是独一无二的。在任何一次心理咨询的过程中，个体都会感觉自己处于一种极其特殊和微妙的情景中：有一个人耐心地听他讲述好几个小时，而且努力从讲者的角度来发现问题和困境，对他们之间的谈话内容极为尊重和保密，听者在分析讲者问题时努力排除个人的观点和价值喜好。对于任何社会的个体来说，这种深度"关怀"和感觉与众不同，他们从来没有过这种体验。同时他们也会想，我能够完全信任心理咨询师吗？心理咨询师对我所讲的事情真的感兴趣吗？我得到了这么多的关怀该如何回报呢？

二、建立良好的咨询关系的意义

心理咨询的各个治疗流派都非常重视心理咨询关系的建立和作用，大多数学派都认为咨询关系是心理咨询的基础。心理动力学派认为，咨询关系为来访者提供了一个能够表现人际关系问题的舞台，使得心理咨询师能够观察并有针对性地开展工作；行为主义学派认为，心理咨询师应在建立良好咨询关系的基础上，真正了解来访者的需要，尊重来访者的主动性，从而去指定行为矫正细节，以便取得良好而持久的咨询效果；反之，即使当时有效，也很难持久，或者一种适应不良行为减少时，另一种适应不良行为又出现了。人本主义学派更加强调咨询关系的重要性，甚至认为建立咨询关系是心理咨询的核心框架，认为人与人之间的接触是一种根本的治疗方法。罗杰斯曾说，"许多良苦用心的咨询之所以未能成功，是因为在这些咨询过程中，从未能建立起令人满意的咨询关系"。

（一）良好的咨询关系是开展心理咨询的前提条件

心理咨询师和来访者是两个不同的人，双方的人生观、价值观、生活态度和生活方式可能存在巨大差异，双方的咨询关系如何，能否互相接纳、理解和信任等，决定了咨询关系是否能够存在和继续。咨询关系如果不匹配，咨询一般是转介或者终止，否则对双方都是一种伤害。

无论咨询过程中发生了什么，咨询师都要关注咨询关系的质量。有经验的咨询师会对许多信息保持高度的警觉，舍得花大量的时间巩固咨询关系，从咨询关系的微妙变化来体察来访者的细腻动态，寻找促进来访者成长和改变的契机。有些来访者在与人们建立关系方面存在着问题，他们担心自己身上有不被他人接受或者喜欢的东西，也担心自己被控制、被利用或被抛弃，这些都是咨询师需要随时关注和体察的。

（二）良好的咨询关系是达到理性咨询效果的先决条件

任何心理咨询理论和技术要想体现出效果都必须建立在良好的咨询关系的基础上，因此良好的咨询关系是心理咨询的核心内容之一。1999 年，沃奇霍尔茨(Wachholz)和史塔尔(Stuhr)研究发现，在结束心理治疗12 年之后，来访者仍然对他们和心理咨询师当年的关系有着生动的记忆,这些研究都很好地揭示了心理咨询师和来访者之间的关系体验。研究要求来访者描述心理咨询过程中哪些因素对他们最有用,哪些因素没用。研究结果发现,心理咨询中的相互关系的各种因素比心理咨询技术更重要,在来访者眼中,对他们的心理咨询和心理治疗起最大作用的是这种相互关系。此外,还有一项研究是对心理咨询初期来访者和咨询师之间的关系强度进行测量,观察在心理咨询中是否有稳固的联盟关系就能对随后的心理咨询产生良好的预测作用。奥林斯基(Orlinsky,1994)回顾了这些研究,再次证明了心理咨询中的相互关系与来访者从心理咨询中得到的收获之间存在极高的正相关。

(三) 良好的咨询关系决定了来访者对心理咨询师的内化程度

在两三个疗程甚至是一个疗程的心理咨询中,来访者和咨询师都可能发展出一种紧密的相互关系,来访者体验到持续约一个小时的被关注。在这个过程中,更多的私密信息被暴露并分享。对于来访者来说,这种坦露具有一定的风险性,因此他们对咨询师的反应和表达极为敏感。尽管咨询师的话不多,大部分时间都是来访者在说,但咨询师所说的任何内容都会对来访者产生特别的影响。

心理咨询过程中,随着治疗的开展,来访者不断地谈论内心密语,心理咨询师的声音开始慢慢地进入来访者的心理空间。生活中,人们会把经常相处的亲人或者对自己影响较大的人的声音纳入内心世界进行"倾听",随着良好的咨询关系的建立,心理咨询师的声音也会加入进来。

美国心理咨询学会前主席布莱德教授认为,影响咨询效果的各种因素的比例为咨询技术占15%,咨询关系占30%,来访者希望占15%,环境支持占40%,如图10-1所示。

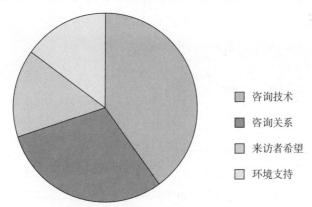

图 10-1 影响咨询效果的各种因素

(资料来源:http://www.xinliabc.com/132.html)

罗杰斯正式提出咨询关系对心理治疗的决定作用,在各种各样的咨询有效特性的分析中无不把咨询关系放在第一位,因此咨询关系是咨询有效的最重要因素。

(四) 良好的咨询关系本身具有心理治疗作用

(1) 积极的情绪体验。在心理咨询中,咨询师对于来访者的非批判性与中立的回馈,推动了咨询关系的进一步发展。来访者在对咨询师逐渐建立信任的过程中，也学会了这样一种积极的反应模式，并迁移到生活中其他的关系上。这种体验使来访者产生更多的安全感和积极的情绪，减少心理防御，更多地探索自己，理解并接受新观点，学习和尝试建立新行为。生活中，父母或者周围的人则常常对来访者不适宜的行为采取不接受或者批评的态度，这些都会导致来访者自尊心下降。良好的咨询关系能够减少来访者最初的心理防御和阻抗。

（2）自尊心的提高。霍维茨(Horwitz)观察到每一位有所改进的来访者对自己的看法都变得更为积极了。咨询师对来访者的理解和接纳，提高了他们认识自己的机会，使他们自身对自己的接纳程度更高。自尊心的建立与积极情绪体验是互相影响的两个过程。

（3）移情式的改进。由于这样一种治疗关系联盟，以及来访者对咨询师阐述的移情作用(关于移情，后文会再讲)，来访者会做出积极的调整和较快的改变。随着相互信任关系的稳固，来访者这种短暂的、讨好式的改变会在强化作用下被慢慢稳固下来，变得更持久。

（4）让来访者产生自我认同作用。最初的认同可能只是来访者对咨询师的部分认同，但是随着治疗关系的推进，在咨询师认真、真诚的关注下，这种认同进一步扩大，带来认同式的改变。

（5）增强来访者咨询的动机。中断咨询是心理咨询常见的现象。许多来访者在第一次咨询后就结束了咨询，是什么让来访者中断咨询呢？影响因素有很多，如个人认知、经济原因等，但最重要的可能是咨询关系。初始的咨询关系建立不好，来访者会感到失望或者认为心理咨询无非如此，看不到咨询的效果和希望，导致咨询动机大大降低，甚至放弃咨询或者重新另寻咨询师。可见，良好的咨询关系可以使来访者获得安全感，进而信任、支持并积极地配合咨询师，最后不断做出调整和改变。

第二节 影响心理咨询关系的因素

咨询关系的建立受到咨询师与来访者的双重影响。就咨询师而言，其咨询理念、咨询态度、个性特征等都对心理咨询关系的建立和维护起到重要作用。心理咨询不仅仅是技术和方法，而且还是咨询师职业理念和人性的表达，咨询师的咨询态度对咨询关系的建立和发展具有更为重要的影响。

就来访者而言，其咨询动机、合作态度、期望程度、自我觉察水平、行为方式以及对咨询师的反应等，都在一定程度上左右咨询关系。因此，建立和维护良好的咨询关系是咨询师与来访者双方共同的责任与义务。但是在实际的心理咨询过程中，通常无法要求来访者做到多少，因此只能从咨询师的职业素养方面提出要求。

不同学派的学者对影响心理咨询关系的咨询特质虽然持有不同看法(见表10-1)，但是基本上能提取出一些共同的影响因素。

表 10-1　不同学派的学者对影响心理咨询关系的咨询特质的看法

学者名称	罗杰斯	卡库夫	艾维和斯密克-道宁	
咨询特质	1. 无条件的积极关注； 2. 真诚和一致； 3. 共情	1. 共情； 2. 尊重和积极关注； 3. 真诚； 4. 具体性	1. 同感； 2. 积极关注； 3. 尊重； 4. 温暖；	5. 真诚； 6. 具体性； 7. 即时性； 8. 对峙

一、尊重

尊重是指心理咨询师在价值、尊严、人格等各方面与来访者平等相待，把任何一个来访者作为一个独特个体去看待，不管来访者的个人条件如何，咨询师都对来访者一视同仁。罗杰斯提出"无条件尊重"概念，他认为咨询师的尊重可以打消来访者的心理顾虑，让来访者感受到安全、温暖的氛围，从而敞开心胸，最大限度地表达自己，这样能使咨询师完整把握和体验来访者的内心世界。特别是那些生活中缺乏尊重，或者急需获得尊重、接纳和信任的个体，尊重本身就会产生明显的助人效果。尊重激发了来访者的自尊心和自信心，可以使来访者获得改变自我的潜能和力量。尊重也使得来访者对咨询师建立信任感，强化咨询的动机，端正合作态度，增加咨询的主动性和自觉性。

（一）理解和把握尊重的注意事项

（1）尊重意味着咨询师对来访者的无条件接纳。尊重是平等，是礼貌，是信任，是真诚，是保护来访者隐私，等等。尊重的本质是咨询师对来访者的接纳，不仅接纳其积极、光明的一面，也要接纳其消极、灰暗、错误的一面；既接纳和咨询师相同的一面，也接纳和咨询师不同的一面；既接纳咨询师赞同、喜欢的一面，也接纳咨询师厌恶、反对的一面；既接纳来访者的价值观、生活方式，也要接纳其认知、行为、情绪和个性等。总之，尊重就是无条件接纳来访者的全部。

从态度上讲，接纳是中性的，就好比电影院的验票员，只要对方有票，都应该允许进入，不管对方是什么人，道德品质如何，财富如何，年龄如何，等等。

但在现实中，完全无条件地尊重并接纳来访者的一切，对咨询师来说是困难的。原因在于咨询师首先是一个人，他肯定有自己的人生观、价值观。抛开自己的所有人生观、价值观和生活态度去接纳另外一个人，这需要较高的职业修养。比如，一个持传统道德观、非常痛恨婚外情的咨询师面对一个受婚外情困扰的来访者时，可能压抑不住内心的痛恨和反感，从而难以接受对方的言行；一个曾经是"学霸"型的心理咨询师面对一个不愿意学习的中学生，可能言辞中间更多的是教育和批评。这些情况都是咨询师无法做到无条件接纳的表现。在心理咨询理念上，心理咨询师要清楚自己的价值观，不要因为自己的问题影响对来访者的理解和判断。

（2）尊重意味着平等。尊重意味着心理咨询师和来访者之间的关系是平等的，体现在价值、尊严和人格等方面。心理咨询师不能因来访者在价值观、信仰、民族、职业、地位、文化、金钱、个性等方面的差异，批评或者指责来访者，接纳或者迎合来访者，排斥或者贬低来访者。

(3) 尊重意味着礼貌。礼貌有助于咨询双方建立平等、信任的关系。礼貌是一种态度，是一种文明，无论来访者是失礼还是无礼，咨询师都应该以礼相待。礼貌也体现在不批评、不指责、不歧视、不嘲笑、不冷漠无情。

(4) 尊重意味着信任。信任是尊重的基础，有信任就有尊重。首先，相信来访者有改变的欲望和动机。咨询关系还不稳固的时候，允许来访者对隐私或者顾虑问题的犹豫和掩饰，咨询师通过理解、共情等方式解除来访者的顾虑，促使双方建立信任感。其次，相信来访者的确有需要解决的问题，但由于自身限制，可能会出现各种矛盾或不一致，也可能会出现阻碍咨询的因素，咨询师不能简单否定来访者解决心理问题的动机，应该帮助来访者澄清。此外，咨询师更要相信来访者有能力自己调整、改变，最终解决自己的问题。

(5) 尊重意味着保护隐私。咨询师对来访者咨询中的所有的隐私和秘密，除特殊司法调查或科学研究，原则上都应该予以保密、尊重，不去评判和传播。对来访者暂时不愿表达的信息，不予强迫。这不但是对来访者的尊重，也是对自己、对咨询工作的尊重。

(6) 尊重意味着真诚。真诚是尊重最重要的表现，没有真诚的尊重，给人的感觉只是一种形式和礼节。真诚的尊重体现的是咨询师对待来访者的态度，体现的是咨询师的人性观、价值观。真诚的尊重不代表咨询师没有原则，没有是非观念，没有主见，或是无原则地迁就来访者。真诚体现在咨询师根据咨询关系建立的情况，表明自己的观点、态度和意见等。如果观点不一致，在良好的咨询关系的前提下，合适地表达出来，对咨询是有帮助的。

(二) 咨询师积极、乐观的人性观和人生观很重要

尊重与咨询师的人性观有关，咨询师一般会持有四种人性观：第一种是完全相信来访者，不加干涉。这种人性观与其说是相信来访者，不如说似乎是不负责任。第二种是相信来访者的潜力，但也认为人的能力是有限的。这种人性观相对来说比较客观。第三种是相信来访者能应付日常琐事，但也需要专业指导。这种人性观比较客观，也符合实际。第四种是不相信人的内在潜力，相信人是消极、堕落的。这种人性观是消极的、悲观的，咨询师如果不相信来访者会发生变化，那就没有必要做心理咨询了。

(三) 对来访者表达尊重的注意事项

心理咨询师在咨询中应接纳来访者，尤其是与自己在很多方面有不同之处的来访者，接纳来访者带有的咨询师可能反对、否定或者反感的思想，也接纳来访者带有的消极、灰暗与错误的态度。

心理咨询师在价值、尊严和人格等方面与来访者是平等的，不能因双方的外貌、地位、知识、金钱等差异而奉承或者歧视来访者。咨询师在表达尊重时应注意：

(1) 心理咨询师应遵循礼仪、礼貌待人。
(2) 心理咨询师应信任来访者。

(3) 心理咨询师不主动探问来访者的秘密、隐私，对来访者主动诉说的秘密及隐私应该进行保护，不随意传播。

(4) 心理咨询师应该对来访者真诚。

(5) 当心理咨询师难以接纳来访者时，可以转介，这本身也是对来访者的尊重。

二、真诚

真诚是指咨询师应坦诚面对来访者，开诚布公、直截了当地与来访者交流自己的态度和意见。在咨询关系中，咨询师应是一个表里一致、统合的人，真真实实的，不会虚伪地掩饰自己，也不把自己藏在一个专业咨询师的假面具后面，而是以真实的自己与来访者接触，表里如一，没有虚假和做作。

（一）真诚的含义

真诚有两层含义，一是咨询师真实地展现自己，二是咨询师真诚地对待来访者。咨询师的真诚不仅给来访者一种安全感，而且为来访者树立了一个榜样，使来访者逐渐地开放自己，表达自己，袒露自己的内心。真诚是一种咨询的技术或方法，更是一种人生态度。恰当地表达真诚，不仅是一种技术，更是一种艺术。

（二）真诚表达的注意事项

真诚不等于实话实说，要实事求是，真实坦率，同时避免咨询师的个人情绪发泄。

(1) 真诚不等于说实话。真诚和实话实说有差异，并不是把所思所想都说出来，但说出来的话必须是真实的。咨询是通过语言进行交流和沟通，但是语言表达有技巧，咨询师应遵循对来访者负责，有助于来访者成长的原则与来访者交流，这一原则应该贯穿咨询始终。

> 拓展阅读 10-1
>
> 这能怪我吗

同样的话语，咨询师换了表达的方式，可能就避免了贴标签或者过分概括化、绝对化。而且咨询师的真诚态度也会让来访者认真感受并促使其思考，有利于咨询关系的发展，也有利于来访者自己反省。生活中的交流也是如此，需要真诚，不能人身攻击，也不要批评和指责，有话好好说，可以达到更好的效果。

(2) 真诚应该实事求是。咨询师的真诚体现在咨询态度上，应该是实事求是，不能脱离现实基础。例如，对于身材矮小、长相丑陋而且经济条件差的男性来访者，咨询师不能枉顾事实，而一味地说"你不丑""你不矮"等这样的话语，这会让来访者觉得非常虚伪。实事求是地、真诚地说："我理解您因为自己的身高、长相甚至经济能力达不到一般标准而产生的苦恼，但我更想知道这些对你现在的生活都产生了哪些影响？使你现在这么自卑？"

真诚不是自我的发泄,过多地宣泄自己反而会产生负面效果。真诚应实事求是,不必在来访者面前过多表现自己的完美,应既不夸大自己,也不妄自菲薄。

(3) 真诚意味着真实坦率。真诚同样意味着咨询师要坦然面对自己,了解并认识到自己的所知与所能和不知与不能。如果咨询师一味地树立个人威信,炫耀自己的知识和经验,生怕来访者不相信自己,看不起自己,这样反而会露拙,让聪明的来访者发现咨询师的虚伪、做作和掩饰。一位女性咨询师在对一位大学男生做心理咨询时,经常遭到这位来访者的质疑,认为咨询师看起来很年轻,没有权威,经常说自己的咨询没有效果。有一次,来访者又非常直白地表露这样的质疑时,这位女性咨询师打开房门,礼貌地说:"您觉得咨询没有效果,也不信任我,那您可以不再跟我咨询,您走吧。"咨询师非常真诚地表达了自己的感受,没有压抑和伪装,但是这位来访者愕然之后却继续找咨询师咨询,因为咨询对他的影响是不知不觉的,他其实一直在发生着变化,只是他没有意识到或者不敢承认而已。

> **拓展阅读 10-2**
>
> **学生与老师**

欧文·亚隆在《给心理咨询师的礼物》一书中提到一本书,书名是《妈妈和生命的意义》,书中讲了一个关于治疗的故事,故事的主角恩斯特·拉什医生被一位非常有魅力的女病人难住了,这位女病人以一种非常明确的方式追问医生:"我对男性来说是不是有吸引力?对你呢?"面对这样的问题,很多咨询师可能不敢表达自己的真实想法,但是欧文·亚隆说:"如果所有的一切和现在都不同,如果我们在另一个世界相遇,我独身,我不是你的咨询师,那么我会觉得你非常有魅力,而且我肯定会尽力更多地去了解你。"这样真诚的表达反而会赢得来访者的信任。不过咨询师也可以借此机会去了解,为什么来访者现在问这个问题,或者她关注外表背后的原因是什么?

(三) 真诚的表达方式

(1) 支持性的非言语行为:如微笑、点头、眼神等,都可以体现咨询师的真诚。

(2) 角色行为:要求咨询师不过分强调角色、权威或地位,接纳自己,令他人舒服,适应不同的环境。咨询师不逃避责任,咨询工作是他们生活中的重要部分,并非角色客串。

(3) 一致性:指咨询师的言语、行为和情感相辅相成。

> **拓展阅读 10-3**
>
> **几个体现真诚的咨询对话**

(4) 自发性:在没有刻意或造作行为的情况下自然地表达自己的能力。自发还包括在没有考虑要怎么说和怎么做的情况下所表现出的真实情绪和行为反应。当然不是让咨询师自由表达任何想法和情感,尤其是负面情感。比如来访者流泪时,咨询师受到感染也流泪,如果是因为共情而自然地流露是可以的,不必刻意地克制,要把握好尺度,但不能因为受来访者的感染而忘记自己的角色和定位,影响对问题的认识和分析。

(5) 开放和自我暴露:咨询师用语言向来访者暴露个人的情况,目的是产生开放、有益的咨询气氛,可以缩短距离,增加来访者的开放度,帮助来访者形成新的视角,以利于达成设定的目标。自我暴露的原则:暴露的广度以中度最为适宜;暴露要简洁,不宜过细。暴露信息的内容和心境应与来访者接近。自我暴露也体现了真诚,咨询师真诚地希望与来访者建立平等、信任的咨询关系。

> 拓展阅读 10-4
>
> 失去自信心

真诚是内心情感的自然流露,不是靠技巧就能获得的,真诚建立在对人的乐观看法、对人有基本信任、对来访者充满关切和爱护的基础上,同时也建立在接纳自己、自信、谦和的基础上。真诚是咨询师的一种素质,这种素质是潜心修养、不断实践的结果。

(四) 真诚在咨询中的作用

真诚在咨询中具有重要的作用。首先,真诚可以为咨询营造安全、信任、开放和自由的氛围。咨询师坦诚的态度和真实做人的本色,会给来访者提供一个安全、自由的氛围,使来访者感觉放松,让来访者没有压力地倾诉或者表露自己的任何失败、软弱。其次,真诚可以提供榜样的作用。咨询师的坦白、开放的态度不但对来访者具有吸引力,也形成了一种真诚面对自己、面对问题,真实地坦露自己的榜样作用。促进来访者对自我的认识和反省,从而达到使来访者认识自我、面对自我、改变自我的咨询目标。

三、热情与温暖

热情是一种态度,热情更多的是通过非言语系统传递给对方的一种感觉,让来访者感觉温暖,感觉舒适,感觉被接纳,产生咨询的欲望。心理咨询中,咨询师既要表现出接纳来访者,平等交流,帮助来访者解决心理问题的理性部分,也要表现出热情助人的浓厚的感情色彩。热情是一种咨询态度,有些书上表达为"温暖"。本书采用热情与温暖,表达的含义既有对咨询工作的热爱和激情,也包含对来访者的爱与温暖,热情是一种是主动外露的浓浓的情感表达,温暖是点点细节的流露。

只有热爱自己的工作,热爱每一位来访者,才能把咨询工作,把来访者的一切放在第一位。热情本身就是咨询师帮助来访者的一种真情流露,热情显得尊重却并非公事公办。

心理咨询不同于其他的咨询工作或顾问工作，咨询是咨询师和来访者之间的长期合作，是一种在良好的咨询关系基础上才能开展起来的特殊的、心灵层面的、交流性质的工作。热情体现在咨询的整个过程中，心理咨询师热情、耐心、周到、细致的态度让来访者感到被关心，感到温暖，这对建立良好的咨询关系非常重要。

咨询师应在初诊阶段打好热情的咨询关系基础。来访者对咨询师的主观感受不是简单地通过语言表达就能实现，而是要求咨询师通过身体语言、咨询态度来实现。与热情相反的是冷漠。

(一) 热情与温暖的体现

(1) 适当询问，关切。
(2) 注意倾听。
(3) 咨询时耐心、认真，不厌其烦。
(4) 咨询结束时，让来访者感到温暖。

(二) 温暖与尊重的区别

(1) 尊重更多地需要咨询师以礼待人、平等交流，想保持距离，富有理性色彩。
(2) 热情、温暖更多地表现了一种友好态度，目的是减少咨询距离，富有浓厚的感情色彩。
(3) 如果只有尊重，会显得有点客气，甚至公事公办，有距离感；如果只有热情与温暖，则显得过于友好，让人不知所措。

(三) 热情与温暖的功能

对来访者来说，第一，热情与温暖能够消除或减弱来访者的不安心理；第二，热情与温暖能够激发来访者的合作愿望；第三，热情与温暖本身就具有助人功能，来访者从咨询师身上感受到热情与温暖，让其感受到被接纳，这本身就具有咨询的效果了。

对咨询师来说，第一，要明白热情与温暖是一个优秀咨询师的必备素质；第二，要明白热情与温暖是咨询师真情实感和爱心的流露，非做作的表演；第三，热情与温暖应贯穿整个咨询过程，而并非只体现在咨询开始时，应自始至终，尤其是咨询结束时，也应该传递咨询的热情和温暖；第四，热情与温暖的职业性把握很重要，注意尺度，太过分的热情容易引起来访者的误会，比如咨询师表达对来访者感谢。

四、共情

共情，又称同感、同理心，是指咨询师认识来访者内心世界的态度和能力，能设身处地地从来访者的角度理解来访者的感受，并向来访者表达出来。设身处地，用别人的眼睛看世界，是共情的形象说法。

通过共情，来访者感到自己被理解和接纳，这样有助于良好的咨询关系的建立。共情中，咨询师不但尝试了解来访者，而且与其产生了同样的感受和体验，同时，也协助来访者进行自我表达、自我探索和自我了解。当咨询师做共情回应时，来访者会感到被理解，感到温暖和安慰，这是一个有治疗功能的过程，会令来访者产生较大的力量来面对和处理当前的困扰。

（一）共情对咨询师的要求

要达到较高水平的共情，技巧并不是最重要的，而是需要咨询师用心去听、体验、想象，只有真心实意帮助来访者时，共情才可能发生。

(1) 转换角度，真正地、设身处地地使自己"变成"来访者，用来访者的眼睛和头脑去知觉、思维和体验。

(2) 投入地倾听对方，不仅注意言语内容，更注意非言语线索传递的情感信息。

(3) 回到自己的世界，把从来访者那里知觉到的内容做一番整理，理解它们；借助知识和经验，把握来访者的体验与其经历和人格间的联系，以更好地理解问题的实质。

(4) 以言语或非言语行动做出反应。

(5) 咨询师运用咨询技巧，把自己的共情传达给对方，以影响对方并取得反馈。咨询师在反应的同时应留意对方的反馈信息。

（二）如何贴切地使用共情

(1) 咨询师应走出自己的参照框架而进入来访者的参照框架，把自己放在来访者的地位和处境上来尝试感受他的喜怒哀乐。

(2) 当不太肯定自己的理解是否准确以及是否达到了共情时，可使用尝试性、探索性的语气来表达，请来访者检验并做出修正。

(3) 共情的表达应适时适度，因人而异，要考虑到文化背景及来访者的某些特点。

(4) 用言语准确表达对来访者内心体验的理解。共情的表达除了言语表达外，还有非言语行为，后者有时更有效、更简便，咨询中应重视把两者结合起来。

(5) 共情时，咨询师要能进能出，出入自如，恰到好处，才能达到最佳境界。咨询师体验来访者的内心应如同体验自己的内心，但永远不要使来访者的内心变成自己的内心，这是共情的真谛。

（三）共情的反应水平

根据共情的反应水平，通常把共情分为 5 个水平。

(1) 没有理解，没有指导。咨询师完全忽略了来访者所表达的感觉。

(2) 没有理解，有些指导。咨询师的反应只注重信息内容而忽略了情感，对来访者理解不全面，只注意了来访者表述的内容，缺乏情感的响应。

(3) 有理解，没指导。最基本的共情，即咨询师的反应与来访者所表达的意义和感受比较一致，但没有对来访者隐藏于言语背后的感受做出共情反应。咨询师对内容、意义或情感都做出了反应。

(4) 共情程度较高，既有理解，又有指导。咨询师既能表达出来访者深藏于语言背后的感受，对来访者做出情感反应，又能指出对方的限制，能使来访者体验到并表达出起初并未觉察和未能表达出来的感受。

(5) 理解、指导和行动都有。最准确的共情，即咨询师既能准确地把握来访者所表达的内容，也能准确地把握其感受；既能准确把握来访者言语所传达的表层感受，也能准确把握其言语背后所隐藏的深层含义和感受。

共情可以分为初级共情和高级共情，初级共情主要运用倾听技巧；高级共情除了采用倾听技巧，还会采用影响性技巧(如解释、自我揭示、指导等)。共情的5个反应水平可以结合卡库夫的共情评定表进行分析(见表10-2)。

表10-2 卡库夫的共情评定表

层次	主要标准
第一层次	没有共情反应，完全忽略来访者所表达的感觉
第二层次	对来访者理解不全面，只注意来访者表述的内容，缺乏情感的响应
第三层次	最基本的共情，即咨询师的反应与来访者所表达的意义和感受比较一致，但没有对来访者隐藏于言语背后的感受做出共情反应
第四层次	共情程度较高，即咨询师能表达出来访者深藏于语言背后的感受，能使来访者体验到并表达出起初并未觉察和未能表达出来的感受
第五层次	最准确的共情，即咨询师既能准确地把握来访者所表达的内容，也能准确地把握其感受；既能准确把握来访者言语所传达的表层感受，也能准确把握其言语背后所隐藏的深层含义和感受

拓展阅读 10-5

共情的五个水平

共情的课堂实操练习案例

练习1：

来访者：昨天是我男朋友的生日，我悄悄做了一桌饭，但我给他打电话他一直没接，我一直等他，可是直到最后我也没有等到他。

咨询师：我感到你很在乎他，也很用心。但是因为没能如愿，所以你感到失望，希望他能够重视你。

练习2：

来访者：我父母正在闹离婚，我不希望这样。

咨询师：你因为父母闹离婚而感到难过。

练习3:

来访者(14岁男孩): 我一天晚上半夜醒来,正看见我父母在……

咨询师: 看起来你很矛盾,不知道该怎么说。没关系,不想说的话,我们可以等你想好了再说。

在练习3中,需要特别注意的是,共情应该关注来访者此时此地的情感反应。咨询师的回应最主要的是理解他的处境,给他自由选择的空间。不要在内容上追根问底,如不要追问看到的到底是什么?咨询师自己可能很好奇,并可能有自己的预设,如看到父母的性生活等。

在初级共情的基础上,如果咨询师能够揭示来访者内在的情感,那就有可能达到高级共情(第四层次和第五层次)。

练习4:

来访者: 我不明白这个意外为什么总会发生在我身上。我生活得不错,可现在却变成这样。

咨询师: 因为你无法解释为什么这会突然发生在你身上,所以感到很愤怒。你想至少找到一些看起来更为公平的理由。

练习5:

来访者: 时间一年一年过去,我们却没能有孩子。

咨询师: 你们因为不能怀孕而感到沮丧。你们非常想有一个孩子。

练习6:

来访者: 我退休后一直感到很难适应。日子仿佛很空虚。

咨询师: 因为空闲的时间太多,所以感到自己没用了。你想找些有意义的事情做,一个措施就是继续利用工作兴趣,尽管你没有工作。

共情的核心在于为来访者提供"矫正情感体验",重要的是咨询师对来访者及其情感的接纳,要避免任何使来访者听起来像是批评的评论。共情水平的提高、共情特质的获得是一种学习、实践的过程,是用心修养的过程。咨询师的人格力量有时比技术水平更有影响力。咨询师丰富的专业知识、人生经验和社会阅历对达到共情会有帮助,咨询师本身的生活态度、个性品质等也与共情的层次有关。

(四) 理解和使用共情需要注意的问题

理解和使用共情需要注意以下几个问题。

(1) 咨询师应走出自己的参照框架而进入来访者的参照框架。咨询师要把自己放在来访者的处境中尝试感受他的喜怒哀乐,对此感受越准确、越深入,共情的层次就越高。初学者容易以自己为参照框架,这样就无法设身处地理解来访者,当然也没办法共情。咨询师与来访者很可能在价值观、生活方式和态度等方面完全不同,因此在认知能力、行为模式和个性特征方面也必然不尽相同。这里并非要求咨询师一定要有过与来访者一样或者类似的经历,只要咨询师能够转换思维角度就可以产生共情。例如,一个没有离婚经历的咨询师如果能够站在来访者的角度去体验来访者因为丈夫婚外情而感到痛苦的内心世界，也是可以准确产生共情的。

(2) 表达共情要因人而异。咨询师共情的目的是深入地了解来访者，同时利用共情达到治愈的目的。因此，根据来访者经历的不同、所带来的问题的不同，以及在咨询不同阶段的需求的不同，咨询师应采用不同的共情方式。例如，对于迫切需要抒发内心感受的来访者，咨询师需要的就是耐心地倾听，当其因为情绪复杂而沉默的时候，咨询师要同样用沉默的共情去感受来访者内心世界的痛苦和挣扎。

(3) 表达共情应适时适度。共情要分时机，并非任何时候都适合。如果来访者问题还没全部阐述清楚，咨询师不宜急于表达共情，这时候表达共情既可能不准确，也可能打断来访者的思路和情绪。一般应在来访者对某一问题的情绪基本表达完后再共情，此外共情表达也应适度，如果咨询师共情过度，就好像俗语所说的用力过猛，来访者可能会觉得咨询师很夸张，甚至容易夸大来访者问题的严重程度。因此，适时、适度、恰如其分地表达共情很重要。

(4) 表达共情要善于把握角色，"如同"非"就是"。咨询师在与来访者共情时，试图转换角色，把自己当成来访者思考，但这里要注意，"如同"来访者，非"就是"来访者，咨询师要能做到角色把握准确，能进能出。如果进入来访者内心世界，而忘记了自己的角色和身份，则可能会失去客观性，也难以对来访者进行有效的咨询。

(5) 表达共情善用躯体语言。咨询师表达共情时，应认识到很多非言语的表达可以比语言更好、更准确而且更真实地表达和传递共情。比如，咨询师专注的目光、温和的表情、微笑着点头、前倾的身体等都是很好的共情，咨询师要善于把言语和非言语表达结合起来，更有效地表达共情。

(6) 表达共情要考虑来访者的特点和文化背景。咨询师在表达共情时，要根据来访者的年龄、性别、受教育水平等而有所不同。西方文化中，亲吻、拥抱、贴面是很常见的礼节，但是在其他文化中可能就不合适。对于同性或者年龄较小的来访者，咨询师可以有适当的抚摸头发或者轻拍其后背的身体接触，这种表达咨询师的关切、理解的非言语方式可以非常好地体现咨询师的共情，但是对于异性或者年轻人，可能会引起误会。

(7) 咨询师要验证自己是否产生共情。咨询师认为自己产生了共情，准确地理解了来访者，但是实际可能存在误差。因此咨询师要适时的询问，了解自己是否准确、有效地与来访者产生了共情。

(五) 共情的重要性

共情在咨询中很重要，第一，共情可以帮助咨询师设身处地地理解来访者，更准确地把握资料。第二，咨询中的共情会令来访者感到自己被理解和被悦纳，感到愉快与满足，从而对咨询关系产生积极影响。第三，共情可以促进来访者积极的自我表达和探索，使咨询更深入。第四，对于迫切需要获得理解、关怀和情感倾诉的来访者，共情会有更明显的咨询效果。缺乏共情的咨询，会出现以下一些严重后果：

(1) 缺乏共情的咨询会令来访者感到失望，他们觉得咨询师既不理解自己，也不关心自己，最后会减少或停止自我表达。

(2) 缺乏共情的咨询会令来访者觉得受到伤害，咨询师只站在自己立场，对来访者缺乏耐心。

(3) 缺乏共情的咨询会影响来访者的自我探索、自我成长和自我了解。

(4) 缺乏共情的咨询会影响咨询师对来访者的自我反应，缺乏共情使得咨询师的咨询缺乏针对性。

> **拓展阅读 10-6**
>
> 共情不足举例

表达共情时，咨询师应注意避免以下较为常见的表达错误问题：

(1) 空洞的说教和劝诫，如"学生不应早恋""不必太伤心，天涯何处无芳草"。

(2) 贴标签，如"你有恋父情结""你有自卑情结"。

(3) 简单的判断和评价，如"你这人太自私""那样做是错误的"。

(4) 妄下保证，如"不必担心，一切都会变好的""你一定会实现你的目标"。

(5) 直接指导和引导，如"你应该……""你不应该……"

五、积极关注

积极关注是指咨询师以积极、肯定的态度看待来访者，对来访者的言语和行为的积极、光明、正性的方面予以关注，利用来访者自身的积极的咨询倾向，使来访者拥有正向的价值观，拥有改变自己的内在动力。积极关注意味着咨询师既要坦诚回应对方的问题，又要努力发掘对方的潜在力量与积极性。

（一）如何理解积极关注

(1) 积极关注应是有效的。积极关注是从消极面中发现积极面，而不是泛泛地讲有长处、没问题，更不是认为问题没有解决的办法，强化来访者的消极观念。积极关注不是撒谎，是讲实话，发现来访者确实存在的优点和长处。

(2) 积极关注应即时化。积极关注即时化就是帮助来访者注意此时此地的情况，从而协助来访者明确自己现在的需要和感受，避免其过多地陷入过去不愉快的回忆中，正视现实，正视目前的问题，进而寻求自我调节的途径与方法。

（二）积极关注的角度

积极关注主要是咨询师对来访者在咨询中的表现、在咨询中取得的进步的关注，并对来访者的优点和进步给予鼓励。罗杰斯常用"关怀""无条件关注""无条件接纳"一类字眼来表达这个概念。积极关注的重要视角是咨询师不依据来访者行为的好坏给予其关注，而是无条件地从整体上接纳对方，给予关怀。

艾维等则强调，应以积极、肯定的态度看待来访者，相信他们身上总有一些积极因素，相信他们有改善和成长的潜力；在反应上，有选择性地注意来访者言语和行为中积极的方面。在现在的定义中，无条件接纳对方、肯定对方作为一个人存在的价值这一色彩被淡化了，更加强调反应上的操作性(选择性注意)。

(三) 积极关注的注意事项

(1) 积极关注要实事求是。积极关注应建立在来访者客观实际的基础上，不能无中生有，否则会让来访者觉得咨询师很虚伪，这样的积极关注会适得其反。例如，第一次学煎蛋的10岁男孩子不太会打鸡蛋，锅里锅外都有鸡蛋，妈妈对其的积极关注是："哇，不错啊，第一次煎蛋就有一半的蛋入锅了！"如果妈妈说："哇，好厉害啊，很能干，第一次煎蛋就这么棒！"妈妈的第一个说法，既符合实际又很幽默，让孩子觉得妈妈对自己既有肯定也间接指出了不足，这样就显得非常客观、真实。而妈妈的第二个说法会让孩子觉得妈妈很虚伪。

(2) 善于发现来访者的积极面。大部分的来访者都带有一些错误的认知、消极的行为模式和各种负面情绪，因此，咨询师要在实践中学习如何用客观、辩证的眼光发现来访者身上积极、光明的一面。例如，对于主动求助的来访者，愿意积极、主动地寻求帮助来解决问题就是其身上存在的积极面。

(3) 帮助来访者客观地看待自己。很多来访者缺乏对自己的正确认识，有些来访者习惯了用消极的态度去看待自己，有时候甚至选择性地忽略自己的优点和长处，积极关注可以使咨询师帮助来访者客观看待自己的优点和缺点，帮助来访者学会自己挖掘自身积极、光明和正性的方面，并积极利用自己的优势和资源。

(4) 避免盲目乐观，也反对过分消极。咨询师应该持有乐观、积极的态度，但不意味着对来访者的一切方面都持盲目乐观的态度，比如，面对一个学习压力很大的来访者，咨询师如果只是说："你看你长得这么漂亮，而且你也有很强的学习动机，你学习肯定没问题的，不用担心！"这样的说法既回避来访者的真实问题，也是盲目乐观。此外，咨询师也应该避免过分消极，有时来访者的问题已经存在好多年，不是一时半刻就能够解决的，但即使如此，咨询师也不能过分消极地对来访者说，"你的问题真的很难解决，你也了解自己的症状，看了很多医生……"既然来访者相信心理咨询并前来求助，咨询师也应该相信来访者。

📖 拓展阅读 10-7

共情：从病人的视角看世界

思考与实践

一、思考题

1. 名词解释：心理咨询关系、共情、积极关注。
2. 你如何看待心理咨询关系在心理咨询过程中的作用，你认为咨询关系会影响咨询效果吗？
3. 从咨询师的角度分析，影响咨询关系的因素有哪些？
4. 缺乏共情的咨询会产生哪些后果？

二、理论联系实践

1. 下面是危机干预中的咨询师共情举例，请分析哪些对话是比较好的共情对话。

(1) 对于你所经历的痛苦和危险，我感到很难过。
(2) 你的反应是遇到不寻常的事件时的正常反应。
(3) 你有这样的感觉是很正常的，每个有类似经历的人都可能会有这种反应。
(4) 看到/听到/感受到/闻到这些一定很令人难过/痛苦。
(5) 事情可能不会一直是这样的，它会好起来的，而你也会好起来的。
(6) 你现在不要去克制自己的情感，哭泣、愤怒、憎恨、想报复等都可以，你要表达出来。
(7) 我知道你的感觉是什么。
(8) 你能活下来就是幸运的了。
(9) 你能抢出些东西算是幸运的了。
(10) 你是幸运的，你还有别的孩子/亲属等。
(11) 你还年轻，能够继续你的生活/能够再找到另一个人。
(12) 你爱的人在死的时候并没有受太多痛苦。
(13) 她/他现在去了一个更好的地方/更快乐了。
(14) 在悲剧之外会有好事发生的。
(15) 你会走出来的。
(16) 不会有事的，所有的事都不会有问题的。
(17) 你不应该有这种感觉。
(18) 时间会治疗一切的创伤。
(19) 你应该回到你的生活中，继续生活下去。

2. 分析不同情境下的正确共情反应。

假如小张是你的同事，是一个有上进心的咨询师，平时工作主动、热情，但他今天有点消沉。下班以后，在办公室，他找你聊天。

情境一： 小张说："今天，我咨询花了整整一个小时，但来访者竟然声称没有效果。"

小张的意思是(　　)。

　　A. 抱怨　　　B. 无奈　　　C. 表达建议　　　D. 征求建议　　　E. 希望指导

　　分析：当对方仅仅是向你抱怨的时候，应注意不要给对方指导性的建议。他其实自己知道怎么做，只是想发泄一下而已。这个时候他需要一个很好的倾听者，你只要听着就可以了，适当的时候也可以发表一些无关痛痒的抱怨。

　　情境二：小张说："嗨，今天，我咨询花了整整一个小时，也不知道怎么搞的，来访者依然声称没有效果。"

　　小张的意思是(　　)。

　　A. 抱怨　　　B. 无奈　　　C. 表达建议　　　D. 征求建议　　　E. 希望指导

　　分析：当对方表达无奈的时候，表示可能对自己的判断有怀疑，可能需要和你分析一下来访者的情况和应对策略，这个时候你只要安慰和一起分析就可以了。

　　情境三：小张说："今天，我真遇到麻烦了，咨询进行了整整一个小时，来访者依然声称没有效果。"

　　小张的意思是(　　)。

　　A. 抱怨　　　B. 无奈　　　C. 表达建议　　　D. 征求建议　　　E. 希望指导

　　分析：碰到这样的说法，可能表示对方遇到了问题，不知道怎样应对来访者，自信心不足，此时需要给予鼓励。这个时候你只要鼓励他，并分享你的咨询经验就可以了。

　　情境四：小张说："今天的咨询说来也奇怪，我花了整整一个小时的时间，但来访者还是声称没有效果。"

　　小张的意思是(　　)。

　　A. 抱怨　　　B. 无奈　　　C. 表达建议　　　D. 征求建议　　　E. 希望指导

　　分析：可能小张想从你这里得到建议，希望和你探讨一下怎样为该来访者提供咨询服务。当对方真正寻求你的帮助的时候，你可以和他一起来分析该案例，给出你的建议，但是要注意，这仅仅是你的建议而已。

第十一章

心理咨询参与性技术

【学习目标】
(1) 理解心理咨询面谈中的参与性技术，掌握几种主要的参与性技术。
(2) 理解倾听和询问的含义以及使用方法。
(3) 掌握鼓励和重复、内容反应、情感反应和具体化技术的含义及使用方法，掌握参与性概述和非言语技巧的使用方法。

【重点与难点】
(1) 区分内容反应和情感反应。
(2) 鼓励与重复、内容反应、情感反应和具体化技术的含义。

【情境导入】

不堪回首的童年

来访者叙述："我小时候家里很穷，没什么钱，我应该是家庭的贫穷应该是让我父亲很没有尊严，并且充满挫败感，所以他经常打我们5个孩子。虽然他现在已经去世了，但是直到今天，我的妈妈还说我们需要被严格管教。我痛恨那样，我发誓自己永远不要像他那样。现在我长大了，也有了自己的孩子，我现在很好，但有时我也的确感到我要更严格地管教我的孩子……，其实这挺让我困惑的，你懂我的意思吗？"

(资料来源：作者临床咨询案例)

咨询师认真地倾听来访者以上叙述会发现来访者的讲述中有很多主题：贫穷、从小被父亲打、父亲去世、母亲一直说她和兄弟姐妹就该打、自己发誓永远不要像父亲一样、自己现在有时候也觉得要严格管教孩子。咨询师到底应该关注和讨论哪一个主题？按照非指导性治疗理论，咨询师不需要表明自己的价值立场和理论观点，他只需要根据来访者的叙述选择合适的信息进行重复，如点头。由此可以知道摄入性会谈阶段的心理咨询主要采用的技术是参与性技术。参与性技术主要包括耐心的倾听、适当的询问、合适的鼓励和重复、共情性的内容反应和情感反应、明确的具体化技术、参与性概述和非言语技巧。

第一节 基本的参与性技术

在摄入性会谈中使用参与性技术的主要目的是建立咨询关系，收集来访者资料，了解来访者咨询目的、问题及相关背景。参与性技术主要以来访者为中心，不管是倾听、询问、鼓励和重复，还是内容反应、情感反应等，所有参与性技术都是以来访者为参考框架，咨询师在这个阶段还没有对来访者问题进行明显的咨询处理。

一、倾听

倾听是心理咨询的第一步，是建立良好咨询关系的基本要求。倾听技术是心理咨询的重要技术和咨询过程的基础。倾听是指在接纳的基础上，认真、积极、关注地听来访者的讲话，并主动引导来访者积极思考、澄清问题，从而建立良好的咨询关系，进而帮助来访者的过程。

倾听(attending)有参与、专注、注意之意，译成汉语"倾听"虽比较贴近原意，但易误解为聆听(listening)。倾听不仅是为了了解情况，也是为了建立咨询关系，同时还有助人的效果。在咨询过程中，咨询师的言语与非言语行为反映出咨询师正全神贯注地聆听来访者的表达，关注来访者的状况，愿意帮助来访者解决其当前的困惑或冲突。

（一）倾听的意义

初学者总以为咨询过程中主要是咨询师讲，而不知道咨询过程中咨询师最重要的工作不是讲而是听，尤其在咨询的初期和中期，咨询师的认真倾听对于咨询很重要。倾听意味着咨询师对来访者的接受；倾听有助于建立积极的正式咨询关系；倾听也是一种"治疗"，对来访者来说是一种很好的宣泄疗法；倾听可以进一步明确问题；倾听有助于确定咨询目标。

（二）如何倾听

倾听是咨询师摄取和理解来访者所传达信息的能力。咨询师应在接纳的基础上，积极、认真、关注地倾听来访者的谈话，并在倾听时适度参与。倾听既可表达对来访者的尊重，同时也能使来访者在比较宽松和信任的氛围下诉说自己的烦恼。这在咨询的初期和中期尤为重要，咨询师在咨询中要遵循少讲多听的原则。

正确的倾听要求咨询师以专注和共情的态度深入领会来访者的感受，细心观察来访者的言行，了解他是如何表达问题的，如何谈论自己和他人的关系的，以及如何对所有问题做出反应的。同时，咨询师还要注意来访者在叙述时的犹豫停顿、语调变化，以及伴随言语出现的各种表情、姿势、动作等，从而对言语做出更准确的判断。倾听时要注意的问题如下。

(1) 倾听是全神贯注地、耐心地听，应避免东张西望、做一些习惯性动作或出现不良行为习惯等，注意关闭通信设备。

(2) 在听的过程中，不能随便打断来访者的谈话并插入自己对谈话内容的评价(摄入性谈话规定不能在交谈中加入咨询师的评论)。

(3) 倾听时还要注意思考，要及时而迅速地判断来访者的谈话是否合乎常理，是否合逻辑。

(4) 在倾听的过程中，要及时地把握关键点(听出绳结、焦点、隐藏与回避)。

倾听的内容是来访者的话语，但要体会来访者话语背后的情感体验、人生观、价值观等，因此咨询师不是完全被动地听，必要时应进行引导。倾听不仅要用耳，更要用心，不但要听懂来访者通过言语、表情、动作所表达出来的内容，还要听出来访者所省略的和没有表达出来的内容或隐含的意思，甚至是来访者自己都不知道的潜意识。弄清来访者所谈是否与实际一致，弄清来访者是否避重就轻、回避本质性问题，有无打"擦边球"，弄清来访者的真实希望，如是希望咨询师能听出其问题，还是自己主动提出问题。例如：

来访者：我不怪别人不喜欢我，主要是我自己长得丑，不招人喜欢。

咨询师1：别担心，你长得并不丑！你也可以学学如何打扮。

咨询师2：看到同寝室的同学都有了男朋友，只有自己形单影只，你心里很苦恼，没人追求自己、喜欢自己，你觉得是因为自己长相的原因。

咨询师的两种回应方式：第一种没有注意到来访者言语背后的含义，第二种做出了言语背后的解读。再如，来访者说在马路上骑车时，自己的自行车与他人的自行车无意中相撞了，来访者对此可能有以下不同的表述方式：

- 自行车相撞了：客观描述。
- 我撞了他的车：自我归因。
- 他撞了我的车：攻击、防卫。
- 真倒霉，自行车撞了：宿命论。

从不同的表述中可以洞悉来访者的自我意识与人生观，比如，第一种表述方式只是对事件的客观描述；第二种表述方式以负责任的态度进行了自我批评，但同时也表明可能这个人的特点是凡事都爱自我归因，自省自责，对自己太过苛责；第三种表述方式表明这件事情在讲述者看来是对方的责任，不是自己的责任，这种人可能遇到事情容易推诿，总是归因于他人，缺乏反省，还具有攻击性；第四种表述方式则包含着一定的宿命论色彩，凡事认命，消极悲观。因此，倾听就是要听出弦外之音、言外之意，不只是简单地倾听语言表达，还包括其言语背后所反映的个体的价值观和人格特点。来访者描述人和事时所使用的词语与语气，有时往往比他讲的事件内容更能反映他的个人特点。

倾听时，咨询师要认真、有兴趣、设身处地地听，并适当地表示理解，不带偏见，不做价值评判。对来访者讲的任何内容不表现出惊讶、厌恶、奇怪、激动或气愤等神态，而是予以无条件的尊重和接纳。不仅要听，还要有参与，有适当的反应，必要时给予适当的鼓励性的回应。

倾听时，咨询师通常要做出回应。咨询师常用某些简单的词、句子或动作等鼓励来访者把会谈继续下去，如"噢""嗯""然后呢""说得再详细点"，也可以通过非言语的方式，最常用、最简单的动作是点头,但点头时应认真专注、充满兴趣,并且配合目光注视,同时这种点头也要适时、适度,若只是机械地、随便地点头,或者一边点头还一边东张西望或翻看无关的东西,或者该点头的时候却没点头,这些都会令来访者觉得心理咨询师心不在焉,从而影响来访者叙述,甚至会对咨询师产生不良印象。还可以通过目光注视、微笑等,以及将点头和"嗯"等这样的语词反馈搭配在一起鼓励来访者继续会谈。这些反馈向来访者提供了这样一种信息,"我在听你说""我对你说的内容很感兴趣""请继续说下去"。需要注意的是,应确保来访者的叙述是在他自己的参考框架中,而非为了迎合而反馈。同时,咨询师也应配合身体语言。倾听的目的就是给来访者反馈,咨询师认真倾听的态度可以鼓励来访者继续叙述,促进咨询关系,以便咨询师进一步了解和澄清问题,促进咨询师对来访者的了解,以及来访者对自己的了解。倾听中,咨询师应了解来访者表述的核心信息是什么,始终在表达的主题是什么,来访者的观点是什么,对他来说最重要的问题是什么。

> **拓展阅读 11-1**
>
> 如何倾听

拓展阅读 11-1 中,咨询师 A 非常认真、耐心地倾听,而且有共情。与咨询师 A 相比,咨询师 B 犯了很多倾听的错误,如插话、急于下结论、轻视来访者问题、做出道德性或正确性评判。

(三) 倾听时容易出现的错误

初学者往往耐心不够,经验不足,所以在倾听时经常会犯一些错误。

(1) 急于下结论。初学者往往在还没有全部听完来访者的叙述,或者在还没有全部了解事情的真相前,就着急下结论,这其实是倾听的大忌。急于下结论往往会产生一些非常不好的影响,首先,这会令来访者觉得自己的讲话没有被咨询师耐心地倾听,来访者感觉非常扫兴,由于讲话内容被打断,甚至可能被咨询师断章取义,由此影响咨询关系的建立;其次,由于咨询师对来访者的问题把握不够全面、准确,若来访者发现这一点,则会对咨询师的判断甚至对咨询师的职业能力产生极大怀疑;最后,由于倾听不够,咨询师对来访者的个性、思维方式、情感特点等都缺乏充分了解,因此对问题的处理也就把握不准,使得咨询工作缺乏针对性和有效性。

例如,来访者咨询学习问题,自诉学习压力很大。但其实这个来访者咨询的主要问题并非学习问题,学习问题只是当前的一个困惑,这个来访者还有更深层次的问题就是童年时期的性心理创伤,但是由于咨询师没有耐心倾听完来访者讲述的全部内容就急于下结论,因此对问题把握不准。咨询中,咨询师一定要穷尽来访者的所有困惑和问题。

咨询师 1:听起来您想咨询的主要问题是学习压力大,除了学习压力,您还有其他问题吗？

咨询师2：您除了学习压力，还有和母亲的关系问题，你说你和母亲关系一直都不好，你不喜欢母亲，除了这个，请问您还有其他方面的问题吗？

(2) 轻视来访者的问题。初学者或者个别咨询师对来访者讲述的问题缺乏共情，认为来访者是小题大做、自寻烦恼，因而态度和言语上也流露出轻视和不耐烦，虽然个别来访者的问题从其他人的角度来看的确不是什么大事或者不严重，但是对于来访者而言则是无法排解的烦恼和困扰，因为这就是他的思维方式和认知模式，他对于事物缺乏客观、理性的认识和分析，这本身就是他的心理问题。对于咨询师而言，重要的是如何让来访者真实地感知到问题的性质，转变观念。轻视来访者的问题，从某种意义上讲反映了咨询师不够尊重来访者，也不能够做到与来访者共情，这样的咨询师如果不是经验不足，那么就是缺乏资质。

咨询师：哎呀，多大点事啊！不就是考试考了第二吗？第二已经很厉害了，不要自寻烦恼了！

咨询师轻视来访者的问题和感受，缺乏对来访者为什么不能接受考试第二的心理分析，以及缺乏对来访者因此焦虑的共情，当然也就更缺乏对来访者的人格特征，甚至是童年经验的分析和探讨，可能对于这个来访者来说，他的问题是不能接受任何退步和失败。这既可能是因为他之前的人生太顺利，也可能他的过去满目疮痍，从未被接纳和重视，长大之后渴望成功，渴望被人瞩目，从而对任何的一点失败都耿耿于怀、不能接受，因为他担心失败的自己会像过去一样被别人看不起。

(3) 干扰、转移来访者的话题。初学者在收集信息、寻找问题根源时，由于缺乏对问题本质的判断，因此抓不到咨询的绳结和主要线索，所以可能出现大海捞针一样的茫然。这时，来访者可能像蜻蜓点水一样不停试探，也可能东一榔头西一棒槌，因此会出现咨询谈话时常常打断来访者的叙述而转移话题。来访者刚刚讲一点，他就提出新问题，令来访者无所适从，不知道说什么好。这需要咨询师加强理论学习和实践经验的积累，倾听时耐心、认真，仔细思考，通过逻辑推理思考、判断来访者的主要问题和原因。

咨询师：你刚才说什么，你在南方长大，在北方上大学？……你说你找了一个北方的姑娘做女朋友，你家里人不同意，你的意思是因为你的女朋友不希望你离开北方？

咨询师对来访者的叙述找不到关键点，因此表现出不断干扰会谈转移来访者的话题，显得没有重点，问话也没有逻辑。

(4) 进行道德性或正确性的评判。有些咨询师很随意地对来访者的言行举止进行道德评判，比如，"你跟父母讲话怎么用这种语气？""你的观点太过时了""你这个人怎么总是不反省自己，明明是你的问题"，咨询中最好不要出现带有咨询师个人主观色彩的评价，这样的道德评判影响双方的咨询关系。

这种评判一是不要轻易做出，二是不要在来访者还在叙述问题时就讲，三是不要仅仅只做判断而没有具体的、有说服力的解释，四是尽量少用评判方式而改用其他表达方式。最好是让来访者自己来评价，而不是咨询师把自己的价值观念、是非标准强加于来访者。

(5) 不适当地运用咨询技巧。如果咨询师的咨询经验不足，则会出现一些使用咨询技巧不当的现象。例如询问过多，询问过多会让来访者一直处于表面的疲于应付回答的浅层次交流，不能充分深入思考和探索，也不利于完整的表述。来访者充分地表达自己很重要，既具有宣泄的功能，也可以帮助自己整理思维和逻辑，也可以准确表述问题，从而令咨询师获得完整信息。

总之，咨询师需要注意一些容易出现的错误。如果来访者经常处于混乱如麻的状态，咨询师需要善于倾听，帮来访者厘清头绪，找到问题的根源和症结。因此，一般情况下咨询师首先要遵循多听少问，非问不可时再问的原则。其次要避免概述过多，概述过多会占用时间，也让来访者觉得咨询师领悟力不足，比较啰唆，需要来访者不停地确认才能搞清问题，对于文化程度高、表达能力强的来访者更应该避免过多概述。最后要避免不适当的情感反应，如情感反应过于频繁或者反应程度过于夸张，反而容易给来访者造成心理压力甚至进一步强化和暗示某些消极情绪，如"看上去你真的好伤心啊！""你真的好委屈啊！""你一定觉得自尊心受到很大伤害！"这些反应有时反而扩大或者进一步煽动了来访者的情绪，让来访者觉得问题似乎真的好严重。尤其是来访者比较信任甚至崇拜咨询师时，咨询师的话对其影响就更大、更明显。而比较有自知力且不容易受暗示的来访者则会觉得咨询师有点夸张，反应过度了，心理反而会不舒服。过多的类似反应会打断来访者的思路，转移谈论的话题。适时、适度很重要，当然这个度并没有绝对的标准，因人而异，对于一些来访者显得过度的，对于另外一些来访者则又是适当的，咨询师要多体会、多思考、多实践。

倾听总结：可问可不问，少问；可说可不说，少说。

📖 拓展阅读 11-2

不轻易下结论的倾听

二、询问

询问也常说成提问，是心理咨询会谈中最常用的咨询技巧之一，咨询师通过询问促进与来访者的交流，鼓励来访者自我暴露、澄清问题，提高来访者的内省。询问在生活中的各类谈话中也很常见，如何询问，询问有什么技巧，这些都是需要学习和注意的。

主要的询问方式有开放式询问、封闭式询问、半开放式询问、多重选择式询问。咨询中选择哪种询问方式一般要根据咨询情况确定，咨询主要以开放式询问为主，特殊情况下，也可使用限制性开放询问。例如为了弄清孩子学习不好与夫妻吵架这两者间的关系，可使用限制性开放询问，如"除了在孩子管理方面，你们夫妻之间还有什么矛盾？"有时为了确证某种现象是否存在，也可用封闭式询问。例如采用封闭式询问"你丈夫打孩子吗？"来确定是否存在家庭暴力。

总之，到底选择哪种询问方式是依据谈话目标、收集资料的性质和内容来确定的。

（一）开放式询问

开放式询问是倾听过程中引导来访者的技巧之一。这类问题的答案不是用"是"或"否"可以简单回答的，来访者需要进行一段解释、说明或补充，能够引出咨询师想要了解的信息。与多重选择式询问不同的是，开放式询问可以核查事实并达到鼓励来访者给出更深层次的理解和解释的目的。通常使用"什么""如何""为什么""能不能""愿不愿意""除了……还有……"等词来发问，让来访者就有关问题、思想、情感给予详细的说明。

一般的开放式询问，如"有什么我们能帮助你的吗？你能谈谈过程吗？"

一般来讲，询问内容是紧紧围绕各种心理症状的，特别是情绪、行为、感知症状，如焦虑、抑郁、恐怖、强迫思维、强迫行为、疑病观念以及幻觉、妄想、行为异常、特殊观念等。首先询问存在事实，然后问具体情况，最后问可能的产生原因。这样往往就能得到一份较完整、客观、全面的病史资料了。

一般带"什么"的询问往往能获得一些事实、资料；带"如何"的询问往往涉及某一件事的过程、次序或情绪性的事物；而带"为什么"的询问则可能引出一些对原因的探讨；用"愿不愿""能不能"起始的询问句，用于促进来访者做自我剖析，如"你能告诉我为什么你这么害怕和异性有亲密接触吗？"不同的询问方式可能导致不同的结果。

若固定用某种方式询问，就会失去从各个角度了解来访者的机会，如果仅仅用"什么"询问，咨询的重心则会偏重事实和资料的获得，而只用"为什么"询问，则往往把来访者的注意力集中于挖掘过去的经验来解释自己的行为。咨询师可根据需要及所接受的理论基础情况有选择地选用不同的问话方式。同时，还应注意，应在良好的咨询关系基础上使用开放式询问，否则可能使来访者产生不信任，进而产生阻抗，影响咨询关系的建立。

使用开放式询问，要注意语气、语调，切不可轻松随意或者咄咄逼人、指责等，尤其是涉及一些敏感、隐私问题时，询问是咨询的需要而并非为了满足个人的好奇心或者窥探欲。

如何使用开放式询问，既与咨询师对问题的理解有关，也与咨询师所接受的理论基础教育有关，有些咨询师不喜欢用"为什么"这样的句式询问，希望避免带有过多的情绪化色彩讨论问题。理性情绪疗法和精神分析疗法的咨询师都很注重使用"为什么"进行询问，罗杰斯的来访者中心疗法比较反对使用询问的方式，他们希望尊重来访者的隐私，咨询师最好能够凭感觉，多运用鼓励、内容反应(释义)、情感反应等技巧来帮助来访者，促进其自我分析。

（二）封闭式询问

封闭式询问通常使用"是不是""对不对""要不要""有没有"等词语，而回答也是"是""否"式的简单答案。这种询问常用于收集资料并加以条理化，有助于澄清事实、获取重点、缩小讨论范围。

封闭式询问的回答具有唯一性,范围较小,有限制性。咨询中,如果过多使用封闭式询问,会使来访者陷入被动回答之中,使其表达愿望和积极性受压抑,且过多使用封闭式询问还可能花费时间而不得要领,无助于获取真实情况。在咨询中,封闭式询问应与开放式询问结合起来,效果更好。

一般封闭式询问的回答的关键词:是、否,对、不对,有、没有。例如:
- 你是常常失眠吗?
- 你有没有去过北方?
- 你希望所有人都关注你,对不对?

封闭式询问与开放式询问最大的不同是,提出的问题是否鼓励了来访者更多地表达自己(Galvin & Ivey, 1981),封闭式询问应用得当能够获得特定信息,有助于澄清事实和缩小讨论范围,适用于问题探索阶段。在已经讨论了大量事实后,利用此技巧来补充、证实一些谈及的资料可以节约时间;或当来访者无边际谈论其他情况,偏离了正题时,运用此技巧可以引导走入正题。

(三) 半开放式询问

半开放式询问指在一定的前提限制下可以开放回答的询问。例如:
- 请谈谈你那一次经历……的感受?
- 你能说说当时的情景是什么样的?你当时有什么反应?

半开放式询问的作用是询问某一具体时间的事情、某一具体事件的过程,或来访者当时的反应、感受,尤其适用于情感问题或障碍。

(四) 多重选择式询问

询问中注意谨慎使用多重选择式询问。如果多重选择式询问过多,会让来访者不知道回答哪个,可能漏掉重要信息,而且多重选择式询问的回答是封闭式的,不利于进一步开展会谈。例如:
- 你到底是想回家还是留在学校?
- 你到底是想咨询学习问题还是咨询恋爱问题?
- 你觉得责任到底在你还是在你的丈夫?

三、鼓励和重复

鼓励是借助一些短语或者复述来访者谈话中的一两个关键词或语气词,或者通过点头、注视等表情动作,或者重复强调来访者讲话中的某句话或某部分内容,鼓励来访者进一步讲下去。

(一) 鼓励

鼓励技术,即直接重复来访者的话或仅以某些词语,如"嗯""讲下去""还有吗"等,来强化来访者叙述的内容并鼓励其进一步讲下去，鼓励其进行自我探索和改变。

鼓励除有助于促进会谈继续外，另一个功能是通过对来访者所述内容的某一点、某一方面做选择性关注而引导来访者的会谈朝着某一方向做进一步深入。鼓励交流不同的主题就可以引导与来访者会谈的方向，达到不同的深度。咨询师应把握来访者所谈的内容，根据经验并结合需要有选择地给予鼓励。另外，来访者长篇大论地描述其困惑的最后一个主题，往往有可能是最重要的，可对此做出鼓励。

（二）重复

重复技术就是咨询师直接重复来访者刚刚所陈述的某句话，引起来访者对自己某句话的重视或注意，以明确要表达的内容。

重复语句表明咨询师正在倾听，进入了来访者的世界中，并可以将话题引入咨询师想进一步了解的方面。例如：

来访者：我不知道能否找到适合我的伴侣，我的工作很忙，有时我觉得很孤独。

咨询师：你很忙，有时你很孤独，这时你感觉需要一个人的陪伴吗？不知道能否找到合适的伴侣，你是这个意思吗？

咨询师选择不同的角度进行鼓励和重复，可能会影响接下来的谈论主题走向。例如：

来访者：我在大学期间谈了一个女朋友，我父母对我大学期间恋爱的观点不一致，我母亲喜欢我女朋友，我父亲反对我大学谈恋爱，为此我很烦恼，学习也没心思，晚上有时也失眠，不知道怎么办才好？

咨询师1：你说你们相恋半年了？

咨询师2：你说你母亲喜欢你女朋友？

咨询师3：你父亲不赞成你大学谈恋爱？

咨询师4：你说你现在失眠，看书也看不进去？

咨询师5：你说你因为父母对你恋爱问题的意见不一致，不知道怎么办才好，因此感到很烦恼？

从不同的角度鼓励，就会引导来访者在不同的方向深入交流，因此咨询师应把握来访者所谈的内容和主题，根据经验判断并选择最合适和最关键的主题予以鼓励和重复。由此可以看出，咨询师主动、积极的参与式倾听是为了抓住来访者话题的核心和问题的关键。对以上个案，显然咨询师5的鼓励和重复点才是最好的，抓住了来访者咨询的主要矛盾，通过与来访者的共情，让其对困扰的问题进一步描述，促进其思考和探索。很多情况下，来访者的最后一句话是比较重要的，可以对此加以鼓励和重复。

第二节 深度的参与性技术

第一节介绍了一般的参与性技术：倾听、询问、鼓励和重复，这几种参与性技术比较常见，除此之外，还有几种参与性技术理解起来略有难度，实际操作起来也需要更多的学习、感受和体会，即内容反应、情感反应、具体化技术、参与性概述和非言语技巧技术。

一、内容反应

内容反应也叫释义或说明，是指咨询师把来访者陈述的主要内容和思想加以综合整理，再用咨询师的话反馈给来访者，以达到加强理解、促进沟通的目的。咨询师选择来访者陈述的实质性内容，经过概括和整理后用自己的语言将其表达出来，最好是引用来访者言谈中最有代表性、最敏感、最重要的词语。内容反应使来访者有机会再次剖析自己的困扰，重新组合那些零散的事件和关系，深化会谈的内容。

内容反应是咨询师以简明的方式反馈来访者的思想，有助于来访者更清晰地做出决定。咨询师用自己的语言表达来访者的实质内容，可以使来访者所述内容更加明朗化。

> 📖 拓展阅读 11-3
>
> 希望摆脱妈妈控制的女儿

拓展阅读 11-3 中，通过咨询师的内容反应，来访者从原来抱怨母亲的表层，深入到思考自己已经长大，反省小时候的成长环境。

内容反应的重要步骤是咨询师首先需要思考，来访者告诉了我什么(如情境、任务和想法)，然后选择一些与来访者使用的语句类似的词汇，如"你似乎是""从我的角度看""我明白你的意思""听起来像""我听到你正在说""你正在告诉我的是""我有种感觉是"，进行内容反应。

> 📖 拓展阅读 11-4
>
> 离婚的犹豫

内容反应的作用首先是检查咨询师是否准确理解了来访者所说的内容；其次是给来访者传递一个信息，即咨询师正专心听来访者的讲话，从而提高来访者的信心；最后是给来访者一个再次审查其心理困扰的机会，并重新组织讲话内容。

二、情感反应

情感反应是咨询师对来访者情绪的反应性表达，咨询师把来访者陈述的有关情绪、情感的主要内容经过概括、综合和整理后，用自己的话反馈给来访者，达到加强对来访者情绪情感的理解、促进沟通的目的。情感反应技术和内容反应技术的不同在于，内容反应技术着重于来访者言谈内容的反馈，情感反应技术则着重于来访者的情绪、情感的反馈。

咨询师应澄清来访者对具体情境的特定感受，如气愤、伤心、孤独、高兴、自豪等。

内容反应与情感反应是同时的。情感反应的最有效方式是针对来访者现在的而不是过去的情感。例如"你此时的情绪似乎是对你丈夫非常不满"比"你一直对你丈夫非常不满"更有效。情感反应最大的功用就是捕捉来访者瞬间的感受，但也要依据情况而定，因有时会对来访者冲击太大，反而不如以过去的经验作为情感反应的对象为宜。

咨询师应善于寻找困扰来访者的矛盾情绪、混合情感并予以突破。而来访者的情绪性词语，也是观察其对周围环境认知的很好线索。情感反应也是一种共情，例如，心理咨询师对于失去父母而低声哭泣的来访者可能的情感反应是："你仍然沉浸在痛苦中。"这种对此时此刻来访者情感的反应，也是一种及时情感反馈。

有时候，情感反应是对来访者呈现出来的情绪状态的总结，例如：

咨询师：王先生，如果我没理解错的话，你为你父亲的过世感到悲伤和难过，也因为你的朋友没能帮助你走出悲痛而沮丧，此外你觉得工作很枯燥，你的太太似乎也在感情上疏远你。

情感反应要求咨询师能够很好地定义来访者的情绪，如愤怒、恐惧、愉快、悲哀、孤独、焦虑、抑郁等。对来访者的情绪体验，不论是过去还是现在，都要进行准确、及时的反应，使之成为了解对方心灵的一把钥匙。

> **拓展阅读 11-5**
>
> **分手的不甘心**

咨询师对来访者的情感要做出准确的反应，关键在于咨询师要真正能进入来访者的内心世界，与来访者的情感产生共鸣。这种情感反应有助于加强咨询关系。

情感反应的作用在于用语词表达来访者所谈到的、所体验到的感受，即有选择地对来访者在会谈中的情绪内容予以注意和反应。情感反应有助于来访者澄清事件后隐藏的情绪，推动对感受及相关内容的讨论，也有稳定来访者交谈时心情的作用。

三、具体化技术

具体化技术指咨询师协助来访者清楚、准确地表达他们的观点、所用的概念、所体验到的情感，以及所经历的事情。来访者常常因为各种原因导致所叙述的思想、情感和事件等是模糊、混乱、矛盾、不合理的，也使得问题变得越来越复杂，这些常常是引起来访者情绪困扰的重要原因。由于来访者问题阐述不清晰，咨询师把握的信息可能是模糊的、错误的，因此难以有针对性地开展咨询工作。咨询师借助具体化技术，澄清来访者模糊不清的观念和问题，把握真实情况，也进一步促进来访者弄清自己的思想和情感。

若发现来访者陈述的内容有含糊不清的地方，咨询师可以通过何人、何时、何地、有何感觉、有何想法、发生什么事、如何发生等问题进行询问，协助来访者更清楚、更具体地描述其问题。

具体化技术的作用：第一，可以澄清来访者表达的模糊不清的观念、情感及遇到的问题，明了来访者的真实感受、真实事件；第二，让来访者弄清自己的所思所感，明白自己的真实处境，这本身有助于改善来访者的状态；第三，提供具体性的榜样。

当来访者出现以下情况时，咨询师使用具体化技术会比较好。

（一）问题模糊

有些来访者因为文化程度、逻辑能力、分析水平等原因，可能对自身存在的问题缺乏深入、准确的认识，甚至搞不清自身问题所在。还有些来访者不愿意谈论具体问题，只愿意概括，因此常常使用一些模糊、笼统的概念陈述自己的问题，比如 "我很难受""我快烦死了""我感到很失望"并由此形成自我暗示，自己被这种情绪笼罩，陷入困扰中。这时需要咨询师采用具体化技术。

（二）过分概括化

引起来访者心理困扰的另一个原因是过分概括化，即以偏概全的思维方式，表现为将个别事件上升为一般结论；对某一事件的看法发展成对某人的看法，把过去扩大到现在和未来。如"他们都不喜欢我""我很蠢""他坏透了"等，这些都需要予以澄清。例如：

咨询师：你说班上同学们对你不好，是谁对你不好？在哪些事情上对你不好？能举些例子吗？

来访者：有几个同学总是喜欢开我的玩笑，有两次让我觉得很难堪，我也很想有一两个好朋友、知心朋友，但一直都没有，感觉大学过得不开心。

(资料来源：作者临床咨询案例)

通过具体化分析发现根源在于过分概括化的思维，一是把个别人扩大到全班同学，二是把跟自己开玩笑当作对自己不好，从而影响自己对同学的看法，对人际关系产生不良评价，进而影响到情绪，出现抑郁、不信任等心理。这是一种认知的偏差，须用认知疗法来改变其错误的认知。

📖 **拓展阅读 11-6**

不幸的一天

拓展阅读 11-6 中,通过询问,咨询师可把握来访者所说的倒霉事,进一步了解来访者的认知方式和行为特点。有时,来访者觉得烦恼、不安,具体化询问后,或许会发现问题并没有那么严重。

(三) 概念不清

有些来访者因为文化差异和理解的原因,对某一个概念的内涵和外延的理解与咨询师有差异,因此对相同概念的理解与咨询师的理解相差甚远。此时,咨询师需要使用具体化的技术澄清,而不能主观地认为这是来访者的问题,仍然机械地解决。

> 拓展阅读 11-7
>
> 对丈夫不满的妻子

拓展阅读 11-7 中,咨询师和来访者对于来访者的丈夫是否经常不回家、不管孩子、不给家用存在理解的分歧,经过进一步具体化确认和沟通,咨询师明白了来访者的问题所在。

四、参与性概述

参与性概述是指咨询师把来访者的言语和非言语行为(包括情感)综合整理后,以提纲的方式再对来访者表达出来,相当于内容反应和情感反应的整合。咨询师对某来访者通过开放式询问进行摄入性谈话,把收集到的资料信息反馈给来访者。例如:

咨询师:你刚刚讲了最近一两年,你在工作上取得了很多成绩,你的同事都很嫉妒你,常常无端指责你,做出对你不友善的事情,你心里很生气、很委屈,你很想怼回去,但又担心引起人际关系的不和谐,所以你很苦恼,是这样吗?

参与性概述的作用如下。

(1) 参与性概述可使来访者再一次回顾自己所叙述的内容,并使面谈有一个暂停的机会。

(2) 参与性概述可用于一次面谈结束前,也可用于一个阶段完成时,还可用于一般情况下。

(3) 只要认为对来访者所说的某一内容已基本清楚就可做一个小结性的概述。

上述的各项参与性技巧或倾听技巧都在于引导来访者有序地探讨自身的种种困扰,可起到促发探讨、澄清的作用,并使咨询师易于接受来访者的种种思想、感情反应。

> 拓展阅读 11-8
>
> 恋爱失败的咨询

咨询师通过概括来访者所述内容并将其反馈给来访者以进一步明确来访者咨询的目的，同时也表明咨询师在积极、认真地倾听来访者的叙述。

五、非言语技巧

咨询中，咨询双方除了通过言语行为探讨咨询意愿、对咨询的理解以及对来访者来说重要的问题，还通过非言语行为进行交流。梅瑞宾(1970)认为，对肢体行为的关注，如微笑、身体前倾、目光接触、手势和点头都是很好的非言语形式，它可以使来访者知道咨询师对他们感兴趣并且愿意对咨询师敞开心扉。非言语交流中的视线不合如图 11-1 所示。

图 11-1　非言语交流中的视线不合

伊根(Egen，2007)总结了在开始咨询时的五种非言语技巧，可以缩写成 SOLER。

S(squarely)，指直面来访者，表现出对来访者的投入和兴趣。

O(open)，指咨询师持一种开放的姿态，双臂双腿不交叉，非防御姿态。

L(lean)，指咨询师身体前倾，向来访者倾斜，注意不要倾斜太大或者过分靠近来访者令其感到恐惧。但若距离太远则显得咨询师对来访者没有兴趣，不够热情，应找到一个双方都感到舒服的合适距离。

E(eye)，指目光接触，双方保持良好的目光接触，对于个别来访者来说，可能少一点目光注视会觉得更舒服。

R(relax)，指咨询师要保持一种放松而舒适的姿态。

非言语交流中的身体姿态如图 11-2 所示。

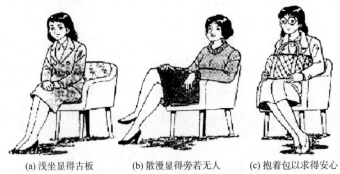

(a) 浅坐显得古板　　　(b) 散漫显得旁若无人　　　(c) 抱着包以求得安心

图 11-2　非言语交流中的身体姿态

有益的言语行为和非言语行为如表 11-1 所示。

表 11-1 有益的言语行为和非言语行为

有益的言语行为	有益的非言语行为
• 使用通俗易懂的文字	• 与来访者相似的语调
• 确认来访者的陈述并给予反馈	• 保持良好的眼神接触
• 适当的打断	• 偶尔的点头
• 总结来访者的信息	• 丰富的面部表情
• 对基本信息给予反馈	• 偶尔的微笑
• 使用言语强调(例如，嗯、我知道了、是的)	• 偶尔使用手势
• 用来访者的名或"你"来称呼他们	• 与来访者保持身体姿势的相似性
• 合理地给予来访者信息	• 中等语速
• 回答有关自己的问题	• 身体向来访者倾斜
• 偶尔用幽默缓解紧张的气氛	• 采用放松、开放的姿态
• 持非评判性态度，尊重来访者	• 采用自信的语调
• 最大限度地理解来访者的陈述	• 偶尔的接触
• 用试探性的词语解释引出来访者的真实反应	

(资料来源：塞缪尔·格莱丁. 心理咨询导论[M]. 2 版. 方双虎，等译. 北京：中国人民大学出版社，2018.)

还有一个问题就是接触的尺度，比如偶尔拍拍肩膀、摸摸头、拥抱。关于咨询师是否应该以及如何把握接触的尺度，一直是一个具有争议性的话题。艾林认为(Alyn, 1988)，"接触的个人动机、解释和反应都具有很大不确定性，而且在治疗中可能是一种危险的交流方式"。作为一般的咨询原则，扬(young, 1998)建议，接触应当合理使用，要慎用，如用于关心，点到即止。因此，咨询师在咨询中要慎用接触，避免产生反作用，在使用其他言语或非言语技巧时也要非常慎重。

无益的言语行为和非言语行为如表 11-2 所示。

表 11-2 无益的言语行为和非言语行为

无益的言语行为	无益的非言语行为
• 打断	• 目光离开来访者
• 提建议	• 坐得离来访者很远或偏离来访者的方向
• 说教	• 打喷嚏
• 安抚	• 皱眉
• 责备	• 怒视
• 哄骗	• 抿紧嘴唇
• 劝告	• 摇晃指尖

(续表)

无益的言语行为	无益的非言语行为
• 过多追问或提问，尤其是提问"为什么"的问题	• 分散注意力的姿势
• 指导、要求	• 打哈欠
• 自傲的姿态	• 闭眼
• 过多解释	• 令人不快的语音语调
• 使用来访者不理解的语句或术语	• 语速过快或过慢
• 偏离主题	• 鲁莽的行为
• 理智化	
• 过多分析	
• 过多谈论自己	
• 轻视或不信任	

（资料来源：塞缪尔·格莱丁. 心理咨询导论[M]. 2版. 方双虎，等译. 北京：中国人民大学出版社，2018.）

非言语技巧即对来访者非言语行为的理解和把握，主要包括以下三个方面的内容。

(1) 正确把握非言语行为的各种含义。正确把握并妥善运用非言语行为是一个优秀咨询师的基本功，非言语行为能提供许多言语不能直接提供的信息，甚至是来访者想要回避、隐藏、作假的内容，借助来访者的非言语行为，咨询师可以更全面地了解来访者的心理活动，也可以更好地表达自己对来访者的支持和理解，然而，正确把握非言语行为并非易事，需要多观察、多比较、多思考。例如，来访者改变坐姿为背靠着椅子，可能是不耐烦、疲惫、怀疑、不想继续会谈等的表现。

(2) 全面观察非言语行为的含义。观察和分析非言语行为是一种复杂而微妙的技术，涉及一系列因素。比如，同一种行为在不同的文化背景下会有不同的含义，在不同的个体身上也会有差异，有人低头是因为性格内向，有人低头是因为羞愧，一个单一的动作有时很难判断到底是什么含义，为此应该观察一个人的一连串动作群，把他的前后动作联系起来进行理解和判断。此外，动作所表达的含义也可因人、因时、因地、因手段而改变，此时需要把动作群放在某种情境中去理解。例如，一位对咨询师斜视的来访者，仅仅是因为当他表示赞同时，他就习惯这样斜视，而绝非对咨询师不恭敬，如果咨询师不全面理解则可能会判断失误。

因此，咨询师需要多看、多记，保留看法，进一步确证，而不是马上表现出来，过于灵敏的反应反而有害无益。有些咨询师为了显示自己观察敏锐、判断准确而轻率地表露自己的看法，这是不妥当的，即使判断准确也不应该随便表露，可以在态度和言行上有所调整，如果让来访者发现咨询师时时注意自己的一言一行，则会给他带来压力和不安。

(3) 正确看待非言语行为和言语内容可能存在的不一致。一般情况下，非言语行为所暴露的信息和言语表达的意义是一致的，然而某些时候两者也会出现不一致。例如，来访者说他很热爱集体，积极参与集体活动，然而与此同时却下意识地摇摇头，而且嘴角涌起一丝嘲笑；一个母亲诉说自己的儿子总是不听话而且爱打架给自己惹麻烦，然而她的脸上却一直带着一种欣赏的笑容。咨询师要去分析和抓住这些不一致，可能会发现心理问题的根源。

> **拓展阅读 11-9**
>
> 担心妻子出轨的男人

思考与实践

一、思考

1. 名词解释：鼓励与重复、内容反应、情感反应、具体化技术。
2. 倾听的技术有哪些？

二、理论联系实践

1. 你是如何理解参与性技术在心理咨询中的作用的？
2. 实践与应用：如何将封闭式询问转变为开放式询问？
   (1) 你跟你父母的关系好吗？
   (2) 你的学习成绩好吗？
   (3) 你和同学的关系好吗？
3. 非言语信息为什么在咨询中很重要？如何通过非言语信息进行判断和理解？做一个小练习，看着你的同桌，轻松地看着，眼睛随时移开一下；使劲盯着他看；并不直视他，只是用眼睛的余光偶尔瞟一眼他，观察他的反应，然后两个人讨论。

第十二章

心理咨询影响性技术

【学习目标】
(1) 理解心理咨询面谈中的影响性技术。
(2) 理解并掌握面质、解释、指导、自我暴露、内容表达、情感表达等影响性技术的含义及使用方法。
(3) 掌握影响性概述和非言语技巧的使用,学习这些技术的实操技巧。

【重点与难点】
(1) 区分内容反应和内容表达、情感反应和情感表达。
(2) 掌握面质、解释、指导、自我暴露、内容表达、情感表达等影响性技术的含义,学会实操。

【情境导入】

心理访谈——《为奴隶的丈夫》

在央视一个名为《为奴隶的丈夫》的心理访谈节目中,夫妻双方因为婚姻问题前来咨询。夫妻双方在婚姻最初阶段感情非常好,但丈夫性格木讷、不善言辞,而妻子却总是希望获得丈夫表达爱的语言,也希望获得丈夫的更多拥抱和呵护,两个人的婚姻关系出现了矛盾,当家庭发生其他事情后,丈夫在父母影响下提出离婚。妻子不同意离婚,因此她一改以往丈夫谦让、呵护自己,反过来开始百般地照顾丈夫。访谈嘉宾黄维仁教授针对他们的夫妻问题,提出了"危机"的解释,他说危机是危险中蕴含着机会,这对两个人的关系缓和是个很好的契机。当了解到这个妻子小时候就没有在父母身边生活,缺乏安全感后,黄维仁教授又用"依恋理论"去解释妻子的心理状态属于不安全依恋,童年期的不安全依恋模式影响成人后的亲密关系,所以当她内心渴望获得爱时,却用矛盾的方式表达出来,如生气、拒绝、愤怒、远离,这恰恰是不安全依恋的表现。

(资料来源:作者根据心理访谈视频《为奴隶的丈夫》分析整理)

> **视频欣赏 12-1**
>
> 心理访谈——为奴隶的丈夫(上)

> **视频欣赏 12-2**
>
> 心理访谈——为奴隶的丈夫(下)

在《为奴隶的丈夫》案例中,咨询师根据自己的经验和理论背景,很好地用"危机"和"依恋理论"去分析与解释来访者出现问题的原因,也据此分析了丈夫的性格特点,最后咨询师让夫妻双方握住双手,互相表达彼此间的感谢,采用这种指导性的方式使夫妻之间进一步进行心灵沟通,消除误解。这个访谈案例表现出咨询师在咨询的治疗阶段非常有效地采用了解释、指导、内容表达和情感表达等几种影响性技术。本章主要对影响性技术进行介绍。

第一节 主要的影响性技术

在心理咨询过程中需要对来访者实施干预,这种对来访者开展主要的面谈咨询工作,对来访者实施更多咨询的理论和技术的部分就是影响性技术。影响性技术可以说是心理咨询技术中最具特色和魅力的技术,也体现了来访者对咨询师的期待,并给予了咨询师展现专业能力和发挥个人影响力的时机,许多咨询师会在影响性技术中发展出自己个人化的咨询风格。影响性技术有8种,包括面质、解释、指导、自我暴露、内容表达、情感表达、影响性概述、非言语技巧。本节主要介绍:面质、解释、指导、自我暴露。

一、面质

面质又称质疑、对质、对峙、对抗、正视现实等,是指咨询师指出来访者身上存在的矛盾。咨询时,常会出现来访者言语与行为、理想与现实、前后与言语、咨询意见等不一致,若咨询师发现了这些不一致,则需要想办法指出,因为这些不一致中往往隐含着来访者问题的关键,这些矛盾冲突中往往存在问题的实质。面质若做得好,可以促进咨询的效果,使来访者被迫去检查、修正和控制自己的某些行为,有时面质中包含着来访者对多元信息传递的反馈,这种反馈随着来访者愿望或期待的改变而改变,有时可能与来访者对自我或环境的认知不一致(wilcox-Matthew et al., 1997)。

实际的咨询中需要注意,面质具有一定的威胁性,所以在实际咨询中需要根据具体情境尤其是咨询关系建立的程度,而选择适当的用词、语气、态度。

在运用面质技术时要注意掌握事实根据,避免咨询师通过面质进行个人发泄,同时需要考虑来访者的感情,不能进行无情的攻击。一般来说,如果咨询关系没建立好应避免面质,不得不使用时,可以考虑应用尝试性的面质。例如:

- 我不知是否误会了你的意思?
- 你似乎……
- 不知我这样说对不对?

面质要和支持相结合。

(一) 来访者身上需要面质的矛盾和冲突

1. 言行不一致

来访者可能会出现咨询时的言语和咨询外的行为不一致。例如:

来访者:我知道吸烟有害健康,我真想戒烟。(同时来访者点燃一支烟吸了起来。)

咨询师:你说你想戒烟,我看到的是你在吸烟,你所说的和你所做的存在矛盾,对此你如何进行解释?

来访者会对此探索、统一,可以统一到戒烟,也可以统一到吸烟。一旦言行统一,困扰来访者的问题就有了改善。

2. 理想与现实不一致

来访者理想自我和现实自我不一致,或者来访者希望达到的目标与现实能力之间存在差异,例如,来访者的理想是能经常旅游和度假休息,可是现实中工作繁忙,来访者内心动机冲突造成理想与现实不一致,从而产生苦恼。咨询师需要意识到这一矛盾的存在,并对来访者进行面质:

咨询师:你很想去度假,踏踏实实地休息,但因为你忙并没有去,你的理想和现实是矛盾的,你能解释一下吗?

此时,来访者通过思考认识到自己的问题所在,自己去进行统一,进而解决问题。

3. 前后语言不一致

来访者前后叙述的内容有出入或来访者前后表达的情感有矛盾,咨询师为了弄清楚来访者的真实状况和感受,此时会采用面质技术。这种情况表明来访者自己也搞不清楚自己的问题所在,因此前后叙述的内容存在矛盾,而产生心理冲突。

📖 拓展阅读 12-1

前后言语不一致

4. 咨询意见不一致

咨询师对来访者的评价和来访者对自己的评价存在不一致,或者咨询师所见与来访者的陈述存在矛盾。例如:

咨询师 1：你说想去整容，我看你挺漂亮的啊！
咨询师 2：你告诉我你因为婚姻问题很苦恼，可是我从你的表情中却看出你挺开心的，这似乎存在矛盾，你可以解释一下吗？

也可能存在咨询师与来访者对咨询关系的看法有差异，例如：

咨询师：你觉得我们的咨询没效果，但是我却看到你变化很多。

(二) 面质的目的和作用

在实际的咨询中，面质对咨询的效果有促进作用，有些矛盾和冲突是来访者本身并未意识到的，经过咨询师的指出，来访者能够获得一致、做出调整；有些矛盾和冲突，来访者虽然有所感觉和认识，但是却未能有勇气面对，经过咨询师的面质，来访者不得不思考和面对。

(1) 面质协助来访者促进对自己的感受、信念、行为及所处境况的深入了解。

(2) 面质鼓励来访者放下自己有意或无意的防卫心理、掩饰心理，面对真实的自己，面对现实，产生富有建设性的活动。

(3) 面质促进来访者实现言行的统一、理想与现实的统一。

(4) 面质促进来访者进一步明白自己的能力、优势，了解自己的资源并加以利用。

(5) 咨询师通过面质给来访者树立面质的榜样，使来访者将来更有能力对他人或者自己做面质，这一点也是所有人都需要学习的。

面质在许多流派中都有涉及，例如完形学派非常强调面质，为使来访者能持续对自己当下行为以及曾经的行为有所觉察，鼓励他们去发现和辨别自己言语与非言语表达之间的差异；理性情绪疗法强调对来访者的非理性和不合理信念的面质，鼓励来访者努力检查和面对自己的非理性信念的偏差，从而促使其发生改变，并培养理性信念；现实疗法本质上就是一种面质疗法，通过面质不断地鼓励来访者决定他们的行为是否是真实而负责的，并督促其检查自己的行为是不是以负责的方式完成；交互分析法是对来访者逃避亲密性的策略进行面质，激励他们重新评估仍然影响他们生活的重要决定，鼓励来访者自己决定如何改变，以及面对自己内心的真实想法；来访者中心疗法也重视面质的价值和意义，引导来访者面对价值条件，以及自我和价值之间的差异。

面质可以帮助来访者更清楚地认识到正在发生什么，结果如何，他们如何为自己的行为负起责任，如何使自己生活得更高效，如何与他人更和谐、平等地相处(Tamminen, 1981)。一次有效的面质咨询可以促进来访者成长，使其有一次认识自己的机会，对自身进行一次坦诚的审视。有些咨询师不愿意面质，怕破坏咨询关系，或者咨询师因为心理准备不充分等原因而避免面质，或者咨询师尝试面质却失败了，这些情况可能会给来访者带来一些伤害，进而导致咨询中的"沉默效应"，这时可能会降低咨询效果。

(三) 面质时需注意的问题

1. 面质需要根据事实

面质需要根据事实，在明确事实的基础上进行面质。在事实不充分、不明显时，一般不易采用面质。

2. 面质时态度要真诚

面质时态度要真诚，语气要委婉适当，避免个人情绪宣泄或者无情的攻击。面质的主要目的在于促进来访者个人成长，因此面质应以来访者为主要的考虑对象，并非咨询师发泄情绪或者攻击的工具，例如：

咨询师：你说你愿意和我咨询，愿意配合，但是为什么我每次给你提供的建议你都不接受，留的作业也都没有完成！

这样的面质就是咨询师在发泄情绪甚至攻击了。

3. 面质时应注意适度

咨询师在使用面质时，应该持有正确的态度和诚恳的语气。面质不是为了显示自己的智慧与风度，所以不可以忽略来访者的感受和接受程度，过分无情地使用面质，令来访者无法招架进而陷入尴尬和痛苦状态是不对的。例如：

咨询师1：你既然爱他，为什么就不能容忍他的错误？

咨询师2：你说孝顺父母，但是为什么却很少回去探望？

这样的面质更像是批判、指责或者法庭上的质询，而非心理咨询。

4. 面质要以良好的咨询关系为基础

面质时要以良好的咨询关系为基础，只有咨询关系建立得足够牢固，来访者才可以承受面质。面质的问题一般都具有一定的应激性，对于来访者来说需要一定的心理接受度，对于咨询关系也是一种危机和挑战。因此，咨询师的共情、尊重、温暖、真诚都很重要，良好的咨询关系会给予来访者心理支持，而充满真诚和理解的面质也会令面质更加温暖，从而减少伤害和威胁。

5. 选择合适的面质时机很关键

咨询中，虽然咨询关系没有建立很稳固时不建议使用面质，但如果不得不用时，咨询师应该把握好面质的契机，同时用尝试性面质语言，显得留有余地或者具有探讨性。例如：

咨询师：我不知道是否是我误会了，不过我上次记得你说你学习很轻松、愉快，成绩很好，现在你却说学习很累啊，不想学了，担心自己成绩，这是怎么回事呢？

若来访者故意避开，咨询师就要注意适可而止，不必过分追究，避免令来访者难堪和恐慌，以后再寻找机会继续尝试。

6. 针对来访者的优势面质

尽可能面质来访者比较优势的方面，而非弱势的方面，这样的咨询效果更好，让来访者利用自身的有利资源挑战自己。例如：

咨询师1：你说……，但是实际上你看……

咨询师2：你说你想到处走走，结识更多的人，但你现在却每天宅在家里看电视、看手机五六个小时，你能说说为什么吗？

> **拓展阅读 12-2**
>
> 因学习压力问题咨询的女孩

拓展阅读 12-2 中，来访者一直觉得自己的大学老师不好，不停地说老师总批评自己，但是通过谈话，咨询师发现其实是来访者自己对老师有抵触，这种无意识的抵触让她拒绝完成老师的作业。经过咨询师的面质，来访者马上就明白了，问题的很大原因在于自己，并不完全是老师的问题，因此所谓的学习压力、不愿意上课等都找到了原因。

二、解释

解释技术是影响性技术中比较具有咨询师个人特色的技术，通常是咨询师运用心理学的理论来描述来访者的思想、情感和行为的原因、本质等，或对某些抽象、复杂的心理现象、过程等进行解释，即咨询师表达对来访者特定问题的另一种看法。例如：

来访者(一位年轻女性)：日子真是单调乏味，没有什么新鲜事，一点都不能让人激动，我所有的朋友都已经离开了。

咨询师：你对于千篇一律的生活感到厌倦，你感到无聊、孤独，甚至有点不安，你渴望生活中发生一些不同的事情，比如新鲜的或者刺激的，你是这个意思吗？

解释被认为是面谈技巧中最复杂的一种，解释与释义(内容反应)的区别在于：释义是准确表达来访者的意愿，在来访者的参考框架中说明实质性内容，它不改变来访者的参考框架；而解释则提供咨询师的新的理解，咨询师在自己的参考框架中，利用自己的理论和人生经验为来访者提供一种认识自己和周围关系的新思维、新理论、新方法。解释与内容表达有关，但解释侧重于对某一问题做理论上的分析，而内容表达则是指咨询师提供信息、建议、反馈等。例如，咨询中咨询师常常会说类似的话语："是你的非理性观念在影响你的情绪。""睡眠是正常的生理现象，是兴奋向抑制的转换过程，你这个过程没有转换好，所以会失眠。"这就是解释。

咨询师凭借自己的理论和经验，针对来访者的不同问题做出各种不同的解释，这本身就是一项富有创造性的工作，因此咨询师水平的高低在很大程度上取决于如何把相关理论或者经验灵活并富有创建性地应用于实际问题。解释使来访者从另一个角度了解自己和环境，这有可能是来访者以前从未想过的。

例如有一位通过摩擦女性穿着丝袜的腿而获得性快感的男性来访者，针对这个来访者的问题，精神分析取向的治疗师会从童年经验入手解释，认为是其童年性心理发展的某个阶段出现的性功能固着，影响成年后性行为取向的方式并使其发生扭曲。行为主义取向的分析师可能会从条件反射、刺激和反应之间的联结入手，认为这个问题可能来自偶然的对丝袜接触性刺激产生兴奋建立起的联结，而认知取向的咨询师则可能会从个体认知出发进行解释，认为是个体错误的认知导致的性取向认知扭曲。如果调整认知方式，来访者认识到并非只有丝袜刺激才会产生性快感，可能会有所转变。

新手咨询师经常根据自己学到的某一流派的概念、方法进行解释，但是实践中往往发现似乎理论和实践之间有很大距离，学会了理论却不一定能很好地进行应用。切忌简单地进行理论套用，甚至削足适履，现实中的人是各种各样的，每个人的问题也是千变万化的。简单地进行理论套用会使解释变得过分牵强或者千篇一律，甚至张冠李戴。例如有些咨询师用弗洛伊德童年创伤经验去解释一切问题，有些咨询师则千篇一律地用行为矫正或者不加区分地采用理性情绪疗法，咨询师应该根据具体情况灵活分析和应用。

(一) 解释时应注意的问题

1. 了解情况，准确把握

咨询师应根据掌握的情况灵活解释，明白自己想解释的内容是什么，若对此把握不准或者前后矛盾，解释则可能与实际情况偏离，效果可能很差。同时，咨询师要把握来访者是什么人，用什么理论，在什么时间，如何解释。影响解释效果的因素有很多，并不取决于咨询师的知识有多少，还取决于灵活地、熟练地、创造性地在实践中运用知识和经验的程度。

2. 提高理论素养

有些咨询师凭借经验和感觉能知道来访者的问题所在，但却难以从理论的高度给予系统的分析和解释，有时候虽然有解释，但却流于表面化或者叙事逻辑不清，或者缺乏理论说服力。这需要咨询师的理论学习和经验积累。

3. 因人而异进行解释

解释应注意因人而异，有些来访者理解能力很强，解释可以深入、系统、全面一些，但是对于理解能力一般或者文化水平较低的来访者，应该尽量解释得通俗易懂，少用专业术语，多举例子说明。

4. 进行适当的"匹配"

咨询师不能把解释强加给来访者。首先，当来访者还没有做好充分心理准备的时候就匆忙给予解释，可能会令来访者不知所措，难以接受。其次，也不能把来访者不认可或者持怀疑态度的解释强加于人，这就是通常说的"匹配"。例如："你的问题就是这样，你不理解是因为你不懂。""你不同意我的解释，我就没办法了。""到底是你懂还是我懂？"强迫接受不是心理咨询，是上级对下级的做法，最好的办法是水到渠成，恰如其分。最好咨询师的解释和来访者的思想取向、理论理解能够吻合。例如一位接受并理解精神分析疗法的来访者肯定要比不懂得或者反对精神分析的来访者更容易接受童年经验对个体成年后心理影响的解释。

5. 解释的深度要斟酌

一些初学者唯恐解释不深，恨不得把心理分析的最深层底蕴全抖出来，结果在解释时不得不先给来访者介绍弗洛伊德，这除了把来访者弄得不知所措外，没有任何价值。好的解释应结合来访者当前的问题,适合来访者的接受能力和接受心向。

例如,强迫症是一种典型的心理疾病,如果对方对心理疾病之类的词很敏感,又不了解什么是强迫症,还不如告诉她是"强迫行为",再适当做些说明更好,避免让对方误解或增加心理负担;有些心理疾病受父母教育不当的影响,不宜过多强调,否则有的来访者会把责任推到父母身上,责怪父母,而放弃自身的责任和现在应该做的调整,咨询师应引导来访者把注意力放在现实的自我调整上。

> **拓展阅读 12-3**
>
> 咨询师对失眠问题的解释

欧文·亚龙认为咨询师别把解释看得太重,他提到,如果让咨询师和来访者分别记录同一治疗过程会发现,彼此相互看重的方面非常不同,咨询师很看重解释,但这对来访者并没有太大影响,来访者更看重的是一些与治疗相关的小事情。咨询师总觉得解释和顿悟很重要,这是从心理治疗诞生之日就存在的现象,弗洛伊德给出了两个非常有趣却带有误导性的比喻:第一个,治疗师就像一个考古学家,努力寻找埋藏在记忆中的真相——来访者早期究竟发生了什么,寻找早期创伤、原初图景、最初的事件;第二个,弗洛伊德认为,只要找到拼图的最后一片,整张拼图就完整了,弗洛伊德的许多案例读起来都很像神秘的故事,读者急切读到最后,希望获得一个圆满的回答使所有谜团都被解开。

尼采曾说:"在交谈的时候,我们甚至会创造对方的表情,使其与我们认为自己所说的精彩之处对应。"弗洛伊德更是会在自己做出特别有洞见的解释后,去拿"胜利的雪茄表示庆祝"。人有一种天生的不能忍受模糊和不确定的特点,希望追求一个解释、一个结果,好莱坞电影也总是这样,克服艰难险阻,追踪了许多错误线索后,最终找到答案,一切问题都获得澄清和洞见。但实际的咨询过程并非追求结果,而在于探索的过程,这才是来访者所需要的。咨询师因为对来访者生活细节的关注而使来访者感到温暖,咨询师因为解决生活的谜团而感到振奋,这些美妙的感觉都使来访者和咨询师紧密地联系在一起,因此这之间最终的改变动因——咨询关系才更重要。

实际上,随着咨询双方了解的深入,许多解释都是以促进治疗关系为目的,咨询师一次次地试图澄清阻碍两者间建立连接的障碍,尼采说,"不存在真理,只有解释",这里的解释只是一种观点、一种理论,并非事情的全部或者唯一的解释。

> **拓展阅读 12-4**
>
> 一例失去丈夫痛苦绝望的女性心理的解释

每种解释都是一种构建,可能的构建有很多,解释也有很多。其实采用哪种解释都无所谓，关键是在寻找和探索解释的过程中，建立咨询师和来访者之间的连接。

三、指导

指导是个体心理咨询技术之影响性技术之一，指导是指咨询师直接地指示来访者做某件事、说某些话或以某种方式行动。指导是影响力最明显的一种技巧。行为主义、系统脱敏法、家庭作业、放松训练、自由联想等都是一种指导。

一般的指导性咨询语言有两种：第一种是语句变得更积极，例如咨询师告诉来访者，"请把你所说的'我应该怎样'改为'我希望怎样'，把'我干不了'改为'我试试'"；第二种是针对某些词语进行指导，如把"应该""必须""绝对""决不"等词语换成"希望""可能"等。

（一）指导的类型

一般的指导分为三种类型：角色身份指导、训练性指导、忠告和建议。

(1) 角色性指导：如角色扮演、角色颠倒练习等。

(2) 训练性指导：通过行为训练促进来访者改变的指导方式，如放松训练、决断训练、系统脱敏训练等。

(3) 忠告和建议：从来访者的角度出发，给予一定的忠告和建议，注意措辞，不宜过多。

（二）不同心理学派对指导的运用

(1) 心理分析学派常指导来访者进行自由联想以寻找问题的根源。

(2) 行为主义学派常指导来访者做各种训练，如系统脱敏法、满灌法、放松训练、自信训练等。

(3) 人本主义中的完形学派习惯于做角色扮演指导，使来访者体验不同角色下的思想、情感、行为。

(4) 理性情绪学派则针对来访者的各种不合理观念予以指导，用合理的观念代替不合理的观念。

> 📖 拓展阅读 12-5
>
> 考试紧张的指导

（三）使用指导的注意事项

在咨询中使用指导是一个有争议性的话题，有些咨询师不赞同使用指导性的咨询技术，比如非指导性的咨询师反对操纵和支配来访者，咨询中他们很少提问题，也避免代替来访者做决定，他们也从不回答来访者的问题，主要让来访者自己讨论问题，不提出需要矫正的问题，也不给来访者布置任务和推荐活动。总之，有一部分咨询师不赞成使用指导性的技巧，他们认为这会影响来访者自己思考和探索。但少数咨询师仍然经常使用指导性技巧，认为它是最有助于影响来访者的方法。

在实际的咨询中，尤其是成长性咨询、青少年问题的咨询或学校咨询，很多情况下都是需要指导的。使用指导需要注意以下几点。

(1) 咨询师根据来访者的具体情形给予具体的指导，如指导来访者改变某些不适宜的生活方式。

(2) 使用指导性技巧时，咨询师应十分明确自己应对来访者指导些什么以及效果怎样，叙述应清楚，要让来访者真正理解指导的内容。

(3) 不能以权威的身份出现，强迫来访者执行，若来访者不理解、不接受或者引起反感，此时需慎重使用。

(4) 指导时，注意言语和非言语行为会同时对来访者产生影响。

(四) 职业指导

职业指导是随着社会和职业的发展应运而生的。职业指导是指职业中介机构、咨询机构或教学培训机构，通过对求职者(或学生)和用人单位提供职业咨询与指导服务，帮助求职者进行科学的职业选择，帮助用人单位招聘用人，具体可分为升学指导与就业指导。职业指导根据劳动力市场需求和职业结构对劳动者的素质要求，结合每个人的个性特点，帮助求职者或学生选择合适的专业和职业，进行定向培训，帮助用人单位选择合适的劳动者，达到人与职业的优化组合。除了各大高校提供对毕业生的职业指导外，一些专业的机构也提供类似的职业指导服务。

四、自我暴露

自我暴露又叫自我表露、自我开放，指咨询师讲出自己的情感、思想、经验与来访者共同分享。它与情感表达和内容表达十分相似，是两者的一种特殊组合。笼统地说，自我暴露就是指"个体把有关自己个人的信息告诉他人"。

自我暴露是复杂而多面的一种现象，关于自我暴露的研究有200多种(Watkins，1990)。一些研究者将自我暴露定义为"一种自觉的、有意图的技术，临床治疗师和来访者分享他们在咨询之外的生活"(Simone、McCarthy 和 Skay，1998)。西德尼·乔拉德最早研究了自我暴露(Sidney Jourard，1958)，他发现自我暴露可以帮助咨询关系的建立，促进咨询双方的信任感，他把相互间的自我暴露归结为"双向影响"，特指咨询师把个人的有关信息告诉来访者的过程，又特指负性信息方面的暴露。自我暴露能促进来访者的自我暴露，因为这种方式营造了共情和信任的气氛，促进来访者的自我开放。例如：

来访者：我对自己很没有信心，我丈夫总是批评我，而我常常认为他是对的，我真的
　　　　什么事情都做不好。

咨询师：许多时候我对自己也会失去信心，所以我能理解你现在是多么沮丧。有时候男性的批评也使我感觉很糟，尽管我正在学习如何正确看待自己，而不在乎我丈夫或其他异性的批评。

咨询师提出自己的情感、思想、经验与来访者共享，与情感表达和内容表达相似。

(一) 自我暴露的形式

自我暴露一般有两种形式，第一种是咨询师把自己对来访者的体验和感受告诉来访者。若这种反馈是积极、正面的，则能进一步正强化来访者，使其感受到被鼓励，精神愉悦，促进咨询关系建立和巩固，激励来访者相应的积极行为和感受。注意，咨询师表达的内容应实事求是，态度真诚，时机合适，程度恰到好处，目标符合对方需要。若咨询师表达的是消极、反面、批评性的负面信息，则应注意会带来的副作用。例如：

来访者：我来找您咨询已经是第四次了，说实话我总感觉和您谈话有点严肃和拘谨，有时候我觉得自己在被审问。

咨询师：听到你这么坦诚地说出自己的感觉，我非常高兴，我也感觉到我们之间的谈话似乎不够放松，我还一直以为是你的问题。

第二种形式的自我暴露是咨询师暴露与来访者所谈内容有关的个人经验，咨询师通过暴露自己来表明自己理解并且愿意帮助来访者的意愿。例如：

来访者：我不想来找你，是我妈妈强迫我来的，我没什么话好说，我也不觉得自己有什么问题！我就是一个性工作者，怎么了！

咨询师：您好，听出来你情绪挺激动，被母亲强迫来咨询，在你母亲看来你的工作是有问题的。我年轻的时候和我妈的观念也不同，高中时候我想参加同学的聚会，她偏不让我去，我就离家出走了。

(二) 自我暴露的层次

自我暴露的层次是有差异的，通常有深浅不同的四种层次。

第一层次，最浅层次，几乎没有暴露，或者暴露的是其他不相关的事情。咨询师自动疏远来访者，不谈自己的经验和感受；或过分地谈论自己的一些事情，想达到自己的某些目的。

第二层次，咨询师不主动谈自己的事，只是回答来访者的问题，或者回答得很犹豫和随便，导致来访者只记得自己问的问题，不记得咨询师回答了什么。

第三层次，咨询师虽然能提出自己和来访者有关的态度和经验，但还是停留在表面，没有把内在的、特殊的感觉说出来，来访者了解了咨询师的感觉和想法，已经对自己有所启发。

第四层次，在讨论来访者关系的问题时，咨询师自愿、主动地谈到自己的想法、相关的经验和感觉。当然，这样做也存在风险(如遭到来访者拒绝)。

> 拓展阅读 12-6
>
> 自我暴露的层次

(三) 自我暴露的作用

首先，自我暴露有助于促进咨询关系的建立，有助于促进来访者进一步自我开放和深入地了解自己，有助于加强咨询效果。

其次，咨询师的自我暴露和来访者的自我暴露具有同等的价值和功能。对于自我暴露，过去只重视来访者的自我暴露，自从罗杰斯提出咨询关系平等后，开始注重咨询师做适当的自我暴露，通过咨询师适当的自我暴露，消除来访者的戒备，使来访者感受到咨询师也是普通人，进一步促进来访者的自我暴露。

最后，自我暴露增进彼此的信任感。咨询师的自我暴露可以起到示范作用，可以使来访者更集中注意探讨关键问题，为自己负责。自我暴露是情感表达与内容表达的特殊结合。

欧文·亚隆提到了治疗中普遍存在的问题，许多来访者在咨询开始前都会觉得自己的不幸是独一无二的，他们认为只有自己经历了可怕的虐待、难以忍受的痛苦经历。当来访者向咨询师暴露了很多自己的体验和感受，咨询师也需要与来访者分享这些感受。例如，一个来访者表达自己的内疚感，她每次拜访年迈的父母后，没待上几个小时自己就感到很不耐烦，自己又会因为这种不耐烦而感到十分内疚。咨询师这时与来访者分享自己拜访母亲的经历，最大限度是共处三个小时。一个来访者已经咨询了十几次，他觉得自己似乎还没有什么好转，咨询师分享到，"我已经经历了几百次的心理咨询和治疗，你看，你的 10 次和我比简直是'沧海一粟'"，这种真诚的暴露和分享会令来访者如释重负。

(四) 自我暴露的原因

对自我暴露在人际关系中的原因和结果，我们已了解得较多。研究指出，自我暴露的决定因素既与个人有关，又与社会有关。种族、性别和文化因素都对此有影响。例如，研究表明，女性之间向对方暴露自己的频率要比男性之间高，而且女性更倾向于要求对方暴露自己(Jourard，1971)。这是因为人们对性别角色期望的不同导致了自我暴露的性别差异，即性别亚文化所致。另一个研究者发现，美国人倾向于在一个广阔的社会情境中展示自我，而中国人和日本人自我暴露的范围则非常有限(Ting-Toomey，1991；Kito，2005)。在亚洲文化圈中，那些不爱表达的人被认为是诚实、可信的，这便是社会文化因素的影响(Kang，1983)。当然，还有其他一些受个体情景影响的因素。

1. 亲密关系与自我暴露

在人际关系中，当交往双方的互倚性很大时，常把这种关系称为亲密关系。在喜欢与吸引的基础上，人们之间的关系会从一般关系发展到亲密关系，如密友、知己、恋人、夫妻及家庭成员等。亲密关系具有几个明显的特征：一是双方有较长时间的接触、沟通；二是双方在交往过程中形成了基本相似的价值观、需要和兴趣；三是双方"互倚"和"真相倚"，在思想、情感和行为等方面有很大的相互影响力。阿伦等人认为，亲密关系的实质是把他人融入了自我概念，即成为自我的一部分。这样，在分配资源和利益时就不分彼此，以及敢于在这种亲密关系中进行自我暴露。其中，爱情和婚姻是一种特别的亲密关系，是亲密关系的最深层次。

2. 回报与自我暴露

在自我暴露的研究中，互惠性规则指的是接受者按他们所接收到的自我暴露程度回报给对方。当人们与自我暴露水平较高的个体交往时，最有可能进行较多的自我暴露。人们往往会回报或模仿其他人所欣赏的自我暴露水平。回报发生在现实生活的广阔范围中，包括知己关系、婚姻关系等亲密关系。从婚姻关系中可以看到，妻子和丈夫自我暴露水平具有良好的一致性，因为所有人都喜欢得到积极的反馈而不喜欢得到消极的评价。如果一个人的暴露在内容、强度或稳定性上与另一个人是不匹配的，这可能会引起对方的不愉快。

社会心理学的研究告诉我们，人际关系由低水平的自我暴露和低水平的信任开始。当一个人开始自我暴露时，这便是信任关系建立的标志；而对方以同样的自我暴露水平做出反应，便成为接受信任的标志。这种自我暴露往复交换，直到双方达到满意的水平为止，于是，人们之间的亲密关系就逐步形成了。这便是研究者所提出的自我暴露的社会渗透理论。根据这一理论可以得出，人们之间亲密关系的建立与人际交往中的沟通水平有关。随着双方沟通话题的内容由浅入深，人们之间的关系也由一般转向亲密。

3. 喜欢、赞同和自我暴露

喜欢和自我暴露是紧密地联系在一起的，例如，在朱拉德进行的研究中，当问及女性喜欢谁时，她们常常指出愿意向她们做自我暴露的个体。后来的许多研究都确认了这一发现。个体会对那些他们一开始就喜欢的个体暴露出更多的个人信息(Cerner，1973；Worthy，et al.，1969)；个体也倾向于喜欢那些向自己暴露更多个人信息的人(Archer，et al.，1980)。自我暴露中的"回报"原则决定着喜欢程度。人们最喜欢那些和他们有着相同自我暴露水平的人，也就是说，自我暴露遵循相互对等原则。如果某人的自我暴露比人们暴露自己时更亲密和更详细，他们会害怕过早地驶进亲密关系的港湾，反而考虑由此刹车。喜欢与自我暴露之间的联系还有性别差异。许多研究表明，只有对女性来说，喜欢和自我暴露才有联系，而且女性的亲密朋友比男性多(Fredrikson，1995)。朱拉德(1960)发现，对于男性来说，他们所喜欢的人与对方所做自我暴露的水平没有关系。

自我暴露对社会赞同是相当敏感的。获得对方赞同时，人们的自我暴露就增多；对方表示不置可否或冷淡时，人们的自我暴露显著地减少。泰勒等人(1969)曾训练助手对他们谈话的对象提供持续的正面奖励、持续的负反馈或奖励与负反馈相混合的反应。正如研究者所预期的，收到持续的正面赞同，或者在谈话过程中收到的赞同逐渐增加的人，会变得乐意以自我暴露的方式谈及自己。

4. 非言语行为和自我暴露

非言语行为在选择恰当的自我暴露和人际亲密关系水平方面，也起着重要的指导作用。非言语行为之一是目光接触。女性与男性有着明显的差别，对于女性来说，高度目光接触下的谈话者的关系比较亲密。对于男性来讲，高度目光接触下的谈话者的关系实际上较不亲密。对男性谈话者来说，如果倾听者频繁与谈话者进行目光接触，谈话者可能会感到不自在。对于来自先前完全陌生的男子的高度目光接触，男性会感觉这种人际交往是不恰当的。因而，谈话者可以用减少自我暴露的方法来降低谈话的亲密水平。

> 拓展阅读 12-7
>
> 自我暴露

拓展阅读 12-7 中，咨询师通过向来访者自我暴露自己母亲也信佛，表达出自己对信佛有一定了解，并且理解信佛的人的心理和追求，这样很容易令来访者觉得放松，愿意交谈。

第二节 其他影响性技术

参与性技术有内容反应、情感反应技术、参与性概述和非言语技巧，主要基于来访者的参考框架；影响性技术有内容表达、情感表达技术、影响性概述和非言语技巧，主要基于咨询师的参考框架，本节主要介绍影响性技术：内容表达、情感表达、影响性概述、非言语技巧。

一、内容表达

内容表达是咨询师向来访者表达自己对于咨询的看法和观点，这些观点中可能包含传递信息、提出建议、提供忠告、给予保证、进行褒贬和反馈等。咨询过程中，各项影响技巧都离不开内容表达，都是通过内容表达起作用。简而言之，指导、解释、影响性概述、自我开放等也都属于内容表达。

内容表达和内容反应不同，内容表达以咨询师为参考框架，是咨询师表达自己的意见和对咨询的处理观点与方式；内容反应则以来访者为参考框架，是咨询师反映来访者所叙述的观点。虽然内容反应中也含有咨询师所施加的影响，但比起内容表达来，则显得隐蔽、间接、薄弱得多。在使用偏好上，内容表达和内容反应也不同，来访者中心疗法、非指导型咨询师多用内容反应，而希望直接施加影响、表达自己观点的咨询师则多喜欢内容表达。

反馈也是一种内容表达，反映咨询师对来访者的种种看法，可借此使来访者了解自己的状况，也可从来访者的言语和非言语反应中得知自己的反馈是否正确，从而相应地做出调整。提出忠告和建议也是内容表达的一种形式,但应注意措辞要和缓、尊重。常用表达方式有"我希望你……","如果你能……或许就会更好……",而不要用"你必须","你一定要",这样的语气给人一种强迫的感觉,即使给予忠告和意见,咨询师也不应该觉得自己是绝对正确的,必须被听从的,否则会影响咨询关系。

> **拓展阅读 12-8**
>
> 咨询师如何进行内容表达

拓展阅读 12-8 中,咨询师在咨询过程中向来访者进行了内容表达、咨询师对来访者问题的看法,以及相关的理论解释。

二、情感表达

情感表达技术是指咨询师告知来访者自己的情绪、情感活动状况,让来访者明白咨询师的情感感受,通过咨询师的情感展现促进来访者的认知领悟和情绪缓解。

情感表达与情感反应的区别:情感表达的参考框架是咨询师,即咨询师表达自己的喜怒哀乐等情感;情感反应的参考框架是来访者,即咨询师反应来访者叙述中的情感内容。例如:

咨询师 1:你能这么想,让我感到很坦然。(情感表达)

咨询师 2:听出来,虽然被冤枉,但你的心态还是很坦然的。(情感反应)

通过识别他人的情感表达来及时、准确、有效地了解他人的价值观,以便更好地与他人进行有效合作。情感表达就是人通过面部表情、语言、声调和身体姿态表情等方式向他人表达自己的情感特征与情绪变化。

理解情感表达的对象和作用如下。

1. 情感表达的对象

情感表达既可以表达咨询师对来访者的感受,也可以表达咨询师自己的情绪感受。针对来访者的感受性表达,例如:

咨询师 1:我觉得你很坦然。

咨询师 2:我觉得你很开心。

咨询师 3:我感到你很委屈。

也可以针对咨询师自己,例如:

咨询师 1:听了你的话,我觉得很难受。

咨询师 2:我很抱歉,没能听清你的话,这让我很内疚。

或者针对其他事物,例如:

咨询师:我也很喜欢去大自然,这让人觉得身心很放松。

2. 情感表达的作用

情感表达其实是咨询师对来访者共情反应的一部分，既能体现出咨询师对来访者设身处地的反应，同时又表达出自己的感受；既能使来访者感觉被理解和接纳，又给来访者做出情感表达的示范作用，也能促进来访者进一步做出更多的表达自我。

咨询师：经过几次的心理咨询，你已经明白了自己的问题，并且也在努力调整和改变，我很为你高兴。

总体而言，咨询师要做正性的情感表达，如"我很欣慰你开始明白要为自己负责"；注意不做负面情绪表达，如"你说你明白了怎么做，但我发现你根本没有发生任何的改变，真令我失望"。

情感表达不是为了表达而表达，或者为了咨询师自己的情绪宣泄，咨询师情感表达的内容、方式应该有助于咨询的进一步开展。

> 拓展阅读 12-9
>
> 咨询师如何进行情感表达

拓展阅读 12-9 的对话中，咨询师采用了一些情感表达，通过这些话语很真诚地表达出自己对来访者的情况感同身受。

三、影响性概述

影响性概述指咨询师将自己所叙述的主要观点、意见等组织、整理后，简明扼要地表达出来。影响性概述是个体心理咨询技术之影响性技术之一，影响性概述相当于内容较多的内容表达。

影响性概述可使来访者有机会重温咨询师所说的话，加深印象，亦可使咨询师有机会回顾讨论的内容，加入新的资料，强调某些特殊内容，提取重点，为后续交谈奠定基础。影响性概述可以使会谈有一个短暂的喘息机会，转移话题或者进入一个新主题。

影响性概述与参与性概述不同，影响性概述是咨询师表达的观点，参与性概述指的是来访者叙述的内容。因而，前者较后者对来访者的影响更为主动、积极和深刻。参与性概述和影响性概述既可以各自单独使用，也可以放在一起，例如先对来访者的叙述内容做参与性概述，总结来访者的主要问题和原因，以及双方已经开展的工作，再把咨询师的意见做一个影响性概述。有时候影响性概述也可以让来访者来做，这样咨询师就可以了解来访者对咨询师的意见理解程度，咨询师在此基础上做出概述和修正。

影响性概述的使用时机不同，既可在面谈中间使用，也可在结束时使用。影响性概述常和参与性概述一起使用，有时在需要转换主题时使用，也可以在某一次面谈结束前或者开始咨询前使用，还可以放在一个阶段或整个咨询结束时。只要咨询师认为已经清楚地了解来访者所说的某一部分内容，就可以做影响性概述，或者咨询师认为有必要对自己讲的内容做一个回顾，以便加深对来访者的影响，就可以做影响性概述。比如，面谈结束时，咨询师可汇总来访者的主要问题、原因及影响等，然后小结咨询双方所做的工作，概述自己所阐述的主要观点。这样会使整个咨询过程脉络清楚，条理分明，有利于来访者把握咨询全局，加深印象。

> **拓展阅读 12-10**
>
> 咨询中的影响性概述

四、非言语技巧

言语表达是双方交流信息、沟通感情、建立咨询关系的基本条件，也是咨询师帮助来访者的主要工具之一，因而言语交流在咨询中占有重要的地位，但是在咨询中会伴随大量的非言语行为，这些非言语行为可能具有独立的含义，也可能伴随言语活动，起到补充言语表达的作用。

咨询师都非常重视非言语行为在咨询中的影响作用，很多情况下，非言语行为表达的内容更多，含义更丰富、更真实，具有非常重要的无意识含义。在咨询中，咨询师一定要注意自己的非言语表达技巧，加强非言语技巧的配合，赢得来访者的信任，促进咨询关系的建立。此外，咨询师也应该重视来访者的非言语表达的内容，对来访者的行为问题和语言进行多方面的综合判断。非言语行为包括身体语言、动作表情和姿势语言，非言语表达的象征性含义更丰富。

（一）非言语行为在咨询中的作用

(1) 加强言语。声音、手势、面部表情与言语一起出现，可使言语的意义更丰富，情绪色彩更鲜明，加强语言的理解和表达。

(2) 配合言语。非言语行为将配合言语，促进交流。例如，讲话者如果想继续说下去，那么他会把手停在空中，此时咨询师不应该打断而应耐心等待。

(3) 实现反馈。听话者对讲话者做出持续的反应，如用嘴和眉毛表示同意、理解、惊讶、不满等。

(4) 传达情感。交流者常用非言语形式表达自己对对方的喜欢、理解、尊重、信任的程度，面部表情和声调这样的非言语暗示往往比言语信号影响更大。

咨询中，来访者和咨询师都可能试图掩饰真实情感，但无意识却很难控制非言语行为，因此可能会有所暴露，因此双方的愤怒、压抑、焦虑、恐惧、不安、厌恶、鄙视、兴奋、愉悦、满意等通过眼神、脸部的细微表情、嘴角的轻轻一动，都会不自觉地暴露出来，因此，人们在很多情况下产生的直觉都来自这些无意识的非言语表情传递的信息，有时候言语表达的内容具有很强的加工性和掩饰性，综合进行分析和判断是咨询中最重要的技术训练。

非言语行为也是表达共情、积极关注、尊重等的有效方式之一，当咨询师和来访者真正共情时，两者甚至可以达到共时性感应，来访者内心的真实情感会传递给咨询师，咨询师身体或心理上会发生一些变化，可能是压抑的委屈，也可能如憋闷在心里的石头，或者出现躯体化的表现，如咨询师感觉到头晕、腹胀，或者出现脸红等共时性反应，当来访者表达积极关注或者尊重时，咨询师的身体姿势必然是前倾的，目光充满了对来访者的信任和期待。非言语行为和其他的影响性技术具有一致性，才是咨询有效的重要保证，否则肯定会削弱咨询的效果或者破坏咨询技巧的使用。咨询中，咨询师讲、听、看、想几个方面缺一不可，才能最大限度地发挥咨询的整体效果。

(二) 目光注视

在传递信息的所有部位中，眼睛是最重要的，它可以传递最细微的感情。一般来说，当一方倾听另一方叙述时，目光往往直接注视着对方的双眼。而当自己在讲话时，这种视线的接触会比听对方讲话时少些，即讲者比听者更少注视对方。人开始说话时，会先把目光从对方身上移开，说话结束时，则一般又会重新看着对方。

目光大体在对方的嘴、头顶和脸颊两侧这个范围活动为好，给对方一种舒适、很有礼貌的感觉，并且表情要轻松、自然。目光范围过小会使对方有压迫感，而目光范围过大则会显得太散漫、随便。不同的目光传递不同的情感与含义，例如表达热情与温暖时，咨询师的目光充满了关切；在给予支持时，目光则传达出力量；提供解释时，目光蕴含着智慧。

许多人说话时避免看着对方主要为了避免岔开话题，说话时正视一下对方，则表示说话停顿，对方可以打断；若停顿了却不看对方，则表示他的思路还没有断，即"这不是我要讲的全部内容，我只是还在思考接下来怎么说"。咨询师如果不明白这些含义，不合时宜地打断来访者，则会使来访者觉得不被理解和接纳，而且咨询师的插话可能会转移来访者叙述的主题，甚至使一些主要线索中断。

如果听者对讲者扫视了一下，则可能表示"我对你说的不十分赞同"或者"我对此表示怀疑"，如果再配上摇头和皱眉等其他非言语行为，则这种怀疑和不赞同的含义更明显了。如果听者是咨询师做出这样反应，那么来访者可能就会停止叙述；而若是听者是来访者，咨询师发现了这一目光，则应即时调整，比如询问一下来访者的想法，或者调整一下自己的观点。

如果说者讲完某句话或者某个词后把目光移开，则可能表示"我对自己所说的也不太有把握"，如果其他表情、动作以及声音透露了讲话者的心绪、疑惑，那么听者就会感到疑惑甚至对讲者失去信任。咨询师若如此表述，尤其是在解释和指导时，则大大影响效果和影响力。

若听者看着说话者的眼睛，则表示"我很赞同这个看法"或"我对你说的很有兴趣"；如果说者看着听者，则表示"我对自己讲的内容信心十足"。

若咨询师询问来访者某些问题时出现了失误，使来访者感到不舒服或者有厌恶感、羞怯感，来访者则可能不愿意注视咨询师，借此逃避或者隐瞒。

若一个人被问询时，或者当他对他人的言行产生防卫、攻击或者敌意时，视线相交的机会便会增加。当一个人被激怒时，有时候可发现他的瞳孔张得很大，还会出现其他一系列面部表情。性格内向、羞怯的来访者会不习惯更多的目光接触，既不敢太多地注视别人，也不愿意别人注意自己。

通常，人们更愿意注视使自己感到愉悦的人，可能比起注视同性，注视异性会更多。作为咨询师，对异性来访者的注意要适度，以免引起对方的不适，尤其面对异性敏感者更应该谨慎。

咨询中目光的使用很重要，咨询师是否善于利用目光参与倾听和表达，直接影响咨询效果，有些咨询师眼睛只盯着地面、房顶或者侧脸向一方，这样会显得不礼貌，对来访者不够重视，有些咨询师则用目光扫视来访者身上，甚至看其身后，引起来访者惶惑不安。当来访者讲话时，若咨询师把目光随意移向一旁会引起来访者的注意，来访者会从咨询师的这一特定眼神看出咨询师没有认真倾听，便会产生不安、不被信任的担忧，可能会停止表达或者只做浅层次的探索。

（三）面部表情

面部表情与人的情绪息息相关，一个人内心的喜怒哀乐无不在脸上透露出来。观察一个人的非言语行为首先而且主要是集中在面部表情上，目光注视其实也是面部表情的一部分。图 12-1 所示的面部表情是心理学教科书中列举的经典的关于人的情绪和面部的表情。

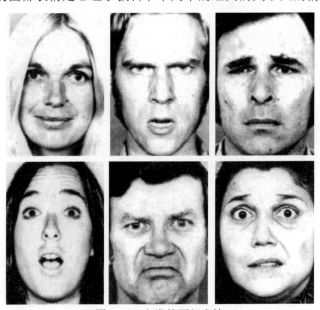

图 12-1　人类的面部表情

(资料来源：彭聃龄. 普通心理学[M]. 5 版. 北京：北京师范大学出版社，2019)

心理学家珍·登布列顿在谈到销售员如何了解顾客心理时说，如果一个顾客眼睛向下看，脸转向一旁，表示你被拒绝了。如果他的嘴是放松的，没有机械式的笑容，下颚向前，他可能会考虑你的推荐。假如他注视你的眼睛几秒,嘴巴以及鼻子部位带着浅浅的微笑,表情轻松,那么看起来你的生意做成了。

达尔文在《人和动物的表情》中探讨了"是否相同的表情和姿态在各个种族中都是一致的",他通过对世界各地的表情材料进行分析,认为人类在面部表情沟通上的表达几乎相似。比如,眼睛和嘴巴长大,眉毛上扬,是惊愕的表情;脸红可能是害羞;皱眉头、昂首挺胸并握紧拳头可能是愤慨或者挑衅,人在深思问题或者想竭力解开疑惑时会皱起眉头或眯起眼睛。

一般情况下,不愉快或迷惑可以借助皱眉来表达;嫉妒或不信任时会将眉毛上扬;一条眉毛扬起是传统的怀疑信号;双眉扬起是惊讶的信号;双眉下垂则是沮丧和忧伤的信号。冲突、挑战、敌对的态度用绷紧下颚的肌肉和斜眼瞪视来表示,这时他的嘴唇也是紧绷着的,表示已摆出一种防御姿态,头和下颚常挑衅地向前推出,眉毛下垂,眉头皱起。笑是脸部表情中重要的一点。不同的笑可体现求助者不同的心情,有会心的笑、愉悦的笑、满足的笑、兴奋的笑、害羞的笑、不自然的笑、尴尬的笑、解嘲的笑等(见图12-2)。在理解面部表情时,需要注意的是,有些人体动作在某种情况下可能根本没意思,而在另一种情况下却十分有内容,但内涵可能很不一样。比如皱眉既可以简单理解为停顿,也可能表示"心里冒火"或"讨厌",或者说明他在集中精神思考问题,因此仅凭皱眉这个表情还难以进行完全准确的判断,必须结合他当下的行为,以及他的其他相关的非言语行为体会他想表达的含义。你能说出图12-3中的表情表达了什么情绪吗?

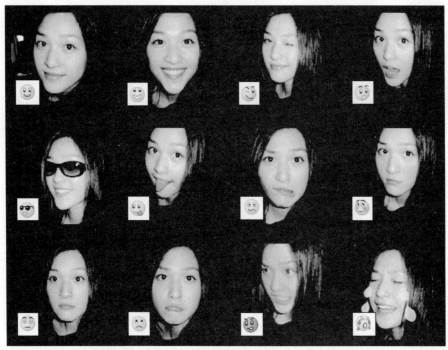

图12-2 不同的笑

(资料来源:http://www.86mama.com/r/141514.shtml)

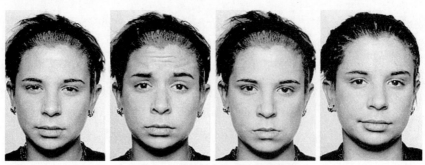

图 12-3 面部表情表达的情绪

(资料来源：[美]保罗·艾克曼. 情绪的解析[M]. 杨旭，译. 海口：南海出版公司，2008.)

(四) 身体语言

咨询师和来访者的身体、手势的运动和位置在相互沟通中起着重要作用，往往能反映咨询状况的某种变化。身体语言具有丰富的含义。一般低头表示陈述句的结束，抬头表示问句的结束，而较大幅度的体态改变表示相互关系的结束、思维过程或较长的表达的结束。

如果体态改变到了不敢正视对方的地步，则表示不愿再交谈下去，想把注意力转移到其他对象上去，如同小孩在听父母训斥时，嘴巴在说，"是的，是的，我知道了"，但是身体却转了过去，表达了另一种信号，"够了，够了，我要走了"。咨询师要善于发现来访者身体传递的信息。有时，咨询师发现来访者在移动身体，或者脚和身体朝向门口，这些姿态都表明来访者想结束交谈，他的体态在表达"我想离开"。

人们有时借助摊开双手、接触外衣扣子或者脱掉外套等，来表达真诚、坦白、开诚布公，而双手在胸前交叉则常表示防卫、否定、拒绝或者疏远(见图 12-4)。

有些来访者非常缓慢、很细心地摘下眼镜或者小心地擦拭镜片(即使镜片根本不脏)，这些情况通常表达的是他在拖延时间，提出反对意见，澄清问题，甚至表达一种傲慢。有的来访者则把眼镜摘下，嘴巴咬着一条眼镜腿，由于口中衔了东西讲话不方便，因此借此动作来注意倾听或者避免什么，另外又可多多思考，把东西放进口袋里也在表明需要寻找新资料、新信息。

手指手势可能会传达一个人的焦虑、内心冲突和忧愁。孩子感觉环境陌生，有些焦虑，就开始吮吸手指，学生担心考试就会咬指甲或者咬钢笔、铅笔，而成年人遇到棘手的问题或事情则会挠头发。

如果咨询中来访者双手紧紧绞在一起或者反复摆动，身体也是坐立不安，则可能表明来访者情绪很紧张，这时咨询师应该设法让其放松，咨询师身体要前倾，让来访者觉得被关心、被接纳。

面谈中，若来访者双手揉搓，很可能是有所期待，例如，由于咨询师给予的理解、尊重、真诚，使得来访者期望获得更多的共情或者指点，此时来访者可能会将椅子向前移动，或者身体前倾，踮起脚尖，跃跃欲试。来访者在听或讲的过程中，若握紧了拳头，则可能表示强调、郑重其事或下定决心，也可能表达愤怒，咨询师需要根据情况进行分析和判断，若是下定决心则应及时鼓励并表示支持，若是愤怒则应及时了解原因进行疏导。

图12-4　身体姿态语言

(资料来源：[美]约翰·华生. 行为心理学[M]. 北京：现代出版社，2016.)

若来访者的身体由紧缩、僵化转为松弛自在，紧靠在一起的双腿自然分开，交叉的双手也放下来了，往往是来访者内心由紧张、不安、害怕或者封闭开始变得平静、轻松、开放。如果这一步骤反过来，则说明咨询过程增加了来访者的紧张情绪，可能是咨询师的言谈举止(表情等)不当或不被对方接受，也可能触动了来访者的敏感处，使其感到痛苦和受伤，这些信息对于咨询师都具有重要价值。当来访者想要压抑自己的强烈情感时，往往会不自觉地采取脚踝交叠，双手抓紧的姿势，也有人会吞咽口水，或咬紧牙关，或抓住手臂，来拼命克制自己的欲望和冲动。

当来访者对咨询师说的话不感兴趣，或想早点结束会谈时，他就可能在座位上反复扭动，坐立不安，好像椅子不舒服一样，也有人会交叉双腿，另一只脚不停地晃动，还有一些人是手指不停地敲桌子或者椅子，或在纸上胡乱涂鸦，有的则显得目光空洞，心不在焉，或者对问话答非所问。咨询师发现这些情况后，要及时调整咨询方式。如果是咨询师出现这些行为被来访者发现，则会使其产生其他的想法。

身体的动作既表现出来访者当前的思想、情感和行为，也在一定程度上反映他的心理状态。亚历山大·格温在《人体动态与性格结构》一书中指出，耷拉着的肩膀表示内心受到压抑，耸着的肩膀和心里害怕有关，肩膀平齐说明能承担责任，弯曲的肩膀是承受精神负担的反映，他认为没有任何语言比身体语言更能表现出一个人的人格特点。心理影响行为和身体功能，心理僵化的人的姿势和动作也会僵化，经常感到不幸的人就会终日皱眉，温和慈祥的人面露微笑，多管闲事的人爱探头探脑，因此研究者认为，转变情绪可以先转变动作和姿态，挺直胸膛和腰板就可以使人从颓废变得充满自信。

(五) 声音特质

咨询师和来访者双方的声音也是交流信息的重要窗口，声音通常包括嗓音的音质、音量、音调和言语速度，声音伴随语言产生，有第二言语的功能，它对言语起着加强或削弱的作用。如果声音所传达的信息与言语所表达的信息一致，则肯定、加强言语所传递的意思；反之，则起削弱、否定的作用。

人们借助声音的轻重缓急来自觉不自觉地表达自己错综复杂的思想和感情。言不由衷的讲话，既可能被身体语言揭露，也可以被声音拆穿，当来访者叙述某一件令其感到痛苦、忧伤的事时，咨询师说，"我理解你的痛苦，我愿意为你分担"，然而语气却是冷冷的、随意的，这样的语言内容虽然是共情的，但声音却是淡漠的。来访者更愿意相信声音而不是言语内容，因为语言是可以作假的。

通常音调的提高表明对所谈内容的强调，也表明某种情绪，如激动、兴奋，既可以是愤怒也可以是惊喜，降低音调可以表达强调，引起听者注意，也可能表达怀疑、回避，或者因为涉及敏感、痛苦和伤心事。声音强度增大可以表明强调或激动的情绪，也可能表示失望、不快或软弱、心虚。讲话的节奏加快表明紧张、激动，节奏变慢可能是冷漠、沮丧，或者在思考要不要表达，如何表达。人格特征也体现在声音上，急性子还是慢性子，自信还是自卑，坦率还是躲闪。当来访者在咨询中交流的语气突然发生了变化，则可能给咨询师提供一定的信息。

咨询师不仅要善于分析来访者声音变化所表达的含义，还要善于运用声音效果加强所表述内容的意义及情感。咨询师要善于利用声音停顿的效果。这种停顿有时是一种强调，以引起来访者的重视；有时是一种询问，以观察来访者的反应；有时则是为了给来访者提供一个思考的机会。

(六) 空间距离

咨询时，咨访双方的空间距离也具有非言语行为的特征。每个人都拥有一个属于自己的空间，以保持自己的独立、安全和隐私的需要。如果他人不适宜地闯入，就可能引起不满、愤怒、反抗。咨访之间亦是如此，双方距离是彼此关系的反映。

一般来说，在专用咨询室里，座位可能相对固定，咨访双方在各自位置就坐即可。但座位的布置则应符合有助于咨询关系建立、彼此感到适宜的原则，距离以1米左右为好。

有些人喜欢面对面交谈，觉得这样有更多的目光和面部表情交流，言语沟通比较直接。有些人则喜欢成直角而坐，觉得可以避免太多的目光接触。

咨询的不同阶段，咨询双方的空间距离也在发生着变化，如图 12-5 所示。初次咨询，彼此不了解，空间距离就会大一些，随着咨询关系的建立，间距会缩小，若来访者并不信任或者喜欢咨询师，或者对咨询效果不满意，则来访者会不自觉拉大彼此的距离。危机干预咨询或者对于寻求感情支持的来访者，缩短距离表示关切，当然，缩短距离表示希望加强关系，使用得当有利于咨询开展。不管咨询双方是何种工作关系，距离是一定要保持的。

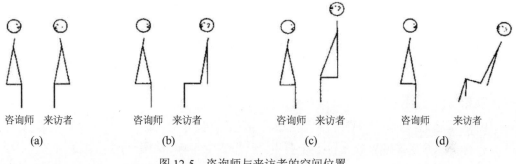

图 12-5　咨询师与来访者的空间位置

(七) 衣着及步态

衣着也可以视为非言语交流的一部分(见图12-6)，因为衣饰能反映一个人的个性、经济地位、文化修养、审美情趣等，也能体现出来访者来访时的某种心情。来访者进咨询室的步姿、动作、神情，对于咨询师把握来访者亦是有价值的。那些垂头丧气、痛苦不堪的来访者从进门的一刹那，其情绪就暴露无遗。例如一位来咨询的大学生，衣服几天没洗，衣衫不整，这就表明这个来访者的问题已经影响到了他的正常生活和社会功能，最基本的生活他已经不再关注和毫不在乎了，或者也可能他就是一个衣着随便，缺乏正常生活规律的人。因此，衣着打扮提供了很多重要的信息，如有些人借着一身的名牌进行炫耀或者掩饰内心的空虚、无助和自卑。

图 12-6　咨询师与来访者的衣着步态

若一个人走路的步态是犹豫不决,来来回回,出来进去,反复确认,则可能是一种强迫症的表现;有些人走路很慢,性格也很慢;有些人走路风风火火,性格也很急躁。通过一个人走路的步态可以观察他的人格及精神状态。

> **视频欣赏 12-3**
>
> 别对我说谎

思考与实践

一、思考

1. 解释名词:面质、解释、自我暴露、情感表达、内容表达。
2. 你怎么理解影响性技术的 8 个要点,你个人觉得哪一种影响性技术最难,为什么?

二、理论联系实践

1. 图 12-7 中的两幅图片是《情绪解析》一书中关于眼睛在微笑中的作用,你能区分出两幅图哪一张是真笑,哪一张是假笑吗?

(a)   (b)

图 12-7 微笑

(资料来源:[美]保罗·艾克曼. 情绪的解析[M]. 杨旭,译. 海口:南海出版公司,2008.)

2. 非言语演练,三个人一起完成,其中一个人是信息传递者,一个人是聆听者,第三个人是观察者,信息传递的人回忆最近的情绪:a.非常开心;b.非常伤心;c.非常愤怒。要求用非言语的方式进行回忆,并不对聆听者进行任何讲述,只需要告诉聆听者开始的时间,聆听者的任务是观察传递信息者,注意他回忆中的非言语行为和变化;然后猜测他正在回忆的是哪一种情绪。3~4分钟后，停止扮演并开始讨论。观察者可以补充自己刚才留意到的一些行为和变化，然后双方互换角色扮演。

三、2014年5月心理咨询技能考试真题示例

1. (多选)心理咨询师说："你能具体地说说你近来痛苦的原因吗？"心理咨询师使用的提问方式与技术包括(　　)。

    A. 开放式询问　　　　　　　　B. 中心化技术
    C. 封闭式询问　　　　　　　　D. 具体化技术

2. (多选)心理咨询师说："我听明白了，……是这样吗？"心理咨询师使用的技术包括(　　)。

    A. 内容反应　　　　　　　　　B. 内容表达
    C. 情感反应　　　　　　　　　D. 情感表达

3. (多选)心理咨询师说："我母亲也很早就去世了，……你痛苦的原因吧。"这段话表明心理咨询师使用了(　　)。

    A. 自我开放技术　　　　　　　B. 充分表达对求助者的共情
    C. 内容表达技术　　　　　　　D. 恰当表达对求助者的同情

4. (单选)心理咨询师说："按你所说，你母亲的死是你给出钱、办手续造成的，……他们也应该都会死。"这段话表明心理咨询师(　　)。

    A. 理解求助者的痛苦　　　　　B. 进行内容反应
    C. 进行产婆术式辩论　　　　　D. 指出问题所在

5. (单选)心理咨询师说："你刚讲过……有些矛盾，你能解释一下吗？"心理咨询师使用的是(　　)。

    A. 开放技术　　　　　　　　　B. 澄清技术
    C. 辩论技术　　　　　　　　　D. 面质技术

6. (多选)心理咨询师说："是的，你认为……不再因此内疚、后悔、自责。"心理咨询师使用的技术包括(　　)。

    A. 自我开放技术　　　　　　　B. 指导技术
    C. 内容表达技术　　　　　　　D. 解释技术

第十三章

识别和处理阻抗、沉默与多话现象

【学习目标】
(1) 掌握阻抗和沉默的定义、类型、表现形式。
(2) 分析阻抗产生的原因及应对方式。
(3) 了解多话现象,以及多话的原因和应对方式。

【重点与难点】
分析咨询中阻抗产生的原因,并学会灵活应对阻抗。

【情境导入】

我知道弗洛伊德

"我看过精神分析的书,我知道弗洛伊德。"
"你肯定会问到我的童年!"
"不清楚!"
"不记得了!"
"你做这行多久了?"
"不是针对你啊,不过我讨厌咨询师。"
"我不想和你讨论任何重要的事……"

作为心理咨询师,当你和来访者进行第一次面谈的时候,听到以上这样的表达,你是什么感觉?你会觉得无所适从吗?

(资料来源:作者临床咨询案例)

事实上,临床心理咨询的面谈中,心理咨询师经常遭遇到以上的开场白。这样的话语表明来访者或许已经出现了某种程度的阻抗。此外,沉默不语、多话、来得太早或太晚等,也都是传统意义上来访者出现阻抗的表现。

第一节 识别和处理阻抗

阻抗是精神分析中一个重要的概念，它指的是可能阻碍治疗过程或阻止来访者接触自己意识层面内容的所有因素。进一步明确来讲，阻抗主要指来访者不愿将自己那些压抑在无意识层面的内容带进意识范畴。在进行自由联想或对梦境联想时，来访者可能会表现出一种不愿谈及某些想法、感受或经历的迹象。弗洛伊德将阻抗视为一种无意识动力，人们通过这种无意识动力来防御那些可能产生的令人无法忍受的焦虑和痛苦。

本书结合弗洛伊德理论，以及咨询过程中出现的问题，将阻抗定义为本质上人对于心理咨询过程中自我暴露与自我变化的抵抗。咨询中认识和了解阻抗，及时识别阻抗的表现，并有针对性地进行处理，可以有效改善心理咨询关系，增强心理咨询的有效沟通渠道，积极促进心理咨询过程进展和咨询效果，所以有效处理阻抗是心理咨询中的重要部分。阻抗不只是需要被克服的，由于它是日常生活中常见的防御方法，我们应该把阻抗视为抵抗焦虑且阻碍改变(可以使人们快乐起来的改变)的一种机制。因此，咨询师需要尊重来访者的阻抗并帮助来访者处理，使得阻抗成为咨询师理解来访者问题的重要工具。

一、关于阻抗的理论

精神分析、人本主义和行为主义对阻抗都有各自的视角和相应的解释。不同学派对于阻抗的看法的差异，也是他们采用不同疗法进行咨询处理的原因。

(一) 精神分析对阻抗的理解

阻抗最早是由弗洛伊德提出来的，他将阻抗定义为来访者在自由联想过程中对于产生焦虑的记忆和认识的压抑，阻抗的意义在于增强个体的自我防御，传统精神分析认为阻抗是精神防御机制的总和。弗洛伊德对于阻抗的理解强调的是无意识对个体自由联想活动的能动作用。

作为一种抵御焦虑的防御机制，精神分析治疗过程中出现的阻抗会阻碍治疗师与来访者共同探索无意识动力。由于阻抗会阻止威胁性内容进入意识层面，因此咨询师必须指出阻抗，让来访者去面对它。

(二) 人本主义对阻抗的理解

罗杰斯将阻抗看作个体对于自我暴露以及情绪体验的抵抗。人本主义的观点强调的阻抗是个体的认知对于自我结构和发展的一种保护。在人本主义看来，心理咨询中个体必然需要自我暴露，自我暴露需要勇气，尤其是对于很多来访者而言，很多问题他们从来未向任何人提及，自己甚至都不敢触及和面对，坦露给并不十分熟悉的咨询师，出现阻抗很自然，咨询中也会出现各种情绪的变化和改变，成长本身就是一种变化，成长的变化对很多人来说也是一种痛苦的蜕变。咨询中必然要经历一层一层的改变，改变旧有的习惯，改变旧有的认知，个体自然会出现一种心理保护，会产生阻抗。

(三) 行为主义对阻抗的理解

行为主义学派的心理学家把阻抗理解为个体对行为矫正的不服从。行为主义矫正原理认为个体不良行为都是由于条件反射建立的，因此可以采用各种去条件化的方式对不良行为的矫正和消除。在矫正的过程中，让一个已经长久习惯旧有行为的个体，甚至长期成瘾(手机成瘾、游戏成瘾、酗酒成瘾、抽烟成瘾、药物成瘾等)的个体去改变或去除原有习惯性行为，学习建立新的行为，很多个体会产生有意或者无意的抵抗心理，这也反映了个体行为变化与环境控制的相互依赖。

综上所述，这些理论都表明阻抗对于心理过程影响较大，要及时加以识别和控制，否则可能因为处理不当或者忽视，使心理咨询的进展和咨询效果受到严重的干扰和影响。

二、阻抗的类型

阻抗的表现形式多种多样，既有语言形式的阻抗也有非言语形式的阻抗，可以表现为个体对于某种心理咨询要求的回避与抵制，或者个体对心理咨询师或者其他人的某种敌对或依赖，还可能表现为个体的特定认知、情感方式以及对心理咨询师态度等方面的阻抗。

(一) 讲话程度上的阻抗

阻抗在个体讲话程度上的阻抗表现有三种：沉默、寡言、赘言。其中沉默是最为突出的一种阻抗，后文将单独列一节介绍沉默的特征、表现和处理。沉默可表现为个体拒绝回答咨询师提出的问题，或者长时间的停顿。沉默是阻抗中个体对心理咨询最积极和最主动的一种抵抗。沉默最初不容易为咨询师所识别，只是令咨询师感到尴尬甚至一筹莫展，因为来访者从开始咨询到咨询结束的不同阶段都会出现各种不同类型沉默，沉默导致咨询很难开展和进行下去，因此咨询中咨询师要善于识别、区分和处理沉默。

寡言也是一种对心理咨询的抵抗，它通常表现为简单的"嗯""啊""不清楚""不知道"等短语、单句及口头禅，大部分咨询中的寡言现象出现在青少年来访者身上。寡言同样令咨询师感到困惑甚至受挫，使其无法深入来访者的内心世界。寡言也出现在那些对心理咨询持有怀疑或者戒备态度的个体，以及不善于表达的个体身上。

赘言指个体在咨询中滔滔不绝地讲话，不管是在咨询的开始还是咨询过程中，来访者都在滔滔不绝讲述某些理论或个人感受，控制话题，减少心理咨询师讲话的机会，看似积极的咨询，其目的是回避或隐藏自己不愿接触或者是需要改变而不想改变的现实，以免产生焦虑或痛苦感受。

(二) 讲话内容上的阻抗

咨询中，来访者经常通过对交谈内容进行某些直接或者间接的控制来达到对心理咨询或个人行为变化的阻抗。常见形式有理论交谈、情绪发泄、谈论小事和假提问题。

理论交谈常指某些来访者竭力显示自己的高深，采用心理学或医学等术语或理论与咨询师交谈，其潜在动机是不信任咨询师，借此来达到打压和控制咨询师的目的。理论交谈同时也是来访者进行自我保护的一种手段，如某些抑郁或者其他神经症个体，见到咨询师就说，自己看了很多心理咨询书籍，并不断对号入座就某种理论或者疗法询问咨询师，来访者这样做的目的并非想解决自身问题，而是回避自身问题和强化自己在心理咨询中的地位。咨询师首先要使其认识到这种理论交谈的阻抗作用和影响，调整其交流方式。

情绪发泄指来访者对于某些会谈内容所产生的强烈情绪反应。来访者可能通过大哭大闹、不停流泪，甚至一些不自然的大笑，来回避某些令其焦虑或痛苦的感觉。这也是一种防御机制的表现，按照精神分析的理解，人们在谈论某些痛苦经历时，常会伴随烦躁、易怒、哭泣等情绪反应。这是个体对重新体验痛苦经历的焦虑和抵触情绪。

谈论小事指来访者对一些无关紧要、鸡毛蒜皮的小事谈论不止，其目的是回避谈论核心问题，转移咨询师的注意力，有时候这种阻抗不易被咨询师所察觉。

假提问题指来访者在咨询中对咨询师提一些表面适宜但实际却毫无意义的问题，借此来回避某一问题或者加深某些印象。这些问题可能涉及心理咨询的目的、方法、理论，甚至是咨询师的个人情况，与心理咨询关系并不密切，所以咨询师很难回答，所以假提问题也是个体某种自我保护的需要。

（三）讲话方式上的阻抗

有些阻抗是通过来访者在会谈中交流的方式表现出来的，因人而异，因此形式比较多样，常见的讲话方式上的阻抗有心理外归因、健忘、控制话题和最终暴露等。

心理外归因指来访者将某种心理冲突与矛盾的原因完全归结于外部因素，而回避从自身找原因。心理外归因的来访者在咨询过程中总是抱怨，觉得什么事情和问题都是别人的错误，这种缺乏自我反省的阻抗方式可能是来访者以自我为中心的表现，也可能是来访者内心抵制自己问题的一种表现，需要咨询师去探索和分析，从而找到来访者问题的关键点。

健忘是指来访者在谈论感到焦虑和令其痛苦的话题时出现的一种现象，来访者通常会以"不记得了""忘记了""记不清了"这样的语句回答咨询师。这种情况在咨询师采用各种技术去触及来访者的某种痛苦记忆或者创伤性经历时较多出现。研究表明，"二战"后纳粹集中营的存活者往往不愿意谈起过去，即使谈论，也常对一些细节出现记忆模糊，这是大部分创伤性经历个体会出现的一种所谓"健忘"想象，实际上是一种创伤性回避。

控制话题是指来访者在会谈中总是希望咨询师谈论自己感兴趣的话题，如果咨询师谈论咨询关键问题，则表现出回避和不愿谈论。这样做的目的只是减少焦虑，此外控制话题的来访者可能更希望在心理咨询中提高自己的自尊和地位。

最终暴露指来访者总是在会谈快要结束时才抛出重要话题或事件。这种情况常令咨询师感到措手不及，而来访者也达到了自己的阻抗目的，"你看，时间到了，你就没办法跟我深入去探讨了"。个别最终暴露话题者也可能是犹疑不定，并非完全阻抗。

(四) 咨询关系上的阻抗

有些来访者通过故意破坏心理咨询界限来表现阻抗,如不履行咨询计划,想跟咨询师发展超越咨询以外的关系,想要咨询师的联系方式,想私下约咨询师,送礼给咨询师(见图 13-1),故意诱惑咨询师等。

图 13-1　咨询中的送礼

不履行咨询计划可能表现为不按时赴约、早到(见图 13-2)、借故迟到(见图 13-3)、早退、想延时、不完成咨询师安排的作业、不付咨询费或者延迟支付。迟到是表现最为突出的一种外显性阻抗,对于迟到,来访者常常会解释各种理由,并不断道歉,而且不断观察咨询师的态度和反应。迟到加解释,时间过去十几分钟了。个别来访者会临时取消预约,或爽约而不提前告知。这些都是表现很明显的阻抗,不想来咨询,或者内心对咨询有不满、恐惧,如果来访者出现两次以上的迟到、爽约等现象,咨询师要引起重视,这些都表明来访者对咨询的动机和期望出了问题,咨询师要及时了解并进行处理和调整。

图 13-2　咨询中的早到

图 13-3 咨询中的迟到

诱惑咨询师是指来访者通过引起咨询师注意的言行、打扮等影响心理咨询的进程，还有些来访者通过讨好咨询师，大谈有趣的经历来吸引咨询师的注意，这些密切咨询关系的做法，其目的都是想控制咨询关系。

以上四种形式的阻抗，讲话程度上的阻抗、讲话内容上的阻抗、讲话方式上的阻抗、咨询关系上的阻抗，既有个体对行为变化的抵抗，也有个体对咨询师的抵触，无论哪一种阻抗形式，都是个体的一种自我保护或者对痛苦经历的精神防御。这些阻抗都会对心理咨询进展产生深刻影响。及时发现和识别阻抗，并能积极、有效地处理，对于建立良好的咨询关系，加强来访者对自我暴露和自我变化的理解和认识十分关键。许多情况下，对于阻抗的认识和处理往往是心理咨询产生突破的关键，需要咨询师认真分析和查找产生阻抗的原因。

三、阻抗产生的原因

弗洛伊德认为，大多数患者对心理分析进行阻抗并不是有意与咨询师不合作，他们是自己来寻求咨询师帮助的，这些患者只是在无意识地阻挡潜意识中的症结，不使它意识化。弗洛伊德所指的潜意识症结是指幼年期未得到满足和妥善解决的俄狄浦斯情结。后来，各派心理动力学治疗家都修正了幼年性症结理论，认为幼年症结不只是性的成分，尤其不只是俄狄浦斯情结。在治疗过程中，病人都可能表现阻抗，许多心理咨询师在对正常人的咨询中，如果是触及内心深处的情感，同样会遇到不同程度的阻抗。由此看来，阻抗产生的原因可能是多种多样的。

美国心理咨询家麦克尔·卡瓦纳认为来访者产生阻抗主要有三个原因：一是因为成长必然带来某种痛苦；二是因为行为的功能性失调会引起阻抗；三是来访者可能带有某种反抗心理咨询或者咨询师的动机。钟友彬认为，在咨询阻抗的原因中，由成长带来的痛苦多见于要求咨询帮助的正常人，其他多见于神经症和性变态患者。

(一) 阻抗来自来访者对成长和变化的抵抗

来访者在咨询过程中会产生某种变化。成长中的变化总要付出代价，总会伴随消除旧有的行为习惯的无奈和建立新的行为习惯的痛楚。在咨询过程中，来访者往往期望毫不费力地发生奇迹式的变化，在这种心理支配之下，由于对成长所带来的痛苦没有心理准备，往往易产生阻抗。这时，来访者可能会希望放慢改变的步伐，或停止改变旧行为、建立新行为的行动。来访者一方面感到心理冲突和痛苦而要求改变，另一方面又无意识地不愿意否定和放弃旧的自我，对促成改变的建议不自觉地进行抵制。这是在深入的心理咨询过程中，来访者表现阻抗的深层原因。

成长总是要付出代价。对于任何一个正常个体来说，成长是一个自然而然的过程，也是一个不断克服自己、不断成长和改变的过程，咨询过程中一定会产生变化，不管变化程度的大小。孩子出生后，每一天都在和自我的成长作斗争，体验到成长的快乐，同时也会感受到成长带来的痛苦。孩子三岁时要离开妈妈，离开家去幼儿园，这对孩子来说是一个极大的变化，脱离家庭的环境去过集体生活，孩子总是在刚刚入幼儿园的时候有诸多排斥和哭闹。青春期是我们一生中成长变化最快速的时期，身体上、心理上都在发生剧烈的蜕变，从一个孩童逐渐向成人过渡，因此青春期孩子在成长的同时，也是他们出现问题最多的时候，人生中读大学、毕业找工作、谈恋爱、结婚、生孩子、更年期、退休、死亡，都是一种成长，每个阶段都需要付出代价，但是成长和变化却又是必然的过程。

来访者来做心理咨询，虽然有良好的求助动机，却没有正确、良好的心理准备，他们往往不知道改变需要过程和时间，中间还会经历很多痛苦。每当感觉痛苦时，他们就期盼有颗灵丹妙药能一下子就解决所有问题，但是如果真有神奇的魔法和灵丹妙药解决了他们的问题，他们还是他们原来的自己吗？

1. 开始新行为的问题

咨询中，来访者需要重新认识自己的信念和价值观，很多问题的源头是认识和价值观，但是认识和价值观是在十多年甚至几十年的成长中形成的，重新面对并调整自己的认识，需要一番痛苦的历程，这个过程很艰难，出现抵抗很自然。

对某些依赖性较强的来访者，依赖既是他们的人格特点，也是他们问题形成的原因。咨询将一个从来没有自己独立想法的人转变为一个能够用全新的、独立的思想和行为去为自己负责的人，他们肯定会出现抵抗。原先他们一切听从别人的安排，不管学习、生活或是工作，当咨询后被问到他们自己怎么想的，自己真正想要的是什么时，他们肯定会吃惊，并且会伴随焦虑、犹疑和恐惧。有时认识到过去曾经并不真实甚至是自欺欺人的自我，这对来访者来说同样是一项挑战，怀着痛苦、领悟后的复杂心理，必然会产生怀疑和抵抗。

2. 结束或消除旧有的行为问题

摒弃曾经习惯化的行为习惯，如长期吸烟、长期玩手机，来访者会很不习惯。结束和改变曾经喜欢或习惯的行为，抑制这些行为产生的痛苦可能会令来访者产生强烈的胆怯和抵触。

结束曾经的各种自我防御机制，真实地面对自我，这对那些长期伪装的来访者来说是一件很困难的事情，例如一个长期压抑自己的委屈和痛苦的女性，让她去真实地面对自己的内心和需要，需要很大的勇气。有时候选择放弃还是选择坚持需要来访者进行痛苦的抉择，例如当要结束一段持续很久的亲密关系时，人们总是需要很大的勇气。

即使对于心理坚强的来访者，改变旧有行为，建立新行为也会给他们的心理带来一定的冲突和焦虑。对某些适应性弱，甚至本来心理就不平衡的个体来说，这个过程可能更痛苦，但是咨询中又必须向前走，成长和变化是必然的。

(二) 阻抗的产生是由于来访者的功能性行为失调

功能性行为失调是指失调的行为最初是偶然发生的，但失调的行为却使得个体某一需要获得满足，因此失调行为发生次数不断增加，并成为一种固定的行为。来访者一方面为失调的行为感到焦虑，另一方面求助的积极性却并不高。由此看来，阻抗的产生源于失调的行为填补了某些心理需求的空白，即来访者从中获得了某些利益。来访者因症状的出现缓和了内心的冲突，症状使患者得到了好处。弗洛伊德把这种好处叫作"一级获益"。这种不愿放弃的好处，来访者本人是意识不到的。神经症患者在患病以后，可得到周围人的关怀、照顾，甚至可得到经济上的好处，弗洛伊德把这种好处叫作"二级获益"。来访者对这种获益并非完全意识不到。如果病救治好了，症状消失了，他将失去这种获益，并且要面对充满矛盾与冲突的现实社会。来访者当然会对治疗自觉或不自觉地进行阻抗。这类似于行为主义的条件反射的形成。一个孩子因为偶然的肚子疼就可以不用上学，而且还可以获得父母更多的关心照顾，这种肚子疼的症状就可能会频繁发生，但是去医院却检查不出什么器质性疾病。很多功能性行为失调的个体虽然对失调行为感到焦虑，甚至表面上很想去除，但其内心却恐惧和害怕，这就成为咨询中无形的阻力，咨询师需要识别并用其他方式替代和满足来访者的需要，才可能解决。

1. 某些失调的行为填补了来访者心理需求的空白

某些失调的行为填补了来访者心理需求的空白，使其从中获益因而产生阻抗。例如一位女士和丈夫一起打拼多年终于取得事业成功，丈夫也成为本地知名的企业家，富甲一方，当年夫妻恩爱，共同打拼开创事业，现在这位女士不用再辛苦工作，每天在家，但是由于丈夫每天都忙于工作，她不能经常看见丈夫。偶然一次她生病了，丈夫放下所有工作陪伴和照顾她，让她感觉到久违的幸福和温暖。后来，这位女士经常说自己不舒服，病了，而且每次都仿佛去旅游一样开心地收拾行李去医院，还对着镜子精心打扮，穿着漂亮的衣服。因为每次她生病丈夫都会放下工作和其他事情来陪伴和照顾她，这种生病行为就这样无意识地持续下来。一个患神经症的来访者虽然总是诉说自己的痛苦，但咨询时却进展缓慢，兜兜转转回避实质性问题，其原因就是如果治好病，他就要面对工作和生活的压力，有病却可以使他逃避这一现实，家人和单位都不会对他有过多的要求。这个来访者的内心世界是，"不是我不行，是因为我有病了"。

2. 来访者借助失调的行为来掩盖更深一层的心理矛盾和冲突而产生的阻抗

很多酗酒的个体，最初酗酒都是因为内心的某些痛苦(如工作的压力或者挫折，婚姻的失败等)没法解决而借酒消愁发泄。很多青少年的逃学、网络成瘾甚至某些敌对性行为也都潜在因为某些学业上的失败或挫折、校园欺凌、家庭虐待等。如果咨询师只针对来访者表面的问题，则必然会遭到某种程度上的阻抗。

对于功能性行为失调引起的阻抗，咨询师应有足够的知识和经验去认识，在帮助来访者消除不适应的行为时，也要帮助他们建立新的替代性行为。同时，对于阻抗所暴露的深层心理问题应及时处理。比如，妻子爱生病只是表面问题，希望得到丈夫的陪伴才是真正的问题；酗酒或者逃学、手机成瘾只是问题表象，实质可能是各种心理压力或心理冲突。

(三) 阻抗的产生可能是由于来访者对抗咨询或咨询师

来访者有各种各样的求助动机，其中有些来访者会带着抗拒咨询或对抗咨询师的动机。其一，有的来访者只是想得到咨询师的某种赞同意见，或者并非为了改变自己或解决已有的问题，而是为了证明自己是对的，别人应该受到批评或惩罚。他们把心理咨询看作声讨某些人的法庭。其二，有的来访者只是想证实自己与众不同或咨询师对自己也无能为力。有些来访者由于反复咨询，有的医生或咨询师认为他"没治"，由此产生了并不想再做任何尝试的动机。在这种情况下，每当咨询师从各种角度提出建议或进行咨询时，他们就会说某些希望只是暂时的，或某些可能性对别人是有的，对自己却不行，或某些道理自己已经知道了，等等。还有一些来访者，他们前来咨询仅仅是为了证实他们自己的"价值"，不是为了改变自己及解决自己面临的某些问题，而是为了反驳咨询师，从中获得某种满足。其三，有的来访者并无发自内心的求治动机，他们并非自愿来访，可能只是与他们有重要关系的人，如上司、父母、配偶等认为其有心理问题，应去做心理咨询，是在各种压力下前来就诊的。因为如果他们不来心理咨询，其结果可能更糟。在这种情况下他们也会"自愿"前来，但其内心深处对咨询有抵触情绪。这时，咨询往往难以进行或只在表层徘徊不前。

四、应对和处理阻抗

阻抗分为有意识的阻抗和无意识的阻抗。有意识的阻抗如对心理咨询或咨询师的不信任，或担心说出不得体的话而拒绝进行某些治疗等。对于这种有意识的阻抗，经过咨询师的处理一般可以消除。咨询师通过解释咨询的保密原则、咨询的工作性质(来访者是咨询的主体，需要担负起改变的责任)等，让来访者对心理咨询有所了解，咨询师也通过尊重、温暖、共情等方式与来访者建立良好的咨询关系，打消其戒备和疑虑，通过分析让其了解某些阻抗不利于自己的心理成长，从而使来访者正确对待心理咨询，调整认知。无意识的阻抗在个别心理咨询中更有意义而且也更难解决，这是因为来访者未意识到自己的心理阻抗，也不承认这是阻抗，甚至当咨询师指出其阻抗时，来访者还感到委屈或不理解，有时由于来访者不能放弃对咨询的阻抗常常导致咨询终止，因此处理阻抗是心理分析咨询过程最艰苦的工作。弗洛伊德认为，那些人们不愿谈论的东西，不能自我承认，也不能向别人承认的东西,可能比他们谈到的东西更具有治疗意义。如果能使病人认识到他的阻抗,进而承认,那将是治疗上的一大进步。我们在实际咨询中也认识到,能否克服阻抗是心理咨询尤其是心理治疗成败的关键。

(一) 消除来访者的戒备心理

咨询中存在阻抗是正常现象,咨询师不必把阻抗看得过于严重,如果"草木皆兵"则可能使咨询气氛过于紧张,咨询师可能把来访者看作要征服和挑战的对象,使得双方的咨询关系变成一种博弈。咨询师发现阻抗或者明显感受到来访者的不配合和抗拒,也不要过分担忧和紧张,咨询师仍然要把建立良好的咨询关系放在重要位置,耐心地倾听,接纳并且理解来访者的感受,采用尊重、温暖、共情等方式消除来访者的紧张、戒备和防御,创造真诚、温暖的咨询氛围本身就能消除各种阻抗。

(二) 正确地进行诊断

咨询师正确的诊断有助于减少来访者阻抗的产生。来访者最初所谈的问题可能仅仅是表层的问题,面对其深层的问题,咨询师若能及早把握,将有助于咨询的顺利进行。咨询师要善于区分来访者的不信任与咨询阻抗,还要善于弄清来访者的暴躁、退缩等人格特征与咨询阻抗的区别,进行正确的阻抗诊断。

有些来访者的阻抗来自对咨询师的气愤或者害怕,或对咨询师产生了移情,从而对咨询产生了抵触,这种情况咨询师更应该正确识别,慎重解决。

(三) 以诚恳助人的态度应对阻抗

在心理咨询过程中,一旦确认来访者出现了阻抗,咨询师应把这种信息反馈给来访者。反馈时,咨询师一定要从帮助来访者的角度出发,并以诚恳的态度与对方共同探讨阻抗。绝对不能把来访者的阻抗当成故意制造事端来对待。咨询师应该用真诚、温暖和耐心的态度,以及专业的知识和技能取得来访者的信任,化解和消除会谈中的阻抗。例如,采用真诚的语言去询问,"为什么你的家庭作业都没有做呢?当时留作业的时候我们商量过了,你也同意了。""为什么每次涉及最关键的问题,你都好像在回避呢?有什么担忧和顾虑,可以跟我谈谈吗?"

(四) 调动来访者的主动性,积极面对阻抗

应对阻抗的主要目的在于解释阻抗,了解阻抗产生的原因,最终克服阻抗,使咨询取得实质进展。因此,处理阻抗的关键是调动来访者的积极性,使之能与咨询师一同寻找阻抗的来源,认清阻抗的实质。弗洛伊德认为,克服阻抗,解释是重要的武器,要分析、解释阻抗的表现和性质,向来访者说明无意识阻抗的真实意义和对咨询的影响,长期咨询,反复进行修通工作。克服阻抗不是简单的事,也不是一两次就能完成的,需要多次、反复解释和讨论,直到来访者真正领悟为止。

(五) 结合移情消除阻抗

有意识的直接阻抗容易克服，而间接的阻抗常以移情的方式出现，阻抗的解除还必须与移情的处理结合起来进行。负移情是阻抗的表现形式之一，咨询没有移情就不会有良好的咨询效果。只有在妥善地处理好移情以后，才能最终克服阻抗，使病人获得领悟，使症状消失。

阻抗是妨碍心理咨询与治疗顺利进行的重要现象。心理咨询的过程就是冲破阻抗的过程，心理咨询存在阻抗与反阻抗的较量，由于阻抗自身的复杂性，要有效地解决来访者的阻抗，必须进行不断的实践与总结。

📖 **拓展阅读 13-1**

关键问题故意扯开话题

拓展阅读 13-1 中，咨询师用"我有些困惑"进行询问，接着用很具体的描述来表达自己的观察结果，询问中没有任何咨询师的主观解释，这种探讨阻抗的方法不给当事人施加压力，就像竖起一面镜子，让来访者自己看清自己，自己思考。这种方法比较容易进一步启发来访者自己去探究和领悟。

📖 **拓展阅读 13-2**

涉及具体行为就退却

拓展阅读 13-2 中，针对来访者害怕改变的阻抗心理，咨询师使用了认真的倾听、共情和面质，例如用"我一直在仔细听着"表示关注，用"这都很好"表示支持。接着，话题聚焦在具体怎么行动上了。这里用的面质很具体，没有责备，有助于激发来访者面对自己仅有愿望和决心而没有具体行动背后的消极、被动的人生态度。

第二节　识别和处理沉默与多话现象

咨询中，来访者经常会出现沉默的现象，咨询师要善于分辨沉默的原因采取有针对性的措施和解决办法。沉默是指在咨询中来访者表现出拒绝回答咨询师提出的问题，或长时间的停顿。

谈话过程中，来访者出现沉默不语的现象，仍然能传达一些信息，咨询师要了解并驾驭沉默现象。有时，沉默只是咨询师的感觉，并非真的属于咨询中的沉默现象，因此需要咨询师加以仔细甄别。比如有些来访者的外形、容貌、服饰、个人的地位等因素给咨询师带来压迫感；有时候也可能是因为来访者的问题，如问题比较棘手，超过咨询师的经验和理解范畴，或者咨询耗时过长，引不起咨询师的兴趣；有时候也可能是咨询师本身就存在某些不安、急躁甚至压抑的情绪，这些情况下出现的沉默都不属于来访者带有阻抗性质或者某种具有积极咨询意义的沉默。

一、沉默的类型

大部分沉默是由来访者引起的，主要有以下几种类型。

(1) 怀疑型：由于来访者还不完全信任咨询师，而不把某些信息说出来或尚在犹豫中，他们往往会表现出不安的神情，用疑虑、探索的眼光打量咨询师。

(2) 茫然型：有些来访者不知道该说什么好；有时来访者则搞不清自己到底是什么问题或者想表达的东西有很多却不知从何说起。这时，他们的目光常是游移不定的，含有询问的色彩。

(3) 情绪型：来访者可能由于谈到或回想到过去自己做错的事而非常羞愧，他用沉默来躲避。这时，他可能会回避与咨询师的目光接触，低着头，有时手脚不停地乱动；当来访者对咨询师感到气愤时，也可能用沉默来传达这一信息。例如，每次咨询中谈到父母离婚，来访者都表现出沉默。

(4) 思考型：来访者此时的沉默是由于他正处于一种积极的自我探索之中。凝视空间的某一点，往往被认为是思考型沉默的标志性行为。

(5) 内向型：内向型沉默源于来访者的个性原因，他们平时就言语不多，不善言谈。

(6) 反抗型：反抗型沉默表现为来访者不想讲话，这里主要指那些被动来访者，他们本人不很愿意接受咨询，故用沉默来表明自己的态度。伴随着沉默的是怀疑、无所谓、随心所欲、很不耐烦，甚至气愤、敌意等。

咨询中的沉默常使咨询无法顺利进行，出现堵塞，只有思考型沉默带有积极建设性意义，因此又称为创造性沉默；因个性的原因或者正常的思考和犹疑而导致的内向型和茫然型沉默，通常称为自发性沉默；因为没有求助动机或者对咨询和咨询师不信任，以及触及某种情绪出现的反抗型沉默、怀疑型沉默和情绪型沉默，通常称为冲突性沉默。

二、沉默的处理

咨询中的沉默会使咨询氛围变得紧张、压抑和尴尬，咨询师缺乏临床会谈的技巧和经验是导致沉默的最大可能，因此咨询师要多观察、多练习、多思考来改进面谈技巧，熟能生巧。出现沉默时，咨询师要保持镇静。因为咨询师的紧张和焦躁不但可能加强沉默引起的紧张气氛，还会使咨询师露怯，而且降低咨询师在来访者心中的形象。如果咨询师能够镇定自若、不慌不忙、沉着冷静，则会给来访者信心和力量。

如果来访者的沉默是由于思考问题所引起的，咨询师最好等待，同时以微笑、目光、微微点头表示自己的关注、理解和鼓励。

如果咨询师发现来访者吞吞吐吐、欲言又止、犹豫不决时，应给予鼓励和必要的保证。例如,"请放心,我们的咨询是保密的,保密是我们的职业原则。""不用担心,如果没想好,还不想说,就先等等,如果是还没厘清思路,慢慢来,我会在这里等你。"这种情况通常发生在初始访谈阶段,由于双方之间还不熟悉,没有建立良好的咨询关系,来访者存在很多疑虑。

当来访者以沉默表示气愤、对抗时,咨询师要及时发现,寻找原因,采取主动、鼓励宣泄的方法。如果是由于咨询师言语不当引起的误会,可以及时解释、澄清;如果是来访者对咨询师产生了移情,咨询时应注意分辨,善于利用移情了解来访者,分析处理其问题。

如果是因个性原因导致的沉默,咨询师应以极大的热情和耐心加以引导,多用倾听技巧,多做鼓励性反应,善于领会他已说的和想说的。切不可急躁和不耐烦,否则来访者可能会更加退缩和沉默。

若沉默是由于来访者本人不愿咨询引起的,那么咨询师的处理就更应注意方式、方法。第一种可能是在家人或者老师等其他人胁迫、强制或压力下,来访者来咨询,他会把这种不满带到咨询中,对咨询和咨询师带有一定的偏见;第二种可能是来访者本身对咨询有许多怀疑和不信任,因此表现出很多保守和不配合。第一种情况下,咨询师凭借丰富的工作经验、诚恳和耐心、理解和共情等因素会慢慢打破来访者的沉默;第二种情况下,咨询师如果能够发现来访者的一些积极因素,扭转其个人的偏见,则可顺利消除阻抗,若对方对抗严重,难以消除,则可转介或停止咨询。

咨询中的沉默既是危机也是契机,沉默传达了很多信息,沉默是激战前的寂静,是黎明前的黑暗,也是一种无声的交流、无意识的沟通,善于观察、识别和处理则可能会有新的突破。

三、多话

咨询中常见阻抗还有一种与沉默相反的现象,就是多话,多话是指咨询过程中来访者滔滔不绝,但经常没有切入正题。

(一) 多话原因分析

咨询师原因:咨询师角色的定位、咨询内容的难易、咨询时间的多少等因素会影响咨询师对多话的理解。有些咨询师希望来访者简明扼要地说明问题和情况,然后由自己给予解释、指导和训练,这类咨询师以咨询师为咨询的主导,因而当来访者的讲述过长、烦冗时,咨询师会认为来访者比较啰嗦。但对于以来访者为中心的咨询师,他们非常重视倾听,不会认为来访者多话。

如果咨询师认为来访者的问题比较复杂,希望多点了解情况,则希望来访者多说一些,否则咨询师认为很简单,自己已经完全明白了,就不希望来访者讲太多。

有些咨询师喜欢短平快的咨询,为了节省时间,希望紧扣主题、重点突出,如拉康学派[①]的做法。有些咨询师希望系统的长程治疗,如精神分析学派,咨询师希望广泛收集信息,

---

[①] 拉康学派将固定的治疗时间改为灵活的弹性时间,认为这样可以消除分析者的抗拒和倦怠情绪,更可以诱发分析者的自由联想,最终达到无意识的话语化(verbalize)。

来访者可以多说一些。

(二) 与来访者有关的原因

由于不同来访者的人格特征不同，来咨询的目的不同，问题情况及严重程度也有差异，因此咨询师可能会表现出不同的多话类型。

(1) 宣泄型：来访者只是为了宣泄一时的剧烈情绪。他们急需一个宣泄对象，因此他们只需要咨询师认真、耐心、关切地倾听，自己讲完之后仿佛雨过天晴，也心平气和了。

(2) 倾吐型：倾吐型类似于宣泄型，他们日常生活中多有不快而又缺乏倾吐的对象。当咨询师有耐心倾听其讲述时，来访者仿佛终于找到了知音，会把内心的委屈、烦恼一股脑倾倒出来。

(3) 癔症型：来访者讲话时眉飞色舞，富有感染力，带有很多夸张成分，且并无多少急迫或困扰的问题，似乎也没什么需要咨询师予以帮助的，其主要目的是寻求注意和赞赏。

(4) 表现型：与癔症型有些类似，他们滔滔不绝地发表意见，乃至对心理咨询及心理咨询师评头论足。很少谈论自己，谈论自己也是讲自己的特长没有得到欣赏、重用等。他们并不在意咨询师的观点，咨询似乎只是为了发表自己的见解和评论。

(5) 表白型：知道自己正面临某方面的问题，然而他们一味地谈论别人的不是。他们来咨询只是为了证明自己没问题，即使有问题也是别人的问题。

(6) 掩饰型：此类情况需要咨询师细心观察。有些来访者不停地讲话只是为了掩盖他们内心的恐惧。内心害怕与咨询师正面交锋，害怕咨询师的发问，他们的健谈是内心焦虑的反映。

(7) 外向型：有些求助者性格外向，活泼健谈，好交朋友。倘若咨询师不善把握或亦喜欢这样时，往往时间过去了一大半，还未进入正题。

(三) 调整多话状态

咨询师遇到来访者健谈、多话时，咨询师应根据咨询目标、咨询安排及多话的类型做相应的调整。看到多话的积极面，如有更多的机会认识和了解来访者，妥善处理不适当的多话现象。

对于宣泄型、倾吐型的来访者，应充分尊重他们的需要，耐心倾听，给他们以安全感、理解和爱护，必要时给予指点。切不可粗暴打断或者显示出不耐烦和嫌弃。

寻求注意型的来访者可能有癔症的性格，这种人来访并不一定有什么大问题，若需要改变则是改变他们的人格，但这并不容易。这种人来访的目的是寻求注意，那么咨询师给予注意就能满足他的要求。对表现型的来访者，亦可采用相似的对策。

表白型的来访者往往由于缺乏自知和自我反省性，不能意识到自己的问题，咨询师要耐心倾听，切不可对其指责或评论，如"你怎么总说别人不对？""你从来没想过自己的问题吗？"还要善于运用来访者自己所讲的话和他的思维引导其认识和分析自己的问题，多角度分析，循序渐进，"你想想，有没有可能你的想法存在一种误区……"如果咨询师过于指责，则来访者会很自然地进行自我防御，使咨询变成争论。

掩饰型的来访者一般不会一开始就明显掩饰，而是在快涉及或已涉及某一敏感问题时，会有意或无意地谈论别的话题来转移、掩饰，其讲话速度会加快，似乎是怕人插话。对这种情况，咨询师应考虑是否为来访者创造了一个宽松、安全的氛围，可以请来访者慢慢讲。出现掩饰型的谈话时，往往是有利于某些问题的时候，咨询师应善于抓住时机。

与外向型的来访者面谈比较容易有气氛，但若不善引导，则形同聊天。因此，咨询师要善于及时把谈话引入正题。

📖 **拓展阅读 13-3**

电影《心灵捕手》中的心理阻抗分析

📖 **拓展阅读 13-4**

罗杰斯咨询中关于阻抗处理的案例

📖 **视频欣赏 13-1**

心灵捕手

思考与实践

一、思考题

1. 熟记概念：阻抗、沉默、多话。
2. 阻抗的表现有哪些？
3. 阻抗的原因是什么？
4. 沉默的类型有哪些？
5. 多话的表现有哪些？

二、理论联系实践

1. 对于阻抗的分析与处理，除了书中提到的方法，你还有什么思路？
2. 对于分析和处理沉默与多话，你觉得还有哪些更好的思路和技巧？

第十四章

移情与反移情

【学习目标】
(1) 掌握移情与反移情的概念。
(2) 了解弗洛伊德的移情观、客体关系取向分析中的移情和反移情、自体心理取向分析中的移情和反移情、主体间取向分析中的移情和反移情、荣格心理分析取向的移情和反移情。

【重点与难点】
(1) 移情和反移情的概念。
(2) 各种理论流派关于移情观点的理解。

【情境导入】

布洛伊尔初遇安娜

安娜出身名门望族，家族中不乏智力非凡的人物。她非常聪明，有着敏锐的直觉，精通英语、法语、意大利语，并出版过自己的著作。总之，安娜在发病之前是一个正常的、聪明伶俐的姑娘。她的病是在她去照顾她敬爱的、卧病在床的父亲时开始发作的。布洛伊尔第一次接触这个女病人时，她的临床症状极为复杂，包括全身痉挛性麻痹、精神抑制和意识错乱等。在安娜接受布洛伊尔治疗的过程中，"自由诉说"让她重新体验以往的创伤性事件以及相应的情感，症状得到缓解，安娜慢慢恢复了正常。这是精神分析和心理治疗发展史上的奠基性案例。

不过，后来弗洛伊德给身边的弟子写信说，他一直都知道，安娜根本不是一个成功案例。布洛伊尔和安娜之间产生了一些说不清、道不明的感情。布洛伊尔的妻子觉察到了这些，她心生妒忌。布洛伊尔在妻子的再三督促下决定终止治疗。终止治疗后不久，某天晚上，布洛伊尔被紧急叫到安娜府上。当布洛伊尔来到安娜房间时，发现她表现出强烈的兴奋和痛苦，她摸着幻想中的大肚子，就像正在分娩一般。布洛伊尔叫安娜的名字，但安娜却没有理他。正当布洛伊尔一筹莫展的时候，安娜忽然呼吸急促，大声喊道："我怀了布洛伊尔医生的孩子！现在，我们的孩子就要出生了！"布洛伊尔大惊失色。

他尽力使病人平静下来，匆忙逃离了安娜的房间。第二天，他就订了与妻子去威尼斯旅行的船票。

(资料来源：车文博. 弗洛伊德文集.第三卷[M]. 长春：长春出版社，1998.)

一百多年以来，人们对安娜这一案例的好奇心丝毫没有减弱，人们依然在讨论这个案例，其中被讨论的一个很重要的主题便是布洛伊尔医生和安娜之间的"情感"，以及因此导致的治疗的仓促结束。弗洛伊德在讨论这个案例时，提出了"移情"一说。如今，移情和反移情出现在各个流派的咨询与治疗体系中，以弗洛伊德的理论为源头的精神分析学、荣格学派的分析心理学、认知行为治疗、人本主义、存在主义等都有了"移情"的要素。本章重点着墨于弗洛伊德、荣格及其后代学者对移情和反移情的理解与发展。

第一节 移情概述

移情的本质是对儿时被压抑的某种依恋情感的重新体验。

——弗洛伊德

一、移情

移情指来访者把对父母或对过去生活中某个重要人物的情感态度和属性转移到了咨询师身上，并相应对咨询师做出反应的过程。弗洛伊德认为，移情是病人经过自由联想，将儿童早期所受挫折或创伤(真实的或幻想的)及其所带有的强烈情绪逐渐暴露出来，向外发泄，并把这种情绪转移到咨询师的身上，咨询师即变成了患者爱或恨的对象，其强烈程度亦是早年情况的复制。

二、正移情和负移情

根据个体出现移情的情绪情感的正负性，一般将移情分为正移情和负移情，总体上移情以正移情为多。正移情是指来访者把咨询师当作以往生活中某个重要的人物，他们逐渐对咨询师产生了浓厚的兴趣和强烈的感情，表现出十分友好、敬仰、爱慕甚至对异性咨询师表现出爱慕、依恋和顺从。负移情是指来访者把咨询师视为过去经历中某个给他带来挫折、不快、痛苦或压抑情绪的对象，在咨询情境中，原有的情绪转移到了咨询师身上，从而在行动上表现出不满、拒绝、敌对、被动、抵抗、不配合等。比如一个病人在很长一段时间的治疗中，总是不厌其烦地对咨询师诉说他的一些具体困难，并反复询问"我该怎么办"，希望咨询师代他做决定。

如果追溯病人的生活史就会发现，这个病人有一个专横而严厉的父亲，至今为止，他的整个生活都是父亲为他安排好的。当他出现症状来接受治疗时，他就在重复自己与父亲的关系模式，也就是说，他把咨询师当作自己的父亲。这类病人很可能因为得不到满意的答复而抱怨治疗毫无进展。

一个从小被父母忽视的病人，会对咨询师不厌其烦地重复并纠缠在一些枝节问题上，而回避谈论主要的东西，当咨询师被弄得不耐烦时，病人就会说："瞧，你和我的父母一样，并不关心我。"在此情况下，咨询师可以和病人讨论他的这种移情表现，让病人意识到他是在对咨询师重复他与父母的关系。

> 拓展阅读 14-1
>
> 从领悟到改变

从拓展阅读 14-1 中出现的移情—反移情关系中可以看出，来访者体验到的稳定感和信任感是帮助来访者改变的关键。移情的意义在于咨询师可以通过移情了解到病人过去感知和反应的形式。因而移情一旦出现，表明病人反映了真实的情况，这个时候，可以不去理会那些与其相悖的信息，而是通过这个途径去探索病人的潜意识冲突。

病人对咨询师的移情认识往往是恰如其分的，使得咨询师所体验到的只是病人认识的恰当性，却认识不到这是病人既往经历的表现。例如，病人把治疗师当作父母而产生的移情反应，很可能被看作一种正常的寻求关心和爱的愿望的体现。

在精神分析治疗中，病人往往对移情矢口否认，他们会声称，自己对咨询师的感情十分恰当，没有必要去探究。咨询师要帮助病人理解移情并促使病人处理移情，使病人和咨询师的注意都集中到同一个问题上，使移情更为清晰可辨。

那么，如何有效地处理移情呢？通常我们认为有两个步骤。

第一步：证明与澄清移情。

(1) 探究来访者的情感和冲动，"你过去在哪里有过这种情感和冲动"。

(2) 追溯移情人物的往事、细节，"你过去对谁用这种方式"。

(3) 探究移情幻想，"你的真正意思是没有对我有什么说不出口的幻想"。

第二步：阐释与修通。

通过处理移情，来访者在咨询中得到的应该是现实性与内在结构的转化和整合，以及在咨询结束后来访者形成一种独立思考、自我治疗的过程，就是移情的修通和成长。

三、反移情

反移情是指咨询师受到来访者的刺激而引起的不适当的情绪反应与行为反应。从狭义上来讲，反移情是指咨询师无意识地将早年对父母或特定对象的感觉、想法和情绪等投射在来访者身上，有时也可以理解为咨询师以来访者移情对象的身份自居。从广义上来讲，反移情是指咨询师将因来访者而产生的情感体验和行为表现，也就是将自己内在的欲望与冲突表现在咨询的工作情境中。

弗洛伊德认为，咨询师应尽可能少地向病人展示个人生活，并警告说，咨询师不得与人讨论自己的经验和缺点，"在病人面前，医生应该是不透明的，像一面镜子，除了向病人展示病人自己，不展示任何别的东西"。

(1) 反移情是病理性的现象。弗洛伊德认为反移情是咨询师对来访者移情的无意识反应。反移情对咨询有不良的影响，咨询师应该努力避免和克服反移情现象。

里奇在1951年发展了这一经典的理解，把反移情看作咨询师自己的移情向来访者的投射，如同来访者的移情一样，咨询师的移情也可以通过性或攻击的情感而表达。

(2) 反移情是正常的现象。反移情同移情一样，是咨询中不可避免和不可缺少的部分。反移情包括咨询师对来访者的整个情感的有意、无意的反应。反移情可能是咨询师自身人性的一种表现，是对来访者的一种真实的反应。这种非病理性的观点已经为现在大多数咨询师所认可。

(一) 反移情产生的原因及其应对

反移情的出现有很多原因，不同原因导致的反移情，应对的方式也不同。

(1) 生活中未解决的事件。咨询师因为自己生活中的问题而产生的对来访者的某种特别的好感或者无端的偏见，甚至是错误的评价和偏见，都属于此类，这就需要咨询师对于自己生活中未解决的事有一定的反省，在咨询中能够尽力做到客观。

(2) 无意识冲突。咨询师自己无意识中存在许多问题和冲突性观念或事件，这些都可能在遇到来访者的问题时表现出来，产生反移情，例如因来访者一句话，咨询师突然很伤感或者很生气，自己却不知道为什么。

(3) 文化偏见。咨询师因为自己的文化观念和来访者的文化观念存在冲突或不一致，对来访者产生某种敌意，或者因为和来访者文化观念非常相似或者一致，而产生对来访者过分的喜欢。

(4) 咨询师信心不足。咨询师由于经验不足而导致信心不足，经常会无法分清自己的角色，容易被来访者的思维牵着走。

(5) 咨询过程中出现了失误。咨询师出现某些咨询处理的失误，这些失误不管是有意的还是无意的，都可能成为一种反移情反应。

(6) 咨询师自身的其他问题。咨询师本身在与父母的关系、亲子关系、夫妻关系上存在某些问题，因而会在咨询中出现反移情。

(7) 咨询师把咨询作为满足自身需要的手段。有些咨询师喜欢来访者对自己的尊重、需求甚至崇拜，或者咨询师具有助人的需要。

(8) 咨询双方在价值观、信仰和重要咨询观点方面存在严重冲突。

(9) 咨询师的刻板印象或移情投射。咨询师对某个地域的人、某种工作类型的人，以及做了某些行为的人持有刻板印象。例如女性咨询师对一个因婚姻出轨来咨询的男性来访者会有刻板印象或移情性投射。

(10) 寻求认可的心理。有些咨询师缺乏个人认可和社会认可，希望在咨询中获得认可，甚至体现价值。

（二）反移情的表现

咨询师的反移情表现有很多，包括言语的、非言语的，下面列出一些比较常见的反移情表现。

(1) 咨询期间一直打瞌睡。
(2) 反复对来访者产生色情和温暖的感觉。
(3) 以某种方法培养来访者对自己的依赖，尤其是说出一些不必要的保证之词。
(4) 有与同僚闲聊时品评一位来访者的冲动。
(5) 因来访者的不断攻击与责备而恼火。
(6) 与来访者争辩。
(7) 从来访者的赞扬与温情的证据之中获得自我意识的满足。
(8) 太害怕失去某个来访者。

（三）反移情的分类

根据反移情的情绪性特点，可以从形式上把反移情分为正向的反移情和负向的反移情，或者称阳性的反移情和阴性的反移情。

(1) 正向的反移情。正向的反移情是指咨询师毫无缘由地对来访者产生正向的、积极的情感或态度。这种情感与态度常常包括好感、喜欢、爱怜甚至想与之恋爱。正向的反移情常表现为咨询师对来访者的过分热情、过分关心以及超出正常关注以外的注意。

(2) 负向的反移情。负向的反移情是指咨询师在来访者没有任何不当行为的情况下，对来访者产生了负向的、消极的情感或态度。这种情感与态度常常包括反感、讨厌、批评甚至憎恨来访者。负向的反移情常表现为咨询者无故地对来访者感到厌烦，过分挑剔来访者，在与来访者产生意见分歧时对其做出强烈的批评。

1985年，华特金斯根据反移情的内容，将其划分为四种类型：过分保护行为、纵容行为、拒绝行为、敌意行为。

(1) 过分保护行为。过分保护行为包括：咨询师用许多修饰语来缓和来访者的处境以减轻对他们的冲击；保护他们免受焦虑、伤痛或憎恨之类的消极情绪刺激；以一种柔和的声调与来访者进行会谈以免他们受到言语上的刺激。

(2) 纵容行为。在这种反移情行为中，咨询师创造了一种良性的、温和的咨询气氛，并强调积极的方面，避免消极的方面。纵容行为是因为咨询师很想获得来访者的喜爱，或者害怕来访者有任何的不悦而导致。

(3) 拒绝行为。拒绝行为常常指咨询师以冷漠和漠然的态度造成与来访者之间的巨大距离感。通常由于咨询师对来访者的要求或对自己要为来访者的幸福负责感到害怕而导致。咨询师的这种反移情行为可能会发展为亲密恐怖症。

(4) 敌意行为。这种反移情行为是由于咨询师害怕自己会喜欢上来访者而采取了一些令来访者讨厌的行为而导致。敌意行为包括言语上的轻率、生硬,对预定咨询的失约或迟到,并且对来访者的困惑置之不理。

第二节　弗洛伊德的移情观

移情,来源于德语词汇 Übertragung,英文为 transference。弗洛伊德在 1895 年与布洛伊尔合著的《歇斯底里症的研究》中首次讨论了"移情",这是精神分析意义上的"移情"首次出现,文中讨论的便是情境导入中提到的安娜的个案。不过,移情在《歇斯底里症的研究》一书中的使用范围比弗洛伊德后来的著作中的含义要窄得多,指的是病人把令人羞愧(过去未被满足或者受到压抑)的幻想"转移"到了医生身上,在弗洛伊德看来,当时的移情是破坏医生和病人关系原因之一,即阻抗。随后,1905 年在弗洛伊德治疗多拉的案例中再次讨论了移情现象。此时的弗洛伊德认为,移情是病人"与早期客体有关的冲动和幻想之再现……病人借此呈现她所阻抗的欲望、焦虑或惧怕……在分析过程中,被咨询师所取代……它不再属于过去,而是属于此时此刻与咨询师的关系"。并且弗洛伊德在反思多拉的案例中总结,病人不只对咨询师有性欲移情,还潜藏着敌意。

1917 年,弗洛伊德在维也纳大学做关于精神分析的演讲时,专门以"移情作用"为题做了报告来介绍精神分析的疗法与技术,后来收录在《精神分析引论》中。弗洛伊德说:"我们注意到,那些本应该只想解决令自己痛苦不已的心理冲突的患者,往往会对医生本人产生一种特殊的兴趣……在一段时间里,他与医生的关系十分融洽,他特别顺从,尽可能地表达自己的感激,并显示出种种出人意料的高雅和美德。医生也因此对患者产生某种好感,庆幸自己能为这样一种有着高贵人格的人提供帮助……前几次,人们可能会认为,分析治疗受到了某个偶发事件,某个非它所愿并且并非由它引起的事件的干扰。但是当我们发现这种病患对医师的情感依附反复出现在每一个新个案中,当它在最不可能和最可笑的情况,甚至在老年妇女和白胡子医生之间,在人们看来根本不可能存在引诱的地方也一次又一次地出现时,我们就不能再将它视为某种偶然的事件,而必须认识到我们处理的乃是一种与疾病本质有着显著关系的现象。"也就是说,安娜和布洛伊尔的纠葛不是心理治疗中的偶然事件。移情本身就是患者内心或者疾病本身的某种结构在分析过程中的逐渐显现,并呈现在咨询师和来访者之间。在《精神分析引论》中,弗洛伊德继续解释道,移情可能在最初进入分析时作为一种助力,也可能成为一种阻抗。作为阻抗的移情分为情爱的和敌对的,敌对的移情往往发生在情爱的移情以后。在治疗中去满足病人的需求是不可能的,不友好甚至是公开的拒绝也太过愚蠢。需要向病人指出的是,"这种情感不是起源于目前的情境,也与医生本人无关,患者只不过在重复他先前的某种经历",如此,移情才能被克服。作为阻抗的移情,不管是情爱的还是敌意的,都可以成为治疗的最好工具。

移情的作用，在弗洛伊德看来，首先，如果病人把咨询师看作自己的父亲或母亲，他就会把他的超我控制自我的权利交给咨询师。因为根据精神分析的理论，父母是超我的主要来源。于是，作为咨询师的"新的超我"也就有了对病人实施一种再教育的机会。其次，一旦移情发生，病人就能够充分而清晰地展现他的重要生活经历，这对于分析的进展是十分有帮助的。

> **拓展阅读 14-2**
>
> 保罗的"父亲"移情

拓展阅读 14-2 中，来访者将早期对父母的体验投射到咨询师身上，并用惯用的应对方式来处理分析关系带来的焦虑。在实际的分析工作中，理解病人的移情内容，即病人的症状与早年记忆的关系，仅仅是工作的一部分，对移情的解释，以及通过病人与咨询师之间的关系体验对关系模式的再塑造则是更重要的部分。所以，弗洛伊德在《精神分析引论》中把移情比作一棵树的木质层和皮质层之间的形成层，新组织的形成即树干半径的扩大正是由于这个形成层的存在。在弗洛伊德的时代，还不存在反移情一说，因为弗洛伊德提出了"节制规则"，也就是说，面对病人的移情，咨询师不能给予任何移情反应，只能对病人的移情动机进行解释。

第三节　客体关系取向分析中的移情和反移情

使"移情"得到更大扩展的是客体关系学派，代表性的人物有克莱因(Melanie Klein)、费尔贝恩(William Ronald Dodds Fairbairn)、温尼科特(Donald W. Winnicott.)、巴林特(Michael Balint)、甘翠普(Harry Guntrip)、玛格丽•马勒(Margaret S. Mahler)、鲍尔比(John Bowlby)、科恩伯格(Otto F. Kernberg)等。与弗洛伊德不同的是，客体关系强调关系而非本能的驱力。其中依恋理论对移情的扩展有至关重要的影响力，正是来访者的依恋能力决定着咨询关系的建立。早期的依恋模式以及情感体验均被带入咨询关系中，对移情的解释主要集中在这些早年依赖模式、获取安全感的模式上。客体关系学派认为，自体是在关系背景中发展起来的内部结构，关系也是内部客体间的关系。因此，咨询师很少仅仅是过去的一个人物，而通常是内部多个客体关系的混合物。这些客体关系可能是曾经经历过的，也可能是幻想中的。咨询师可能被体验为冰冷的母亲、粗暴的父亲、慈爱的祖母或者施虐的姐姐。所以，咨询或者治疗会为来访者提供全新的关系体验，这种体验会内化为来访者的一部分，会引起来访者内部结构即内部客体关系的改变(Grant，Jim Crawley，2002)。

反移情则是咨询师利用自己的情感、感受，使自己进入来访者的世界。所以，在客体关系学派的临床工作中，大部分的工作是聚焦在移情和反移情关系上的，并促使治疗关系的改变，从而为来访者带来内部世界的康复。

> 📖 **拓展阅读 14-3**
>
> 对"女性"愤怒又嫉妒的来访者

拓展阅读 14-3 中，上面的案例就很好地说明这种过去的真实的关系和幻想的关系在移情中的体现。可以看到，来访者对咨询师的移情包含着早期不被母亲接纳和喜欢的愤怒，以及对幻想的"姐妹"——即女性们——的嫉妒，咨询师需要从多重的维度以及自己的情感体验中去体验来访者在关系中的内在情感，不仅仅是探索和解释，还有是在治疗关系中形成新的关系、态度和理解。之所以选择这个案例，是因为在中国男尊女卑、重男轻女的历史文化背景下，男性和女性内在的关系更加复杂，在临床中去理解这些内在关系时需要更加谨慎。

> 📖 **拓展阅读 14-4**
>
> 不敢表达需求的特里

拓展阅读 14-4 中，尽管来访者知道自己有权利拥有需求或者表达需要，但是这种知道更多的是停留在意识层面。只有在分析中，这种全新的关系体验才让来访者真正接纳了这一点，这种体验会内化为来访者的一部分，引起来访者内部结构即内部客体关系的改变。

第四节　自体心理取向分析中的移情和反移情

自体心理学派起源于科胡特，不过科胡特本人并没有对"自体"做出明确的定义。科胡特提出，核心的自体结构有三个极点：夸大(grandiose)、理想化(idealizing)和孪生(twinship)。也就是说，儿童在成长的过程中有以下强烈的需要：被重要他人反应和反映并被回应(夸大部分)，即能够被重要他人"镜映"；重要他人能够提供安全、稳定、智慧和力量，使儿童能够与其融合以缓解焦虑，并恢复平静感(理想化部分)；他人提供一种与其相似的感觉(孪生部分)。在儿童成长过程早期，重要他人作为"自体客体"被体验并发展为自体结构的一部分。所以，从这个角度理解的移情被分为镜像移情、理想化移情和孪生(或称另我)移情。其中，镜像移情是指来访者渴望获得咨询师的接纳与认同，从而促进自我接纳与认可。理想化移情是一种原始的自体客体移情关系，个案再度将儿童夸大自体投射到咨询师身上，咨询师因此成为理想化了的父母形象。这种移情关系被不断升高的期望所复杂化,以至于无法满足期望,来访者体验到失望、愤怒。当治疗持续下去时,来访者逐渐放弃理想化的形象,开始接纳理想化的自体表象、理想化的客体表象与真实的自体表象之间的差别。而孪生移情则是来访者把咨询师当成另外一个自我,相互独立又心心相印、心有灵犀,可以完全了解自己所想。

进入咨询或治疗关系中,这种自体客体关系被重新激活,自体客体移情也接踵而至,来访者发展中未被满足的需求呈现,而咨询师则在关系中作为重要他人为来访者提供上述的一种或多种功能。来访者在移情关系中得到了充分的体验,并通过分析师的"解释"帮助来访者将现在与过去的体验意识化。

在科胡特之前的精神分析或治疗中,自恋型人格障碍的人不能发展出移情神经症,被认为不适合精神分析。自恋型人格障碍的来访者往往会令咨询师无计可施,出现所有的解释都无效,或者让咨询师受到诱惑的情况,两人形成一种自恋的、"合谋"的关系,产生除了"你"没有人能理解我的感觉,这会让分析无法有实质性进展。科胡特是最早提出精神分析适合自恋型人格障碍的分析和治疗的,科胡特为这类人群的治疗和咨询绘制了一幅有效的地图。在科胡特后期的理论中,他认为所有人,不论健康与否,一生中都需要自体客体关系的支持,以保持自我统合感,从依赖他人到完全独立的蜕变过程是不存在的。所以我们就可以理解,这种理论不再仅仅适用于自恋型人格障碍的群体。

在自体客体关系学派中,对于反移情的理解也发生了很多变化。虽然科胡特本人还是把反移情视为咨询师对病人移情的有问题的反应,但其后的学者,如巴克沃、汤普森、福斯吉等都发展了对反移情的论述。病人和咨询师的自体客体需要是交互影响的过程,是一个双向调节的过程。咨询师的体验或者说反移情在治疗中具有不可忽视的重要性。咨询师居于两个"倾听位置":一个是主体-中心倾听位置,咨询师与病人的情感和体验共鸣,接近来访者主体体验的倾听;另一个是他者-中心倾听位置,这就是反移情蕴含的倾听,是从病人的他者的视角来进行的。所以,在分析中善于聚焦于倾听视角的移动,能够帮助咨询师很好地利用移情和反移情。

> 拓展阅读 14-5
>
> 站在不同的倾听位去倾听

主体间性(以 Stolorow 等人的解释为基础)基于两个重要假设:一是个体的"主体性"(人对自我和世界的经验流)离不开动态的、不断变换的交互主体性;二是人类因"主体性"的存在而无法洞悉事物的客观本质。所以,从这个角度来看,移情不是置换、退行和投射,不是来访者潜意识里想要重复过去的经验,不是对生命早期客体情感的转移或投射,而是来访者根据以往形成的经验来组织原则解释当下的关系,并企图将当下的治疗关系同化到自己的主观世界中。也就是说,移情是来访者尝试对自己的经验进行组织并为这种经验创造意义的一种展现(Buirski，1975)。

> **拓展阅读 14-6**
>
> 感觉被嘲笑的马丁

拓展阅读 14-6 中的案例很好地呈现了来访者如何将咨询师同化到自己的组织经验中，也可以看到来访者和来访者之间的移情(感觉受到了嘲弄，这是他的组织经验)和反移情(咨询师的潜在的敌意)。虽然咨询师无意识地传达了自己的嫉妒或者厌恶，但被来访者捕捉到这种感受，并与自己的经验相匹配。所以，移情和反移情来自互相影响的主体间系统，这种互动就成了一个咨询或者转化的一个关键点。咨询师对自己的无意识动机的觉察就显得特别有价值。

第五节 荣格心理取向分析的移情和反移情

1907 年，弗洛伊德和荣格第一次见面的时候，弗洛伊德问荣格："什么是精神分析的本质核心？"荣格回答说："移情。"弗洛伊德认为荣格一下子抓住了精神分析的精髓。1913 年，荣格开始否定移情的作用："移情一直是一种障碍，从不是什么有利条件。没有移情照样能够治愈，而治愈并不是由于移情……如果移情没有发生，那么还会更好。你照样可以得到相同的材料。"不过，今天人们知道，荣格其实对于移情问题做出了重要贡献，1945年，荣格写道："可以毫不夸张地说，几乎一切需要长期治疗的案例都围绕着移情现象，而治疗的成败似乎从根本上取决于移情。在讨论这些现象的时候，人们往往表现得好像可以通过理智、知识和意愿来解决这一问题，或是可以通过医生超级精湛的医术来治疗它。如果情况复杂，而且也不准备抽丝剥茧、化繁为简的话，这种感情带入式的抚慰就够用了。但是这种方法可能会掩盖问题真正的困难所在，阻碍或延误深层的探究。虽然我最初赞同弗洛伊德的观点，认为再怎么重视移情也不为过，但随着经验的增长，我意识到移情的重要性是相对的。移情就如同药物一般，对此人是良方对彼人是毒药。"

荣格与弗洛伊德决裂后，发展了无意识的概念，他认为无意识不仅包括个人无意识，而且还包含集体无意识。从经典的精神分析理论的角度来看，移情是对早年受压抑体验的一种重复，其来源于个人无意识。而荣格认为，移情也源于集体无意识的原型作用。

> **拓展阅读 14-7**
>
> 被"神化"的分析师

从拓展阅读 14-7 中可以看到，来访者对咨询师不仅仅投射了"父亲"的形象，还带着一些"神性"，认为其似乎可以主宰自己的命运，这就显示了无意识原型内容如何在移情中起作用。在动力心理治疗中，移情很大程度上是指投射。荣格对这一点也做出了补充，投射的内容不仅仅指来访者自己发展出来的心理结构的一部分，也含有来访者内心未被发展的、创造性的新内容。这些内容可以是体验起来极其糟糕的，比如来访者阴影的部分，从而体验到咨询师是贪婪的、冷漠的、有攻击性的等；也可以是令人愉悦和欣赏的，比如把自己未发展的、理想化的部分投射给咨询师，从而体验到咨询师是友好的、智慧的、伟大的等。

亚考比根据荣格在《移情心理学》中描绘的移情关系提出了图 14-1 所示的移情关系结构模型。

来访者带着自己的问题进入分析关系。意识层面的互动显而易见，a 层面显示的是来访者与咨询师的个体间的现实关系，通过签订协议、约定设置建立了一种同盟关系。c 表示咨询师的自

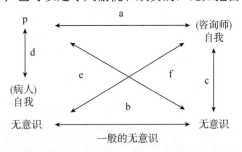

图 14-1　移情关系结构模型

我与无意识的关系。同理，d 则展示了来访者与其自身无意识的关系。e 和 f 的过程则展示了在分析中，移情和反移情最常见的形式，来访者将自己的无意识内容投射给咨询师，相应的无意识内容也会在咨询师的无意识中丛集，这些无意识内容通过移情和反移情，在来访者和咨询师之间进行交互作用。咨询师通过对来访者的非言语和意象的理解，以及对自己反移情的觉察，将来访者投射的无意识意识化，然后通过解释让来访者达到自我修通的过程，帮助来访者建立其自身的 d 层面，也就是意识和无意识之间的链接。而所展示的则是一种更加深入的移情和反移情，一种更加无意识的链接，有时候会变为共时性。

来访者的意识、来访者的无意识、咨询师的意识、咨询师的无意识之间存在了 12 种水平的相互作用(具体描述可参见 Jacoby 的《相遇心理分析》第 20～24 页)。这就好比在咨询室中，表面上是两个人在对话，其实有 8 个人参与，现实的我和你，我眼中的你和我，你眼中的我和你，我眼中的我和你眼中的你。由此可见移情与反移情在现实情境中的复杂性。

> **拓展阅读 14-8**
>
> ## 无意识中的相遇

拓展阅读 14-8 中，关于父母的无意识内容(原型及情结)在来访者和咨询师之间均被激活。来访者对咨询师的投射包含着她过去的体验，严苛的、有伤害性、不安全的父亲以及无力保护自己的母亲，也投射了她的无意识需求——慈爱的、智慧的、有支持性的父母(e)。对于来访者的频繁来电，咨询师的反移情就提供了了解这些无意识内容的契机。咨询师的难以忍受，一方面可能来自来访者的一系列表现诱发了咨询师呈现出"负性"父亲或母亲的感受和行为，呈现了来访者的人际模式(e、b)，或者咨询师对于来访者的问题无能为力且

不能满足来访者期待的挫败(f、b)；另一方面也可能来自咨询师个人的无意识内容，咨询师可能也有一个具有入侵性的母亲(f)。咨询师对自己体验和情感的觉察便是 c 所表述的内容。而心理咨询的一个很重要的目的是促成 d 的过程，使来访者对自己的无意识内容保持觉察和自省。在这里，b 的过程在这个过程中起着重要作用，且处于隐蔽状态，极难被察觉，也时常表现为咨询师与来访者无意识上的"共谋"。在这个案例中，无意识上的互动可能存在以下形式：来访者的无意识中对父母的愤怒诱使咨询师成为"坏母亲"或"坏父亲"；同时"圣婴治愈者"原型也在其中发挥作用，来访者为了满足咨询师帮助或者治愈的需要，而努力表现出自己好了，去迎合咨询师的需要。若是无法觉察这种无意识的互动，就如亚考比所说的，"我们都成了同一原型的牺牲品"。这便是荣格所说的，移情呈现在个案中其实是"此之良方彼之毒药"。当来访者无意识投射的负面内容过多，咨询师此时又没有处理好个人问题时，咨询师的负性反移情就会影响咨询工作。尽管咨询师接受分析成为训练的必修课，可以减少来自咨询师自身的投射的危险，不过，实际的咨询和分析工作依然是如履薄冰，充满陷阱。一方面，咨询师自身的无意识内容的投射是无法完全消除的；另一方面，咨询师和来访者在无意识层面也还有很多原型因素在起作用。引用申荷永教授为欧文·亚隆《诊疗椅上的谎言》(Yalom, 1996)所做序言中写的，"从事心理治疗，甚至是心理分析，犹如撑一叶小舟于大海之上。认真与诚实的态度，自觉与自我约束的能力，便是你的保障。惟此，你才能面临风浪；惟此，你才能应付暗礁；惟此，你才能不怕险滩，甚至是海妖的诱惑。这不仅是分析师的庇佑，也是来访者的福音。"

自弗洛伊德提出"移情"的概念，一百多年过去了，关于移情和反移情的论述多如牛毛，本书很难一一阐述，只能做一个大致的脉络梳理。总体来看，弗洛伊德和荣格后的咨询师在理解移情和反移情上越来越趋向于融合和互通。比如，从瑞克(1968)的观点来看，移情分为协调的、一致的和互补的——分析师的体验会和来访者一致，感同身受，有时来访者又体验着其早年照顾者的感受；同时，也可以从客体关系咨询师对"两个倾听位"的角度去理解(咨询师和来访者的角色互换)。这两者似乎有着异曲同工之妙。而在后期的客体关系学派的观点中可以看到，精神分析发展到现在，其实也呈现了咨询师与来访者之间更加对等的关系，这与亚考比的模型也是殊途同归。科胡特对移情的分类，对咨询师功能的描述，以及后代学者对反移情的扩展和延伸，都广泛地影响着当代的深度分析心理学。所以，当代的深度分析心理学比弗洛伊德和荣格时代有更多的理论支撑，我们可以通过构建不同的理论模型，从不同的视角去理解移情和反移情的过程。若想深度理解一个个案，不论多么普遍而深刻地去理解这些过往的著作和论述都不为过。最后，本章以荣格的一句话作为结语："每一个需要深入治疗的个案，都是一种开拓性的工作；而任何循规蹈矩的做法，最后都证明是死路一条。"这其中的奥妙只有在实践中才能体验到。

拓展阅读 14-9

安娜的移情

拓展阅读 14-10	
心理治疗"契机"：爱上心理医生	

视频欣赏 14-1	
当尼采哭泣	

思考与实践

一、思考题

1. 在你看来，移情的分类有哪些？
2. 尝试用一个案例说明一种移情机制。

二、理论联系实践

如何理解案例中的移情和反移情？

案例：我曾经找一位老师做了几次咨询。这位老师是一位年轻的帅哥。做过两次咨询后，我感觉自己的很多困惑被解开了，心里非常感激。当时正值他需要帮助，我也非常积极、主动地去帮助他。那时候感觉内心深处有一种得到理解和关注的感觉，对咨询师也萌发了一种特别的感情，这种感情使我感到难以控制又心怀恐惧！学习了一点浅显的心理学知识后，我想这可能就是移情吧。可是我到底把什么样的情移到了这位老师身上了呢？随着接触的增多，我又去做了一次两个半小时的箱庭咨询，咨询之前我的想法就是"结束这种讨厌的感觉"，我认为自己这样的"移情"是非常难以启齿的、非常龌龊的。箱庭的内容是自己小时候经历的，感觉自己不被所有亲人爱的故事。做箱庭的过程中，自己哭得稀里哗啦，结果做完箱庭后，每当想起这位老师我就非常厌恶，甚至一想起来就头疼，一个月后才慢慢好起来。而且从那以后发现我那位老师有很多缺点，比如小气、娘娘腔、虚伪等，我越来越厌恶这位老师，虽然我知道他解决了我的很多困惑，比如亲子关系的改善，但我依然无法对其有感恩之情，而其他学员则是对这位老师经常表达感恩。我经常在想，我是一个不懂感恩的人吗？

(资料来源：https://www.jianshu.com/p/1067ff89f95d)

参考文献

[1] [美]艾里克 J 马施，大卫 A 沃尔夫. 儿童异常心理学[M]. 孟宪璋，等译. 广州：暨南大学出版社，2004.

[2] 车文博. 弗洛伊德文集[M]. 长春：长春出版社，1998.

[3] 陈侃，徐光兴. 抑郁倾向的绘画诊断研究[J]. 心理科学，2008，31(3)：722-724.

[4] 陈琨，边霞. 绘画投射技术在攻击性儿童心理分析中的运用及其效果[J]. 学前教育研究，2010(12)：15-20.

[5] [日]大原浩一，大原健士郎. 森田疗法与新森田疗法[M]. 崔玉华，方明昭，译. 北京：人民卫生出版社，1995.

[6] 范喜英，张玲，覃金荣，等. 改良森田疗法在精神分裂症患者康复护理中的应用[J]. 齐鲁护理杂志，2016，22(7)：99-100.

[7] 傅安球. 实用心理异常诊断矫治手册[M]. 4版. 上海：上海教育出版社，2016.

[8] 高峰强，秦金亮. 行为奥秘透视：华生的行为主义[M]. 武汉：湖北教育出版社，2000.

[9] [日]高良武久. 森田心理疗法实践——顺应自然的人生学[M]. 康成俊，等译. 北京：人民卫生出版社，1989.

[10] 郭念峰. 国家职业资格培训教程：心理咨询师(二级) [M]. 2版. 北京：民族出版社，2012.

[11] 郭念峰. 国家职业资格培训教程：心理咨询师(三级) [M]. 2版. 北京：民族出版社，2012.

[12] 何成森，周和岭，温泉润，等. 关于森田疗法的理论与实践探索——冈本常男对于森田疗法的贡献[J]. 安徽农业大学学报(社会科学版)，2005，14(4)：75-78.

[13] 江光荣，王铭. 大学生心理求助行为研究[J]. 中国临床心理学杂志，2003，11(3)：180-184.

[14] 江光荣. 人性的迷失与复归：罗杰斯的人本心理学[M]. 武汉：湖北教育出版社，2001.

[15] 江光荣. 心理咨询的理论与实务[M]. 2版. 北京：高等教育出版社，2012.

[16] [美]大卫·凯恩. 以人为中心心理治疗[M]. 高剑婷，郭本禹，译. 合肥：安徽人民出版社，2012.

[17] 康成俊. 《森田心理疗法》介绍[J]. 中国健康心理学杂志，2000，8(6)：202-204.

[18] 兰文敏. 集体森田疗法[J]. 上海精神医学, 2004, 16(6): 374-375.

[19] 李雪艳, 徐其涛. 改良森田疗法治疗脑卒中后抑郁的疗效[J]. 中国民康医学, 2017, 29(16): 8-10.

[20] 李艳青, 孙秀珍, 刘情情, 等. 门诊森田疗法辅助抑郁症药物治疗的疗效[J]. 中国健康心理学杂志, 2013, 21(8): 1147-1149.

[21] 李艳青. 门诊式与住院式森田疗法辅助治疗抑郁症的对照研究[J]. 中国健康心理学杂志, 2014(8): 1184-1186.

[22] 林步平, 刘子志, 图雅, 等. 近十年国内森田疗法研究热点的共词聚类分析[J]. 吉林中医药, 2019, 39(2): 47-51.

[23] 刘新兰, 毛富强. 中国森田疗法文献分析[J]. 中国健康心理学杂志, 2013, 21(5): 725-728.

[24] 罗晓路. 弗洛伊德心理健康思想解析[M]. 杭州: 浙江教育出版社, 2015.

[25] 吕伟红. 高校心理咨询可运用森田疗法[J]. 北方论丛, 2002(5): 102-104.

[26] 马建青, 王东莉. 心理咨询的理论与方法[M]. 杭州: 浙江大学出版社, 2006.

[27] 牛勇. 人本主义疗法[M]. 北京: 开明出版社, 2012.

[28] [美]欧文·亚隆. 给心理治疗师的礼物[M]. 张怡玲, 译. 北京: 中国轻工业出版社, 2004.

[29] 潘润德. 绘画治疗在情绪障碍中学生的临床应用[J]. 中国健康心理学杂志, 2008, 16(7): 749-750.

[30] 钱铭怡. 心理咨询与心理治疗[M]. 北京: 北京大学出版社, 1994.

[31] [瑞士]荣格. 集体无意识的概念[M]. 冯川, 译. 北京: 改革出版社公司, 1997.

[32] [瑞士]荣格. 弗洛伊德与精神分析[M]. 谢晓健, 王永生, 译. 北京: 国际文化出版公司, 2011.

[33] [瑞士]荣格. 移情心理学[M]. 梅圣洁, 译. 北京: 世界图书出版公司, 2014.

[34] [瑞士]荣格. 心理类型[M]. 魏宪明, 译. 北京: 民主与建设出版社公司, 2016.

[35] [日]森田正马. 神经衰弱和强迫症的根治法[M]. 北京: 人民卫生出版社, 1996.

[36] 申荷永. 荣格与分析心理学[M]. 北京: 中国人民大学出版社, 2012.

[37] 申荷永. 沙盘游戏疗法[M]. 北京: 中国人民大学出版社, 2012.

[38] [日]田代信维, 施旺红. 森田疗法理论及其进展[J]. 神经疾病与精神卫生, 2001, 1(1): 49-51.

[39] 王玲, 刘学兰. 心理咨询[M]. 广州: 济南大学出版社, 2009.

[40] 王祖承. 森田疗法: 东方之光——在中国的过去、现在和未来[J]. 上海精神医学, 2004, 16(6): 365-366.

[41] 伍新春, 胡佩诚. 行为矫正[M]. 北京: 高等教育出版社, 2005.

[42] [奥地利]西格蒙德·弗洛伊德. 精神分析引论[M]. 彭舜, 译. 台北: 左岸文化出版社, 2006.

[43] 许又新，卢秋云. 现代心理治疗手册[M]. 北京：北京医科大学出版社，1997.

[44] 杨凤池. 咨询心理学[M]. 北京：人民卫生出版社，2007.

[45] 杨文登，李晓苗，张小远. 心理治疗循证实践中"证据"的四个基本问题[J]. 心理学报，2017，49(6)：841-852.

[46] 叶浩生，杨莉萍. 心理学史[M]. 上海：华东师范大学出版，2009.

[47] [美]约翰·布鲁德斯·华生. 行为主义[M]. 李维，译. 杭州：浙江教育出版社，1999.

[48] 云维生，李俊清，姜长青. 门诊森田疗法在神经症治疗中的疗效分析[J]. 中国临床心理学杂志，2005，13(1)：109-110.

[49] [日]增野肇. 森田式心理咨询[M]. 上海：复旦大学出版社，2004.

[50] 翟淑华，路英智，张群. 改良森田疗法对抑郁症康复治疗的作用探讨[J]. 精神医学杂志，2007，20(2)：109-110.

[51] 张厚粲. 行为主义心理学[M]. 杭州：浙江教育出版社，2003.

[52] 仲稳山. 房树人绘画投射测验中的色彩心理[J]. 心理技术与应用，2015(6)：51-55.

[53] [美]Danny Wedding, Raymond J Corsini. 心理治疗个案研究[M]. 王旭梅，等译. 北京：中国轻工业出版社，2005.

[54] [美]Buirski P. 主体间性心理治疗——当代精神分析的新成就[M]. 尹肖雯，译. 北京：中国轻工业出版社，2014.

[55] Burn R C. Kinetic-house-tree-person drawings (k-h-t-p):an interpretative manual. Arts in Psychotherapy，1987,15(2)，165-166.

[56] Chen，Charles P. Positive living with anxiety: a morita perspective of human agency. Counselling Psychology Quarterly，1996，9(1):5-14.

[57] [英]Dave M，Brian T，John M. 以人为中心心理咨询实践[M]. 刘毅，译. 重庆：重庆大学出版社，2015.

[58] [美]Duane P，Schultz，Sydney E S. 现代心理学史[M]. 叶浩生，杨文登，译. 北京：中国轻工业出版社，2015.

[59] [美]Duane P，Schultz，Sydney E S. 现代心理学史[M]. 台北：五南图书出版股份有限公司，2001.

[60] [美]Gerald Corey. 心理咨询与治疗的理论及实践[M]. 8版. 谭晨，译. 北京：中国轻工业出版社，2014.

[61] Ginter E J. Journal of counseling & development (jcd) and counseling's interwoven nature: achieving a more complete understanding of the present through "historization" (musings of an exiting editor—an editorial postscript). Journal of Counseling & Development，2014，80(2)：219-222.

[62] [美]Heinz K. 精神分析治愈之道[M]. 刘时宁，许豪冲，译. 台北：心理出版社，2002.

[63] [美]Irvin D Y. 诊疗椅上的谎言[M]. 鲁宓，译. 北京：机械工业出版社，2014.

[64] [澳]Jan G，Jim C. 移情与投射——自体之镜[M]. 张黎黎，译. 北京：北京大学出版社，2007.

[65] [英]John Mcleod. 心理咨询导论[M]. 3版. 潘洁，译. 上海：上海社会科学出版社，2006.

[66] [美]John Sommers-Flanagan，Rita Sommers-Flanagan. 心理咨询面谈技术[M]. 4版. 陈祉妍，等译. 北京：中国轻工业出版社，2014.

[67] Jung C G. Collected Works of C.G. Jung(Volume 18)[M].NJ：Princeton University Press，1977.

[68] Kitchener K S. Teaching applied ethics in counselor education: An integration of psychological progress and philosophical analysis. Journal of Counseling and Development，1986: 1-8.

[69] [瑞士]Mario J. 相遇心理分析——移情于人际关系[M]. 刘建新，等译. 广州：广东教育出版社，2007.

[70] [美]Michael Franz Basch. 心理治疗实战录[M]. 寿彤军. 等译. 北京：中国轻工业出版，2014.

[71] [美]Nancy M. 精神分析案例解析[M]. 钟慧，等译. 北京：中国轻工业出版社，2016.

[72] Peter A L. 自体心理学导论[M]. 王静华，译. 北京：中国轻工业出版，2017.

[73] Petry N M，Tennen H，Affleck G. Stalking the elusive client variable in psychotherapy research. In C. R. Snyder and R. E. Ingram (Eds.)，Handbook of psychological change: Psychotherapy processes & practices for the 21st Century. New York: Wiley，2000: 88-108.

[74] Racker H. Transference and countertransference. New York: International University Press，1968.

[75] [美]Rogers C R. Howard Krischenbaum，Valerie Land Henderson[M]. 刘毅，等译. 北京：中国人民大学出版社，2006.

[76] [美]Sherry Cormier，等. 心理咨询师的问诊策略[M]. 张建新，等译. 北京：中国轻工业出版社，2000.

[77] [美]Samuel T G. 心理咨询导论[M]. 6版. 方双虎，等译. 北京：中国人民大学出版社，2018.

[78] Smith H. Professional identify for counselors，In D. C. Locke，J. E. Myers，& E. L. Herr (Eds.). The handbook of counseling. Thousand Oaks，CA: Sage，2001，569-579.

[79] Teyber E，McClure F. Therapist variables. In C. R. Snyder & R. E. Ingram (Eds.). Handbook of psychological change: Psychotherapy processes & practices for the 21st Century，New York: Wiley，2003，62-87.

[80] Wampold B E. The great psychotherapy debate: models，methods，and findings. Psychotherapy Research，2001,12(1) ,108-111.

[81] Webber J, Bass D D, Yep R. (Eds.). Terrorism, trauma, and tragedies: A counselor's guide to preparing and responding (2nd ed.). Alexandria, VA: American Counseling Association, 2005.

[82] [美]White M T, Weiner M B. 自体心理学的理论与实务[M]. 林明雄, 林秀慧, 译. 台北: 心理出版社, 2002.

[83] World Health Organization. Suicide in the world: Global Health Estimates[EB/OL]. https://www.who.int/publications-detail/suicidein-the-world, 2019-09-09.

[84] World Health Organization. Preventing suicide:a global imperative[R].Geneva:WHO, 2014.

[85] WHO.Depression and Other Common Mental Disorders Global Health Estimates 2017[EB/OL].